ISBN 978-0-243-49898-7
PIBN 10774007

LE FLAMBEAU

REVUE BELGE DES QUESTIONS POLITIQUES ET LITTÉRAIRES

DIRECTEURS : HENRI GRÉGOIRE et OSCAR GROJEAN

5e ANNÉE

TOME DEUXIÈME

Mai-Août 1922

1922

BRUXELLES
Maurice LAMERTIN, Éditeur-Libraire
58-62, RUE COUDENBERG

PARIS
BERGER-LEVRAULT, Éditeurs
5, RUE DES BEAUX-ARTS (VIe)

TABLE DES MATIÈRES

5e Année. — No 5. — 31 mai 1922.

Edouard Bénès: La Conférence de Gênes.
Baron Beyens: Deux Politiques (II).
XXX: La Pologne à Gênes.
Colonel Bujac: Les fautes de 1914: le Corps de cavalerie du général Sordet en Belgique.
Charles Maurras: Romantisme et Révolution.
Marguérite Devigne: Le « Bethléem » à Notre-Dame de Huy.
Richard Dupierreux: Ernest Solvay.
Fax: L'Echéance et Divers, soit Canards, Cattier et Carnages.

5e Année. — No 6. — 30 juin 1922.

Pierre Nothomb: Les Compensations à la Hollande (mars-avril 1919).
Isabella Errera: Une Esquisse de l'Histoire des Tissus.
Altiar: La Protection des Minorités chrétiennes en Asie mineure.
Marcel Laurent: Le Monument aux Elèves de l'Université de Liège morts pour la Patrie.
Paul Vanderborght: Charles Lecocq.
Charles Lecocq: Zadig.
Archibald Bigfour: Emile le Versaillais.
Emile Vandervelde: Avant le Procès de Moscou (Notes au jour le jour).
Anagnoste: Est-Ouest-Express.
Correspondance: Lettre de M. Pierre Nothomb.
Huit planches hors texte.

5e Année — No 7. — 31 juillet 1922.

Abel Lefranc: Le Secret de William Stanley.
B.-S. Chlepner: Midas ou le Change sans migraine.
Richard Dupierreux: Un peintre liégeois, Auguste Donnay.
P. Heger et M. Bourquin: Paul Errera.
Z.: La Crise des Alliances.
Grégoire Le Roy: Un peintre ostendais, James Ensor.
Anagnoste: Le Mois des Crises.
Quatre planches hors texte.

5e Année. — No 8. — 31 août 1922.

Abel Lefranc: Le Secret de William Stanley (II).
Paul Crokaert: « Little Belgium ».
Lucien Christophe: Le Stupide XIXe Siècle.
René Verboom: *Poèmes*.
Emile Cammaerts: Propos irlandais.
Paul Gille: L'Intégration humaine.
S. E.: La Volonté de Smyrne.
Fax: L'Unité de Front.

TABLE DES AUTEURS

Pages.

ALTIAR (Mme L.-E. Ducros):
La Protection des Minorités chrétiennes en Asie mineure. 185

ANAGNOSTE:
Le Mois des Crises 360

BÉNÈS (Edouard), Président du Conseil de la République Tchéco-Slovaque:
La Conférence de Gênes 1

BEYENS (Baron), ancien Ministre des Affaires Etrangères:
Deux Politiques. 23

BIGFOUR (Archibald):
Emile le Versaillais 211

BOURQUIN (Maurice), Professeur à l'Université de Bruxelles:
Paul Errera 319

BUJAC (Colonel):
Le Corps de cavalerie du général Sordet en Belgique (6-24 août 1914). 50

CAMMAERTS (Emile):
Propos irlandais 470

CHLEPNER (B.-S.):
Midas ou le Change sans migraine 278

CHRISTOPHE (Lucien):
Le Stupide XIXe Siècle 443

CROKAERT (Paul):
« Little Belgium » 427

DEVIGNE (Marguerite):
Le « Bethléem » à Notre-Dame de Huy 93

DUCROS (Mme L.-E.):
Voir Altiar 185

DUPIERREUX (Richard):
Sur Ernest Solvay 104
Auguste Donnay 301

E. (S.):
La Volonté de Smyrne 506

ERRERA (Isabella):
Une Esquisse de l'Histoire des Tissus 161

FAX:
Echéance et Divers, soit Canards, Cattier et Carnages. . 106
Est-Ouest-Express 231
L'Unité de Front 515

FLAMBEAU (Le):
Paul Errera 315

Pages.

GILLE (Paul), Professeur à l'Institut des Hautes-Etudes de Belgique:
L'Intégration humaine 484

HEGER (Paul), Président du Conseil d'administration de l'Université de Bruxelles:
Paul Errera 317

LAURENT (Marcel), Professeur à l'Université de Liége:
Le Monument aux Elèves de l'Université de Liége morts pour la Patrie 198

LECOCQ (Charles):
Zadig. 208

LEFRANC (Abel), Professeur au Collège de France:
Le Secret de William Stanley, VIe comte de Derby . 257, 389

LE ROY (Grégoire):
James Ensor 340

MAURRAS (Charles):
Romantisme et Révolution 81

NOTHOMB (Pierre):
Les Compensations à la Hollande (mars-avril 1919) . . 129
Correspondance. 255

VANDERBORGHT (Paul):
Charles Lecocq 205

VANDERVELDE (Emile):
Avant le procès de Moscou (Notes au jour le jour) . . 217

VERBOOM (René):
Poèmes 462

XXX:
La Pologne à Gênes 43

Z.:
La Crise des Alliances 326

Erratum. — Page 515, 7e ligne, lire: *Car, au moment,* etc.

La Conférence de Gênes

L'attitude de la Petite Entente, à la Conférence de Gênes, a été l'objet de certaines critiques. M. Edouard Bénès, l'éminent Président du Conseil de la République tchéco-slovaque, précise admirablement, dans le magistral exposé qu'on va lire, le rôle joué par son pays et par son groupe.

Les Problèmes politiques européens : la Question russe.

Le travail de la Conférence de Gênes était réparti entre quatre commissions: politique, financière, économique et des transports. C'est la commission politique qui a donné son caractère à la Conférence, quoique celle-ci eût dû être avant tout économique. Les organisateurs de la Conférence estimaient, en effet, qu'on ferait le plus grand pas vers la reconstruction économique de l'Europe en établissant des relations directes entre la Russie et l'Europe et en écartant les conflits armés possibles entre la Russie et les autres Etats. C'est en partant de ce principe que la première commission et sa sous-commission furent chargées de résoudre le problème russe sur la base de la résolution de Cannes.

Il serait sans aucun effet de commenter ici en détail les délibérations des différentes commissions. Les résultats de la commission économique, de la commission financière et de la commission des transports sont connus par les communications des journaux, et les faits courants de la commission politique ont été, eux aussi, suffisamment commentés par la presse.

Je vais essayer de donner, par un exposé sommaire, la caractéristique générale de ce qui s'est passé à la Conférence.

La délégation russe, dans sa première déclaration, accentua ses principes communistes, mais, tout en le faisant, elle laissait aussitôt percer entre les lignes que, sous certaines conditions, il lui serait possible, en quelques matières, de se départir des dits principes, mais seulement sous une forme susceptible d'être tolérée par la société communiste russe.

Les questions dont il s'agissait étaient les suivantes :

1° Reconnaissance des dettes d'avant-guerre ;

2° Reconnaissance et remboursement des dettes de guerre ;

3° Restitution des biens des étrangers socialisés en Russie ou, le cas échéant, indemnisation exceptionnelle.

En outre, il s'est posé une série de questions relatives aux droits de l'ancien Empire russe : certaines questions territoriales, la question de l'or roumain confisqué à Moscou, enfin la question de la propagande, à laquelle, en général, la Conférence a attaché une grande importance.

En ce qui concerne la reconnaissance des dettes contractées avant et pendant la guerre, les délégués des Soviets y mettaient comme condition nécessaire l'octroi immédiat de crédits. Dans la question des biens étrangers, socialisés en Russie, ils ne faisaient aucune concession.

Dans toutes ses négociations, la délégation soviétique laissait percer nettement trois tendances :

1° Sauver en apparence, autant que possible, l'intégrité de la doctrine communiste ;

2° Défendre les questions de principe, de manière à pouvoir pourtant offrir aux Etats européens des concessions pratiques, afin qu'en aucun cas les négociations entre la Russie et l'Europe ne soient interrompues et que la Russie ne soit pas rejetée dans son isolement ;

3° Au cours de tous les pourparlers, la délégation russe a constamment insisté sur la réciprocité et l'égalité complètes ; elle s'opposait *a priori* à l'immixtion, sous quelque forme que ce soit, de l'Europe dans les affaires intérieures de la Russie, soit qu'il s'agisse de législation, de juridiction, ou de questions politiques et internationales, dans lesquelles l'ancien Empire russe avait des droits, et qui avaient été résolues sans la participation de la Russie.

La délégation, avec une opiniâtreté et une persévérance dignes d'admiration, continuait la lutte à propos de chaque question, car chacune d'elles signifiait pour la délégation un nouveau pas, sinon vers la reconnaissance *de jure,* tout au moins vers la reconnaissance *de facto.*

Les problèmes russes ainsi posés, surgit sans conteste une question de principe, qui fut spécialement soulignée dans la dernière réponse russe : la société non-communiste d'Europe fut brutalement opposée au régime communiste de Russie. Les membres de la délégation soviétique insistaient sur deux points touchant la Russie :

1° De la révolution est sortie la Russie entièrement nouvelle, qui existe aujourd'hui, une Russie sans presque rien de commun avec la Russie de l'ancien régime et qui, nécessairement, conservera la plus grande partie des résultats de la révolution.

Les masses paysannes, même lorsqu'elles ne sont pas communistes, sont tout autres, affirmaient-ils, qu'elles ne l'étaient sous l'ancien régime.

Dans les négociations entamées avec l'Europe, il faudra compter avec cette Russie nouvelle, dont les représentants sortiront des masses populaires.

2° Toutes les exigences posées par l'Europe appartiennent, d'après les Soviets, au passé. Il devrait être fait table rase du passé et une vie nouvelle devrait commencer. Il ne s'agit plus de se quereller sur ce qui existait avant la guerre et ce qui a été fait pendant la guerre. Il est nécessaire d'oublier toutes les dettes, toutes les obligations et d'entamer une vie nouvelle non alourdie par le passé. C'est seulement de cette façon qu'on pourrait se rencontrer, se rapprocher et essayer de nouvelles collaborations.

Dans ce sens, la délégation des Soviets se présentait elle-même comme l'avenir, et présentait au contraire le reste de l'Europe comme un passé définitivement condamné.

Mais le grotesque de la situation apparaît d'autant plus clairement lorsqu'on considère qu'après avoir critiqué le plus énergiquement possible la vieille Europe et démontré qu'elle était vouée à sa perte, les délégués demandaient à cette vieille Europe de l'argent afin de se sauver. C'est, pour les Russes, une horrible réalité, mais elle est telle. Par là même, le régime des Soviets reconnaissait à Gênes, bon gré mal gré, sa défaite. Les bolchéviks condamnaient l'Europe et son capitalisme à la mort politique et sociale; ils déclaraient la guerre au capitalisme, en prédisaient la disparition prochaine, et tout à coup, ces hommes opposés par principe au capitalisme lui demandent aide, c'est-à-dire de l'argent, des capitaux. Cette situation a été exprimée par de multiples caricatures où l'on voit un bolchévik mendiant auprès des capitalistes.

Je n'entrerai pas ici dans des considérations théoriques; je me bornerai à constater l'impression et l'expérience que tous les participants ont emportées de la Conférence touchant la question primordiale, c'est-à-dire le conflit du communisme et du capitalisme. M. Lloyd George a formulé cette situation d'une manière habile sous une forme agréable pour les Russes, mais pourtant topique.

Par leur tactique, les Russes ont fait que les délibérations de La Haye seront réduites aux questions essentielles suivantes:

1° La reconnaissance des dettes d'avant-guerre, des dettes de guerre et la reconnaissance de la propriété privée des étrangers;

2° L'ouverture définitive de l'Europe à la Russie et de la Russie à l'Europe, au moyen de l'octroi de crédits, et le rétablissement des relations commerciales et économiques normales, ce qui serait une préparation pour la reconnaissance politique de la Russie actuelle.

Pour arriver à une entente réelle, il n'existe, vu les conditions actuelles, qu'une seule voie: le franc aveu des Soviets que la Russie ne subsiste plus au point de vue communiste intégral, et qu'elle s'adapte au reste du monde non-communiste; l'aveu franc et net qu'il est nécessaire de recourir à un compromis dans toutes les questions posées à Gênes, et qu'il faut non seulement commencer une collaboration avec l'Europe, c'est-à-dire faire des compromis en politique internationale, mais, avant tout, faire des compromis en politique intérieure avec les autres classes de la population non-communiste. Un pareil aveu ne doit pas être une humiliation pour la Russie, mais il est nécessaire pour les Russes eux-mêmes, s'ils veulent venir en aide à leur nation. Sans netteté dans ces questions fondamentales, une administration et une politique efficaces ne sont pas possibles.

La Russie, par la Conférence de Gênes, a repris une politique internationale active, ayant été en réalité reconnue *de fait*. Il ne faut pas se méprendre sur ce point. La Russie n'est pas et ne sera pas pendant longtemps un facteur économique, même si elle entre de nouveau en collaboration économique avec l'Europe.

Jusqu'à présent, trois procédés politiques ont été appliqués vis-à-vis du régime soviétique: le premier est une politique de résistance par principe, refusant toute relation avec les Soviets en tant que gouvernement. Cette politique a d'abord essayé de les détruire par des expéditions militaires, puis, cela n'ayant pas réussi, a pris à leur égard une attitude purement négative. Le deuxième procédé est tout le contraire du premier. Sans connaissance réelle de la situation en Russie, sans connaissance véritable de la psychologie de la révolution russe et du communisme russe, il admet la possibilité de rapports politiques et diplomatiques définitifs avec les Soviets, accepte de les reconnaître et de collaborer avec eux.

Le gouvernement tchécoslovaque a rejeté l'un et l'autre procédé : le premier pour des raisons de principe et, en ceci, il a été approuvé presque unanimement par la nation ; le deuxième, parce qu'il lui semblait faux au point de vue politique, incapable d'aboutir au but visé.

Nous avons défendu une politique de moyen terme. Nous nous sommes déclarés pour l'entrée en relations ; pour un contact permanent ; pour l'arrangement progressif d'une collaboration, surtout économique ; pour l'adaptation, par une lente évolution, des conditions régnant en Russie aux conditions prévalant dans les autres Etats, et ainsi pour la conservation des résultats essentiels de la révolution russe, sans provoquer une nouvelle anarchie en Russie ; enfin, pour l'évolution vers la collaboration avec les autres classes du peuple russe. A notre avis, c'est la seule voie possible et praticable, même pour le reste de l'Europe.

La première de ces trois politiques suppose une nouvelle révolution, l'anarchie et de nouvelles luttes en Russie. La seconde ne s'aperçoit point qu'elle devance les événements ; qu'elle empêche, par son point de vue trop brusque, la première de ces politiques d'accepter tout compromis. Elle augmente le chaos des esprits dans les masses ouvrières européennes et ajourne la solution du problème fondamental existant entre le communisme et le socialisme. Il ne reste donc, pour faire une bonne politique russe, qu'à suivre la troisième voie. Celle-ci est en même temps susceptible d'apporter rapidement secours à la population russe et d'adoucir sa grande misère.

Si la Conférence de Gênes n'a point eu un plus grand succès dans les affaires russes, c'est notamment parce que des points de vue extrêmes et contraires s'y sont heurtés, chacun d'eux étant défendu pour des raisons politiques différentes.

Si l'Europe pouvait adopter le point de vue moyen, qui serait en même temps l'expression définie d'une méthode politique, il n'y a pas de doute que la marche vers la reconstruction de l'Europe et de la Russie serait de beaucoup plus rapide et de beaucoup plus avantageuse. Il n'y a pas de raison pour que nous soyons pessimistes *a priori* en ce qui concerne la Conférence des experts à La Haye. Nous désirerions simplement que toutes ces choses fussent bien considérées, dans cet esprit, tant du côté de la Russie que du côté des Etats de l'Europe, avant qu'il soit procédé à de nouvelles délibérations.

L'Angleterre et la France : les deux courants de la politique européenne.

La lutte engagée autour du problème russe à la Conférence de Gênes a eu une forte répercussion sur toutes les questions actuelles de la politique européenne. Je mentionnerai au moins les plus importantes.

La première de ces graves questions était la divergence de vues entre l'Angleterre et la France, qui s'est manifestée sous différentes formes à la Conférence de Gênes. Dès l'origine, la France ne voyait pas avec plaisir la convocation de la Conférence. Celle-ci lui paraissait prématurée, non préparée et dangereuse, du fait que se manifestaient des tendances à y discuter les questions des réparations et des traités de paix, et à opérer ainsi la première tentative de revision des traités.

Par là apparaissaient déjà, dans leurs grands traits, les deux courants politiques de l'Europe présente. Le premier, issu des résultats de la dernière guerre, veut le maintien des traités de paix et des alliances qui en sont résultées; il estime qu'avec le temps, pas à pas, par évolution, la psychologie de guerre et d'inimitié réciproque disparaîtra. Par l'application progressive des traités de paix, la confiance mutuelle renaîtra et l'on parviendra à la réconciliation finale et à la collaboration nécessaire entre les peuples, ainsi qu'il est dans les intentions de la Société des Nations.

Les partisans de cette tendance ont conscience que les conséquences de la guerre se font encore beaucoup sentir dans l'esprit des hommes; l'anéantissement de quatre énormes Etats, la dévastation des territoires, la ruine de millions de familles — tout cela est encore trop vivant et trop puissant. Ce serait une faute de pratiquer immédiatement une politique telle que s'il n'en était pas ainsi, ce serait mettre une arme dans la main de ceux qui reconnaissent uniquement la politique de la force, qui ne croient pas à la nécessité de la fraternisation des nations et dont la religion est le chauvinisme et le militarisme.

Le second courant, à vrai dire, a les mêmes buts, mais il estime nécessaires, pour les atteindre, une procédure et une méthode politique entièrement nouvelles. Alors que les partisans de la première tendance insistent sur une procédure évolutive, l'admission graduelle des anciens ennemis à la collaboration, afin de pouvoir ainsi se convaincre de la bonne volonté des uns à l'égard des autres, les partisans de la seconde veulent rompre rapidement et par la force avec la tradition de guerre, veulent oublier tout instantanément, proclament la nécessité d'une collaboration immédiate et sans restriction avec tous les autres. Ils ne sont pas si susceptibles au sujet des traités de paix; ils ne font aucune différence entre les anciens alliés et les anciens ennemis, et leur attitude à l'égard de la Russie des Soviets est inspirée du même esprit. Cette tendance est expressément pacifiste; ses partisans demandent le désarmement général et en parlent beaucoup; ils sont, en outre, modérés dans la question des réparations.

Cette tendance se caractérise en même temps par une certaine méfiance à l'égard des petits Etats, car une propagande a fait naître la légende suivant laquelle les petits Etats sont plus chauvins et plus militaristes que les grands.

Cette méfiance apparaît dans le souci des minorités ethniques dans les petits Etats et spécialement dans les Etats nouveaux, ainsi que dans les efforts faits en vue de réduire l'indépendance économique de ces petits Etats en travaillant à la formation de sphères d'intérêts économiques plus étendues.

Ces deux tendances et le conflit existant entre elles sont apparus au cours de tous les travaux de la Conférence de Gênes à propos des moindres questions, fût-ce même questions de forme.

Couramment, quoique pas toujours avec raison, on identifie la première tendance avec la politique française; la seconde, avec la politique anglaise et italienne. La politique américaine a une place à part et ce n'est que dans certaines questions qu'elle adopte la politique pacifiste tantôt de la France, tantôt de l'Angleterre.

Les anciens Etats ennemis se placent naturellement en tout à la suite des partisans de la seconde tendance. Il est également naturel que les minorités ethniques, dans les nouveaux Etats, manifestent leur sympathie pour cette tendance politique et s'efforcent de la faire prévaloir dans leur pays.

Il est vrai que des tentatives sont faites pour proclamer cette tendance comme le système de la démocratie et du progrès, alors que le premier système est flétri des termes de réaction et de violence. J'estime inutile de m'élever contre ce fait. Il est connu que, chez nous, souvent ceux qui furent pendant la guerre les plus grands défenseurs de la véritable réaction et de la véritable violence, se sentent, tout d'un coup, les défenseurs élus du progrès, de la justice ethnique et sociale, des principes démocratiques, et se réclament aujourd'hui de cette tendance de la politique extérieure.

La Crise des alliances.

L'accentuation de ces deux courants politiques à la Conférence de Gênes a provoqué ce qu'on commence à appeler aujourd'hui la crise des alliances; on commence, à la suite du désaccord entre l'Angleterre et la France à la Conférence de Gênes, à discuter la question de savoir si les anciens liens d'alliance entre ces deux Etats se maintiendront ou non.

Jusqu'ici certains hommes politiques ont d'un côté jugé nécessaire de modifier d'après les circonstances l'alliance de la guerre, de maintenir tout ce dont il est besoin dans la situation d'après-guerre, et de persister dans la solidarité fondamentale qui existe entre les Etats alliés du fait de la guerre. A ce propos, on a calculé que ces alliances seraient complétées par une série d'ententes entre les Etats alliés, notamment par le pacte dit pacte franco-britannique de garantie, auquel adhérerait aussi la Belgique, puis par un accord spécial avec l'Italie et, éventuellement, par des accords spéciaux avec les Etats de l'Europe centrale. On a cru qu'un pacte de garantie particulier serait ainsi conclu, d'où sortirait avec le temps un pacte de garantie européen. Ce dernier finirait par comprendre aussi l'Allemagne.

Ce plan politique aurait surtout pour but de procéder systématiquement à l'édification de l'Europe d'après-guerre, de progresser dans la réalisation intégrale des traités de paix; de s'efforcer de les appliquer sans crise ni violence; de créer une atmosphère de calme; de résoudre avant tout particulièrement le problème des réparations et d'empêcher par tous les moyens les tentatives d'une politique catastrophale, tant de la part des « catastrophistes » de droite que des « catastrophistes » de gauche, tant de la part des militaristes ou des chauvins que de ceux qui sabotent systématiquement les traités de paix.

A cela s'oppose la deuxième conception soutenant que l'alliance issue de la guerre peut donner l'impression que l'on entend poursuivre la politique de guerre, plaidant le point de vue non de la rupture des accords antérieurs, mais d'un certain relâchement, d'une plus grande liberté dans la solution des diverses questions internationales.

Il importe de souligner qu'il ne s'agit pas aujourd'hui de rompre d'une manière éclatante la quadruple entente anglo-franco-italo-japonaise, non plus que la solidarité de guerre des alliés, dans lesquels rentrent en même temps la Belgique et les Etats de l'Europe centrale, ni de cesser la collaboration étroite existant aujourd'hui entre l'Angleterre et la France. Il ne s'agit pas non plus de remplacer immédiatement ces anciennes ententes par des blocs alliés nouveaux en y incorporant les anciennes puissances ennemies, par exemple l'Allemagne ou peut-être la Russie soviétique. Il est trop tôt pour cela; les obstacles sont grands; les facteurs politiques auxquels incombe la décision s'en rendent fort bien compte et personne n'y songe sérieusement. Les hommes politiques français, anglais et italiens voient clairement les importantes conséquences qui en découlent. Ils voient également que l'Allemagne, dans son état présent, est un contractant inopportun pour une alliance, de même que la Russie. L'opinion publique de ces Etats ne le supporterait pas.

A juger objectivement les choses, la soi-disant crise des alliances nous apparaît ainsi après la Conférence de Gênes: on ne peut pas actuellement compter approfondir davantage et plus en détail les principes actuels des accords entre Alliés. Il me semble que c'est une faute pour l'Europe. Autant que je puis en juger, on le ressent aussi dans tous les milieux politiques allemands sérieux, lesquels se rendent compte qu'une ferme politique alliée franco-anglaise donne à l'Allemagne une plus grande possibilité de se restaurer économiquement, d'obtenir une solution plus modérée de la question des réparations et, en général, d'opérer une évolution politique plus calme dans un avenir prochain.

On parle beaucoup de l'isolement de la France, notamment dans divers milieux antifrançais. Je voudrais attirer l'attention sur le fait que c'est mal comprendre la véritable situation politique actuelle de l'Europe; il n'y a que les milieux extrêmement nationalistes français qui souhaitent aussi cet isolement.

Cette évolution vers une plus grande liberté politique des deux parties est d'ailleurs naturelle : le grand danger commun qui a étroitement uni les alliés pendant la guerre disparaît de plus en plus, et plus il en est ainsi, plus il s'agit entre eux de résoudre des questions au sujet desquelles leurs intérêts ne sont pas toujours identiques. C'est pourquoi nous devons sans cesse être préparés à nous trouver en face de désaccords tels qu'il en est surgi à la Conférence de Gênes, mais de grandes scissions et des changements de front ne sont pas à craindre. Les divergences d'intérêts étant chose naturelle, la tâche de la politique est de trouver un bon terrain d'accord malgré cet obstacle.

Il n'est pas douteux que les regroupements diplomatiques occasionnels qui pourraient se produire ne feraient que renforcer le sentiment d'incertitude et d'imprécision dans les Etats de l'Europe. Dans ces conditions, nous devons d'autant plus accentuer notre collaboration avec les Etats avec lesquels nous sommes le plus liés ; cette collaboration est pour chacun de nous inestimable non seulement en ce qui concerne les questions de défense nationale et les pourparlers diplomatiques qui ont lieu dans les conférences et congrès internationaux, mais encore parce qu'elle nous apporte d'énormes succès matériels et moraux.

Notre politique actuelle était préparée à une telle situation par le travail des dernières années, qui lui a permis de raffermir sa position et de jeter les bases d'alliances. Elle n'a aucune raison pour changer ses rapports envers la France, l'Angleterre ou l'Italie, l'Allemagne ou la Russie. A l'égard de ces Etats, elle continuera dans la direction suivie jusqu'ici. Mais elle sera prête, à tous égards, pour toute éventualité possible.

La Politique tchéco-slovaque.

Au cours des deux dernières années, le programme de ces deux courants politiques a pris forme peu à peu et, finalement, il est apparu avec une suffisante netteté à la Conférence de Gênes. Chez nous, cela s'est manifesté de temps en temps par des interpellations et des attaques contre notre politique extérieure; déjà on avait posé la question de savoir si je voulais faire une politique française ou anglaise. Les uns parlaient de vassalité envers la France; d'autres nous traitaient de réactionnaires; d'autres encore voyaient d'un mauvais œil notre politique à l'égard de la Russie; à leur avis, nous n'étions ni assez russophiles, ni assez francophiles. Nous avons même été traités de germanophiles.

La Conférence de Gênes nous fournit l'occasion de donner en quelques mots une réponse plus précise à ces reproches. Le gouvernement tchécoslovaque a toujours répondu à ce genre de reproches en disant qu'il pratiquait une politique tchécoslovaque. Le plus bel exemple que l'on puisse donner de ce que nous venons de dire, c'est la politique que nous avons suivie à la Conférence de Gênes.

Quiconque a quelque intelligence des principes de la politique internationale ne demande pas seulement avec qui marche tel ou tel Etat, mais il se pose d'abord une question: quels sont les intérêts de l'Etat, de quel côté sont-ils, et quels sont les principes qui dirigent sa politique extérieure?

La démocratie, le progrès politique et social sont de tradition dans notre nation. Nous resterons fidèles à cette tradition. Il est de notre intérêt que les traités de paix soient respectés et exécutés; que les ennemis déclarés ou secrets de notre Etat ne puissent, sous le couvert du progrès et de la démocratie, semer de nouvelles disputes en Europe et faire crouler les fondements de cet Etat. Il est de notre intérêt qu'une Russie nouvelle puisse coopérer le plus tôt possible à la reconstruction politique et économique de l'Europe, et que l'on ne retourne pas au système, en usage avant la guerre, d'armements à outrance, lequel nous a conduits à la guerre mondiale. Il est également de notre intérêt que les minorités ethniques, dans chaque Etat, obtiennent autant de liberté qu'il est compatible avec la sécurité et les intérêts de l'Etat, et que cette liberté facilite les bonnes relations entre les divers Etats.

C'est ce qui détermine la politique que nous avons pratiquée depuis l'origine de la République et que nous entendons continuer. Ainsi se trouve formulée la réponse à la question de savoir si nous suivons une politique française ou anglaise. Nos adversaires politiques continueront à parler de vassalité; ils continueront à commenter notre dépendance à l'égard de l'un, parce que leur but est d'aboutir à une véritable dépendance à l'égard de l'autre; et, en tous cas, de créer des difficultés à l'Etat.

Chacun des petits Etats doit tenir compte de l'attitude prise par les grands et, dans une certaine mesure, s'en inspirer. Mais sa solidarité avec un grand Etat est limitée par ses propres intérêts; les grands Etats respectent les intérêts vitaux des petits, lorsque ceux-ci se trouvent dans une situation telle qu'ils sont tenus de choisir entre tel ou tel point de vue et d'agir en conséquence.

Bien des gens n'ont, semble-t-il, pas compris ces notions élémentaires. Dès le début, le principe de toute notre politique extérieure a été de conserver la liberté de pratiquer notre propre politique, une politique réellement tchécoslovaque. De cette façon-là seulement nous pouvons être et rester un allié appréciable pour celui avec lequel nous marchons de concert. Ce qui constitue l'importance de la Petite Entente, c'est qu'elle facilite pour nous, comme pour chacun de ses membres, une politique conforme aux conditions historiques, géographiques et économiques.

L'Etat tchécoslovaque n'est pas et ne doit jamais être le jouet d'aucun grand Etat, il ne saurait non plus prendre à l'avance des engagements envers quelque Russie future artificiellement édifiée.

Ce point de vue ne cesse pas d'être slave. Bien au contraire, il constitue une base sérieuse pour une politique slave positive. A Gênes précisément, nous nous sommes, avec M. Nintchitch, ministre des Affaires étrangères du Royaume des Serbes, Croates et Slovènes, convaincu à nouveau et plus directement de la nécessité d'une collaboration étroite et d'une alliance des plus étendue pour l'avenir. De même nous avons senti clairement ce qui nous unissait aux Polonais. Même dans les conversations avec M. Tchitchérine, nous n'avons pas oublié les questions de la politique slave.

L'Europe centrale commence à être une partie consolidée de l'Europe. On peut même dire qu'elle est plus solide qu'on ne le croit généralement. On a pu s'en apercevoir à la Conférence de Gênes. Nous avons encore, il est vrai, un certain nombre de difficultés, mais en quelques années nous avons fait de grands progrès. Dans l'Europe centrale nous sommes aujourd'hui arrivés à une entente avec la Yougoslavie, la Roumanie et la Pologne, de sorte qu'il n'est pas à craindre de voir tenter une modification de la situation actuelle de l'Europe. De jour en jour cette situation se raffermit; je voudrais même souligner que la Conférence de Gênes qui, pour certains hommes politiques, devait constituer la première attaque contre les traités de paix, n'a fait en réalité que raffermir encore le nouveau statut de l'Europe centrale.

Ce résultat est dû à la politique qui, depuis la fin de la guerre, poursuit méthodiquement l'organisation de l'Europe centrale, à la politique consciente de ses tâches immédiates et de ses devoirs à l'extérieur. Quoiqu'elle n'y voie pas une sorte de garantie éternelle pour la sécurité de notre pays, cette politique considère cependant cette organisation nouvelle comme un moyen efficace d'en affermir les fondements. Le fait que notre politique a été longuement méditée ressort de ce que les bases de la Petite Entente ont été posées à Paris dès le mois de décembre 1918.

La politique que nous venons d'exposer ne change rien à nos rapports étroits et cordiaux avec la France, l'Angleterre et les autres nations. Au contraire, l'indépendance et la fermeté de notre politique extérieure ne font qu'accroître l'importance et le prix que l'on attache à notre alliance. Il était utile de le dire ; la Conférence de Gênes nous en a fourni l'occasion.

La Petite Entente à la Conférence de Gênes.

La Conférence de Gênes a été pour la Petite Entente et la Pologne la première occasion d'une collaboration diplomatique internationale au grand jour. Disons immédiatement que cette collaboration a fait ses preuves. Dans les commissions économique, financière et des transports, les experts ont systématiquement pratiqué une action commune et obtenu tout ce qui était dans l'intérêt de la Petite Entente. Dans les questions politiques, la tactique commune fut établie dans tous les détails. Les chefs des délégations se tinrent en rapports constants ; ils discutèrent en commun et décidèrent en commun toutes les questions politiques, et l'on peut affirmer que pendant toute la Conférence il n'y a eu aucun fait, soit matériel, soit formel, soit personnel, qui ait pu faire naître un désaccord. Les représentants de la Pologne ont participé constamment à toutes nos réunions et avec eux aussi nous avons travaillé en complet accord dans les questions de forme ainsi que dans les questions de fond. Au cours de cette collaboration, la sincérité et la loyauté de tous s'affirma d'une façon éclatante. Nous avons quitté la Conférence avec le désir qu'une telle collaboration subsiste à l'avenir. Tout le monde a constaté que l'un des résultats positifs de la Conférence de Gênes était justement la consolidation et l'affirmation de l'influence politique internationale de la Petite Entente et de la Pologne qui travaillait avec elle.

Je ne citerai pas ici tous les cas concrets de cette collaboration. Je ferai remarquer que notre groupement, dans les différentes questions se présentant à la Conférence de Gênes, a adopté régulièrement un point de vue modéré et médiateur. C'est ainsi, par exemple, qu'il a cherché à atténuer les divergences dans le conflit anglo-français. En ce qui concerne le memorandum russe, son point de vue fut modéré, et quand il s'est agi de prendre une décision définitive dans les affaires russes, il a défendu le point de vue qu'il ne convenait pas d'interrompre toute négociation avec la Russie et de rejeter à nouveau ce pays dans l'isolement. Quand il s'est agi de l'engagement réciproque des différents Etats de ne pas s'attaquer, notre groupement a défendu cette opinion moyenne qu'il n'est certainement pas nécessaire de renforcer particulièrement la garantie des traités de paix, mais que, dans le pacte conclu, il est nécessaire de rappeler que la base de tous les engagements internationaux de ce genre est que chacun respecte le principe fondamental du droit international, c'est-à-dire qu'il respecte ses engagements.

Critique de la Conférence. Ses résultats.

Il serait très facile de critiquer la Conférence et ses travaux. Les critiques qui lui ont été adressées sont généralement les suivantes:

1° Elle aurait été prématurée et insuffisamment préparée. Suivant ces critiques, la Conférence aurait eu un plus grand succès si elle avait eu lieu six mois plus tard.

2° Son programme aurait été erroné. La reconstruction de l'Europe doit commencer par le règlement du problème des réparations, par des négociations directes entre l'Angleterre, la France et l'Allemagne. Ensuite, il faut régler la question des dettes de guerre interalliées. De l'avis unanime de tous les spécialistes, le monde est aujourd'hui surchargé de dettes. Aussitôt qu'une entente sur cette question sera réalisée, il sera nécessaire d'en appliquer le résultat à la vie économique des autres Etats européens, et ceci améliorera rapidement la situation économique de l'Europe. Ce n'est qu'après que ces deux résultats auront été obtenus que l'on pourra commencer à régler le problème économique russe.

3° La Conférence aurait montré une connaissance insuffisante des questions russes. Sans cela, on n'aurait pas commis dans ces questions russes certaines erreurs et on se serait aperçu plus tôt que, dans la situation actuelle de la Russie, la Délégation des Soviets ne pouvait pas accepter les conditions des puissances occidentales: il n'aurait pas été possible non plus que le contraste entre la Russie communiste et l'Europe bourgeoise apparût aussi nettement à la Conférence qu'au dernier moment. En outre on dit que la Russie pourra accepter dans six mois, mais qu'elle ne pouvait accepter maintenant.

4° On incrimine particulièrement la suspicion que certains Etats ont apportée à la Conférence. A ce propos, on considère généralement le traité germano-russe comme ayant dès le début fait disparaître la confiance réciproque, en provoquant une grande nervosité et l'incertitude, en raison de quoi on n'a pu compter sur un grand succès.

5° Ensuite, on dit que la France a bien formulé exactement ce qu'elle ne veut pas; mais qu'elle n'a pas indiqué d'une façon concrète comment elle se représente la reconstruction de l'Europe.

6° Il y avait une incertitude à la Conférence. On ne savait pas quand, de quelle façon et dans quel sens une question quelconque se poserait; quelles questions seraient discutées; à quel moment on discuterait une question; tout était imprévu et incertain. Ceci créait un milieu nerveux, susceptible, irritable, par suite un manque de calme et de capacités pour un travail positif. La Conférence de Gênes a été aussi la première Conférence où des luttes diplomatiques aient eu lieu devant le grand public, devant une assemblée populaire sous la forme de réunion publique. Cela avait son très bon côté, mais créait un état d'esprit encore plus nerveux.

Il serait possible de citer encore toute une série d'autres arguments formulés de divers côtés. Je ne les considère pas tous comme justifiés, mais il est bon de signaler ce que l'on reproche à la Conférence afin de pouvoir juger de la situation exacte. On tentera de parler d'un insuccès de la politique anglaise et italienne, d'un succès de la politique française, de succès ou d'insuccès de la Russie et de l'Allemagne. Je pense que de tels jugements ne seraient pas exacts.

A la Conférence s'affrontaient les représentants de trois courants de la politique internationale; ils ont quitté Gênes en gardant leur position et sans changer de point de vue. C'est un fait que le but que s'était assigné la Conférence n'a pas été entièrement atteint. Nous ne devons pourtant pas nous laisser tromper: on ne continuera que plus obstinément à travailler pour y arriver. Tous ceux qui ont suivi les travaux de la Conférence de Gênes ont dû admirer la persévérance, la largeur de vues et l'optimisme avec lesquels M. Lloyd George s'efforça d'écarter d'énormes obstacles. Et tous ceux qui ont vu de quelle façon la Conférence a été préparée et quelles furent ses véritables difficultés intérieures n'ont pas pu ne pas reconnaître que le scepticisme de la politique française à l'égard de la procédure employée n'était pas injustifié. L'idée qui avait conduit à l'organisation de la Conférence et à la présentation de certaines questions, était juste. Il est nécessaire de l'affirmer à nouveau. Mais les conditions dans lesquelles on pouvait arriver à un résultat, ainsi que les difficultés que l'on devait rencontrer n'avaient pas été exactement indiquées. En outre, on n'avait pas connu suffisamment à temps, avant la Conférence, le point de vue de la Russie et, même pendant la Conférence, les idées et le point de vue russes n'ont pas été convenablement aperçus. C'est pourquoi on ne pouvait obtenir un plein succès.

Ce serait néanmoins une très grande erreur que de penser que la Conférence a perdu ainsi son grand intérêt politique. Les résultats obtenus par les commissions économique, financière et des transports sont certainement remarquables, bien que d'ordre tout à fait général; ils mettent bien en relief les différents problèmes de la reconstruction de l'Europe.

Si, avant la Conférence de Gênes, ce mot de reconstruction de l'Europe n'était qu'une formule, tous ceux qui ont participé aux travaux de la Conférence comprennent maintenant très clairement ce que signifie la question de la reconstruction de l'Europe. Mais l'importance principale de la Conférence réside dans les résultats de ses travaux politiques, que l'on peut résumer ainsi:

1° La Conférence a été la première manifestation internationale de la communauté politique et économique européenne après la guerre. Pour la première fois, les chefs politiques de tous les Etats se sont rencontrés personnellement et ont conféré ensemble. Ceci est déjà un succès remarquable.

2° La Russie, après sa révolution, est entrée pour la première fois en relations avec le reste de l'Europe et est sortie de son isolement; elle a noué des relations qu'elle conservera probablement, et le danger de conflits armés entre elle et les autres Etats a disparu dans une large mesure.

3° Le problème russe par rapport à l'Europe est apparu aux Etats européens beaucoup plus clair qu'il ne l'était auparavant, il s'est réduit à quelques questions très simples, de telle sorte que les négociations ultérieures seront beaucoup plus faciles. Les divergences entre la Russie communiste et l'Europe non communiste sont apparues très nettement. Le fait qu'on continuera à négocier dans la commission nouvellement constituée à La Haye doit être considéré comme une bonne chose, car ainsi le contact avec la Russie se trouve maintenu.

4° Toute une série de questions importantes de la politique européenne se sont posées à la Conférence : relations des Alliés entre eux, rapports franco-anglo-italiens, situation de l'Allemagne en Europe et rapports des Allemands avec la Russie, situation de l'Amérique par rapport à la reconstruction de l'Europe et, d'une façon générale, directives de la politique européenne. Il est sans doute bon qu'une série de questions aient été éclaircies, que la crise cachée se soit révélée publiquement et qu'ainsi de meilleurs préparatifs de l'action à venir aient été rendus plus faciles.

5° La Petite Entente s'est manifestée comme un élément de consolidation dans la politique européenne. Elle a jusqu'au bout défendu ses intérêts et elle a ainsi rempli la tâche que lui ont tracée ceux qui ont travaillé à sa réalisation. Les Etats qui la constituent ont assuré à ce groupement de nations une influence internationale pour l'avenir, et le prestige particulier de chacun de ses membres.

La Tchécoslovaquie elle-même, pendant le cours de la Conférence, a empêché tout ce qui, sous une forme quelconque, aurait pu porter atteinte à ses intérêts. Il n'y a eu pendant la Conférence aucun incident par lequel elle aurait été atteinte. Dans l'esprit de ses principes et de sa politique précédente, qui a toujours servi les intérêts et les idées incorporés dans la Conférence de Gênes, la Tchécoslovaquie a collaboré efficacement à la reconstruction européenne. Nous revenons de la Conférence sans être ni lésés dans nos intérêts, ni ébranlés dans nos positions et, par là même, renforcés.

Conclusion.

Parler dans ces conditions d'un échec de la Conférence de Gênes et ne pas voir cette situation serait inexact. Si l'on n'a pas atteint ce que pensaient obtenir les organisateurs de la Conférence, on est arrivé à de sérieux résultats qui parfois n'étaient pas attendus; l'historien de la politique européenne devra s'arrêter certainement à la Conférence de Gênes; l'homme politique doit méditer à son sujet, s'efforcer de la comprendre et en tirer les conséquences nécessaires pour la politique pratique. Avant de partir pour Gênes, la Délégation tchécoslovaque ne se faisait aucune illusion sur le résultat de la Conférence. J'affirmerai que nous nous sommes rendus à la Conférence sans espoir particulier, mais aussi sans crainte. Je n'approuvais pas ceux qui maudissaient la Conférence et qui aujourd'hui parlent de son grand insuccès. Sa convocation fut un grand acte international. L'homme politique qui porte la responsabilité de la politique de l'Etat, a le devoir d'adopter un point de vue positif; en vue d'un tel acte international il doit avoir son programme et un but bien fixé. S'il restait dans une position purement négative, il ferait certainement le plus grand tort aux intérêts de l'Etat qu'il représente. Seul un opposant, qui fait de l'opposition pour l'opposition, et celui qui se contente d'une attitude négative peuvent faire une politique purement négative. C'est une expérience politique bien connue et courante. Nous avons adopté dès le début un point de vue modéré, critique et non négateur. Nous avons essayé, dans la mesure de nos forces, de collaborer au programme de la Conférence et de faciliter un règlement à l'amiable des conflits. Nous avons fait preuve envers tous et dans tous les cas de bonne volonté.

Dans tous nos actes, nous sommes restés entièrement fidèles à la ligne de notre politique.

EDOUARD BÉNÈS.

Prague, mai 1922.

Deux Politiques [1]

VII

La non-adhésion de la Belgique au pacte de Londres eut pour effet de provoquer de la part des Alliés la déclaration de Sainte-Adresse. Le gouvernement belge ne put que se féliciter de sa réserve. Les cabinets de Londres et de Paris sentirent d'eux-mêmes l'opportunité de prendre envers lui des engagements positifs qui avaient trop tardé depuis le commencement des hostilités, celui de ne pas déposer les armes tant que l'indépendance de la Belgique ne serait pas restaurée, celui aussi de reconstituer au moyen de larges indemnités son patrimoine économique, qu'elle avait sacrifié en restant héroïquement fidèle à ses obligations internationales.

Les termes de la déclaration, arrêtés par les cabinets de Paris et de Londres et soumis à celui de Pétrograd, furent discutés avec moi au quai d'Orsay. J'eus le tort d'y vouloir introduire le mot vague de « revendications », qui dans ma pensée ne visait pas des acquisitions de territoire, mais des réclamations d'ordre matériel et financier. On me fit observer que ce mot prêterait à des équivoques et je consentis à sa suppression, pour que la déclaration fût aussi nette et aussi précise que possible.

L'Italie ne l'a pas signée, parce qu'elle n'était pas une Puissance garante de l'indépendance et de la neutralité belges, mais elle n'y a fait aucune objection par suite de son adhésion au pacte de Londres. Tel est le sens de la communication que je reçus de son représentant et qui

(1) Voyez le *Flambeau* du 30 avril 1922 (5e année, n° 4).

fut suivie de celle du gouvernement japonais dans des termes analogues.

La déclaration faite à la Belgique ne pouvait pas comprendre sa colonie. C'était comme Puissances garantes que la France, l'Angleterre et la Russie s'étaient unies pour affirmer leur fidélité aux engagements contractés envers notre pays. Aucune d'elles n'avait garanti la possession du Congo à la Belgique, non plus que sa neutralité. L'Angleterre avant le siège d'Anvers (19 septembre 1914) avait fait remettre à notre gouvernement une note lui donnant l'assurance de son appui pour le maintien de l'intégrité de nos possessions coloniales. Notre Souverain, attentif à tout ce qui pouvait sauvegarder l'avenir de notre colonie, insista pour que je réclamasse en faveur du Congo une promesse formelle. Nous sommes redevables à sa clairvoyante sollicitude de la déclaration complémentaire faite par le Ministre de France. L'Angleterre désira que son alliée en prît l'initiative en raison du droit de préemption qu'elle possède sur notre domaine africain. Le ministre britannique au Havre et le chargé d'affaires de Russie m'informèrent par écrit de l'adhésion de leurs gouvernements à la déclaration de M. Klobukowski; le ministre d'Italie et le chargé d'affaires du Japon me firent connaître qu'ils en prenaient acte.

La déclaration de Sainte-Adresse n'a pas produit pour notre pays tous les fruits que j'en avais espérés. La faute n'en est ni à son esprit ni à son texte, mais à la durée de la guerre qui a dépassé les pires prévisions. La révolution russe survenue à la fin de la troisième année, les efforts gigantesques et les énormes sacrifices que la France et l'Angleterre ont dû s'imposer pour soutenir la lutte, les ruines accumulées par les armées allemandes, ont mis les signataires hors d'état de remplir l'engagement qui prévoyait « le relèvement commercial et financier de la Belgique. » Le traité de Versailles, d'autre part, n'a pas pourvu aux moyens efficaces de lui assurer les larges indemnités promises. La déclaration et la réponse que je fis aux ministres des trois Puissances n'en ont pas moins confirmé au grand jour, à la face de nos ennemis, la solidarité existant entre les Alliés et la Belgique ; elles n'ont laissé à l'Allemagne aucun doute, aucun espoir, à cet égard. La déclaration précisait en outre les promesses réconfortantes auxquelles la Belgique avait droit. Et par dessus les tranchées elle apportait à une population admirable dans la souffrance une consolation, un encouragement, une confiance, qui devaient réjouir et raffermir encore son héroïsme.

La déclaration a donné ainsi satisfaction à ceux qui refusaient, comme moi, de croire au mirage d'une plus grande Belgique. Je ne vois pas du reste que mes successeurs aient cherché à obtenir davantage des Alliés avant la fin de la guerre (1).

Il est pitoyable que, pour aiguiser ses critiques, M. Nothomb se soit fait une arme contre moi des appréciations émises par la presse allemande. Ignore-t-il donc ou feint-il d'ignorer que la tactique de l'Allemagne a toujours été de semer la division parmi nous ? Elle louait les uns pour les rendre suspects aux autres et cherchait à déconsidérer, en feignant de les approuver, ceux que peut-être elle haïssait et redoutait le plus.

VIII

La restauration de la Belgique avait été assurée par la déclaration de Sainte-Adresse autant qu'il était possible à la diplomatie d'y pourvoir, en attendant la décision suprême qui ne serait obtenue que par les armes. Mais l'abandon définitif de notre neutralité, le statut international futur de notre pays et les garanties dont il aurait

(1) Il m'est permis peut-être d'exprimer le regret que la déclaration de Sainte-Adresse n'ait pas été invoquée davantage lors des discussions de la paix.

besoin étaient à mon sentiment des questions capitales qui restaient à débattre avec les gouvernements alliés. Devant me rendre à Londres après la Conférence économique de Paris de juin 1916, je me proposais d'en entretenir le vicomte Grey, secrétaire d'Etat au Foreign Office. Il était à prévoir qu'il me parlerait à cette occasion de la question de l'Escaut et de celle du Grand-Duché, sur lesquelles j'avais fait parvenir deux mois auparavant des notes confidentielles à Son Excellence.

La note sur l'Escaut démontrait par des exemples tirés de la période d'avant guerre et de la guerre elle-même l'impérieuse nécessité de modifier la situation établie par le traité hollando-belge de 1839. Mais la note n'indiquait pas le remède préféré par le gouvernement du Havre. Suivant le désir du Conseil des ministres elle restait muette sur ce point essentiel. Mes collègues avaient été d'avis qu'il valait mieux laisser les gouvernements britannique et français chercher eux-mêmes et proposer la solution la meilleure. Quant à moi, je pensais que demander à un Anglais, et à un Anglais absorbé pendant la guerre par tant de problèmes plus angoissants, de résoudre la question si compliquée de l'Escaut, autant eût valu charger un Belge de fournir à l'Angleterre la solution de la question du « Home Rule ».

Il y avait plusieurs moyens, indiqués dans la note, de résoudre le problème et chacun comptait des partisans. Le moyen le plus sûr était d'attribuer à la Belgique les deux rives de l'Escaut occidental ; le moyen le plus généralement préconisé de restituer à notre pays la Flandre zélandaise. Elle ne nous aurait donné cependant que la partie de l'estuaire comprise entre la rive gauche et le thalweg du fleuve d'après les principes du droit des gens sur la propriété des cours d'eau mitoyens ; on devait donc y ajouter une servitude générale consentie par la Hollande à la Belgique dans les eaux hollandaises. Il restait une troisième solution qu'on aurait obtenue au moyen d'un accord entre les deux parties intéressées. La base de cet accord était une co-souveraineté de la Belgique et de la Hollande, une sorte de condominium sur l'Escaut, que le rapporteur du traité de 1839 avait fait entrevoir à notre Parlement. La navigation serait débarrassée en temps de paix de toute entrave, la Belgique devenant seule maîtresse d'introduire dans le régime du fleuve les améliorations nécessaires; Anvers ne serait plus privée en temps de guerre des secours militaires et du ravitaillement indispensables à la défense du pays. Ce dénouement avait toutes mes préférences, parce qu'il était le plus réalisable à mes yeux.

J'étais résolu à ne pas rompre la consigne du silence que nous nous étions engagés à observer en ce qui regardait la solution de l'Escaut. Mais un événement inattendu, un fait nouveau, m'obligea malgré moi de modifier mon attitude.

La campagne, poursuivie par des publicistes et des journalistes belges en vue de la récupération de territoires ayant appartenu autrefois aux provinces belges, avait porté ses fruits. En vain avais-je mis en garde ses promoteurs contre les conséquences de leurs écrits. La presse néerlandaise, après avoir accueilli leurs revendications par des railleries, finit par s'en indigner à l'instigation des agents allemands et l'*Algemeen Handelsblad* d'Amsterdam en vint à sommer le Ministre de Belgique de désavouer les visées de ses compatriotes. Je ne voulus pas autoriser le baron Fallon à lui répondre, mais l'*Algemeen Handelsblad* ayant prétendu que la Belgique était poussée à des revendications territoriales par la France et l'Angleterre, les Cabinets de Paris et de Londres s'émurent aussitôt de cette accusation. Leurs ministres à La Haye leur représentaient avec force le tort que la propagande annexionniste belge faisait à la cause des Alliés, après les assurances formelles de respecter l'indépendance et la neutralité hollandaises qu'ils avaient données au gouvernement de la Reine.

A peine débarqué à Londres, le 1er juillet, je reçus la visite de notre ministre, M. Hymans. Il m'apportait le texte d'une déclaration destinée à la presse et par laquelle l'Angleterre et la France condamnaient nettement la propagande en question. Le Foreign Office, me dit notre ministre, insistait pour obtenir l'adhésion immédiate du gouvernement belge à cette déclaration; à peine avait-il consenti à attendre que M. Hymans, qui l'avait avisé de mon arrivée, eût pris le temps de me consulter. J'estimai, comme notre ministre, que le refus de nous joindre aux deux gouvernements alliés serait une faute impossible à commettre. Notre silence aurait passé aux yeux des Hollandais pour un aveu de projets annexionnistes. Le gouvernement du Roi ne pouvait les concevoir ou les encourager que s'il était décidé à courir le risque d'une brouille avec la Hollande. Mais alors il aurait fortement indisposé contre lui les Cabinets français et britannique, pressés de dissiper les inquiétudes du public néerlandais et de déjouer une manœuvre allemande. La hâte qu'on mettait à Paris et à Londres à rassurer la Hollande devait nous ouvrir les yeux sur l'accueil qui y serait fait à une politique d'agrandissement aux dépens de notre voisine. Le nom de la Belgique fut donc ajouté à ceux de l'Angleterre et de la France dans le communiqué de l'agence Reuter.

Le lendemain l'ambassadeur de la République, M. Paul Cambon, que j'étais allé voir, s'étonnait que le gouvernement du Havre disposant de la censure n'eût pas empêché la publication d'articles de journaux susceptibles de faire naître un conflit avec le gouvernement néerlandais.

Sir Edward Grey, qui venait d'être créé vicomte Grey of Fallodon, dirigeait depuis dix ans avec honneur et succès la politique extérieure de la Grande-Bretagne. Pacifiste convaincu, comme son Roi Edouard VII, il n'avait pas balancé, pour maintenir la paix européenne, à conclure l'Entente cordiale avec la France; pour secourir la Belgique envahie, il n'avait pas hésité à précipiter l'Angleterre dans le plus formidable des conflits. Un Anglo-Saxon foncièrement libéral, au visage imberbe et régulier portant l'empreinte de sa race, une âme loyale et teintée d'idéalisme. J'allais bien vite constater qu'il m'écouterait d'une oreille très amicale, quand je l'entretiendrais des desiderata de la Belgique, mais aussi qu'il serait incapable de se plier à des combinaisons politiques qui lui sembleraient porter atteinte au droit. D'après ce que m'avait écrit M. Hymans, ses dispositions au sujet de l'Escaut n'étaient pas rassurantes. Dès notre premier entretien il reconnut que la question avait un caractère international et que de sa solution dépendaient l'avenir du port d'Anvers et la défense de la Belgique. Mais il ajouta avec sa franchise habituelle qu'il était très hésitant à pousser son gouvernement à entrer dans nos vues, si légitimes qu'elles parussent. Il estimait en effet que l'Angleterre était liée envers la Hollande par la reconnaissance qu'elle avait faite de sa neutralité dès le début des hostilités, ce qui impliquait la reconnaissance de la neutralité de l'Escaut et par conséquent de la souveraineté de la Hollande sur la partie du fleuve qui traverse son territoire. Comment après cela patronner nos demandes, comment changer d'attitude, sans risquer d'être accusé de duplicité? Le moyen que je suggérai, consistant à laisser à la Belgique l'initiative de réclamer la révision des traités de 1839 lors de la conclusion de la paix, et le procédé que j'indiquai de négociations directes avec la Hollande, en vue d'établir un nouveau régime de l'Escaut sous le contrôle et avec le concours des Puissances alliées, parurent tirer Lord Grey d'un grand embarras. Mais je pus me convaincre immédiatement qu'il attendait de moi que je lui indiquasse une solution à étudier et qu'il se refuserait à toute discussion, si je lui proposais une de celles qui exigeaient la rétrocession d'un territoire néerlandais. Je dus donc me contenter d'exposer à Son Excellence la solution du condominium avec tous les arguments à l'appui.

La question du Luxembourg n'intéressait pas le Cabinet de Londres au même degré que celui de Paris. Je me bornai à dire que je m'en référais sur ce sujet à la note remise au Foreign Office et n'avais rien à y ajouter. Ce n'est que dans le cas où les Grands-Ducaux ne pourraient ou ne voudraient plus continuer leur existence indépendante que la Belgique ferait valoir ses droits historiques sur cette ancienne demi-province belge.

IX

Il ne suffisait pas de renoncer à notre neutralité après la guerre et de le déclarer hautement ; il fallait la remplacer par des garanties plus solides pour notre sécurité future. J'étais de ceux qui prévoyaient que l'Allemagne vaincue, amoindrie, forcée de restituer ses spoliations, resterait redoutable à ses voisins. La soif de domination, qui excitait à la lutte à outrance une masse de soixante-six millions d'êtres humains, se transformerait en une soif de revanche. En admettant même l'écrasement définitif de nos ennemis, nous ne pouvions pas jouer l'avenir de la Belgique sur cette seule carte. Les Belges, incertains du lendemain, auraient vite conscience du péril persistant de leur situation, s'ils devaient vivre sans l'abri d'une protection préparée à l'avance par la diplomatie de leurs gouvernants. Ils voudraient se sentir à couvert contre un retour offensif des hordes allemandes. Leurs craintes et leurs désirs se lisaient clairement dans les notes transmises par le baron Capelle ; on n'aurait pas compris dans la Belgique envahie que nous revinssions chez nous les mains vides, sans aucun accord avec les Puissances alliées en vue de l'avenir. Quelle satisfaction de pouvoir prouver à nos concitoyens que nous avions répondu à leur attente, en leur apportant, au lieu et place de la neutralité répudiée, des garanties formelles pour l'intégrité et la sûreté du territoire national! Il m'apparaissait que la charge, que la responsabilité dont j'étais investi, me faisaient un devoir de les suggérer, de les réclamer, et de compléter ainsi celles qui nous avaient été données pour la restauration politique et économique de la Belgique.

Ces garanties, quelles seraient-elles? Des frontières stratégiques plus faciles à défendre? Garanties insuffisantes. Les Belges, quelle que soit leur vaillance, seraient incapables avec leurs seules forces de repousser une nouvelle invasion allemande, sans parler des attaques aériennes qui se jouent des frontières stratégiques.

Pour l'Angleterre comme pour la France l'indépendance de la Belgique étant une condition indispensable de leur propre sécurité, l'une et l'autre à mon sentiment avaient l'obligation de la garantir. C'est un service essentiel qu'elles se rendraient à elles-mêmes aussi bien qu'à leur voisine qui par sa situation géographique est leur boulevard naturel. Une garantie de cette espèce n'est pas une nouveauté dans l'histoire; celle du siècle passé nous en offre plusieurs exemples.

Le 20 novembre 1815 l'Angleterre, l'Autriche, la Prusse et la Russie ont signé un traité par lequel elles s'engageaient réciproquement à maintenir le traité signé le même jour avec la France et à veiller à ce que ses stipulations fussent observées. Le nouveau royaume des Pays-Bas vit son existence garantie par ce traité, auquel il resta étranger, et il y fit appel en 1830 après le soulèvement des provinces belges. Par le traité du 21 novembre 1855 l'Angleterre et la France se sont engagées à maintenir l'intégrité de la Suède contre la Russie. Par le traité du 15 avril 1856 l'Angleterre, l'Autriche et la France ont garanti solidairement l'indépendance et l'intégrité de l'Empire ottoman consacrées par le traité de Paris du 30 mars précédent; toute infraction à ce traité devait être considérée par les trois Etats signataires comme un *casus belli*. En invoquant cet engagement l'Angleterre fut fondée à réclamer après la guerre russo-turque de 1877 la revision du traité de San Stéphano.

L'Angleterre, la France et la Russie, — auxquelles se serait jointe peut-être l'Italie, — ne pouvaient selon moi refuser la garantie d'un traité analogue à la Belgique comme une conséquence de leur victoire commune et comme une condition de stabilité pour le nouveau *statu quo* européen. La Belgique se sentant protégée aurait repris avec confiance le cours de ses destinées et poursuivi son libre développement, sans être hantée par la menace des vengeances allemandes. Mais la diplomatie germanique, au lieu de déchaîner une guerre générale en Europe, tâcherait peut-être de provoquer un incident de frontière en Afrique pour y chercher querelle à la Belgique et s'emparer d'une partie de sa colonie. Dans cette hypothèse l'acte de garantie devait prévoir, comme dans le cas d'un conflit européen, l'intervention des Puissances signataires.

La Belgique ne serait pas partie au traité, dont elle recueillerait le fruit, prix de son abnégation pendant la guerre. Les Puissances auraient néanmoins la certitude que la nation belge défendrait, le cas échéant, son indépendance avec la même énergie qu'en 1914. A cet effet le gouvernement du Roi maintiendrait sur un pied suffisant son armée, recrutée au moyen du service général et obligatoire d'après notre loi de 1913.

L'idée de ce traité de garantie m'était personnelle. Je ne m'en étais ouvert qu'à un seul de mes collègues, qui l'avait approuvée. Je voulais profiter de mon séjour à Londres pour tâter le terrain auprès de Lord Grey. S'il avait repoussé de prime abord ma suggestion, il n'en aurait plus été question et j'aurais cherché autre chose. S'il l'avait accueillie avec sympathie, le gouvernement du Havre aurait pu discuter sur cette base avec les gouvernements alliés. La garantie avait besoin d'être précisée, ainsi que le *casus fœderis*, c'est-à-dire les circonstances où elle aurait été invoquée et instantanément mise en action. La rédaction d'un pareil traité aurait pris un certain temps ; il fallait donc se hâter. Le moment psychologique me paraissait si favorable que c'eût été une faute de le laisser échapper. Le traité n'excluait nullement la conclusion avec nos deux voisines, la France et l'Angleterre, d'accords militaires défensifs qui l'auraient plus tard complété.

Je ne doutais pas, je l'avoue, que ma conception ne fût approuvée par le Conseil des ministres, puisqu'elle n'imposait aucune charge à la Belgique, si ce n'est d'entretenir elle-même une armée pour sa défense, à quoi n'avait jamais renoncé aucun des gouvernements précédents, au temps où notre neutralité semblait un rempart infranchissable. Le rôle de simples protégés qui laisseraient à d'autres le soin exclusif de veiller sur leur existence aurait paru inacceptable, j'en étais sûr, à la fierté de mes compatriotes.

Lord Grey écouta avec beaucoup d'intérêt ce que j'avais à lui dire tant sur notre répugnance pour les alliances et sur notre résolution de nous défaire, le moment venu, de notre neutralité conventionnelle que sur mon projet de remplacer celle-ci par le traité de garantie dont je viens d'esquisser l'ébauche. Il me pria de résumer mon exposé dans des aide-mémoire relatifs l'un à l'Escaut, l'autre à la neutralité et au traité de garantie. Je rédigeai à Londres ces deux memorandums et les fis tenir à Son Excellence. Quelques jours après je remis un exemplaire de ces documents à M. Jules Cambon, au quai d'Orsay.

A mon retour à Sainte-Adresse je reçus une lettre du Ministre des Pays-Bas, par laquelle il demandait au nom de son gouvernement, vu l'impression pénible causée en Hollande par les publications de quelques écrivains belges, que le gouvernement du Roi voulût bien désavouer une propagande tendant à dépouiller la Hollande d'une partie de son territoire. Le gouvernement de la Reine se réservait la faculté de publier cette déclaration pour calmer l'opinion publique.

Deux mois auparavant j'avais prié le brillant journaliste qui défendait avec autant de talent que de patriotisme notre cause dans le journal belge du Havre, de venir me trouver. Je lui avais représenté que les revendications territoriales de ses amis m'exposeraient immanquablement à une demande d'explications du gouvernement néerlandais que je voulais éviter et j'avais fait un pressant appel à son influence pour qu'elles prissent fin. Mes prévisions s'étaient malheureusement réalisées. Répondre par des phrases dilatoires, par des faux-fuyants, à une question posée en termes précis, c'était placer le gouvernement belge dans une situation équivoque et dangereuse qui eût abouti tôt ou tard à une rupture avec la Hollande. Elle aurait été accueillie peut-être sans déplaisir au Havre par quelques groupes de réfugiés, mais avec stupéfaction en Belgique par la population opprimée. Nous en remettre aux Alliés du soin de répondre à notre place, tactique peu digne de nous, c'était, d'après ce que j'avais appris à Londres, la condamnation certaine de la propagande annexionniste et par-dessus le marché une défiance non moins certaine à notre égard du gouvernement néerlandais. De toutes façons un manque de franchise aurait créé entre les deux gouvernements un état de malaise et de suspicion qui eût été préjudiciable surtout à la Belgique.

Après m'être mis d'accord avec le chef du Cabinet de passage à Sainte-Adresse, je fis à M. de Weede une réponse qui donnait satisfaction au Cabinet de La Haye. Quand M. Nothomb évoque « l'irrémédiable scandale des promesses envoyées de Londres — *motu proprio* — à la Hollande », il dénature sciemment la vérité ; il oublie en outre de prononcer son propre *mea culpa*, car il avait tout fait depuis plus d'un an pour provoquer la question du Cabinet de La Haye et pour rendre ma réponse inévitable.

X

Mon projet d'obtenir des Alliés un traité de garantie fut froidement écouté par le Conseil des ministres. Plusieurs de mes collègues jugèrent qu'une telle précaution serait inutile, attendu que la France, l'Angleterre et la Russie étaient tenues par les traités de 1831 et de 1839 de garantir l'indépendance de la Belgique et que cette obligation avait acquis encore plus de force à la suite des événements de 1914. Inutile, croyez-vous? Alors que les traités en question ne devaient pas survivre à la guerre? Au surplus leur insuffisance avait été prouvée par le retard du secours militaire envoyé aux Belges par la France et l'Angleterre. En outre, l'ancienne garantie dont jouissait la Belgique ne s'étendait pas à sa colonie du Congo.

La critique la plus sérieuse porta sur la phrase finale du memorandum; elle assurait les gouvernements alliés de notre volonté d'entretenir après la guerre une armée suffisante, recrutée suivant le principe en vigueur chez nous du service général et obligatoire, pour être en mesure de coopérer nous-mêmes à notre propre défense. Mes collègues estimèrent que le gouvernement ne pouvait prendre aucun engagement de ce genre ni empiéter ainsi sur les prérogatives du Parlement. En conséquence M. Hymans fut chargé d'aviser le Cabinet de Londres que cette phrase devait être supprimée du memorandum. L'opinion du Foreign Office, d'après ce que notre ministre m'écrivit le 18 juillet, fut qu'il était fondé à nous réclamer sur ce point un engagement formel; si un jour un gouvernement pacifiste survenait en Angleterre, il serait à craindre qu'il refusât d'intervenir et de mettre en branle toute la puissance militaire et navale britannique en faveur d'une Belgique volontairement désarmée. Dans ces conditions il était clair que mon projet serait abandonné de part et d'autre. Ce fut un enterrement sans phrases qui me causa de vifs regrets.

Je m'étais attendu à ce que mon memorandum sur l'Escaut soulevât d'amères critiques. Elles ne me surprirent donc point. Il fermait la porte, au moins pendant la guerre, à la discussion avec les Alliés des solutions basées sur des accroissements territoriaux, dont ni à Londres ni à Paris on ne voulait entendre parler. Je n'aurais pas demandé mieux que de laisser leurs illusions aux promoteurs de ces solutions, trop certain, hélas! que l'attitude des Alliés leur dessillerait les yeux, si le problème de l'Escaut venait sur le tapis au Congrès de la paix. Mais l'intempérance de plume et de parole de nos annexionnistes avait forcé les Cabinets de Londres et de Paris de prendre position contre eux en pleine guerre, afin de ne pas exaspérer la Hollande, et l'on a vu comment j'avais été obligé, de mon côté, de rassurer le Cabinet de La Haye sur les desseins du gouvernement belge. Par une cruelle ironie du sort, c'est contre moi seul que s'est tournée la colère de ces patriotes déçus dans leurs calculs pour avoir dédaigné mes avertissements. Que ne s'en prenaient-ils plutôt à eux-mêmes!

XI

Les journalistes belges au Havre auraient voulu discuter avec moi mes actes et entendre mes explications, être au courant de mes projets et exercer leur influence sur la politique que j'avais en vue. Prétention très légitime en temps de paix. Un ministre des Affaires Etrangères a tout à gagner à de fréquents contacts avec la presse, à des échanges de vues réguliers avec les guides et les interprètes de l'opinion publique. Or, nous étions en guerre, guerre de tranchées, guerre héroïque, oui, mais aussi guerre d'espionnage, guerre de calomnies et de diffamations, où des gaz délétères étaient employés comme sur les champs de bataille par nos ennemis. Nos conférences n'auraient jamais eu lieu à huis clos; fatalement nos discussions se seraient ébruitées au dehors. Vous devinez quels commentaires elles auraient fait naître et quels aliments elles auraient fournis à l'avidité toujours en éveil de nos adversaires. Que de transformations n'auraient-elles pas subies, camouflées à l'allemande!

Ce n'est certes pas que je ne rende pleine justice au rôle patriotique tenu par notre presse pendant la guerre. Nulle autre n'a mieux réconforté les courages et soutenu les confiances au cours de cette interminable épreuve. J'avais espéré au début de mon ministère que nos journalistes comprendraient les raisons de ma discrétion et de mon silence et qu'ils me feraient crédit. Bien au contraire. J'ai vu avec tristesse leur impatience dégénérer en défiance et leur mauvaise humeur se muer en hostilité déclarée, si bien qu'aucun des hommes à qui est échu le dangereux honneur de participer au gouvernement en ces années d'angoisses, n'a eu une plus mauvaise presse et n'a été jugé plus sévèrement que moi par des publicistes belges.

Il en est même parmi mes détracteurs qui, sans m'avoir jamais vu, ont récolté contre moi les bruits les plus absurdes. M. Nothomb s'en est fait l'écho complaisant dans son article. « Ménagement de l'Allemagne », « doute ou crainte de la victoire », ces mots aux sous-entendus perfides, il ne craint pas de les imprimer. En ce qui touche l'Allemagne, mon livre est celui dont l'auteur de « J'accuse », un assez bon juge de son pays, a loué l'implacable vérité. Quant à douter de la victoire, jamais cette pensée ne m'est venue après la bataille de la Marne qui avait brisé le premier élan, et le plus redoutable, de l'armée impériale. J'en appelle à mes compatriotes restés, comme ma femme et moi, sous le bombardement des avions et des Berthas pendant l'offensive de 1918, où l'on était tout de même moins en sécurité à Paris qu'au

Havre. Ils pourraient témoigner de l'inébranlable confiance dans le triomphe final que je n'ai cessé alors de leur communiquer. Non moins absurde est de prétendre que je n'étais pas un ami de la France. Des Français qui me connaissaient bien, M. Ribot et M. Jules Cambon, m'ont écrit, tous deux, dans des termes chaleureux, les regrets qu'ils éprouvaient de ma retraite.

Mais il fallait à M. Nothomb une victime expiatoire du naufrage où sombrent ses rêves et ses ambitions politiques et il m'a fait l'honneur de m'en désigner comme l'auteur responsable. Il avait eu pourtant la partie belle après mon départ des Affaires étrangères ; à côté de dévouements incomparables, j'y avais laissé des inimitiés à peine dissimulées qui pour M. Nothomb furent d'utiles alliées. Grâce à elles, il a été écouté comme un oracle ; il a pu disposer pour sa propagande des moyens et des procédés les plus variés, y compris ses fameuses cartes coloriées, dont nos voisins du Grand-Duché n'ont pas goûté l'exubérance ; et malgré tout il a vu avorter ses plans les mieux combinés. Le rôle d'accusateur qu'il endosse me conviendrait beaucoup mieux qu'à lui. Je pourrais avec raison lui reprocher d'avoir par ses imprudences étourdies causé les embarras les plus graves à l'œuvre qui m'était confiée, risqué de retourner contre la Belgique l'opinion européenne et fomenté contre moi dans les villas de Sainte-Adresse de petits complots auxquels un patriotisme exalté servait de prétexte, mais non pas d'excuse.

A quoi bon de vaines récriminations? Aussi bien ce ne sont pas deux hommes, mais deux politiques, qui se trouvent en présence.

XII

Restituer à la Belgique, à la faveur du conflit dont elle fut l'admirable victime et en récompense de son sacrifice, l'ancienne étendue de ses provinces frontières du côté de la Moselle, de la Meuse et du Rhin, était une idée capable d'enthousiasmer des esprits patriotes. Personne n'y contredira et moi moins que personne. Encore fallait-il qu'elle fût réalisable. Elle exigeait pour être mise à exécution un sensible remaniement de la carte occidentale de l'Europe et une dépossession de la Hollande. Elle supposait avant tout la participation des Puissances victorieuses à cet acte de pression ou de violence. Or rien n'était moins certain que leur bon vouloir, si grands que fussent les services que nous leur avions rendus. Leur politique traditionnelle n'était-elle pas de tenir la balance égale entre les petits riverains de la mer du Nord? L'idée d'une plus grande Belgique faisait violence dans son application au droit des gens. Elle se présentait aux regards des étrangers comme une imitation en miniature de la plus grande Allemagne, que nos ennemis avaient rêvée en commençant par supprimer notre indépendance. Si elle eût été adoptée et patronnée par le gouvernement belge, elle eût ameuté contre lui certains Etats, la veille encore admirateurs de la Belgique, qui n'avaient pas pris part à la guerre. Plus de sécurité pour eux, plus de respect de leurs droits, dès lors qu'on touchait à ceux de la Hollande, Etat neutre dans la conflagration mondiale. Chez nous-mêmes l'idée était désavouée, réprouvée, par l'immense majorité de la population flamande, désireuse de vivre en paix avec ses voisins néerlandais. Que d'efforts stériles pour la rendre populaire dans le reste du pays, dont le bon sens averti répugne aux aventures! Répéterai-je qu'elle ne tenait aucun compte des opinions contraires et que ses promoteurs ne se sont pas donné la peine d'interroger les hommes d'Etat étrangers, Wilson en particulier, le demi-dieu du Congrès de la paix, sans l'appui desquels ils étaient condamnés à s'agiter dans le vide? L'idée était belle sur le papier, plus belle encore dans l'éloquence entraînante des banquets, mais impuissante à devenir une réalité, car autre chose est de bâtir un programme donnant satisfaction à nos regrets patriotiques et à nos ambitions nationales, autre chose de l'exécuter.

A cette politique romanesque, qui n'a produit que d'amères déceptions, j'en ai préféré une autre. Sans chercher à la comprendre, mes adversaires l'ont accablée des termes les plus méprisants: politique de routine, d'humiliation, de lâcheté, que sais-je encore? Voyons donc dans un raccourci rapide résumant les pages précédentes si elle méritait cette avalanche d'invectives.

Elle répudiait les rêves pour s'adapter aux réalités; elle s'inspirait du passé pour tenir tête aux infortunes et aux menaces du présent. Tant que durerait la guerre, elle voulait couvrir du manteau de la neutralité, manteau troué par les balles allemandes, mais que nos ennemis n'avaient pas réussi à nous arracher, l'inviolabilité de la Belgique consacrée par des traités solennels; elle voulait conserver à cette victime de la mauvaise foi germanique l'atmosphère de sympathie et de respect, qu'avaient créée autour d'elle sa fidélité à l'honneur, son héroïsme devant le danger et son courage dans l'épreuve. Voilà pourquoi le gouvernement du Havre, lorsque j'étais ministre, ne permit pas que la Belgique fût considérée ni traitée comme une belligérante ordinaire. Dans les déclarations qu'il a publiées avec les Alliés il a réclamé le droit de s'exprimer séparément, de faire entendre une parole distincte; et la cause des Alliés n'a pas eu à en souffrir, loin de là; elle s'en est trouvée renforcée et encore plus ennoblie, car la Belgique, comme je l'écrivais à M. Briand, était la meilleure carte qu'ils eussent dans leur jeu.

La victoire enfin conquise, restauration complète de notre indépendance dans notre territoire restitué, dont l'intégrité devait être maintenue aussi bien en Afrique qu'en Europe. Alors plus de servitude conventionnelle, plus de neutralité, un statut international sans charge aucune, le droit absolu de choisir nos amitiés et nos alliances, si notre gouvernement jugeait plus tard des alliances opportunes ou nécessaires. A la place du rempart illusoire, élevé en 1831 par la Conférence de Londres, la Belgique avait besoin de garanties efficaces contre une Allemagne qui resterait menaçante, quoique vaincue. Je les avais cherchées dans un traité dit de garantie, qu'on ne m'a pas laissé négocier avec les Alliés.

La question de l'Escaut a été au Havre un sujet d'études approfondies. Pour moi, instruit par l'expérience et respectueux du droit, j'aurais souhaité un accord amical entre les deux parties en cause, avec le concours bienveillant des Puissances victorieuses. Les efforts de notre diplomatie devaient tendre à obtenir un partage de la souveraineté sur l'Escaut occidental, suivant les principes préconisés par tous les juristes belges.

Le sort du Luxembourg ne pouvait être fixé qu'à l'issue de la guerre. Mais le gouvernement du Havre s'est chargé de rappeler à ceux de Paris et de Londres que la Belgique seule avait des liens historiques avec son ancien Duché. Il restait à démontrer aux Grands-Ducaux l'intérêt qu'ils auraient à renouer ces liens, sous une forme compatible avec leurs préférences personnelles.

Dans l'ordre économique, réparation intégrale des ruines causées par la guerre et indemnisation des dommages subis. Combien la promesse qu'elles seraient opérées avait d'importance pour les Belges du pays dévasté, les rapports pressants qu'ils nous adressaient en secret en faisaient foi. Aussi a-t-elle été insérée formellement dans la déclaration de Sainte-Adresse. En conformité avec cette assurance, il était essentiel que la Belgique gardât jusqu'au bout une situation à part, qui lui donnât au moment de la paix celle d'une créancière privilégiée.

Cette politique, je l'ai poursuivie en pleine confiance avec les deux Puissances, la France et l'Angleterre, également nos amies, également intéressées à notre indépendance et à notre restauration. L'indépendance de la Belgique avait été scellée autrefois par leur entente, que notre premier Roi considérait comme le ciment de la paix européenne; et l'Histoire a montré la justesse des prévisions formées par ce grand esprit. Notre restauration économique ne se pouvait faire que grâce à l'appui et au concert de nos deux voisines, au maintien desquels notre diplomatie aurait à cœur de s'employer.

J'ai conscience que la politique à laquelle je suis resté attaché en dépit des critiques et des injures, était bien une politique belge, héritière des traditions les plus sûres du passé et soucieuse, au milieu de la tourmente, de fonder l'avenir du pays sur une base inébranlable, à l'abri des orages futurs.

BEYENS.

La Pologne à Gênes

A Gênes, M. Skirmunt, comme M. Bénès, brilla dans un rôle difficile. Néanmoins, on lui a reproché, semble-t-il, une prudence que la « situation spéciale » de la Pologne imposait à son représentant. Une personnalité polonaise très autorisée s'en explique dans notre Revue.

La Conférence de Gênes s'est séparée sans avoir aggravé la situation générale de l'Europe. C'est un résultat très appréciable. Il convient d'en attribuer le mérite à ceux qui de tout leur poids pesèrent sur les freins au moment où la Conférence, lancée sur une pente très glissante, courait avec une vertigineuse rapidité vers un échec retentissant. En somme tout se termina d'une façon satisfaisante : la paix ne fut pas troublée et l'union entre les Alliés est pour le moins aussi cordiale — pour nous servir du terme protocolaire — après qu'avant Gênes. Résultats maigres, dira-t-on ; certes, mais quand on songe au désastre qu'eût été une rupture entre les Alliés, on ne peut s'empêcher de féliciter ceux qui, par leur politique prudente, contribuèrent à nous l'éviter.

Plus de trente nations participèrent à la Conférence, nations diverses par le tempérament, les intérêts, la situation géographique. Diverses surtout par la nature et le degré des périls auxquels cette situation les exposait.

Etant donnée cette diversité fondamentale, pouvait-on concevoir qu'une tactique identique pût être adoptée par toutes les délégations, j'entends évidemment toutes celles que ne séparait point une divergence essentielle quant au but à atteindre ? La réponse n'est pas douteuse. Dans une armée qui manœuvre sur un champ de bataille — Gênes y ressemblait étrangement — les rôles sont nécessairement partagés. Aux unités se trouvant en première ligne on prescrit la vigilance, mais aussi le calme et le sang-froid. Etre toujours prêts à recevoir le choc, ne pas reculer, telle est la mission qui leur est dévolue. Ce n'est pas celle de narguer l'ennemi ou de provoquer une échauffourée par des manifestation superflues.

De la fermeté, mais aussi de la prudence, voilà ce que leur rôle dans la bataille leur commande.

Plus loin du front, abritées par des cantonnements que n'atteint pas la canonnade, les troupes de réserve peuvent se dispenser des précautions qui sont de rigueur en face de l'ennemi. Cette comparaison stratégique explique l'attitude adoptée par la délégation polonaise, attitude qui avait donné lieu à maint commentaire, parfois dénué de bienveillance.

Puisque le *Flambeau* veut bien m'en offrir l'occasion, je m'efforcerai d'y répondre, en montrant dans son vrai jour le rôle que la délégation polonaise a joué à la Conférence de Gênes.

Cette conférence fut avant tout un rendez-vous avec les Soviets. Causer avec les maîtres actuels de la Russie, tel fut son vrai but. A tort ou à raison on estime un peu partout que la reconstruction économique de l'Europe présuppose nécessairement le règlement de la question russe et exige impérieusement la rentrée de la Russie dans le système économique du monde. L'Europe a, vis-à-vis de la Russie, les mains libres, les Soviets n'ayant pas été reconnus. L'Europe, par conséquent, est maîtresse de poser aux Soviets, préalablement à toute reconnaissance, telles conditions qu'elle jugera équitables et opportunes. Ces conditions, la Conférence de Cannes en a dressé la liste, véritable charte de la Conférence de Gênes, charte acceptée par toutes les puissances invitantes et invitées et dont toutes avaient le droit et le devoir d'exiger le maintien intégral. En insistant sur la nécessité, pour la Russie, de restituer en nature la propriété des étrangers et de payer des indemnités pour celles qui avaient été détruites, en exigeant, en un mot, le respect des conditions de Cannes, avant d'entamer toute discussion sur la reconnaissance du gouvernement actuel de la Russie, les Alliés usaient d'un droit naturel et remplissaient un devoir évident.

La Pologne était-elle dans le même cas? Examinons la situation. La Pologne, par un traité signé à Riga le 18 mars 1921, a fait la paix avec les Soviets et reconnu leur gouvernement. Faut-il rappeler les circonstances dans lesquelles cette reconnaissance a eu lieu? Est-il nécessaire de dire ici que c'est après une guerre sanglante, au cours de laquelle la vague rouge avait à un moment donné léché le seuil de Varsovie, que la Pologne victorieuse, malgré tout, se décida, sur les conseils pressants des Alliés, à signer le traité de Riga?

N'est-il pas superflu de rappeler que cette guerre, menée aussi bien pour le salut de l'Occident que pour celui de la Pologne, se déroula au milieu d'une Europe en grande partie indifférente et hostile, marquant les coups ou même formulant contre la Pologne des accusations d'impérialisme? Non, de tout cela le souvenir n'est point encore perdu. Par conséquent, nul n'ignore qu'en faisant la paix avec les Bolchévistes et en reconnaissant leur gouvernement, la Pologne a été en accord parfait avec l'opinion publique de l'Europe entière, qui voulait la fin des hostilités dans le plus bref délai.

Or, que dit le traité de Riga au sujet des propriétés privées? Rien, ou presque rien. D'immenses propriétés polonaises, terriennes principalement, sont tombées sous le coup de la loi agraire, du décret de nationalisation. Si la Pologne, fidèle aux principes qui sauvegardaient d'ailleurs ses intérêts, avait exigé en 1921 leur restitution immédiate, il est probable, il est certain que la guerre eût continué, et la Pologne, défaillant sous le poids d'une lutte terrible, se fût sans nul doute attiré le reproche d'avoir sacrifié la paix aux intérêts des grands propriétaires de Podolie et d'Ukraine.

Pressée de terminer une guerre trop sanglante, désireuse aussi de manifester à la face de l'Europe tout entière l'ardeur de ses sentiments pacifiques, la Pologne, passant outre aux réclamations légitimes d'un grand nombre de ses citoyens, signa la paix de Riga, sans que fût stipulée avec une clarté suffisante l'obligation pour les Bolchévistes de restituer aux Polonais domiciliés en Russie leurs propriétés confisquées.

Pour réserver l'avenir, l'article XX du traité assure seulement à la Pologne le régime de la nation la plus favorisée, pour le cas où des arrangements quelconques seraient conclus avec une autre puissance relativement à la restitution des biens ou à l'indemnisation des dommages.

La Pologne se trouva donc dans l'impossibilité — et l'on a vu pour quelles raisons — d'imposer aux Soviets préalablement à la conclusion de la paix et à la reconnaissance de leur gouvernement, ses propres « conditions de Cannes ». Telle était, à la veille de Gênes, la situation juridique de la Pologne. Pouvait-elle, liée comme elle était par un traité solennel, prendre dans les négociations génoises avec les Soviets la même attitude que les puissances libres de toute entrave juridique?

La Pologne a le respect de sa signature. Sa parole n'est pas révocable. Les engagements auxquels elle a souscrit, elle les tient scrupuleusement, quelle que soit l'autre partie contractante.

Ce traité de Riga, que les Soviets violent chaque jour, la Pologne le tient pour sacré et intangible. Elle se gardera de lacérer, de froisser même un parchemin qui porte le tracé de sa frontière orientale. Voilà tout le secret de l'attitude polonaise. Attitude effacée, dira-t-on? Que non pas! Attitude loyale et réfléchie avant tout. En se rangeant aux côtés des puissances qui, à juste titre d'ailleurs, avaient pris l'attitude énergique que l'on sait, la Pologne, toujours accusée, par certains milieux, de visées guerrières, eût peut-être donné aux Soviets et à ceux qui les soutiennent l'occasion de jeter une fois encore la suspicion sur sa volonté de paix.

Quelle est donc l'attitude de la Pologne à l'égard des conditions de Cannes? La voici. La Pologne approuve les conditions de Cannes, sans réserve et sans arrière-pensées. Elle les considère comme étant le *minimum* indispensable à la reprise des relations avec la Russie. Plus encore — et M. Skirmunt l'a déclaré à plusieurs reprises, aussi bien dans ses interviews que dans ses discours — elle estime qu'il est de l'intérêt de la Russie et non seulement des puissances occidentales d'en hâter la réalisation. La délégation polonaise a fait tout ce qu'elle a pu pour en assurer le triomphe. Mais, tant en raison de sa situation juridique vis-à-vis de la Russie qu'en raison de certaines nécessités politiques dont je parlerai plus loin, la Pologne ne pouvait pas, dans les circonstances données, agir autrement qu'elle ne l'avait fait.

Nécessités politiques, disais-je plus haut.

Placée au point le plus vulnérable de l'Europe, exposée à une attaque conjuguée de la Russie et de l'Allemagne, la Pologne se devait à elle-même et à ses amis d'éviter jusqu'aux apparences mêmes d'une rupture. Il ne fallait pas que l'on pût l'accuser d'avoir négligé de faire quoi que que ce fût pour détourner d'elle-même et de l'Europe le fléau d'une nouvelle guerre russo-polonaise. Si jamais cette guerre devait éclater, les esprits les moins bienveillants et les plus prévenus seraient obligés, en présence de l'attitude de la Pologne, d'en faire remonter la responsabilité à la Russie. L'hostilité d'une partie de l'opinion publique en 1920 a coûté trop cher à la Pologne. Il ne faut pas que cette situation se renouvelle. Et le meilleur moyen d'en empêcher le retour est de pratiquer une politique d'une prudence telle que les ennemis mêmes de la

Pologne soient obligés de rendre hommage à son caractère pacifique.

Les raisons qui expliquent l'attitude polonaise ne sont point épuisées par les considérations qui précèdent. Il en est d'autres et d'une importance capitale.

La Pologne a une mission à remplir dans l'Est de l'Europe, mission historique sur laquelle le traité de Rapallo a jeté une lueur singulièrement vive. Elle est la gardienne de la barrière qui doit empêcher la Russie et l'Allemagne de s'unir contre l'Europe. Cette mission, la Pologne la remplirait-elle dignement, en restant isolée? N'est-il pas évident que la Pologne doit se rapprocher de ses voisins du Sud et du Nord pour les grouper, les uns et les autres, en un faisceau cohérent de forces économique et militaires? La solidité de la barrière est à ce prix. Il faut que de la Mer Blanche à la Mer Noire, une grande alliance fraternelle réunisse Etats Baltiques et Petite Entente, avec la Pologne comme trait d'union. Alors seulement la menace que le traité de Rapallo fait peser sur le monde s'évanouira. Or, cette œuvre n'est pas aisée à exécuter. Inlassablement la politique polonaise s'efforce depuis deux ans d'en réaliser les promesses. De grands résultats ont été obtenus: alliance avec la Roumanie, entente avec la Tchéco-Slovaquie, accord intime avec la Petite Entente en général. Mais ce qui reste à faire n'est pas négligeable. Et si nous étions tentés de l'oublier, un vote récent du parlement finlandais nous le rappellerait. Or, tout ce que nous disons de la Pologne s'applique aussi à la Roumanie, et dans une proportion bien plus grande encore aux Etats Baltes. L'Esthonie, la Lettonie, la Finlande sont encore bien plus exposées que la Pologne ou la Roumanie à une attaque éventuelle des Soviets. En diminuer les chances, en éloigner les occasions, tel est l'objet permanent de la politique de ces Etats. Si on veut les retenir dans l'orbite de l'Occident — et la Pologne s'y emploie de son mieux — il faut éviter, avec le plus grand soin, de donner aux Russes des prétextes à querelles... d'Allemands.

Argument nouveau et particulièrement probant en faveur de la modération polonaise. Faut-il en aligner d'autres? Je ne le pense pas.

En se dressant à Gênes contre les prétentions des Russes, la Belgique a rendu au monde un service signalé. La Pologne y applaudit de tout cœur. Si elle ne crut pas devoir adopter une attitude identique, c'est parce que, d'accord toujours avec son alliée, la France, elle estima que sa situation spéciale lui dictait un devoir différent. Divergence de pure forme, car jamais au cours de cette longue conférence Polonais et Belges ne furent en désaccord sur le fond. Et cela, seul, importe.

XXX.

Le Corps de Cavalerie du Général Sordet en Belgique (6-24 août 1914)

> Ce n'est pas l'histoire, c'est seulement la matière de l'histoire nue et informe. Chacun peut en faire son profit autant qu'il a d'entendement.
>
> MONTAIGNE.

I. — Dans les Ardennes
(6-15 août)

Sans entrer dans un détail, assurément fort intéressant et instructif mais qui alourdirait mon exposé, je me bornerai à rappeler qu'en l'éventualité d'une guerre avec l'Allemagne, le concept stratégique de l'état-major général français n'admettait que l'hypothèse d'une *invasion partielle* de la Belgique, sur la *rive droite de la Meuse*.

Le plan de concentration régi par ce concept stratégique remettait au généralissime une masse articulée comme suit: Deux armées (Ire et IIe) face à la frontière d'Alsace-Lorraine. Trois armées bordant la frontière belge; les IIIe et Ve en première ligne entre la Meuse et le Luxembourg, la IVe A. en deuxième ligne.

Sur le front de ces IIIe et Ve A. devaient agir cinq divisions de cavalerie: les 4e et 9e indépendantes, les 1re, 3e et 5e réunies en un corps sous les ordres du général Sordet (1).

(1) Né en 1852 — a fait la campagne de 1870-71 comme sous-lieutenant au 57e de marche (armée de l'Est). — Elève de l'Ecole spéciale militaire 1871-72 (promotion de la *Revanche*); sort dans la cavalerie.

La Ire D. (général Buisson) — 2e brigade de cuirassiers (général Louvat) ; 1er régt (colonel Lasson) ; 2e régt (colonel Halna du Fretay) — 5e brigade de dragons (général Silvestre) ; 23e régt (colonel Feraud) ; 27e régt (colonel Millard). — 11e brigade de dragons (général Corvisart) ; 6e régt (colonel Champeaux) ; 32e régt (colonel de Boissieu). — Groupe du 13e régt artillerie (chef d'escadron Bordereau). — Compagnie cycliste du 26e bataillon de chasseurs (capitaine Drahonnet).

La IIIe D. (général de Lastours) — 4e B. de cuirassiers (colonel Gouzil) ; 4e régt (colonel Ritleng) ; 9e régt (colonel Vallée) — 13e B. de dragons (général Léorat) ; 5e régt (colonel Dauve) ; 21e régt (colonel Violand) — 3e B. légère (général de Villeestreux) ; 3e régt de hussards (colonel Lyautey) ; 8 régt de hussards (colonel Delaine). — Groupe du 42e régt artillerie (chef d'escadron Lavergne). — Compagnie cycliste du 18e B. ch. (capitaine Gendre).

La Ve D. (général Bridoux) ; 3e B. de dragons (général Lallemand du Marais) ; 16e régt (colonel Cochin) ; 22e régt (colonel Robillot). — 7e B. de dragons (colonel de Marcieux) ; 9e régt (colonel Claret) ; 29e régt (lieutenant-colonel de Trémont). — 5e B. légère (général de Cornulier-Lucinière) ; 5e régt de chasseurs (colonel Hennocque) ; 15e régt de chasseurs (colonel Delecluse). — Groupe du 61e régt artillerie (chef d'escadron Daroque). — Compagnie cycliste du 29e B. ch. (capitaine Ribailler).

Au total : 72 escadrons et 9 batteries.

La 8e brigade d'infanterie (général Mangin) devait ser-

—— Officier général en 1904; général de division commandant la 4e division de cavalerie en 1911. — Commandant du 10e corps d'armée en 1912. — Membre du Conseil supérieur de la guerre en 1913. — Appelé le 2 août 1914 au commandement du corps de cavalerie qu'il exerce jusqu'à la date du 8 septembre 1914.

vir de soutien au corps de cavalerie ; seul le 45e rég[t] rejoint à Rochefort.

Le corps de cavalerie, en principe organe de groupe d'armées, avait pour mission : d'opérer dans la région de Neufchâteau, de reconnaître les forces ennemies envahissant la Belgique, de déterminer leur *droite,* de s'opposer à leur avance (cliché connu) ; —— Les 4e et 9e D. (généraux Abonneau et de L'Espée) étaient tenues en dépendance de leur armée ; toutefois, la 4e D. fut pendant quelques jours attribuée au C. C. mais, d'assez singulière façon : lui revenait la surveillance jusqu'à Houffalize de la frontière du Grand-Duché de Luxembourg, affectation que le commandant du C. C. n'était pas autorisé à modifier. Je noterai à ce propos le rejet de la proposition du général Sordet estimant avantageux de pénétrer en territoire luxembourgeois, du reste déjà violé par les Allemands.

* * *

Entré en Belgique le 6 août, par Bouillon, le C. C. atteignait le lendemain, après une marche pénible sous une pluie torrentielle, la zone Froidfontaine = Wellin = Resteigne, ses éléments de tête au contact avec des partis ennemis qui cèdent avec une extrême facilité.

Rien d'important n'est constaté dans le quartier de Neufchâteau ; le général Sordet décide alors de franchir la gênante et obstruante coupure constituée par la forêt de Saint-Hubert et par la vallée boisée de la Lesse ; il rend compte et reçoit approbation. Etabli à Rochefort [8] le commandant du C. C. envisage, sans différer, les profits d'un coup de main sur les forces allemandes signalées autour de *Liége ;* il lui appartenait de chercher à déterminer l'importance et le rôle de ce rassemblement qui pourrait fort bien n'avoir d'autre dessein que de détourner l'attention de la manœuvre vers Dinant de la droite adverse, manœuvre prévue avec une quasi-certitude par notre G. Q. G.; de plus, se resserrait la possibilité, le cas échéant, de passer la Meuse à Huy et de tendre la main à l'armée belge.

Conséquemment un vigoureux effort, en la journée du 8, loge les divisions dans l'angle Ourthe-Meuse. — A droite, proche Hody, la brigade légère de la Ve D. dont les reconnaissances atteignent sur l'Ourthe les ponts de Poulseur et de Comblain où, suivant toute probabilité, elles ont dû trouver des postes de la 9e D. de cavalerie allemande (K. D.) dont le gros se prélassait tant soit peu inactif, vers Sprimont (1). — Au centre, une brigade de la Ire D. occupe Tavier. — Sur la gauche l'avant-garde de la IIIe D., se plante à Ehein.

Des emplacements ainsi jalonnés, il est permis de conclure « théoriquement » qu'un bond, qu'un tout petit bond dans la matinée du 9 donnerait au général Sordet, la certitude de joindre l'ennemi... et cependant ce même soir (21 heures) le commandant du C. C. se résignait à un repli !

A priori, cette subite renonciation semblerait imputable à la certitude maintenant acquise de l'entrée dans la ville de Liége (matinée du 7) des brigades du général von Emmich et du reflux de la IIIe D. A. vers le gros de l'armée belge sur la Gette. Le général Sordet, se rendant compte de l'inutilité d'escadronner aux alentours de forts livrés à leurs propres moyens, aurait estimé qu'il n'avait plus à combattre. Par suite qu'un seul parti restait à prendre, celui conseillé par le maréchal Bugeaud dans une lettre au colonel Despans de Cubières : « Quand on ne doit pas combattre, se garder d'attendre pour faire sa retraite d'avoir vu l'ennemi ; c'est une manœuvre qui

(1) Du 5 au 8 à Rouvreux (rive droite de l'Ourthe) ; du 9 au 13 entre Ourthe et Meuse (Ouffet=Hody=Stree) ; passe la Meuse le 13 à Hermalle.

n'a rien de démoralisant; on n'a point l'attitude de vaincus et l'on ne s'expose pas sans but à une catastrophe. » (Le maréchal cite l'exemple du général Corbineau à Reims, 1814).

Adopter une aussi décevante interprétation dénaturerait le caractère du *raid*, transformé, au gré de certains fantaisistes, en *course diplomatique*. La vraie, la seule raison du repli ordonné est tout autre: l'effort consenti les 7-8 s'avérait trop grand (1). Le général Sordet venait d'apprendre que les misérables convois affectés aux divisions n'avaient pu suivre; même les quelques camions automobiles constituant une section légère s'attardaient à une trentaine de kilomètres en arrière. Le ravitaillement faisait défaut, à tel point défaut que prolonger la détresse, pour décocher le lendemain matin le coup de poing, risquait d'exposer hommes et chevaux épuisés aux plus graves périls. —— Tous les projets s'effondraient. — Inéluctable urgence d'un démarrage. — Recul d'une quinzaine de kilomètres, jusque dans la zone Maffe = Havelange = Ohey, autant pour écarter le danger d'une attaque de nuit que pour se procurer quelques précaires ressources.

Fâcheusement, les gênes de subsistance, à peine amoindries, ne permettent pas au C. C. de stationner dans cette région se prêtant avec assez de commodités aux entreprises de l'exploration; déboîtage forcé pour se rapprocher des convois.

Le 11, lendemain d'un repos bien nécessaire dans le quartier Rochefort = Tellin, les divisions s'étiraient sur le front Beauraing = Pondrôme = Wellin = les Barraques, la droite couverte à Libin par un détachement

(1) Ire Division, trajet de 55 kilomètres. — La IIIe Division a accompli, en trente-six heures, un parcours de 150 kilomètres. — La 5e Brigade légère couvre, le 8, 98 kilomètres à ajouter aux 42 kilomètres de la veille et aux 50 kilomètres de l'avant-veille; la journée du 9 lui imposera encore 75 kilomètres.

auquel le 45e R. I. sert de soutien (1). —— De ce côté, les 4e et 9e D. C. (indépendantes) commençaient à manifester des inquiétudes.

Point de sensibles modifications, les 12-13-14. Ces journées sont employées, d'une part à étançonner le réseau de sûreté, d'autre part à activer les reconnaissances dans une zone d'activité qui se retrécit de plus en plus sous la pression des détachements mixtes de l'ennemi; déjà ils ébrêchent le front (2) et, sur la droite, la IIIe D. a dû arc-bouter Libramont.

Telle était la situation en l'après-midi du 14 lorsque le général Sordet reçut du G. Q. G. une instruction lui prescrivant de courir au Nord de la Sambre pour couvrir l'établissement de la Ve A. que le général en chef s'était enfin décidé à opposer à l'aile marchante des Allemands.

Combien le C. C. se serait mieux trouvé en état de remplir cette importante mission si on ne l'avait pas éreinté auparavant par des courses procédant d'un concept stratégique que d'aucuns renoncent à comprendre. (Observa-

(1) Rassemblé le 6 dans le quartier Lumes-Nouvion/Meuse. — Entre en Belgique par Alle/Semoy=Rochehaut. — Trajet partie à pied, partie en autobus. — Le 9, arrivée à Rochefort du premier échelon avec le général Mangin qui vient de prendre le commandement de la 8e brigade, cédé par le général Weiss, malade. — Du 9 au 14 inclus, sur la Lesse; du 15 au 17, marche de Villers/Lesse par Hastière, au pont d'Yvoir. — Deux bataillons participent, avec un bataillon du 148e, les 22 et 23, à la défense de Namur.

(2) Ainsi: le 14, proche des Grottes de Han, valeureuse tenue d'un poste du 45e R. I. (4e comp. — capitaine Marlier). — Sur la route de Villers à Rochefort, une patrouille vigoureusement conduite par le sergent-major Mercier (7e comp.) rejetait une douzaine de cavaliers qui avaient réussi à forcer la ligne de nos vedettes; capturait une auto, le chauffeur tué, l'officier blessé... Itinéraire suivi par la 5e D. K. qui, venant de Mersch (le 5), atteint les 12-13 le quartier Forrières pour aboutir le 14 à Custinne et Celles; appelée au nord de la Meuse, passe le 21 à Andenne. —— Un peu plus au Nord (droite) l'axe de la D. K. de la Garde ja'onné par Bastogne (10), La Roche (11), Marche (12-13), Ciney (14); appelée au nord de la Meuse, passe le 21 à Huy. —— Les têtes des colonnes de l'armée von Hausen touchaient le 18 l'Ourthe à Soy=La Roche=Mabompré.

tion du général Lanrezac. — *Le plan de campagne français et le premier mois de guerre,* p. 90. Chez Payot).

Les divisions rompent dans la nuit (14-15), par Beauraing=Mesnil-Saint-Blaise, vers Hastière.

Avant de les rejoindre au passage de la Meuse, cherchons à nous rendre compte du profit de l'entreprise.

* * *

La découverte avait procuré d'utiles, voire de très importantes informations. Entre toutes, celle fournie par l'escadron Lépic du 5e chasseurs qui, suivant l'appréciation autorisée du général de Cornulier-Lucinière (1) « saura conquérir, entre le 5 et le 9 août au soir, toute une série de précieux renseignements déterminant, dans des conditions de précision rares, l'ensemble du plan stratégique des Allemands, visant Paris par la Belgique ». Il s'agit, après une pointe vers Vielsalm, de la rencontre sur le plateau de La Roche = Samrée où l'escadron sabre quelques cavaliers du régiment de dragons n° 19, des régiments de ulans n° 5 et n° 13 (2) ; un des prisonniers de ce dernier régiment, parlant un français très correct, promet de dire tout ce qu'il sait « si on lui accorde la vie sauve ! » et il sait beaucoup par son père qui exerce un commandement important dans la garde. —— Notre G. Q. G. apprenait de la sorte au plus tard dans la matinée du 10, que 23 (3) corps allemands débarquaient

(1) *Le rôle de la cavalerie française à l'aile gauche de la Bataille de la Marne,* p. 18-30. Librairie académique Perrin.

(2) Les trois régiments identifiés à la page 23 du volume du général de Cornulier-Lucinière appartiennent (sauf erreur pour le régiment de ulans n° 3 à remplacer par le n° 5) à la 9e D. K. — Il n'est peut-être pas inutile de faire constater que le G.-L. von Poseck, dans son important ouvrage *Die deutsche Kavallerie in Belgien und Frankreich 1914,* néglige de relater l'épisode.

(3) De fait, le 17 août, jour de l' « Aufmarsch », les corps allemands se dénombrent comme suit:

Ire Armée (General Oberst von Kluck), rassemblée dans la région sur la frontière de Belgique, savoir: 12, vers Aix-la-Chapelle en marche par Liége-Bruxelles; 11, vers Gouvy pour atteindre la Meuse entre Mézières et Namur. Et le général de Cornulier-Lucinière ajoute: « Ce renseignement magistral recueilli tout simplement par des cavaliers légers, tout comme avant le temps des avions, de la T. S. F., des autos-mitrailleuses, etc., s'est trouvé être le seul renseignement bon et complet qu'on ait reçu sur le plus important et délicat des sujets » (p. 30) (1).

Sans conteste, malgré le très grand intérêt du renseignement, le profit de la chevauchée ne fut pas compensateur de la dépense généreuse consentie par les exécutants. —— Quelles sont les causes fondamentales de cette insuffisance? Je m'appliquerai, céans, à les rechercher.

Aix-la-Chapelle=Duisbourg: 2e, 3e, 4e Corps actifs; 3e, 4e Corps de réserve; 2e Corps de cavalerie (von der Marwitz), 2e, 4e et 9e D.

2e *Armée* (General Oberst von Bülow), rassemblée dans la région Eupen=Montjoie: Garde, 9e, 7e, 10e C. A.; 7e, 10e C. R. et corps de réserve de la Garde.

Soit, douze corps.

3e *Armée* (General Oberst von Hausen), rassemblée dans la région Malmédy=Saint-Vith: 11e, 12e, 19e C. A.; 12e, 19e C. R.; 1er Corps de cavalerie (von Richthofen), division de la Garde et 5e D.

4e *Armée* (duc Albrecht de Würtemberg), rassemblée dans la région Esch=Wadern=Trèves: 8e, 18e, 6e C. A.; 8e, 18e C. R.

Soit, dix corps.

Conviendrait encore d'attribuer à cette masse de choc (*Stossflügel*), la 5e Armée (Kronprinz), rassemblée dans la région Saint-Ingbert=Wadern: 13e, 16e, 5e C. A.; 5e et 6e C. R.

(1) Et le général de rappeler que certains dénigreurs faisaient alors profession de douter de l'aptitude de la cavalerie à rendre des services dans l'exploration.

Le même scepticisme pointait également, de temps à autre, en Allemagne; les aréopagites avaient à intervenir. C'est pourquoi le general d. I. von Falkenhausen professait dans son étude *Die Massen im Kriege* (*Vierteljahrshefte*, 1911, I): « La cavalerie, depuis la grande unité jusqu'à l'estafette, doit comme par le passé être employée à la recherche du renseignement (Erkundung). Non à la manière d'un moyen de fortune, genre gaz ou pétrole lorsque l'électricité fait défaut, mais à la manière d'un indispensable et équivalent moyen ».

A la tête de la troupe, d'un superbe moral et d'un crâne allant, un cavalier réputé « consensu omnium »: tacticien habile, esprit novateur, entraîneur vigoureux; au bref, un cerveau et un caractère. —— Des généraux de valeur et un chef d'état-major expert (colonel de Montbeiliard) l'assistaient.

La méthode française, enfin stabilisée après l'expérience des manœuvres de 1908-10, s'affirmait, indubitablement, celle qu'il convenait le mieux d'opposer à la méthode allemande; très apparentées, elles préconisent toutes deux l'emploi de la masse; elles imposent toutes deux, en cours des opérations qui précèdent les manœuvres tactiques, la recherche de la cavalerie adverse pour l'expulser, par le combat, de l'arène stratégique.

Mais, plus est. En Allemagne, comme en France, les règlements fournissent matière à controverses et, de façon très spéciale se pose, s'agite la question: « *Zusammen halten oder theilen der Kavallerie Division Masse?...* » « Masse ou fractions? » —— A la grande indignation de ceux que Pelet-Narbonne et Bissing ont élevés dans le silencieux respect de l'orthodoxie officielle, le General d. I. von Schlichting (1) se proclamait partisan de la décongestion et ralliait autour de lui un groupe dissident. — D'autre part, il était fait quelque bruit autour d'un article du *Correspondant* (10 juillet 1912): *La cavalerie dans la guerre de demain. — La mégalomanie de la doctrine de Galliffet* (2).

L'anonyme, assez osé pour prétendre infirmer la doctrine officielle quoique non encore sanctionnée par l'autorité du *Service des armées en campagne* du 2 décembre 1913 (Art. 124) et du *règlement sur la conduite des grandes unités* du 28 octobre 1913 (N° 34), faisait valoir à l'appui de sa thèse en faveur de la désagrégation de la

(1) L'auteur réputé des *Taktische und Strategische Grundsätze der Gegenwart.*

(2) Article attribué au lieutenant-colonel Cochin, du 4e cuirassiers.

masse, divers arguments non dépourvus de valeur; je n'en retiendrai qu'un seul, approprié à mon sujet et autorisant un instructif parallélisme d'aperçus, savoir: *la nature du théâtre des opérations,* facteur déjà introduit par Ardent du Picq et énoncé dans l'admirable rapport qui précède le règlement de 1876... Nos divisions de cavalerie ne trouveront ni sur la frontière allemande, ni sur la frontière belge un terrain favorable à leur action.

Or, les mêmes considérations relatives à nos frontières se peuvent lire dans une brochure publiée par la *Revue de cavalerie austro-hongroise* (1) à la suite d'un concours organisé en 1908, intéressant l'emploi des grandes masses de cavalerie. —— Le capitaine von Lerck, auteur d'une des études insérées dans le recueil, certifie les commodités de l'aire ouverte, sur les confins de la Pologne et de la Galicie, à la ruée de la cavalerie austro-allemande. Par contre, il prévoit au début d'une guerre franco-allemande une concentration trop voisine des frontières pour que la cavalerie d'armée (*Heeres Kavallerie*) puisse disposer sur le front du champ nécessaire à l'exploration de grande amplitude (*Fernaufklärung*). La masse de cavalerie ne parviendra à se procurer des renseignements (autres que ceux dits « négatifs ») que par des entreprises sur les ailes et les derrières de l'adversaire. Dans l'espace restreint, de plus en plus comprimé, laissé entre les armées prêtes à s'aborder, agit l'exploration d'amplitude réduite (*Nahaufklärung*) (2) pratiquée par des détachements mixtes (infanterie légère, mitrailleuses, artillerie, frac-

(1) Vingt et un officiers (12 prussiens, 1 bavarois, 8 austro-hongrois) répondent à l'invitation des *Kavalleristischen Monatshefte.* —— Cinq études primées. —— Les généraux von Bissing et von Pelet-Narbonne préfacent.

(2) Le mode s'adapte également au bassin du Pô; cas particulier étudié par le commandant d'état-major Karl Tersztyansky de Nadas dans un opuscule *Kavalerie Verwendung in Ober-Italien* et que je cite parce que probant exemple de la tendance à s'affranchir d'un étroit et rigide formalisme (*Manövrierschablone*).

tions de cavalerie) et aidée par des reconnaissances aériennes. —— Soit dit, pour écourter, que dans son ensemble, la consultation exclut du front les masses de cavalerie et leur assigne une mission exploratrice sur les ailes (*Aufklärungsraid*).

Le sommaire effleurant les méthodes officielles, sans négliger les divergences qui les affectent, doit suffire à étayer l'état des connaissances acquises à notre entendement en juillet 1914; c'est sur elles seules que je ferai fond pour asseoir mes observations.

a) — La région des Ardennes s'offrait, la moins appropriée de toutes, à l'action d'un corps de cavalerie(1) ; y engouffrer cinq divisions était par trop se complaire à un schéma traditionnel qui n'avait peut-être d'autre raison que de relever un supposé cartel de la *Heereskavallerie.*

A qui incombe la responsabilité de l'erreur?

A ce regrettable choix de l'arène s'ajoute la complication de graves insuffisances.

b) J'ai déjà indiqué que les difficultés du ravitaillement contraignirent le général Sordet à renoncer à son projet vers Liége. Pourtant, le n° 130 du *règlement sur la conduite des grandes unités* (2) prévoyait des mesures spé-

(1) Le général Dubois dans son excellent ouvrage, *Deux ans de commandement.* (Chez Lavauzelle), brosse une prenante esquisse de la région des Ardennes (t. Ier, p. 26). — Le général Palat, *La grande guerre sur le front occidental,* (chez Chapelot), parfait le tableau (t. III, p. 82). — Le général Lanrezac (ouvrage cité) estime que le corps s'enfourne dans une région tellement défavorable à l'action d'une masse de cavalerie qu'il n'aura rien à y faire d'utile (p. 66).

(2) « D'une manière générale, le ravitaillement et l'alimentation du corps de cavalerie présentent de sérieuses difficultés. Il est donc indispensable que le commandement prenne dès le début des opérations des mesures particulières destinées à assurer le ravitaillement en vivres et en munitions. A cet effet, une ou plusieurs sections de convois automobiles et, le cas échéant, des sections de munitions d'artillerie sont mises à la disposition du corps de cavalerie. Lorsque ces conditions ne sont pas réalisées, la durée des opérations du corps de cavalerie est limitée par les difficultés que présente la subsistance sur un espace restreint d'un nombre considérable de chevaux ».

Doit être noté que l'intendant militaire Adrian, avec l'appui dès

ciales relatives au ravitaillement et à l'alimentation d'un corps de cavalerie par convois automobiles. —— Pourtant, le décret du 28 octobre 1913 s'accordait, sur ce chapitre, avec les mesures dont les Allemands se déclaraient prêts à avantager leur « *Verpflegwesen* ». Nous ne pouvions les ignorer ; elles sont consignées en un ouvrage publié (1912) chez Berger-Levrault : *Opinions allemandes sur la guerre moderne*, et je viserai de façon plus spéciale, concernant l'attribution de convois automobiles à un gros effectif de cavalerie, un passage (1) qui évoque l'enseignement direct du General. d. K. von Bissing (2).

A qui incombe la responsabilité de la non-attribution au corps de cavalerie de convois automobiles?

c) — Le n° 36 du *règlement sur la conduite des grandes unités* admet « que dans certaines circonstances particulières ou sur certains terrains, la cavalerie d'exploration peut être appuyée par des bataillons d'infanterie ou des détachements mixtes : ces soutiens lui donnent le moyen de forcer les défilés faiblement occupés ou de limiter les

généraux de l'arme, avait entrepris une campagne (qui n'aboutit pas) en vue de rendre effectives les mesures particulières énoncées dans le règlement.

(1) Premier fascicule, p. 70 : « Dans des opérations de ce genre (exploration, raids), le ravitaillement en vivres et en munitions constitue un point délicat. Si la cavalerie atteint un gros effectif, la solution convenable ne peut se trouver que dans l'emploi des convois automobiles assez rapides pour la suivre et la rendre indépendante pendant quelques jours à la fois du ravitaillement sur le pays et par l'arrière ».

(2) « Le problème le plus complexe est celui du ravitaillement (*Nachschübe*). Sans de préalables précautions pour assurer un suffisant apport en vivres et en munitions, les entreprises de grosses masses de cavalerie vers des buts éloignés, ne peuvent espérer le succès. D'autre part, la mobilité et l'indépendance d'une force de cavalerie ne doivent pas être compromises par la pesanteur de son train. En conséquence, prévoir, en tenant compte des particularités de chaque cas, les moyens modernisés à adopter pour favoriser le succès de l'entreprise, tout au moins pour le rendre possible ». (*Die Verwendung grösserer Kavalleriemassen* [publication de la K. M. déjà citée — préface]).

débouchés accessibles à la cavalerie ennemie; ils peuvent aussi lui assurer des replis éventuels. Dans tous les cas, il importe que l'emploi de soutiens d'infanterie n'ait pas pour conséquence de diminuer la rapidité ni l'envergure des mouvements de la cavalerie ».

L'infanterie adjointe à la cavalerie devra donc être très mobile: groupes cyclistes ou fractions transportées en autos-camions.

Le corps de cavalerie était doté, nous le savons, de trois belles compagnies cyclistes (mais sans mitrailleuses) et du 45e régiment d'infanterie. Or, malfortune; le nombre d'autobus disponibles n'autorisait le déplacement rapide que par unité. Dans ces conditions précaires(1) le régiment du colonel Grumbach ne put rendre sur la Lesse (du 10 au 14 inclus) qu'une partie des services auxquels le général Mangin ambitionnait de se prêter. Il devint évident, le 13, que la découverte était frappée d'improductivité.

A qui incombe la responsabilité de l'indigence en moyens de transport et du total manquement de mitrailleuses?

d) J'ai insisté sur l'intérêt capital du renseignement recueilli le 9 par le C. C. Nonobstant, le G. Q. G. persiste dans l'opinion qu'il ne se passe rien d'important au nord de la Meuse!

J'ignore si le G. Q. G. recevait les rapports des agents spéciaux auxquels fait allusion le décret du 23 octobre 1913; mais, chose certaine, le C. C. ne disposait pas d'un personnel (français ou belge) de contre-espionnage dans une région travaillée de longue date, infestée d'émissaires allemands opérant comme chez eux, avec une impudente facilité.

Le service (militaire) des renseignements confié depuis

(1) Le général Mangin (*Comment finit la guerre*, chez Plon-Nourrit), relève cette absence de « matériel moderne » (p. 24).

quelques années à la sûreté générale incompétente et indifférente (sinon hostile) n'existait que sur le papier.

A qui incombe la responsabilité de cette incurie?

Résumé conclusif: N'a pas été prévu, ainsi que le recommandait le général von Bissing, l'emploi des moyens modernisés qui, dans le cas envisagé, étaient susceptibles de favoriser le succès de l'entreprise, tout au moins de le rendre possible.

Toutes les responsabilités de cette imprévoyance (ou pour dire plus exactement de ce laisser-aller) retombent sur le vice-président du Conseil supérieur de la guerre, chef d'état-major général de l'armée, véritable et seul dirigeant de l'état-major, conseiller de trois ministres successifs. Le général Joffre, « avant d'aller prendre le commandement des armées en campagne, avait eu pendant trois années ces armées en main. C'est lui qui avait façonné l'instrument dont il aurait à se servir. »... Aussi M. Mermeix (1) ajoute sans hésiter: « Cette grande liberté laissée à son initiative entraînait une grande responsabilité »... et M. le général Regnault (ancien chef d'état-major) corrobore: « Il fut pendant trois ans à peu près omnipotent; il est juste qu'il porte les responsabilités (2). »

II. — Dans l'Entre-Sambre-et-Meuse (15-17 août).

A la date du 14 au soir, alors que le corps de cavalerie rompt pour gagner le pont d'Hastière, la situation sur la Meuse se présente comme suit:

Le 148ᵉ (de la brigade Mangin) et le 348ᵉ (envoyé de Givet) bordent depuis le 9 la Meuse de Hastière, par Anseremme et Dinant, à Anhée. Il ne s'agissait tout d'abord que d'en imposer aux incursions de patrouilles

(1) *Joffre, Première crise du commandement.* (Ollendorff.)

(2) Lettre du 18 juin 1919 à la Commission chargée d'enquêter sur la défense du bassin de Briey.

ennemies dans le genre de celles qui incendient la gare de Houx et s'aventurent vers Beauraing. Mais le 14, en l'après-midi, autre affaire: de fortes reconnaissances de cavalerie assaillent les deux compagnies du commandant Bertrand, gardiennes du pont de Dinant; les postes du 148ᵉ fléchissent, toutefois sans rompre; puis le hourra disparaît!

En ce temps la Vᵉ armée (général Lanrezac), appuyant vers l'ouest pour se loger dans l'Entre-Sambre-et-Meuse, avait amorcé le mouvement du Iᵉ C. A. (général Franchet d'Esperey). La IIᵉ D. I. (général Deligny) cantonnait l'après-midi du 14 dans la zone Florennes=Rosée=Anthée, que la 3ᵉ brigade (33ᵉ et 73ᵉ régᵗˢ) délaisse en la soirée, attirée vers Dinant par le bruit d'un combat.

Ce combat reprend le 15, dès 5 h. 30, avec une violence intensifiée. Je n'ai pas ici à en relater les phases (1) voulant me borner à une fruste esquisse de la journée marquée pour le corps de cavalerie par le passage sur la rive gauche de la Meuse.

Dans la matinée, à mi-chemin entre Beauraing et Hastière, le général Sordet a tout d'abord procédé à une sorte de désarticulation de la masse. —— A gauche, la Iᵉ D. garnit l'éperon qui, au confluent Meuse=Lesse, descend de Falmignoul sur le pont d'Anseremme; son groupe cycliste et quelques pelotons trouvent occasion de participer à une petite escarmouche intéressant le 348ᵉ R. I.

La Vᵉ D. et des fractions du 45ᵉ R. I., à droite, sont engagées beaucoup plus sérieusement au pont d'Hulsonniaux où le général Bridoux accuse intention, pour agir vers Dinant, de franchir la Lesse. Il n'y réussit pas; terrain difficile, obstacle sérieux verrouillé par l'ennemi (5ᵉ D. K.) flanc-gardant son attaque contre la citadelle.

La IIIᵉ D. réserve au croisement des routes Hoyet=Feschaux=Mesnil-Saint-Blaise.

(1) Voir mon étude, *La Belgique envahie,* p. 231-235. (Chez Fournier, Paris.)

Cependant renseigné par le général Franchet d'Esperey (avec lequel il s'est rencontré à Hastière) sur le caractère local de l'affaire dans laquelle la 3e brigade d'infanterie est actionnée, le commandant du C. C. estime inutile d'insister et donne l'ordre de rompre le combat. Les divisions passent le pont entre 11 et 13 heures, pour gagner dans la soirée la région Biesme = Mettet = Graux. Ce même jour, la compagnie cycliste de la Ie D. était détachée au pont d'Yvoir où elle sera rejointe le lendemain matin par la 11e B. de dragons; ce, conformément à la demande de concours faite la veille par le commandant du Ie C., mais que le général Sordet, soucieux d'accorder un peu de repos à ses cavaliers, avait tenu à retarder de quelques heures (1).

Le 16, le C. C. touche la transversale Presles=Vitrival = Fosse; le jour après, il s'élançait dans la plaine qu'illustrent de glorieux souvenirs.

* * *

Les performances du C. C. dans la journée du 15 motivent des observations qui n'échappent pas à la critique exercée et avertie de M. le général Palat. Le mieux qualifié et le plus autorisé de nos écrivains militaires reproche au général Sordet (2) d'avoir, avec trop de complaisance, renoncé au rôle décisif qu'il aurait pu jouer dans le combat autour de Dinant par une pression sur la gauche ennemie; le passage obstrué à Hulsonneaux, il était possible de traverser la Lesse sur un autre point (*La cavalerie française en Belgique* — *Revue* 1-15 mars

(1) On y appréhendait, d'après certaines informations, un sérieux coup de main de l'ennemi. — Le 6e régiment de chasseurs (régiment de corps) courait au pont de Bouvignes. — La brigade Mangin enlevée au C. C. devait être provisoirement chargée de la couverture entre Bouvignes et Namur.

(2) Le colonel Egli de l'armée helvétique formule le même reproche; mais Egli tout comme Stegemann recherche clientèle en Bochie.

1918). —— J'exprimerai le très grand et sincère regret de ne pas me trouver d'accord sur cet article avec l'éminent auteur de la *Grande Guerre sur le front occidental.* La recherche d'un passage en avant d'Hulsonneaux et la manœuvre subséquente, risquaient fort d'entraîner, non pas la seule Ve D., mais le corps tout entier (au moins la IIIe D.) dans une diversion dont le général Sordet, tablant sur un ensemble de données (1), n'appréciait pas l'opportunité. Il devait tenir, sous réserve du principe essentiel d'assistance au combat, à ne pas se laisser détourner de l'impérative mission du moment, laquelle, pour des raisons à la fois politiques et militaires, lui enjoignait de placer au plus tôt ses divisions à la droite de l'armée belge, dans la trouée entre Namur et la haute Gette. D'autre part une assistance au combat de la 3e brigade I. n'avait pas été jugée nécessaire par le général Franchet d'Esperey, qui éconduit deux officiers de l'état-major de la Ire D. C., décline l'offre faite par le commandant du C. C. et ne réclame qu'une brigade de cavalerie à placer en couverture sur la Meuse. Dans ces conditions s'explique « le passage en vue des troupes d'infanterie et d'artillerie de divisions de cavalerie ne paraissant pas s'inquiéter de la forte canonnade vers Dinant. »

J'ai quelque peu pesé sur l'incident non pour me ménager le prétexte d'une critique, mais bien dans le dessein de surprendre en sa facture un raid d'exploration (*Aufklärungsraid*) (2) ; le procédé, ainsi qu'il a été établi

(1) Avait notamment laissé entrevoir, dans son compte rendu de la veille, combien peu serait efficace une attaque en terrain très difficile et avec une infanterie déjà fatiguée. Le G. Q. G. répondait qu'il importait peu, le Ier Corps étant chargé de la défense de la Meuse.

(2) Les écrivains militaires allemands s'ingénient à distinguer les raids suivant leur objet : le raid d'exploration (*Aufklärungsraid*) ; le raid de destruction (*Zerstörungsraid*), dont les exemples classiques sont fournis par Jakson et Stuart (1862 — juin, Virginie — août, destruction des grands dépôts de Manassa-Junction. — Octobre, Pennsylvanie) ; aussi, la chevauchée qui ne réussit pas de Mischtschenko contre les magasins d'Inkou et la voie ferrée (janvier 1905.)

précédemment, est celui dont la cavalerie allemande entendait user de préférence contre les ailes et sur les derrières de l'adversaire. —— Déjà, le 12, du côté de Haelen, la gauche des Belges avait eu à endiguer une incursion de la 2ᵉ D. K. (du corps von der Marwitz) ; Dinant, borne de droite du dispositif, dans le vide que les Allemands savent (ou supposent) exister entre nos IVᵉ et Vᵉ A., n'est que la réédition du mode.

Le G. Q. G. n'ignorait pas, le 14, la course vers la Meuse des escadrons allemands ; elle lui avait été signalée de Pondrôme par le général Sordet, regrettant faute d'avions (1), à employer dans un terrain aussi couvert et serré, de ne pouvoir fournir toutes les précisions désirables. Quoi qu'il en soit, le bulletin du jour mentionne : « La région Marche = Saint-Hubert = Rochefort est occupée par de la cavalerie ennemie dont la force semble être d'une ou de deux divisions. L'une d'elles, la 5ᵉ, comprend deux régiments de dragons, deux de hussards, un de uhlans, un de cuirassiers, une centaine de cyclistes, des mitrailleuses et des canons (2) ; elle est fournie par les éléments des 5ᵉ et 6ᵉ corps (Breslau, Posen). Aucune troupe d'infanterie (en dehors des cyclistes) n'est signalée dans la zone précitée. L'autre division pourrait être celle de la garde. »

Du reste, à Vitry-le-François, aucune inquiétude du fait de ces deux divisions de cavalerie, le Iᵉʳ C., étant chargé de la défense des passages de la Meuse. Le commandant du C. C. n'a pas à se préoccuper de la difficulté de franchir éventuellement le très sérieux obstacle de la Lesse.

Le raid de bataille (*Schlachtenraid*) dont se rapproche l'intervention du Corps de cavalerie à Le Câteau (26 septembre 1914).

(1) Un seul renseignement avait été fourni par avion ; il concernait la région de Neufchâteau.

(2) Division du G.-M. von Ilsemann : 9ᵉ Brigade (Dragons nº 4, Uhlans nº 10) ; 11ᵉ Brigade (Leib. Kürassiere, Dragons nº 8) ; 12ᵉ Brigade (Hussards nºˢ 4 et 6).

III. — Dans la Hesbaye
(18-24 août)

Le gros du corps de cavalerie (1), la Sambre franchie le 17, s'élançait dans la plaine.

Déjà vers 9 heures, le receveur des postes de Tamines signalait le passage des cuirassiers, aussi des dragons de la IIIe D. (2) ; puis dans l'après-midi, le major de Melotte, détaché près du général Sordet et envoyé par lui en mission au G. Q. G. belge de Louvain, fixait comme suit les emplacements : Sombreffe = Bothey = Mazy = Onoz (G. Q. : Fleurus) ; de plus, l'agent de liaison était chargé d'annoncer que le C. C. attaquerait le 18 sur l'axe Fleurus = Sombreffe = Gembloux et qu'il réclamait le concours d'une brigade d'infanterie belge entrant à 9 heures précises en action vers Thorembais ; enfin, un escadron belge maintiendrait le contact entre Nil-Saint-Vincent et Walhain-Saint-Paul.

Ai-je besoin de phrases pour donner la mesure de l'anxieuse impatience avec laquelle le Haut Commandement, qui n'avait pu que regretter l'inutilité de la course dans les Ardennes, attendait les divisions de cavalerie française !

A cette aile du front de bataille, six divisions belges (3)

(1) Passé le 16 sous les ordres du commandant de la Ve Armée qui lui assigne la mission de se porter à la rencontre des colonnes ennemies et de retarder leur avance. — Le lendemain, communication par le général Lanrezac d'un ordre du G. Q. G. faisant ressortir l'intérêt urgent de rejoindre l'armée belge.

(2) Les hussards (2e et 4e) gardaient les ponts de la Sambre, de Charleroi à Tamines ; le 284e (régiment de réserve du Ier C. non-endivisionné) tenait les ponts de Tamines à Floriffoux.

(3) Bibliographie : *L'action de l'armée belge* (Rapport officiel) *du 31 juillet au 31 décembre 1914 ;* chez Chapelot. *La campagne de l'armée belge, du 31 juillet 1914 au 1er. janvier 1915 ;* chez Bloud et Gay. —— Les très remarquables études publiées dès le deuxième semestre 1920 par le *Bulletin belge des Sciences militaires* (Librairie Dewit, Bruxelles). —— Les principaux éléments de la polémique entre le lieutenant général chevalier Selliers de Moranville et le

s'étendaient entre Diest (nord) et Jodoigne (sud-ouest); la gauche, que couvrait la belle division de cavalerie du lieutenant général de Witte, était menacée d'enveloppement par la 2e C. A. et par la 2e D. K. —— Le centre allait être abordé, en direction Saint-Trond=Winghe=Saint-Georges=Louvain par le 4e C. A. et en direction Waremme=Tirlemont=Louvain par le 9e C. A. (1). —— La droite subissait déjà la pression des 4e et 9e D. K., car le canon avait été entendu du côté de Roux-Miroire et le soir du 17 (18 heures) la présence de deux bataillons de chasseurs allemands était révélée dans les bois entre Walhain-Saint-Paul et Grand-Leez. —— Encore, sur la Meuse, aux environs de Huy, passage ininterrompu de grosses colonnes. C'est, après Kluck, l'apparition de Bülow.

***

Le 18, la IIIe D. C., à gauche se portait de Gembloux sur Orbais et la Ie D. C., au centre, objectivait Perwez (pour mieux dire Hedenge) où se poste la 4e D. K.

lieutenant général baron de Ryckel; du premier, de brèves, pourtant persuasives plaquettes: *Le prélude et le début de la guerre en Belgique* et *Pourquoi l'armée belge s'est-elle retirée sur la position fortifiée d'Anvers le 18 août 1914?*; du second, un lourd factum, autolâtrique. —— *L'Immortelle Mêlée,* de M. Paul Crokaert (chez Perrin), sans le moindre doute des mieux intentionnés, mais par trop impénitent bourreur de crâne.

(1) Les têtes des corps en première ligne atteignent dans la soirée:
Du 17: Berbroek (2e C. A., escorté à droite par la 2e D. K.) = Alken (4e C. A.) = Ulbeek (3e C. A.) = Petit Jamine (9e C. A.) = Waremme (10e C. A.) = Tourinne (7e C. A.).

Du 18: Montaigu (2e C. A., flanqué sur la droite, à Westerloo par la 2e D. K.) = Kersbeek-Miscom (4e C. A., dont le gros franchit la Gette, à Geet-Betz) = Hoeleden (3e C. A., poussant ses éléments de poursuite jusqu'à Pellenberg et Cortenberg) = Bunsbeek (9e C. A.) = Tirlemont (10e C. A.) = Hannut (7e C. A.)

Sur le front du 7e C. A., les 4e et 9e D. K.

(2) 4e D. K. (G. L. von Garnier); 3e Brigade (K. no 2, U. no 9); 17e Brigade (D. nos 17 et 18); 18e Brigade (H. nos 15 et 16).

9e D. K. (G. M. von Bülow); 13e Brigade (K. no 4, H. no 8); 14e Brigade (H. no 11, U. no 5); 19e Brigade (D. no 19, U. no 13).

appuyée par deux bataillons de chasseurs. La Ve D. C., à droite, pointait sur Aische-en-Refail, quartier dans lequel sera pris contact (lieutenant Henard du 22e D.) avec les colonnes mobiles du major Petit et du colonel Iweins, derniers organes de l'action si activement étendue à l'extérieur de la P. F. Namur par le lieutenant-général Michel. Un peu après midi, la grande route Andenne= Louvain était dépassée. Mais, les escadrons de tête et les compagnies cyclistes se heurtent presque aussitôt à des points d'appui solidement garnis par des chasseurs avec mitrailleuses et artillerie (assistée pour réglage du tir par un avion). Des efforts tenaces et prolongés certifient en particulier à Boneffe (1), à Ramillies-Offus (tenus par la 9e D. K.) le mordant des compagnies cyclistes cherchant à ouvrir des voies aux Ve et Ie D. C. (2). La ligne de résistance de l'ennemi ne pouvait être ébréchée que par l'infanterie. Fâcheusement, la brigade belge (3) sur la-

(1) Peut-être, avec plus d'exactitude, combat de Aische-en-Refail, ainsi que porte la citation à l'ordre de la division du médecin-auxiliaire Fagot (du groupe cycliste du 20e Bat. de chasseurs), qui fit preuve ce 18 et encore le 26 (Crèvecœur) du plus remarquable dévouement.

(2) Le général Palat (une fois n'est pas coutume), insuffisamment renseigné (*Revue,* 15 mars 1918, p. 458), reproche au général Sordet: 1° d'avoir prescrit au commandant de la Ire D. C. de faire manger ses chevaux; 2° d'avoir, par deux fois, interdit à l'artillerie de cette division de tirer. 1° Ai-je besoin d'affirmer que le commandant du C. C. n'intervenait pas dans ces détails; 2° l'inaction n'a jamais été imposée aux batteries; il leur était simplement recommandé de ne tirer qu'avec la certitude absolue de ne pas porter leur feu sur l'artillerie de la IIIe D. C., quelque peu en échelon refusé; il y a tout lieu de croire que cette certitude ne fut pas acquise et que, par suite, les batteries cessèrent de tirer.

(3) 19e Brigade (général Delforge) de la 6e D. réserve en arrière de la droite vers Hamme-Mille. Je rappellerai que cette brigade avait reçu la veille l'ordre de se trouver le 18, avant 9 heures, à Thorembais-les-Béguines; si le contact n'était pas établi, les 1er et 3e carabiniers devaient se retirer. —— La brigade et un escadron arrivent exactement au rendez-vous, y demeurent jusqu'à 10 heures, puis se retirent, le contact n'ayant pas été pris. —— Pourtant, les carabiniers ont dû

quelle le général Sordet comptait, ne voyant pas paraître nos escadrons, s'était retirée dès 10 heures, ce que le général ignorait.

Il devenait sans nécessité aucune, l'*empreinte du front* adverse ayant été prise, de s'éterniser sous le canon devant une inviolable barrière. Le commandant du C. C. donna, en conséquence, l'ordre de se dégager et de reporter les divisions à l'ouest de la route Namur = Wavre; elles persévéraient de la sorte en leur mission de protection à la droite de l'armée belge.

Celle-ci résistait avec une admirable vaillance au choc des corps allemands acharnés à rompre son centre et à envelopper son extrême gauche. Néanmoins « une bataille acceptée dans la journée du 19 ne pouvait être d'issue douteuse par suite de l'écrasante supériorité des Allemands. La destruction de l'armée aurait d'autre part gravement compromis la défense d'Anvers et anéanti tout espoir d'agir dans la suite de concert avec les Alliés ». (*La campagne de l'armée belge,* p. 46.)

Le Roi, après avoir demandé son avis au chef d'état-major, donna dans la soirée (19 h. 30) l'ordre de repli à l'ouest de la Dyle. Cette ferme décision fait d'autant plus honneur au caractère du Commandant de l'armée qu'elle écartait les suggestions du colonel Aldebert (délégué du G. Q. G. français) insistant (1) pour le maintien des forces belges sur la Gette, ne serait-ce que des Ve et VIe Divisions, en attendant le secours des corps du général Lanrezac.

Dans la matinée du lendemain (19), le combat d'Aer-

apercevoir les escadrons de gauche de la IIIe D. C., puisque, par méprise, ils les accueillirent à coups de fusil (deux chevaux tués) !!??

(1) Etrange et incompréhensible insistance!

Les IIIe et Xe Corps, centre de la Ve Armée, ne se posent sur la Sambre que dans l'après-midi du 20. — Les premiers éléments du XVIIIe Corps prolongent à l'ouest, le 21. — A droite, le Ier Corps sera relevé le 22 au soir, par la 51e D. R. de la garde sur la Meuse, face à l'Est.

schot confirmait le péril de la manœuvre débordante de la droite allemande. Le Roi prescrivit la retraite, devenue inévitable, sur le camp retranché d'Anvers.

A cette heure critique s'avérait aux yeux de tous (même de ceux qui ont des yeux pour ne point voir) la prudente sagesse du mode expectant régi par le projet des premières opérations.

Les personnes mal instruites des choses militaires (qui pourtant se complaisent prétentieusement à jouer le rôle de Basilide) ne savent pas établir la différence entre *plan de mobilisation, plan de concentration* et *projet des premières opérations*. Une récente polémique engagée dans la presse belge porte témoignage de ces fourvoiements; il n'est donc pas sans intérêt, dans le cas concret, de procurer quelques précisions.

Le plan de mobilisation n'appartient pas au lieutenant-général de Selliers de Moranville, appelé le 25 mai 1914 à remplacer dans l'emploi de chef d'état-major, le lieutenant général De Ceuninck; de lui toutefois (point important), le « camouflage » de la deuxième phase (période de tension politique) de manière à affranchir le gouvernement (Ministère des Affaires étrangères) du reproche d'avoir incité à la guerre par une mobilisation prématurée (*Pourquoi-Pas?* — 15 août 1919, p. 564).

Le plan de concentration appartient en majeure partie au lieutenant-général de Selliers de Moranville. Ne sera pas contesté que M. de Broqueville avait spécialement chargé, en décembre 1913, le colonel de Ryckel (imposé comme collaborateur au lieutenant-général De Ceuninck, puis au lieutenant-général de Selliers) de l'élaboration des plans de concentrations éventuelles de l'armée; mais sera dit aussi que ce travail remis fin avril, ou commencement de mai, était affecté d'une navrante insignifiance (appréciation du lieutenant-général De Ceuninck — *Revue belge,* nov. 1919, p. 1030). Le lieutenant-général de Selliers de Moranville (avec le concours diligent et averti du major Maglinse, chef de la 1re section) pour utiliser ce travail (dépouille des archives de l'état-major), dut le retoucher, le remanier, le rendre pratiquement réalisable; (ainsi, décentralisation des transports par voie ferrée.) — Le dossier remis en la première quinzaine de juillet au ministre de la Guerre comportait trois plans envisageant les hypothèses les plus probables; ces plans sont adoptés. —— Le 31 juillet, le Roi (qui venait d'assumer personnellement le commandement de l'armée), soucieux de ne fournir aucun prétexte à l'Allemagne, exprima le désir de faire reporter d'une longueur d'étape à l'ouest (quadrilatère Tirlemont=Perwez=Louvain=Wavre, cavalerie à Gembloux) la base de concentration fixée par le plan n° I dans la zone Saint-Trond = Hautain-l'Evêque = Hannut=Tirlemont=Hamme=Mille. M. de Broqueville, de son côté (1er août, soir) réclamait quelques modifications de détail. —— Donc, le 1er août, avant l'ultimatum allemand, l'accord au sujet des mesures militaires à prendre s'affirmait complet entre le Roi, le ministre de la Guerre et le chef d'état-major (article du lieutenant-général chevalier de Selliers — *Revue belge,* nov. 1919, p. 1033).

Le projet des premières opérations appartient en entier, et sans conteste possible, au chef d'état-major. Aucune discussion sur ce chapitre en l'assemblée extraordinaire des ministres d'Etat et des ministres à portefeuille tenue sous la présidence du Souverain, au Palais Royal de Bruxelles, dans la soirée du 2-3 août (*Revue belge,* — nov. 1919, p. 1036). Questionné à son tour, ou bien d'initiative, le général de Ryckel exprima l'opinion (inspirée par le capitaine Gallet, porte-flambeau des nouvelles doctrines) que l'armée de campagne, sa concentration achevée, devait prendre une immédiate offensive et pousser sur Cologne!!... (1) Une folie (je n'hésite pas à le pro-

(1) Voyez l'article du lieutenant-général de Selliers sur « le Conseil de la Couronne du 2 août 1914 » dans le *Flambeau* du 31 août 1914 (4e année, n° 8).

clamer), une folie de surenchère qui étale aussi la coupable méconnaissance de l'incapacité offensive de l'armée belge, son état d'impréparation. —— Du reste, toute préconception devait être écartée. Il suffisait, à l'extrême gauche du dispositif franco-anglais, de poster l'armée belge en couverture, de la tenir prête suivant les circonstances : soit, en cas d'invasion partielle (rive droite de la Meuse), à agir dans le flanc droit et sur les derrières des colonnes allemandes ; soit, en cas d'invasion totale (les deux rives de la Meuse), à établir un barrage au nord du fleuve (position de la Gette) de manière à attendre l'arrivée des alliés pour ensuite subordonner les opérations aux leurs.

J'estime qu'il était de toute équité et justice de faire ressortir les titres à la reconnaissance nationale acquis jusqu'à cette date mémorable par le lieutenant-général de Selliers de Moranville (1). Je rappelerai encore que

(1) Pourtant, peu après, devait se produire une étrange « crise du commandement ».

Un seul et simple arrêté royal en date du 6 septembre, n° 2338, « limoge » :

Le lieutenant-général de Selliers de Moranville déchargé de ses fonctions de chef d'état-major et nommé inspecteur général de l'armée ; le général-major de Ryckel, sous-chef d'état-major, envoyé en mission au G. Q. G. russe. Le général Jungbluth assurait, nominalement tout au moins, la direction du service qu'accaparait en réalité, avec le titre de sous-chef, le colonel Wielemans, chef de cabinet de M. de Broqueville. —— L'emploi de gouverneur de la place forte d'Anvers était supprimé. Le lieutenant-général de Guise, commandant de la position fortifiée, remplaçait le lieutenant-général Dufour, nommé membre du Conseil national, récemment créé. —— Et autres !

D'aucuns se désespèrent de ne pouvoir découvrir les causes de ce chambardement. Je ne crois pas qu'il soit besoin pour cela d'aller chercher midi à quatorze heures. Mon enquête *psychologique* me permet de dénoncer l'œuvre du *Comité* (belge) *Union et Progrès* qui, influencé par les ragots des Icoglans de France, affirme sa rageuse ascension au Pouvoir.

M. de Broqueville, endoctriné par les Jeunes Turcs de son entourage, peu satisfaits du rang effacé de leur patron,... le ministre de la guerre imite de Tarquin le geste classique !

le 18 août, sa nette compréhension des contingences, sa franche fermeté soutiennent la grave décision par laquelle le Roi sut préserver l'armée de campagne d'une certaine et irréparable catastrophe.

Telles sont les opinions que la critique indépendante, sourde aux criailleries des clans, peut et doit professer dès aujourd'hui.

* * *

Par suite de la retraite en direction nord-ouest des divisions belges, le corps de cavalerie n'était plus astreint à obstruer la trouée entre Wavre et Namur. Sa tâche simplifiée consiste, dorénavant, à couvrir l'établissement sur la Sambre de l'armée du général Lanrezac.

Le 19, alors que les Hanovriens de la 20e D. I. se disposent à incendier Ramillies, commence un lent recul que masquent de vigoureuses arrière-gardes aux prises vers Jauselette avec 4e D. K. et, au nord de Gembloux avec 9e D. K.; cette dernière affaire procurait aux batteries (10, 11 et 12) du commandant Lavergne (IIIe D.) l'occasion d'un très honorable début; les cyclistes de la I[e] C. prolongeaient à droite.

Appelé le jour suivant (20) à la gauche de la Ve A., que les Anglais n'épaulent pas encore, le général Sordet range tout d'abord ses divisions derrière le Piéton : la IIIe, après un petit engagement du côté de Pont-à-Celles, surveille, face au Nord (Nivelles), le secteur de Gouy-lez-Piéton = Luttre ; au centre, de Viesville à Roux, la I[e] D. C. dont le groupe cycliste occupe encore Gosselies ; à droite, la Ve D. C. —— La D. K. de la garde (non encore rejointe à gauche par 5e D. K.) et son groupe de bataillons de chasseurs pressent sur tout le front. Une de ces bourrades ébranle la IIIe D. C. (1) et l'oblige à se

(1) Rôle particulièrement actif du 4e cuirassiers envoyé le 21 en l'après-midi, de Trazegnies à Pont-à-Celles, renforcer les cyclistes de la IIIe D. C. et concourir à la défense du pont de Gouy-lez-Piéton ;

recueillir sur la bretelle Chapelle-lez-Herlaimont=Trazegnies, bientôt délaissée pour la transversale Carnières=Piéton. Le recul expose la gauche de la I^e D. C. et l'incite à son tour à un repliement autour de Piéton=Forchies-la-Marche.

Pour aider le C. C. à se donner de l'air, le haut commandement fait intervenir la 11e brig. d'inf. (24e et 28e rég^{ts}) placée en cet après-midi du 21, à Nalinnes. Le général A. Hollender, sans plus d'explications, est invité à gagner Fontaine-l'Evêque où le général Sordet disposera de lui. — La brigade, à laquelle firent défaut les camions automobiles attendus, franchit la Sambre à la chute du jour et arrive vers 23 h. 30 à Fontaine-l'Evêque. Le général Hollender, ayant été renseigné sur la situation, reçut du commandant du C. C. l'ordre de tenir coûte que coûte les positions indiquées de manière à permettre à la cavalerie de se dégager de l'étreinte; il ne rompra que sur avis.

Le 22, à l'aube, toutes les mesures étaient prises; en première ligne les bataillons Devignes et Nicolas du 24e, le bataillon Dutrut du 28e. —— L'ennemi ne pouvait soupçonner la présence à Anderlues de cette brigade; aussi, vers 9 heures, les compagnies allemandes non déployées se laissent surprendre à petite distance par nos feux. Remis de leur désarroi, les régiments n°s 16, 53 et 57 (7e C.) reprennent le combat, cette fois avec prudence; ils multiplient leurs attaques préparées et appuyées

le 9e cuirassiers rejoint peu après. —— Vers 17 heures, la brigade Gouzil recevait l'ordre de rompre le combat et de couvrir le rassemblement de la division à Carnières. —— La brigade, arrière-garde, touche Villereille-lez-Brayeux vers 7 heures et repart à 9 h. 30 en direction de Binche.

Un épisode concernant le 3e hussards est relaté par le vétérinaire aide-major Letard, dans son volume (p. 34) : *Trois mois en premier Corps de cavalerie* (chez Plon-Nourrit).

par l'artillerie; nous ripostons par d'énergiques élans (1) poussés jusqu'au corps à corps. — Enfin, proche de 16 heures, ordre du général Sordet de céder et d'occuper, rive droite de la Sambre, les hauteurs et les ponts de Lobbes (inclus) à Fontaine-Valmont (inclus). Pour se décrocher, le général A. Hollender lance une dernière contre-attaque (bataillon Piou du 24e) accompagnée de quelques projectiles de la batterie (fort à court de munitions) prêtée par la cavalerie. L'ennemi recule; ses aigres clairons sonnent en retraite.

Le très brillant, mais aussi onéreux, combat d'Anderlues (qui dès les premiers jours de la campagne honore la 11e brigade) avait permis au C. C. de se tirer d'embarras. —— Le soir du 22, les IIIe et Ve D. C. nouent, dans la région Binche = Merbes-le-Château, la liaison avec l'armée anglaise parvenue sur la ligne Condé = Saint-Ghislain = Mons = Binche; la Ie D. C. garde les ponts de Jeumont et de Fontaine-Valmont, à remettre le lendemain (18 heures) à la 69e D. R. (général Legros du IIe groupe de divisions de réserve).

Ce mémorable dimanche 23 août, le général Lanrezac et le maréchal French livraient, l'un la bataille d'Entre-Sambre-et-Meuse, l'autre celle de Mons. Tous deux durent se résigner à entamer leur retraite au sud, dans la nuit du 23-24.

Le corps de cavalerie passait le dit 24, sous les ordres du maréchal French qui le portait incontinent à la gauche de l'armée anglaise... Ses opérations en territoire belge prenaient fin.

La seconde phase de l'activité exploratrice du C. C. n'avait guère été, plus que la première, d'un grand rendement.

Et, sur le front de l'armée belge, la belle division du

(1) Le lieutenant-colonel Fesch, du 24e, tombe mortellement frappé. 36 officiers et 1,500 hommes tués, blessés ou disparus. — La *Patrie Belge* (septembre 1921) donne de l'affaire une relation détaillée.

lieutenant-général de Witte (1) n'obtenait pas de meilleurs résultats.

Les causes de toutes ces relatives improductivités sont les mêmes: Dans une aire se prêtant de façon exceptionnelle à l'action de l'arme, la *Heeres Kavallerie* ne pratique pas l'exploration (*Fernaufklärung* et *Nahaufklärung*); elle remet à des détachements mixtes les attributions que lui conféraient les règlements et ces détachements mixtes ne sont que des organes de la sûreté (*Verschleierung*).

C'est ce que M. Gabriel Hanotaux (2) (*Enigme de Charleroi,* — p. 45) n'a point su et n'a point voulu comprendre; il lui suffira de constater que nos cavaliers ne réussissent pas à lacérer le rideau tendu devant eux; mais ses commettants du G. Q. G. s'abstiendront de le renseigner sur le mode de tissage du rideau, pour ne pas avoir à faire le pénible aveu d'une imprévoyance qui priva les ouvriers des outils nécessaires. Il serait pourtant

(1) Les divisions de cavalerie allemande battaient l'estrade, soutenues par des bataillons d'infanterie dotés de mitrailleuses et se déplaçant rapidement en automobiles. Le service des reconnaissances belges perçait difficilement ce voile épais. Les escarmouches avec les éclaireurs furent quotidiennes... (*La campagne de l'armée belge,* p. 33 et 38).

Certaines de ces escarmouches mériteraient une mention spéciale: Orsmael-Gussenhoven (10), Boneffe (13), etc.; mais combien plus fréquentes les dérobades!... et que penser de ces escadrons de la 2e D. K. qui, le 12, après la tape reçue à Haelen, repliés vers Lumen, se fortifient et s'entourent d'un réseau de fil de fer!!

Relire à propos de Haelen, dans les *Pages de gloire de l'armée belge* (chez Berger-Levrault), le beau récit du commandant Willy Breton, chroniqueur militaire, aussi brillant que solidement documenté.

(2) Relever les inexactitudes matérielles et les erreurs d'appréciation accumulées par M. Gabriel Hanotaux dans ses écrits serait peine perdue. Deux exemples: L'*Enigme de Charleroi* (p. 99) place le C. C. sur l'Authie!!; le général Fonville, crédule, en sera pour les frais d'un savant article dans la *France militaire.* — Le fascicule 64 (p. 274) de l'*Histoire illustrée de la guerre de 1914* (vaste entreprise de librairie) affirme le transport en autos-camions de la 11e brigade; le général Palat, trop confiant, écrit dans la *Revue* (1-15 mars 1918) un article que le général Hollender, traité avec quelque sévérité, n'aura aucune peine à faire rectifier.

grand temps de dérouter une légende exploitée par la *Heeres Kavallerie* à son orgueilleux avantage. Cette cavalerie ne brille que par son absence. Un des officiers généraux les plus en vue de l'armée belge a pu écrire : « J'ai l'intime conviction que la cavalerie allemande avait défense formelle d'accepter le combat de cavalerie proprement dit. »

D'autres témoins autorisés déposent dans ce même sens, sans emprunts au lexique des lieux communs, sans recours aux vieux clichés. L'un d'eux, chef entre tous qualifié, pour apprécier le rôle et l'attitude de la cavalerie allemande en ces journées d'août 1914, prononce un jugement que je tiens à reproduire parce que définitif et sans appel, parce que superbe hommage rendu aux braves gens qui méritent d'être honorés :

« Aux anciens du Ier corps de cavalerie pour leur rafraîchir la mémoire ; aux nouveaux pour leur apprendre ce qu'ils ne savent pas ; aux uns et aux autres pour raffermir leur foi et leur confiance dans leur arme et dans son avenir.

« Le mois d'août 1914 finissait ; les armées françaises, vaincues au Nord et à l'Est, refluaient sur la Marne et la Seine. A ceux qui ont vu le désordre de ces colonnes s'entassant, se bousculant sur les routes sans arrière-gardes, il semblait que les Allemands n'eussent plus qu'à lâcher la bride à leur cavalerie pour que la retraite devînt l'irréparable déroute.

« Or, la cavalerie allemande resta cachée dans les jambes de son infanterie qui, elle-même, n'avançait qu'avec une extrême prudence.

« Pourquoi ?

« Parce que, les premiers jours de la guerre, les cavaliers français, le sabre ou la lance au poing, sautaient à la gorge des cavaliers allemands partout où ils les rencontraient, leur inspirant une invincible terreur au combat à l'arme blanche.

« Parce que les escadrons ennemis, n'osant pas risquer la rencontre à cheval, se contentaient de chercher à nous attirer sous le feu de leurs mitrailleuses ou de nous envoyer des coups de fusil (1), parce que ce combat ne se livre qu'à pied, que pour le mener il faut s'arrêter et qu'une cavalerie qui s'arrête perd le bénéfice de la poursuite... »

(Ordre du jour du commandant de la Ire Division de cavalerie en date du 8 juillet 1917).

COLONEL BUJAC.

(1) « Généralement, à l'approche des nôtres, les Allemands descendent de leurs montures et combattent à pied; ou bien il font demi-tour pour solliciter la poursuite de nos cavaliers et les attirer sous un feu d'infanterie ou de mitrailleuses ». (LETARD, ouvrage cité, p. 34.)

« ...Les cavaliers s'étaient tâtés; à cheval, les Français s'étaient trouvés indiscutablement supérieurs aux Allemands. Aussi, von der Marwitz avait prescrit d'employer la tactique de l' « envoilement », étudiée depuis longtemps à l'avance. Sur tout son front s'étendait une ligne de petits postes solidement défendus par des cyclistes, des fantassins ou des cavaliers pied à terre. Quelques patrouilles à cheval amenaient devant eux nos escadrons qui étaient décimés à loisir par le tir des hommes postés... » (Général MANGIN, ouvrage cité, p. 23).

Romantisme et Révolution (1)

Liberté et Poésie.

Romantisme et Révolution. Cet enfant de Rousseau met en bas ce qui était en haut, et inversement. Tel est le caractère auquel il se fait reconnaître. Mais jadis, il lui suffisait de se nommer, il était synonyme d'avancement et de progrès. Aujourd'hui ses avocats ne peuvent plus se contenter de définir tout bouleversement comme un bien en soi. Ils sont réduits à faire valoir que leur révolution littéraire et morale fut une révolution heureuse : elle retrouva la nature, inventa le peuple, rétablit la naïveté des passions, découvrit ce qu'il peut y avoir de charme, d'innocence et de fécondité dans l'ignorance et dans le manque d'éducation. Avant le romantisme, il était, paraît-il, impossible d'aimer les jardins *qui sentent le sauvage*. Tout était apprêté, ruelle, salon et jargon. Le naturel était proscrit, la vérité honnie. D'après ces contrefaçons de l'histoire qui dénaturent le problème pour éviter de le résoudre, Phèdre ni Bérénice ne peuvent élever un soupir de leur cœur sans qu'il soit titré romantique ; le discours du *Paysan du Danube* devient romantique par les mêmes principes qui annexent Pascal ou Virgile à l'évangile de Rousseau. Cela rappelle l'aventure d'un certain sculpteur qui faisait aux dieux et aux héros des yeux démesurés ; des amis charitables le menèrent devant la

(1) Ces pages sont extraites de la préface de *Romantisme et Révolution,* édition définitive de *Avenir de l'Intelligence*, et d'autres études de M. Charles Maurras, qui paraîtront prochainement à Paris.

Nous sommes reconnaissants au grand écrivain de nous en avoir gracieusement permis la publication. (*N. D. L. R.*).

Pallas poliade : — *Vous voyez bien,* s'écria-t-il, *comme elle a des yeux, elle aussi!...* Ce romantique incorrigible ne se rendait pas compte qu'ils étaient à leur place.

Les prétendues inventions du romantisme existaient fort bien avant lui. Son œuvre a consisté à les changer de lieu pour leur donner en tout la première ou même l'unique importance. C'est ainsi que Thersite n'avait pas été ignoré d'Homère et de ses homérides : l'esprit de la Révolution ou du Romantisme a tendu seulement à le préférer à Ulysse, à Achille, à Hector, à Priam : Don César, Triboulet, Jean Valjean, le Satyre ont reçu de l'art romantique non l'existence mais la mission expresse de détrôner l'Olympe. Le retour à la vérité ne sera point de les proscrire, mais de les remettre à leur rang.

On insiste : en tant que révolutionnaire, insurgé contre les classements, qui sont tous arbitraires, le romantisme met les choses et les êtres où il lui plaît ; son principe le veut, qui est la liberté.

Il faudrait toujours demander : liberté de qui et de quoi ? Mais, nulle part, l'esprit romantique et l'esprit révolutionnaire ne s'accusent aussi clairement que dans l'idée qu'ils se sont faite de la liberté. Il convient d'examiner avec quelque détail ce que c'est que la liberté en art. Cela fait voir qu'ils l'ont pensée et pratiquée à faux.

L'esprit classique avait enseigné que l'artiste est libre par la puissance sur la matière, par l'habileté à manier ses outils, la connaissance profonde et l'observation aisée des préceptes de l'art, enfin par la vigueur, l'abondance et l'essor des idées qui le meuvent et qui le mènent. L'artiste est libre, en ce sens qu'il fait ce qu'il veut. Mais il ne le fait pas comme il veut. Là, sa liberté est bornée par les lois de son succès ou de son échec. Tous les formulaires de l'art professent cette liberté, mais énoncent ces conditions. Chanter, c'est ordonner les cadences, régler les rythmes par lesquels délivrer son âme et sa voix. Mais du fait qu'on se plie aux mesures du pur esprit, l'on quitte et l'on repousse l'attraction la plus corporelle :

Nunc pede libero
Pulsanda tellus.

Le lyrique admirable qui, dans ce petit air à boire, faisait probablement une allusion rapide aux mystères secrets de toute poésie (1), a dit plus explicitement :

Pictoribus atque poetis
Quidlibet audendi semper fuit æqua potestas.

Et cette liberté, c'est la liberté du bonheur ; le même critique-poète conseille à ses frères de tout oser, fors ce qui ruinerait l'audace ; il les convie à tout peindre, excepté ce qui décomposerait la peinture :

Sed non ut placidis coeant immitia, non ut
Serpentes avibus geminentur, tigribus agni...

Dans un poème qui porte en épigraphe les mots « *audendum est* » et ne cesse de provoquer le génie à user hardiment de toutes les libertés, André Chénier traduit la restriction d'Horace :

Osons...
Mais inventer n'est pas, en un brusque abandon,
Blesser la vérité...
Ce n'est pas entasser sans dessein et sans forme
Des membres ennemis en un colosse énorme,
Ce n'est pas, élevant des poissons dans les airs,
A l'aile des vautours ouvrir le sein des mers,
Ce n'est pas sur le front d'une nymphe brillante
Hérisser du lion la crinière sanglante.

(1) Un autre écrivain de la grande race lyrique, dit : « Soit que la parole retienne sa liberté naturelle dans l'étendue de la prose, soit que, resserrée dans la mesure du vers, et *plus libre encore d'une autre sorte,* elle prenne un vol plus hardi dans la poésie. » Bossuet. *Discours de réception à l'Académie française.*

Donc, d'après deux esprits créateurs et puissants, la liberté d'invention de l'art trouve sa limite normale dans la nature des choses réelles, qui est leur vérité, dans la mesure des possibles, qui est leur raison. Une fable a son réalisme. Une fantaisie, sa logique interne. On peut dire du poète comme la fée de Mistral:

O, tout ço que soun iue tèn
A bel èime i' aparlèn

La fée pourrait dire bien davantage. Ce que tient le poète passe tous les trésors que des yeux mortels peuvent contenir. Il dispose du temps, il se rit de l'espace. Toutes les couleurs et les formes des réalités sont à lui, comme tous les royaumes de l'imagination pure et simple. Mais cette fée se garde bien de lui chanter qu'il est à lui seul sa règle et sa loi: en l'émancipant de la sorte, elle le ferait déchoir à plaisir. Pourquoi? Parce que, justement, sa supériorité est engagée sur un point où l'obéissance le sert.

En effet, son honneur et sa gloire ne tiennent essentiellement ni à la finesse, à l'ampleur ou à la vivacité de ce qu'il voit ou sent, ni à sa faculté d'être agité d'émotions vives, ni même à ce tumulte d'images qui fleurissent de sa chair, de son cœur et lui montent jusqu'au cerveau. D'autres esprits pourraient l'égaler ou le passer sous tous ces rapports. Son privilège vient de ce que seul il se communique: l'émoi de l'âme aspire en lui à une création, par les moyens qu'il sait, dont il s'est rendu maître, qui ne servent de rien sans lui mais qui existent indépendamment de lui. Il n'a pas inventé les prescriptions de sa technique, elles ne procèdent pas de sa volonté, mais, pour une part, de sa nature, qu'il n'a pas faite, pour une part plus vaste, de la nature de l'esprit et du monde qu'il n'a pas créés. Il doit donc s'y soumettre: comme le penseur pour penser juste, pour chanter juste, lui, chanteur. Il peut perfectionner et il perfectionne son art, comme un bon ouvrier son outil : il ne saurait le faire sans se conformer à ces intimes lois qui président à l'échange des pensées et des sentiments entre créatures humaines, à l'ordre et au matériel du langage qui est en vigueur dans les races dont il est né. Sa naissance qui l'a fait poète est ainsi l'origine de quelques-unes des sujétions et des servitudes qui le grèvent s'il veut la gloire et le bonheur. Il reçoit sa tribu, sa langue, son métier, l'ascendance et la tradition de l'un et de l'autre, comme il a reçu la distinction de son cœur, la noblesse de son goût et de son génie. Les traits qui le limitent sont aussi ceux qui le configurent. A les aliéner tous pour de la liberté, il sacrifierait plus encore que ce qu'il *a* : tout ce qu'il *est*. Il y perdrait ce qu'il a la mission de *faire*.

Car la structure de son nom donne son signe exact. Il est celui qui *fait* quelque chose avec ce qu'il sent. Les autres n'en font rien que le vulgaire usage pour vivre et pour mourir. Il s'agrégerait au vulgaire s'il gardait pour son cœur les délices et les transes que son esprit subtil excelle à recueillir et à raffiner. Quand de belles visions jaillissent de ses lèvres et qu'un tissu de paroles d'or livre son âme aux autres, mais le rend intact à lui-même, plus libre, plus pur et plus fort, ni la félicité intérieure qui le récompense, ni la sombre inquiétude qui l'agitait, ne qualifient essentiellement sa nature. Il n'est pas né pour être tel ou tel, ni pour avoir telle ou telle joie, il est né pour faire ceci et cela. L'activité en vue de l'œuvre, c'est son destin.

Ce que fait le poète, chacun voudrait le faire. Il sait le faire, lui. Le beau don, le talent heureux enveloppent déjà science. Science belle et gaie qu'il a dû acquérir et a pu compléter parce qu'il y était apte, ce qui n'est pas donné à tous, mais qui préexistait, ce qu'il ne doit pas oublier. Il s'est ainsi ouvert les routes qui mènent au but. Il s'est ainsi garé des autres. Il a distingué du regard ce qu'il doit faire et éviter. Dès lors, s'il assemble et compose, le composé, au lieu de se dissoudre, tient. Il chante, et le choix de ses syllabes sonores, son évocation successive d'idées distinctes, au lieu de tomber dans le vide ou de rouler à l'aventure, comme des gouttes d'eau, écrivent, dans l'esprit qui le lit ou l'écoute, les traits brillants, les couleurs vives, l'ordre émouvant d'un monde nouveau. Par la grâce de son action, par un jeu de mystérieuses affinités, par la vertu des alliances et des associations provoquées, son rêve émigre et court stimuler chaudement les rêves des hommes. Des êtres inouïs s'élancent à sa voix, qui vont plaire, charmer, passionner, telle étant la merveille de leur nature : nos peines et nos joies y sont endormies en secret.

Le poète a choisi ce qui lui convenait pour cette mise en œuvre ; au sens juridique, son choix était absolument libre : mais, comme il est heureux ou est malheureux, comme il réussit ou échoue, l'objet du choix ne l'est pas ; il est viable ou non, durable ou non, capable ou non d'émouvoir les sentiments qu'il veut susciter. De ses combinaisons de poète, les unes étaient voulues par la forme, la matière, le mouvement, la composition essentielle des choses, d'autres en étaient rejetées, le sont et le seront pour la même raison. On ne dresserait pas le tableau sypnotique de ces élues et de ces damnées. Toutefois, la déplaisante ou la discordante, la belle ou l'agréable semblent connaître le sens de leur destinée ; elles semblent posséder en quelque manière des voix aiguës ou basses pour faire sentir au cœur du poète leur adhésion ou leur résistance à l'hymen et lui jeter distinctement le *oui* ou le *non*, l'encouragement, l'aiguillon ou la plainte de l'invisible frein. Ces stimulants, ces freins composent-ils un critérium infaillible ou définitif ? Pour courir les beaux risques qu'aimait et conseillait Platon, le poète peut, certes, oser braver l'obstacle et jouer la difficulté : mais c'est son affaire. Affaire de force, de ruse et, l'on y revient toujours, de bonheur. Car le succès prononce. Et l'expérience millénaire n'est favorable ni à l'absurde ni au laid. Ils n'ont pas réussi. Si l'industrie humaine excelle à se frayer la route « par rame et par voile », il semble que ce soit entre des parois de diamant qui ne se laissent guère entamer ni rayer. La liberté heureuse est celle qui marie à l'entrain du héros une sagesse, une science, qui, en le limitant, le conduise et le serve: c'est l'art de la vie, c'est l'art même.

Les libertés à décourager sont donc celles qui sont les ennemies de l'œuvre, soit qu'elles l'empêchent d'aboutir, soit qu'elles la dissocient à peine formée. Si l'œuvre intéressée recevait la parole et donnait son avis, comme une déesse future, sans doute dirait-elle en définitive conformément aux réactions de l'instinct vital: — «*J'aime tout ce qui me fait vivre et je déteste tout ce qui me ferait mourir...* » Les intérêts de l'œuvre sont seuls à consulter. Ils donnent au poète le droit d'associer à sa convenance toutes les sources d'enchantement, mais ils ne lui permettent aucune liberté de les corrompre ou de les troubler. Une liberté positive est ainsi accordée, une liberté négative est ainsi refusée sur les mêmes principes. Liberté de créer. Défense de dissocier. Tels sont les derniers mots de la réflexion et de la tradition en matière de Poétique. La liberté vaut par l'usage et par le fruit. Elle n'est due qu'au bien, et le mal est sans droits. Pourquoi? Parce que l'un fait et l'autre défait le Poème (1).

Nature et Raison.

Il est impossible de n'être pas frappé de l'analogie de

(1) Ces réflexions étaient écrites et composées, quand j'ai lu dans l'Enquête des *Marges,* du 15 mai 1920, ces lignes, qui vont loin dans le même sens: « Chose étrange, au XIXe siècle, il est plus aisé de citer des noms immortels que des œuvres qui ne périront pas, plus aisé de dénombrer les génies que les chefs-d'œuvre ». C'est que la liberté romantique, si elle était favorable aux aises de l'artiste, ne consultait pas l'intérêt de l'œuvre d'art.

ces formes de la liberté en art avec les libertés que donne ou refuse notre Politique classique. Politique fort riche en libertés de toute sorte. Politique qu'on ne peut nommer libérale: elle ne met pas la liberté au-dessus de tout non plus qu'au principe de tout (1). La liberté d'un Etat le rend indépendant de ses voisins, mais elle le soumet aux lois tutélaires de la force, du travail fructueux, de la justice et de la paix, à l'intérieur. La liberté des compagnies, corps et groupes distincts qui le composent consiste à rester maître de leurs règlements: cela ne peut pas être la liberté de se décomposer par des luttes désordonnées. Enfin, la liberté des citoyens, suivant leurs conditions diverses et dans leurs services variés, propose à chacun d'eux le régime qui sied à ce qu'il veut et doit faire: incapable de les autoriser à se débander sans contrôle, elle est la faculté de s'assembler contre les forces de mort, la faculté de se défendre contre les puissances de dispersion.

Par contre, la liberté politique des révolutionnaires jette sans distinction un appel uniforme à la libération générale de tous les éléments, supposés pareils et égaux, Etats, Compagnies ou personnes, sans tenir compte de leurs fonctions variées. Le niveau de cette liberté indéterminée a dû être placé si bas que les hommes n'y sont plus désignés que par le titre d'un caractère qu'ils ont en commun avec les plantes et les animaux: l'individualité. Liberté individuelle, individualisme social, tel est le vocabulaire de ces doctrines de progrès. Il est bien ironique! Car enfin un chien et un âne sont des individus, une pousse d'avoine est un individu. Comme il est naturel, la cohue des « individus » désorganisés admettra volontiers de l'esprit révolutionnaire ses promesses brillantes de puissance et de félicité: mais, si la foule y croit,

(1) Je renvoie sur cet article à mon opuscule: *Libéralisme et libertés, démocratie et peuple,* il est recueilli dans le volume *La Démocratie religieuse,* p. 393.

la raison les conteste, et l'expérience se charge de les démentir. La raison prévoit que la vie générale s'abaissera quand l'individu effréné verra patronner par l'Etat sa funèbre liberté de ne penser qu'à soi et de ne vivre que pour soi. La postérité qui paiera vérifiera ce pronostic très motivé. Ainsi, sur un plan voisin, l'intelligence critique aura contesté les ambitions de la liberté romantique, et l'histoire littéraire en reconnaîtra les mauvais effets sur le poète et sur son ouvrage : asservissement, décomposition.

Tel est, en art, en politique, le double accord de la nature et de la raison ; la critique et la logique, l'histoire et la philosophie ne se contrarient pas. Nous avons eu beaucoup à insister autrefois sur ce point. Des influences étrangères, principalement anglaises, exercées en sens inverse sur l'esprit conservateur français, tendaient à représenter les principes de la Révolution comme l'expression du rationnel et les principes de la Réaction comme la voix des réalités naturelles. La raison abstraite s'était trompée. L'expérience, ayant vu clair sur le concret, rectifiait l'erreur de l'esprit : sa rectification devenait le triomphe du sens pratique, l'erreur mentale ayant été la fille de la théorie pure ! Cela revenait à dire que toutes les théories étaient fausses, toutes les vérités malfaisantes. Nous avons rejeté d'un même cœur ce système contradictoire et refusé d'exclure les idées parce qu'elles sont des idées. Le refus porte également sur la thèse gratuite qui rend gloire et honneur à « l'idéalisme » sans définir lequel, admettant tout système d'idées quelconques sur la simple apparence qu'il s'oppose au réel ! En effet, la réalité et l'idée n'ont rien d'opposé ni d'incompatible. Il y a des idées conformes au réel, ce sont les idées vraies ; il y a des réalités conformes aux plus nobles idées, ce sont les choses saintes et les personnes grandes. S'il y a une opposition qu'il vaille la peine d'instituer, c'est celle des idées vraies et des idées fausses, des réalités bonnes et des mauvaises. Personne de sensé ne condamnera les idées révolutionnaires parce qu'elles sont abstraites ou parce qu'elles sont générales. Mais il y a là une confusion.

Le caractère abstrait et général de ces idées leur vaut un reproche légitime, qui est tout différent. Lorsque, agacé d'entendre toujours parler de l'Homme, de ses droits et de ses devoirs, le premier de nos philosophes politiques protestait avoir connu des Français, des Anglais, des Allemands et des Russes, mais n'avoir rencontré l'Homme abstrait nulle part, sa juste boutade dénonçait l'erreur de méthode commise par des législateurs qui avaient cru régler les destinées d'un peuple avec des aphorismes qui ne s'appliquaient pas à lui. La Politique n'est pas la Morale. La science et l'art de la conduite de l'Etat n'est pas la science et l'art de la conduite de l'Homme. Où l'Homme général peut être satisfait, l'Etat particulier peut être déconfit. En bayant à ces « grues » (1) métaphysiques, en élaborant ces Nuées, le Constituant a passé à côté du problème qu'il s'était chargé de résoudre. Il battait la campagne, et la suite l'a bien prouvé.

Mais, s'il pesait dans la balance ce qui n'était justiciable que du boisseau, il se trompait aussi, une seconde fois, dans l'usage de la balance, car les poids qu'il y mettait étaient faux. Du point de vue de la raison qu'elle invoquait, les idées générales de la Révolution sont à l'antipode du vrai. Si, pour la Constitution de la France, l'on tenait à parler du type idéal et absolu des hommes, il ne fallait pas écrire à leur sujet, comme à l'article 1er de la Déclaration, qu'ils naissent et demeurent libres et égaux en droit. « Quoi! » s'écriait Frédéric Amouretti, « à l'âge d'une minute, ils sont libres! » (2). — Et, selon la

(1) Expression du socialiste Lafargue.

(2) Voir mon *Enquête sur la Monarchie.*

logique de la thèse, en ce même âge, aussi libres que père et mère (1) !...

Des trois idées révolutionnaires que nous avons inscrites sur nos murs, la première, le principe de la liberté politique, constitutif du système républicain, a tué le respect du citoyen, je ne dis pas seulement pour les lois de l'Etat qu'il considère comme de banales émanations d'une volonté provisoire (comme l'est toute volonté) mais aussi et surtout pour ces lois profondes et augustes, *leges natæ,* nées de la nature et de la raison, où les volontés du citoyen et de l'homme ne sont pour rien : oublieux, négligent, dédaigneux de ces règles naturelles et spirituelles, l'Etat français perdit prudence, exposé ainsi à fléchir.

La seconde des idées révolutionnaires, le principe d'égalité, constitutif du régime démocratique, livra le pouvoir au plus grand nombre, aux éléments inférieurs de la nation, producteurs moins énergiques et plus voraces consommateurs, qui *font* le moins et *manquent* le plus. Découragé, s'il est entreprenant, par les tracasseries de l'Administration, représentante légale du plus grand nombre, mais, s'il est faible ou routinier, encouragé par les faveurs dont la même administration fait nécessairement bénéficier sa paresse, notre Français se résigna à devenir un parasite des bureaux, de sorte que se ralentit et faillit s'éteindre une activité nationale où les individus ne sont pas aidés à devenir des personnes et les personnes étant plutôt rétrogradées jusqu'à la condition des individus en troupeaux.

Enfin, la troisième idée révolutionnaire, le principe de fraternité, constitutif du régime cosmopolite, imposa d'une part une complaisance sans bornes pour tous les hommes, à condition qu'ils habitassent fort loin de nous, nous fussent bien inconnus, parlassent une langue diffé-

(1) Le manque de place nous force ici d'omettre une page environ de la préface de M. Maurras. L'auteur y critique certaines « erreurs » révolutionnaires, telles que le dogme de la souveraineté du peuple.

rente de la nôtre, ou, mieux encore, que leur peau fût d'une autre couleur ; mais, en revanche, ce beau principe nous présentait comme un monstre et comme un méchant quiconque, fût-il notre concitoyen, notre frère, ne partageait pas tous nos moindres accès de rage philanthropique. Le principe de fraternité planétaire, qui voudrait établir la paix de nation à nation, tourna vers l'intérieur de chaque pays et contre les compatriotes ces furieux mouvements de colère et d'inimitié qui sont secrètement gravés par la nature dans le mécanisme de l'homme, animal politique, mais politique carnassier. Les Français ont été induits à la guerre civile.

Ce n'est pas tout. Les mêmes idées, propagées et distribuées comme nôtres à tous nos clients dans le monde, causèrent à ces derniers d'assez grands torts qui retombèrent sur nous par la suite. C'est par nous que furent contaminées de biblomanie les heureuses contrées que soit l'Inquisition, soit quelque autre fortune avaient défendues de Luther. L'Espagne, l'Italie, les petites nationalités du Sud et de l'Orient, les autres peuples d'Extrême Asie ou de l'Amérique latine qui nous confiaient de tout cœur l'éducation de leur jeunesse et la direction de leur intelligence, en sont atteintes aujourd'hui, d'autant plus gravement, comme d'un virus tout nouveau qu'aucune inoculation préalable n'atténuera. Ces nations ont subi les conséquences de nos erreurs. Pendant que les idées révolutionnaires déterminaient en France leur triple anarchie, ces idées réputées françaises et qui ne l'étaient pas, ont fait longtemps régner parmi les clients de la France la conviction que notre rôle civilisateur ne consiste qu'à répandre l'enseignement de l'anarchie. Cela gêne aujourd'hui nos efforts pour la propagande de l'ordre. Cela gêna pour répliquer au président Wilson quand il nous rapporta les idées de Victor Hugo...

Le “ Bethléem ” à Notre-Dame de Huy

La sculpture monumentale du moyen âge est rare dans le pays de Liége, pays d'ivoiriers et d'orfèvres. Le xive siècle, cependant, nous en a laissé des vestiges dont les plus importants sont le *Couronnement de la Vierge* à Saint-Jacques de Liége, et deux portails, l'un à Notre-Dame de Dinant, l'autre à Notre-Dame de Huy. Nous avons étudié ailleurs le beau *Couronnement* de Liége. Le portail de Dinant, qui n'a plus de tympan, est encadré de trois voussures peuplées de petites figures de prophètes assis, portant des phylactères; ces figures sont d'un style très proche du xve siècle, avec des draperies massives, du type de ces étoffes feutrées qui, faites à l'imitation des draperies de l'école de Bourgogne, habillent le plus grand nombre des statues de ce temps. Quant au portail de Huy, que le peuple désigne sous le nom de *Bethléem,* sa décoration est disposée de façon assez originale. Les piédroits, où s'accotaient des statues, sont ornés de culs-de-lampe formés par des animaux monstrueux. Le support de la statue qui devait s'adosser au trumeau est illustré d'une scène burlesque : on y voit une femme armée d'un fuseau qu'elle assène sur le dos d'un renard poursuivant un coq. Au-dessus des piliers, s'allonge un linteau sculpté de quatre-feuilles inscrits dans des cercles; il soutient l'ogive qui forme le tympan et est divisée par de fines nervures en trois parties où sont représentées des scènes de l'enfance du Christ: la Nativité et l'Annonce aux Bergers; l'Adoration des Mages; le Massacre des Innocents (1).

(1) D'après l'estampe de REMACLE LE LOUP illustrant le t. I, 1re partie, des *Délices du Païs de Liége*, de SAUMERY (p. 98-99), le tympan de celui des portails de Saint-Lambert, à Liége, qui s'ouvrait vers le Palais, était aussi divisé, par des arcs, en trois parties.

L'arcade est bordée de dais d'un style très fleuri, abritant quatre statuettes d'anges agenouillés et quatre statuettes de prophètes assis, vêtus d'étoffes plus minces et plus sèches que celles des figures du portail de Dinant.

La Vierge de la Nativité, couronnée, étendue sur un grand lit qui occupe toute la largeur du panneau où ce thème est figuré, tient l'Enfant nu dans ses bras. Une seconde image de l'Enfant, cette fois emmailloté, repose dans la crèche à côté de laquelle se pressent l'âne et le bœuf. Saint Joseph est derrière le lit, et, au premier plan, agenouillé près de la couche, on voit un petit personnage qui joint les mains et ne joue aucun rôle dans la scène. Il rappelle ces figures de donateurs, humbles et effacées, que l'on voit dans les anciens tableaux religieux, et il est lui-même, sans doute, l'effigie plus ou moins ressemblante d'un des bienfaiteurs de l'église qui contribua aux frais de l'érection du portail. Les draperies de ce groupe sont sommairement travaillées; leurs plis sont raides et durement indiqués.

Dans la partie supérieure de la même niche est sculptée l'Annonce aux Bergers. C'est une composition touffue, pittoresque et réaliste qui ressemble à quelque fragment d'un de ces retables en bois, si nombreux à l'époque suivante.

Le Massacre des Innocents est conçu dans la même note: entassement de personnages dans un petit espace, geste cavalier d'Hérode qui croise les jambes, désespoir de la femme qui s'arrache les cheveux en pleurant sur le cadavre de son enfant; mais au point de vue du métier, les étoffes ont un tout autre caractère que celles de la Nativité; elles sont très travaillées et ressemblent à celles du Couronnement de saint Jacques, à peu près contemporain: ce sont les mêmes volutes à retours brusques, à contours aigus. Cette différence de facture entre les groupes fait supposer que l'ensemble est dû à deux ateliers; un autre détail semble confirmer ce fait: c'est la façon dont les yeux des personnages ont été traités. Les figures qui portent des draperies à grands plis simples ont les yeux en forme de globes allongés, saillants, sans paupières (1) ; les autres, au contraire, qui sont habillées d'étoffes fouillées, les ont soigneusement dessinés, à la manière gothique (2). Comme le remarque M. R. Koechlin: « Il y a eu là, à n'en pas douter, un atelier local particulier, dont la façon de traiter les yeux est bien caractéristique: tous les personnages de la porte de Huy et du Couronnement de Walcourt, ainsi qu'une Vierge jadis à Saint-Trond, ont les yeux aveugles, dessinés à peu près comme dans les plaques d'albâtre contemporaines; or, c'est un procédé qui ne se rencontre nulle part ailleurs dans la sculpture des Pays-Bas (3). » Cette supposition paraît fort admissible, mais M. Koechlin généralise un détail qui, à Huy, n'apparaît que dans quelques figures, et d'autre part, nous ne partageons pas son opinion d'après laquelle l'influence allemande serait très sensible dans le style de ce tympan et y aurait déterminé le choix de certains détails de mise en scène, comme le geste du vieux mage qui, pour offrir son présent à l'enfant, a passé sa couronne à son bras.

L'Adoration des Mages, l'un des thèmes que l'iconographie du moyen âge a le plus aimés, est ici représentée selon la formule caractéristique du XIVe siècle (4). La Vierge tient l'Enfant debout sur ses genoux; au-dessus d'elle, un ange élève l'étoile (au tympan de Huy, elle est

(1) La Vierge, l'Enfant et le roi agenouillé, dans l'Adoration des Mages; le petit personnage en prière dans la Nativité.

(2) Les deux mages debout, saint Joseph, etc.

(3) R. KOECHLIN : *La sculpture belge et les influences françaises,* (Gazette des Beaux-Arts, XXX, 2e série, 1903), p. 342.

(4) Pour l'iconographie de l'Adoration des Mages, voir : ÉMILE MALE, *L'art religieux du XIIIe siècle en France* (Paris, 1902), p. 245 et 266. — HUGO KEHRER : *Die heiligen drei Könige in Literatur und Kunst,* 2 volumes. (Leipzig, E. A. Seemann, 1908-1909.) — Dr NEENA HAMILTON : *Die Darstellung der Anbetung der heiligen drei Könige in der toskanischen Malerei von Giotto bis Lionardo.* (Strasbourg, Heitz, 1901. Collection *Zur Kunstgeschichte des Auslandes,* VI.) Cf. G. COHEN, *Mystères et Moralités du ms. 617 de Chantilly.* Paris, Champion, 1920, p. CXXIV-CXXV.

brisée) qui guide les mages. Ceux-ci sont au nombre de trois. Deux d'entre eux sont debout. L'un, barbu et portant couronne, tient son offrande dans la main droite; il se retourne vers son compagnon et, de la main gauche levée vers le ciel, il lui désigne l'étoile. Le second roi, de taille moins élevée, est imberbe. La couronne en tête, il tient des deux mains son offrande. Le dernier mage est âgé; il a de longs cheveux bouclant sur le col et une barbe tombant sur la poitrine. Il plie le genou devant la Mère et l'Enfant et présente à celui-ci une espèce de ciboire qui contient l'or. Il enlève toujours sa couronne; parfois elle repose sur son avant-bras ou bien il la porte sur la main gauche, celle-ci étant appuyée sur le genou, mais le plus souvent il la tient du bout des doigts.

Dans la première moitié du XIIIe siècle, le tympan de la Porte dorée de Fribourg montre les mages s'agenouillant tous trois devant la Vierge et l'Enfant, et tous trois couronnés. Au portail occidental de Notre-Dame, à Trèves, vers 1240, l'un des rois s'agenouille; il a enlevé sa couronne et la retient de la main gauche sur son genou: c'est déjà la mise en scène qui sera observée au XIVe siècle. On la retrouve, notamment, dans les peintures de Taddeo Gaddi, à l'Académie de Florence, et elle reparaît au tympan du portail de Saint-Laurent, à Nuremberg; ici, c'est un ange, vu à mi-corps, qui tient l'étoile au-dessus de la Vierge. C'est de la même façon que le sujet est transcrit au tympan de Huy, avec ces différences que toute la silhouette du guide céleste se découpe dans l'espace et que le vieux mage, en s'agenouillant pour faire son offrande, a glissé sa couronne au bras gauche.

Ce geste du vieux roi, familier et bonhomme, que l'on dirait emprunté à la représentation d'un Mystère (1) et

(1) M. G. Cohen croit que les sculpteurs du portail de Huy ont pu s'inspirer de la figuration des nativités wallonnes ; il relève l'attitude de la Vierge, dressant l'Enfant sur ses genoux, mais il ne mentionne pas le geste du roi mage (GUSTAVE COHEN : *Mystères et moralités du manuscrit 617 de Chantilly.* Paris, Edouard Champion, 1920, p. CXXIV et CXXV).

qui met une note de simplicité aimable dans un thème joli, mais trop rigidement fixé à cette époque, n'est pas très rare. C'est en Italie qu'il semble avoir été inventé. On l'y trouve dans les bas-reliefs de la chaire de la cathédrale de Sienne, par Nicola Pisano, achevée en 1268; dans trois œuvres de Giovanni Pisano : la chaire de Saint-André de Pistoie, achevée en 1301 ; la chaire de la cathédrale de Pise, commencée en 1301, achevée en 1310; et les bas-reliefs de la chaire de San-Michele-in-Borgo (1) ; à une époque un peu plus tardive, il est reproduit à la cathédrale d'Orviéto, dans le décor de la façade commencée, en 1310, par le Siennois Lorenzo Maitani (2).

D'où venait ce motif ? M. Weigelt (3) le suppose d'origine siennoise; il est connu dans l'école de Guido de Sienne à laquelle Nicola Pisano l'aurait emprunté pour le faire figurer, précisément pour la première fois dans son œuvre, sur la chaire de Sienne.

En plus des Adorations bien connues du groupe Pisano et de la façade d'Orviéto, M. Weigelt en cite quelques autres où figure ce détail :

1. Celle de la prédelle du grand retable de Duccio di Buoninsegna, 1308. (Œuvre du Dôme de Sienne) (4).

2. Un fragment de prédelle de la galerie d'Altenburg; école de Guido de Sienne (milieu du XIIIe siècle).

3. Une miniature d'un graduel qui paraît siennois et de la fin du XIIIe siècle. (Graduel I, fol. 73. Libreria Piccolomini, Sienne).

M. Weigelt considère ce motif comme peu répandu en dehors de l'Italie et n'en indique la présence à l'étranger que dans une miniature du *Speculum humanæ salvationis*

(1) VENTURI : *Storia dell' arte italiana*, IV. (1906, fig. 133.147-156.) Les fragments de la chaire de San-Michele-in-Borgo sont au Dôme de Pise.

(2) VENTURI : *La Madone* (Paris, Gaultier, Magnier & Cie, s. d.), p. 257. — ID. : *Storia*, IV, fig. 254. — MARCEL REYMOND : *La sculpture florentine* (Florence, 1897), I, p. 131.

(3) C. H. WEIGELT : *Duccio di Buoninsegna* (Kunstgeschichtliche Monographien, XV. Leipzig, 1911). p. 233.

(4) C. H. WEIGELT : *op. cit.*, pl. 13.

de Cologne, publiée par M. Hugo Kehrer (1). Ce dernier signale cependant encore, dans l'art septentrional, deux Adorations des Mages où se rencontre le détail de la couronne portée au bras : l'une se trouve sur l'antependium de Salzburg (vers 1350), l'autre sur le ciboire de Klosterneuburg (2).

Mais la liste des peintures et sculptures où ce détail est reproduit peut s'allonger, tout d'abord en y ajoutant le tympan de Huy, et, en outre, des miniatures, des albâtres et des ivoires français ou franco-flamands des XIVe et XVe siècles. Citons, notamment, un ivoire français, de la première moitié du XIVe siècle, collection Vermeersch, aux musées du Cinquantenaire, Bruxelles ; un ivoire français, de la première moitié du XIVe siècle, qui faisait partie de la collection de feu Mgr Schoolmeesters, à Liége (3) ; un ivoire franco-flamand, du milieu du XIVe siècle, publié par Mgr Dehaisnes (4) ; l'Adoration des Mages qui se trouve dans les Heures de Milan, parmi les feuillets désignés par M. G. Hulin de Loo comme ayant été peints, de 1412 à 1417, par un précurseur des Van Eyck (5) ; un bas-relief en albâtre, de la première moitié

(1) HUGO KEHRER : *op. cit.*, II, p. 213, fig. 254. « Speculum Humanæ Salvationis in Stadt-Archiv zu Köln. W. 105, um 1370 ».

(2) HUGO KEHRER : *op. cit.*, II, p. 187. Le ciboire de Klosterneuburg est publié par KARL WEISS : *Der Schatz der regulierten Chorherrnstiftes zu Klosterneuburg in Niederösterreich.* (Mitteil. der K. K. Central-Commission zur Erforschung und Erhaltung der Baudenkmale, 1861, p. 295, une planche). C'est un ciboire à haut pied, dont la coupe et le couvercle sont historiés, mais, malgré la finesse de la reproduction, on ne distingue pas la couronne du mage agenouillé.

(3) Publié par G. TERME : *Album de l'art ancien au Pays de Liége* (Liége, 1905), I, pl. 83.

(4) DEHAISNES : *Histoire de l'art dans la Flandre, l'Artois et le Hainaut avant le XVe siècle* (Lille, 1886), pl. VI.

(5) GEORGES H. DE LOO : *Les Heures de Milan, 3e partie des Très Belles Heures de Notre-Dame,* enluminées par les peintres de Jean de France, duc de Berry, et par ceux du duc Guillaume de Bavière, comte de

du XVe siècle, appartenant au musée de Gand où il est classé, avec interrogation, comme œuvre italienne, mais qui provient, croyons-nous, d'un atelier septentrional, peut-être de Nottingham ; une charmante et délicate Adoration des rois peinte par Jean Bourdichon dans le Livre d'Heures du comte Charles d'Angoulême, dont le prix aurait été payé au maître entre 1482 et 1485 (1). Ce motif iconographique se répandit dans le nord, car il figure dans deux sculptures hollandaises en bois (XVe-XVIe siècle) qui appartiennent au musée épiscopal de Harlem et au musée d'Amsterdam (2). Au commencement du XVe siècle, il était bien connu des enlumineurs de Jean de France ; nous avons relevé sa présence dans les Heures de Milan, et les Frères de Limbourg l'ont répété dans le Couronnement de la Vierge des Très Riches Heures du duc de Berry (3), où l'on voit, au premier plan, une jolie petite sainte qui joint pieusement les mains, son bras frêle passé dans sa belle couronne fleuronnée.

Il est curieux d'observer la reproduction de ce détail dans des œuvres de style aussi différent. D'origine italienne, ce motif aura été introduit en France et dans les pays septentrionaux par l'entremise des ivoiriers et des miniaturistes. Sa présence au tympan de Huy n'est donc pas de nature à y faire reconnaître une influence allemande qui n'est ici que très hypothétique. En considérant la disposition des groupes, l'entassement des person-

Hainaut et de Hollande. — Vingt-huit feuillets historiés reproduits d'après les originaux de la Biblioteca Trivulziana à Milan. — (Bruxelles, 1911). Pl. XIII.

(1) Comte PAUL DURRIEU : *La Peinture en France depuis l'avènement de Charles VII, jusqu'à la fin des Valois* dans l'Histoire de l'Art d'ANDRÉ MICHEL, IV, 2e partie, 1911, p. 740, fig. 495 et pl. X.

(2) PIT : *La Sculpture hollandaise au Musée national d'Amsterdam* (1903), p. 18 et pl. XXXIB.

(3) Comte PAUL DURRIEU : *Les Très Riches Heures de Jean de France, duc de Berry* (Paris, 1904), pl. XL.

nages, leurs attitudes, il faut tenir compte de l'époque: c'est l'introduction à l'art du xve siècle. Sans doute, la sculpture mosane a subi une évolution qui, en bien des points, est parallèle à celle de la sculpture allemande, mais il ne semble pas qu'un rapprochement de ce genre s'indique ici. Il ne paraît pas davantage qu'il puisse y être question d'une influence française bien définie. Le tympan de Huy est une œuvre intéressante quoique modeste, due à un imagier averti de ce qui se faisait dans les écoles voisines, mais qui n'a imité aucun modèle déterminé. C'est une œuvre composite comme beaucoup de celles qui sont conservées dans ce pays, comme le Couronnement de la Vierge à Saint-Jacques de Liége, notamment, où, à première vue, on croirait ne reconnaître qu'une inspiration française et dont l'originalité se révèle à l'étude.

On ignore la date de ce tympan; J. Helbig la fixait dans la première moitié du xive siècle et le chevalier Marchal dit avoir découvert, inscrit sur cette porte, le chiffre de 1536 (1). Cette dernière date peut se rapporter à une restauration. Il y a peu de temps, le tympan était encore surmonté d'un beau bas-relief de style renaissance ayant pour sujet l'Annonciation. Bien qu'il fût d'un art fort italianisé et semblât devoir être d'époque plus tardive, il ne serait pas impossible que cette date n'en rappelât la mise en place. Ce bas-relief a été enlevé (2). On l'a remplacé par un gâble à crochets portant, en médaillon, l'Assomption de la Vierge. Aux piédroits, on avait adossé des statues qui n'avaient aucun rapport avec les autres sculptures du portail; l'une de ces statues est le magni-

(1) J. Helbig : *La sculpture et les arts plastiques au pays de Liége* (Bruges, 1890), p. 72. — Le chevalier Edmond Marchal : *La sculpture et les chefs-d'œuvre de l'orfèvrerie belge* (Bruxelles, 1895), p. 238.

(2) J. Helbig : *op. cit.*, donne, pl. XII, une bonne photographie du portail prise à l'époque où ce bas-relief y était encore placé. Ce morceau s'est effrité quand on l'a enlevé. Il n'en reste pas de vestige.

fique saint Germain que nous avons précédemment étudié et qui est à présent placé dans l'église même.

On sait que la construction de la collégiale actuelle, élevée sur l'emplacement d'une église romane, fut commencée le 15 mars 1311 (1), et il est probable que l'édifice dut être en voie d'achèvement avant que l'on songeât à orner une porte qui est tout à fait hors d'œuvre. En outre, en datant des ensembles tels que celui-ci, il ne faut pas oublier que les imagiers liégeois, à la fin du XIIIe siècle, avaient encore besoin du concours de confrères étrangers pour décorer les portails de leurs cathédrales (2). Or, le tympan de Huy témoigne d'une liberté de conception et d'exécution que peu d'écoles septentrionales pouvaient posséder au milieu du XIVe siècle, et dont celle du pays mosan, qui n'était pas en avance sur les autres en fait de grande sculpture, ne devait pas jouir; aussi peut-on situer dans le dernier quart du XIVe siècle la date d'exécution de ce portail (3). Quant à la facture particulière de certains éléments de sa décoration, elle s'explique par l'hypothèse de M. Koechlin : il y a eu là un

(1) J. J. VAN YSENDYCK : *Documents classés de l'art dans les Pays-Bas*, III (1881, Maes, Anvers), pl. 27.

(2) BORGNET : *Lettre sur les artistes qui ont participé à la construction de la cathédrale Saint-Lambert à Liège.* (Bull. de l'Acad. royale des Sciences, des Lettres et des Beaux-Arts de Belgique. I, 1867, p. 193).

(3) D'après M. H. Demaret, ancien doyen de la collégiale Notre-Dame à Huy, le portail aurait été construit au XIIIe siècle à l'extrémité nord du transept, puis démonté et reconstruit où il se trouve actuellement, près du chevet de l'église. Toutefois, on lui donnait jadis le nom de *Nouveau portail*, ce qui indique qu'il devait être plus récent que la basilique ogivale commencée en 1311. La conclusion de M. Demaret confirme d'ailleurs notre hypothèse au sujet de ce monument : « Donc le Bethléem est du XIIIe siècle et *c'est au XIVe qu'il a été démonté et reconstruit là où nous le voyons aujourd'hui. Cependant on a dû remplacer, modifier et ajouter même quelques éléments d'architecture* et c'est ce qui explique la diversité des opinions qui ont été émises à propos de la date de ce petit monument... » *La collégiale Notre-Dame à Huy. Notes et documents* (1921, Huy), p. 17.

atelier local dont la technique procède de celle des tailleurs d'albâtre.

Il se trouvait précisément autrefois, à la collégiale de Huy, deux albâtres du XIVe siècle qui ont passé dans une collection particulière. Ce sont les fragments d'un Calvaire; l'un représente la Vierge et saint Jean, — l'autre, trois hommes d'armes (1). D'un style beaucoup plus affiné que celui des nombreux albâtres sortis d'ateliers tels que ceux de Nottingham, ils ne peuvent être englobés dans la masse de ces productions industrielles, retables, statuettes et sculptures de petites dimensions, si répandues aux XIVe et XVe siècles (2). La délicatesse des silhouettes, la grâce et la sveltesse de la Vierge, défaillant sous ses voiles, la minutie du modelé leur confèrent une valeur artistique supérieure à celle des travaux de ce genre qui n'étaient simplement que des objets de commerce.

Un autre albâtre, — une Arrestation du Christ appartenant au musée diocésain de Liége, — moins finement mais plus énergiquement travaillé, peut, lui aussi, avoir été sculpté dans la région, mais dans un autre atelier ou par un autre artiste; le traité des étoffes y rappelle de près celui des draperies les plus simples du tympan de Notre-Dame. Il est d'une facture plus rude que les deux

(1) Publiés par JOS. DESTRÉE : *Groupes en albâtre provenant de l'église collégiale de Huy* (Bull. de l'Inst. archéol. liégeois, XLI, 1911, p. 75. pl. I). — Voir aussi, du même, *Chronique archéologique du pays de Liége,* juillet 1912, p. 85.

(2) Pour l'étude des albâtres en général, voir : W. H. ST. JOHN HOPE, *On the sculptured alabaster tablets called Saint John's Heads* (Archaeologia, second series, vol. II, part II. Londres, 1890). — A. BOUILLET : *La fabrication industrielle des retables en albâtre XIVe-XVe siècle* (Bulletin monumental publié sous les auspices de la Société française d'archéologie, LXV, 1901). — A. MICHEL : *Histoire de l'art,* II, 2e partie, p. 733-736; III, 1re partie, p. 421-428. — JOS. DESTRÉE : *Sculptures en albâtre de Nottingham* (Annales de la Société d'archéologie de Bruxelles, XXIII, 1909, p. 439-467).

groupes du Calvaire, mais bien plus que ceux-ci encore d'une exceptionnelle élégance de style (1).

Que l'on joigne à ces trois morceaux la petite Vierge, aussi en albâtre, qui était jadis à St-Trond(2), et que nous avons déjà mentionnée et tout en n'écartant pas la possibilité que des morceaux semblables aient pu être importés, on conclura que leur présence dans ce pays peut soutenir l'hypothèse qu'il s'y trouvait autrefois, peut-être à Huy, un ou des ateliers voués à ce genre de travail et dont les procédés ont parfois gagné la grande sculpture. Cette influence en retour sur la statuaire proprement dite ne doit s'être manifestée du reste que fort rarement et les deux artistes mosans les mieux connus au XIVe siècle, Jean Pepin de Huy et Jean de Liége, n'en ont nullement subi l'action. Tous deux cependant ont travaillé l'albâtre, les documents qui les concernent le disent expressément, — avec cette restriction qu'au moyen âge, le mot albâtre a pu ne désigner parfois que du marbre blanc. Mais il n'y a pas eu confusion et c'est bien d'albâtre qu'il s'agit, par exemple, quand Pepin de Huy dispose par testament des quantités non ouvrées de cette pierre qu'il possède dans son atelier. Mais ces sculpteurs qui, tous deux, s'établirent à Paris et y firent bonne figure, n'ont rien emprunté à la technique des « alabastermen » dont le travail s'était industrialisé, et ils ont fait œuvre de statuaires éminents dans le milieu franco-flamand où ils ont vécu.

MARGUERITE DEVIGNE.

(1) Voir d'autres albâtres représentant le même sujet, moins élégamment traité : groupe de la coll. Schnütgen à Cologne. FRITZ WITTE : *Katalog der Sammlung Schnütgen in Cöln* (1912), pl. 56, fig, 3; groupe de la coll. Mayer van der Bergh à Anvers. P. VITRY et G. BRIÈRE : *Documents de sculpture française,* I, pl. LXXXXVI, fig. 7.

(2) D'après M. J. Destrée, elle a passé dans la collection Figdor, à Vienne.

Sur Ernest Solvay

La mort d'Ernest Solvay prive la Belgique d'une de ses plus grandes figures; elle appauvrit l'humanité tout entière d'une de ses forces les plus actives. Il était à la taille de ces financiers et de ces philanthropes du Nouveau-Monde qui créent autour d'eux de la vie sans avoir à se préoccuper du passé : les Etats-Unis connaissent à peine le poids d'une tradition. Ce qui distingue Solvay de ces hommes d'affaires et de ces hommes de bien, c'est surtout qu'étant né dans un monde vieux, il a eu le courage de s'y comporter comme s'il vivait dans un monde tout neuf. Il fut un Américain d'Europe, avec tout ce que chacun de ces deux mots justifie d'admiration, comme aussi avec tout ce que leur rencontre — l'un corrigeant l'autre — implique de perfection.

Sans doute a-t-il dû cette faculté de ne point s'encombrer d'Histoire dans sa marche à travers la vie à ce qu'il s'est élevé vers les sommets par la vertu de ses seules forces. C'est une admirable destinée que celle d'un homme qui édifie une des grandes fortunes du monde par son simple labeur, sans que les jeux de la bourse, les hasards de la spéculation ou la fatalité des héritages y interviennent en rien. L'argent prend alors vraiment figure de travail. Il est allègre et productif. Il s'en dégage à la fois de l'honneur et un bel exemple.

J'imagine que la biographie d'Ernest Solvay deviendra demain l'une de ces « vies illustres » de notre temps que l'on soumet à l'esprit des enfants pour leur donner de la foi et du courage, pour soutenir leur volonté et susciter leurs nobles ambitions. On leur dira l'épopée pacifique de cette existence de chercheur appliqué, tenace, consciencieux. Mais ce qui rendra surtout Ernest Solvay digne du respect des âges, c'est qu'il ait si noblement compris que la fortune implique des devoirs et qu'il se soit conformé à cette exigence morale avec un si fervent scrupule.

La seule loi qui peut soutenir une démocratie est la loi de formation des élites. Elle seule peut lutter contre la loi de nivellement qui, elle aussi, hélas ! régit les démocraties. Que chacun, parvenu à un stade de la vie sociale et intellectuelle, forme des adeptes, des élèves ou tout simplement des hommes égaux à lui-même, qu'il s'applique à faire monter d'un degré dans la voie du progrès ceux-là qui, sans lui, ne parcourraient leur route qu'avec peine, et le niveau de l'humanité tout entière s'en trouvera progressivement et continuellement élevé.

C'est ce qu'Ernest Solvay n'a cessé de faire. A côté de sa bienfaisance inépuisable, qui était administrée, chez lui, à la façon d'un ministère — le Ministère de la Bonté —, il faut louer surtout sa bienfaisance intellectuelle qui l'amenait à s'intéresser à tout ce qui pouvait enrichir le cerveau de l'humanité et la force productive de la nation. On a donné la nomenclature des institutions auxquelles il a voulu accorder son appui. Mais ceux-là seuls qui ont été en rapport avec lui pour des œuvres d'entr'aide intellectuelle savent avec quelle foi intelligente et constante Ernest Solvay répartissait ainsi ce qu'il considérait comme les miettes de son devoir.

Il fut un grand faiseur d'élite. Nul hommage ne le pourrait mieux honorer.

RICHARD DUPIERREUX.

Echéance et Divers

soit Canards, Cattier et Carnages

La Ruhr, le Rhin et le Roy.

GALLION. — L'échéance approche, Eleuthère. Nous allons dans la Ruhr. Venez-vous *avec*?

ELEUTHÈRE. — Vous paraissez bien joyeux, cynique impérialiste; cette date fatale du 31 mai, qui nous donne tant de soucis, paraît vous remplir d'espérance. Je ne demande, notez-le bien, qu'à vous suivre, j'entends: suivre votre raisonnement. Qu'allez-vous faire dans la Ruhr?

GALLION. — Nous allons y faire la république rhénane.

ELEUTHÈRE. — Avec qui?

GALLION. — Avec qui? Avec tout le monde...., quand elle sera faite! Avec les catholiques, les communistes, les Anglais eux-mêmes. Ce sera l'œuf de Christophe Colomb: on trouvera tout simple qu'*elle* se tienne debout.

ELEUTHÈRE. — Mais il y faudra un peu de casse, vous l'avouez par cette image. Or, attention! L'œuf de Christophe Colomb peut dégénérer en omelette. Vos projets sont-ils mûrs? Les hommes de M. Smeets sont-ils sûrs? Ceux de M. Dorten sont-ils purs? Et M. Dorten lui-même? J'ai ouï dire...

GALLION. — Que M. Dorten, et son ami M. Liebing, avaient été excommuniés par leur fédération chrétienne? C'est exact. On leur fait des griefs que je n'ai pas eu le loisir d'examiner. La chair politique est faible en tous pays. Mais l'esprit... je veux dire l'Idée, l'Idée rhénane est forte, et pure comme la flamme... Avez-vous lu le livre du comte de Briey, un bon Belge celui-là? Quelle vérité, quelle clairvoyance, quelle sagesse!

ELEUTHÈRE. — Quelle Lotharingie surtout! Je vous avouerai que je ne suis pas lotharingien; mais je veux bien être Rhénan. Seulement je crains de n'être pas, comment dire, en nombre... J'ai des renseignements qui ne concordent pas avec les vôtres. L'heure de la Lotharingie me semble être passée depuis quelque dix siècles, et celle de la Rhénanie depuis quelque trente mois.

GALLION. — C'est que vous connaissez moins bien que la princesse Marie-José les divers ouvrages de M. Léon Leclère.

ELEUTHÈRE. — Je connais assez bien l'histoire des dernières élections françaises. Les électeurs départementaux ont marqué leur répugnance pour les aventures...

GALLION. — Vous Badinez!

ELEUTHÈRE. — Je sais que M. Maurras mobilise les abstentionnistes, — soixante pour cent — qui eussent voté pour le Roi et pour la Ruhr, s'ils n'avaient dédaigné les urnes républicaines. Mais je constate que M. Marc Sangnier, catholique, et M. Abel Favre, clémenciste, tiennent un langage bien pacifique. Je constate que M. Poincaré, depuis Bar-le-Duc, est taciturne et temporisateur. J'en conclus que, peut-être, l'opinion française est moins unanime que vous ne pensez...

GALLION. — Constatez-vous aussi que l'Allemagne mérite les ménagements que paraît conseiller votre abominable tiédeur?

ELEUTHÈRE. — Ma foi, je ne sais trop. Je ne sais plus.

GALLION. — Vous ne savez donc pas que l'offensive allemande est déclanchée?

ELEUTHÈRE. — Laquelle? et contre qui? Vous abusez tellement de cette métaphore!

GALLION. — L'offensive officielle contre la base des

traités de paix, contre la reconnaissance des responsabilités!

Le " faux Eisner ".

ELEUTHÈRE. — J'ai vaguement entendu parler de cette affaire. Un tribunal allemand aurait convaincu de faux le défunt Kurt Eisner et presque justifié son assassinat. Mais je n'attache pas plus d'importance à ces fantaisies qu'à la littérature radico-socialiste sur « Poincaré-la-Guerre ». C'est drôle, mais c'est si loin de l'histoire!

GALLION. — C'est de la politique, mon cher, et de la plus dangereuse. Il faut la suivre. Devant le *Volksgericht* de Munich vient de se plaider un procès-symptôme: le secrétaire de Kurt Eisner, président du Conseil de la Bavière révolutionnire, contre *Prof. Dr.* Cossmann et consorts. Le secrétaire s'appelle Fechenbach. Il avait porté plainte pour calomnie, Cossmann et les autres l'ayant accusé de faux. Eisner, vous le savez, voulait désolidariser l'Allemagne nouvelle d'avec l'Allemagne impériale. Il somma les Affaires étrangères de Berlin de publier leurs dossiers. Comme Berlin refusait, il entra aux archives de Munich, y prit à poignées les documents accusateurs, et les jeta à la foule. Il donna surtout le rapport d'un chargé d'affaires bavarois à Berlin, M. von Schoen. Entre parenthèses, il l'attribua au comte Lerchenfeld, mais l'erreur fut tout de suite réparée. Seulement, Kurt Eisner ne publia pas ce texte *in-extenso*. Il choisit les passages les plus caractéristiques. On s'en est avisé récemment. Depuis lors, c'est chose démontrée pour tous les Allemands, les démocrates comme les autres, qu'Eisner fut un « empoisonneur de sources ». Au procès de Munich, de soi-disant experts l'affirmèrent, et les juges « coulèrent » cette affirmation en forme de jugement. Les journaux de la *guerre en manchettes* clichèrent une rubrique du « faux Eisner ». Le traité de

Versailles était par terre, puisque l'article 1er reposait uniquement sur le rapport Schoen.

Eleuthère. — Votre opinion, là, entre nous?

Gallion. — Mon opinion? Voici une des phrases du rapport von Schoen qu'Eisner a jugé bon d'omettre : « L'attitude des autres puissances vis-à-vis du conflit austro-serbe dépend essentiellement du point de savoir si l'Autriche se contenterait d'un châtiment de la Serbie ou réclamerait pour soi des compensations territoriales. Dans le premier cas on réussirait à localiser la guerre, dans le cas contraire de graves complications sont inévitables. » Eisner a pareillement négligé des phrases comme celles-ci : « La Russie n'interviendra pas, aussi longtemps que l'intégrité territoriale de la Serbie ne sera pas menacée ». « L'Angleterre ne bougerait que s'il était question de démembrer la Serbie », etc... Les experts soutiennent que M. von Schoen montre Berlin préoccupé de localiser le conflit. Or, M. von Schoen, qui admet que la localisation serait impossible en cas de démembrement de la Serbie, examine complaisamment — dans des passages supprimés, eux aussi, par Eisner — trente-six projets de partage de la Serbie. Vous voyez que les omissions d'Eisner, en somme, profitaient surtout à la Wilhelmstrasse.

Eleuthère. — Je croyais qu'Eisner avait « altéré » aussi des textes relatifs à la neutralité belge?

Gallion. — En effet, il a oublié, le gredin, le rapport Lerchenfeld, du 5 août 1914, qui nous apprend que « Moltke a énergiquement déconseillé d'acheter la neutralité britannique en respectant la neutralité belge... »

Eleuthère. — Voyons, soyez sincère. Ne ressort-il pas, tout de même, de ce procès bavarois, que le gouvernement impérial n'a pas systématiquement, obstinément, exclusivement désiré, préparé, provoqué la guerre mondiale? Ne croyez-vous pas qu'à de certains moments, certains Boches, moins féroces qu'on ne l'a dit, souhaitaient une petite guerre, hermétiquement localisée, ou même une opération de police sans bruit et sans massacre?

GALLION. — Je vous le concède. On aurait voulu régler leur compte aux Serbes, sans que l'Europe s'en mêlât. On eût préféré à une guerre contre la Russie et la France, une guerre contre la Russie toute seule. On aurait volontiers occupé Paris, sans s'attirer une mauvaise affaire avec les Anglais. Du moins, quelques bons Allemands, les modérés, bornaient ainsi leurs desseins. Kurt Eisner n'a pas mis en lumière les raisonnables propos de ces justes, de ces sages. Vraiment, vous faites trop d'honneur aux juges de Munich, en prenant au sérieux leurs puérils considérants. Ils ne m'intéressent que par leur impudence. J'aperçois une tentative qu'il importe de dénoncer. C'est un symptôme de rébellion, vous disais-je. Ce jugement de Munich, tout absurde qu'il est, passera dans les manuels d'histoire. L'an prochain, on l'enseignera dans les écoles rhénanes, si nous ne poursuivons là-bas une urgente épuration. C'est pourquoi, allons dans la Ruhr, et chassons de la Rhénanie les fonctionnaires, les instituteurs, les *Schulräte* et les *Landräte* prussiens.

ELEUTHÈRE. — Pourtant, les indices ne manquent point d'une évolution de la politique allemande vers l'acceptation loyale des traités. Voyez l'accord heureusement intervenu à Gênes, entre la commission allemande et la commission polonaise, sur le partage définitif des territoire silésiens.

GALLION. — Hé! mais c'est que ledit accord, en 606 articles, — car il est plus long que le traité de Versailles — est un joli succès pour la diplomatie du *Reich*. Il garantit fort bien les intérêts boches, et défend contre l'expropriation polonaise les personnes et les biens. Je comprends que les Allemands (en dépit de leurs officielles manifestations de deuil) en soient enchantés. Ils sont persuadés que grâce à cette convention, ils retrouveront dans dix ans leurs frères... et leurs usines.

La Belgique à Gênes.

Mais est-ce l'effet de la vague de chaleur? Vous me paraissez singulièrement amolli. Vos délégués à Gênes avaient une autre allure. Ce sont vos hommes d'Etat qui, une fois de plus, ont montré son devoir à l'Europe. Ils y ont eu, ne vous déplaise, quelque mérite. Le devoir d'aujourd'hui, vous ne l'ignorez pas, est plus pénible que le devoir d'hier. En août 1914, il était clair, et tout simple : on ne pouvait hésiter. En mai 1922, il est plus obscur. Et il a fallu que la petite Belgique le fît voir à la France, qui allait le fouler aux pieds !

ELEUTHÈRE. — Vos éloges me touchent, Gallion ; mais un doute empoisonne ma joie. On insinue que la Belgique, dans tout cela, était d'accord, ou pour employer le terme propre, *de mèche* avec la France : il s'agissait, en effet, de faire sauter la Conférence. Les caricatures anglaises représentent déjà la Belgique en petit torpilleur, naviguant dans le sillage du *Capital-ship* français. Je ne vous cache pas que j'en ai été désagréablement impressionné. Vous connaissez de longue date mes idées albanaises sur l'indépendance.

GALLION. — Alors, quand vos représentants, en face d'un gouvernement de bandits, défendent, aux applaudissements du monde entier, un patrimoine commun à tous les hommes, celui de l'honneur et de la probité, vous ne vous préoccupez que d'une chose : de savoir s'ils ne font pas une « politique d'imitation ! » Qu'importe le mimétisme, si le geste est beau? Et quel incident plus glorieux...

ELEUTHÈRE. — Cette épithète qui, d'ailleurs, fait bon effet dans un discours, je l'ai déjà rencontrée dans le

Flambeau, moins lyrique d'habitude et plus mesuré. Mais il y a autre chose. Des gens qui ont le nez fin, prétendent avoir flairé dans tout ceci des odeurs d'huile minérale. Il me déplairait que la Belgique eût l'air d'être la *Fiancée du Pétrolier!*

La conversation des deux amis, comme la plupart des conversations politiques qui méritent relation, avait commencé, est-il besoin de le dire, autour de ce bassin du Parc qui vit éclore tant de jolis canards. Elle s'était poursuivie sur le brûlant trottoir Errera; après s'être alanguie, place Royale, à la terrasse mélancolique du Globe, *elle avait rebondi devant la* Ligue du Souvenir. *Au moment précis, où le soupçonneux Eleuthère évoquait le Roi-Pétrole, Sir Archibald Bigfour, sortant de la Banque d'Outremer, vint apporter au débat, jusqu'alors digne (à peine) du* Cercle Artistique, *des précisions éclatantes et rassurantes.*

Cattier et Canards.

— Casse-cou, s'écria Archibald, agitant un portefeuille tout neuf. Tordez le cou, veux-je dire, à ce pétrel...

L'horreur de ce mot fit reculer Eleuthère, tandis que Gallion applaudissait avec cynisme. Quelques hauts fonctionnaires du Ministère des Colonies, qui remontaient la rue de Namur, s'arrêtèrent pour recueillir la version définitive d'une affaire déjà très commentée.

ELEUTHÈRE. — Je n'ai accusé personne; je me suis contenté d'exprimer une patriotique appréhension. J'ai répété ce que des hommes d'affaires étrangères, des journaux informés...

SIR ARCHIBALD BIGFOUR. — Vous imaginez-vous sérieusement — quel belgocentrisme! — que toute la Conférence de Gênes tournoya autour d'une petite rivalité comme celle de la Société Générale et la Banque de Bruxelles? Ce serait ravaler à une bien misérable querelle ce grand débat où la Belgique eut l'impérissable honneur de proclamer le Droit.

GALLION. — Bravo! Bravo! Excellent!

ELEUTHÈRE. — Je ne demande qu'à vous croire. Cependant...

SIR ARCHIBALD BIGFOUR. — J'étais à Gênes, voyons... Parlons net. Des histoires imbéciles circulent. Des patriotes congestionnés crient la grande trahison d'un de nos experts, des neutralistes au sang de rutabaga redoutent « le piège du 31 mai ». Ces apocryphes sont nettement contradictoires. Vous avez l'air de les avoir ramassés pêle-mêle dans un tas de papyrus provenant de la *Politique*... et du *Standaard*. A ces choses (*Sir Ar̄chibald Bigfour diphtongua l'o, comme le poète Swinburne dans le beau livre de M. de Reul),* j'oppose (*même observation philologique*), non le silence du mépris, mais l'éloquence des faits. Vous me permettez de vous la faire entendre?

GALLION et ELEUTHÈRE. — Nous vous en prions.

SIR ARCHIBALD BIGFOUR. — Donc, à Gênes, il fut décidé qu'une note serait envoyée à la Russie pour préciser, d'une part; les exigences minima des gouvernements créanciers, et, d'autre part, les concessions et avantages que les gouvernements étaient disposés à consentir à la Russie pour sa reconstruction. Deux projets furent préparés: l'un par la Délégation britannique; l'autre par la Délégation française. Tandis que le projet français restait, en ce qui concerne les propriétés privées « pieusement fidèle » au rapport des experts de Londres, le projet britannique s'en écartait, on pouvait dire: s'en moquait.

ELEUTHÈRE. — Nous savons tout cela.

SIR ARCHIBALD BIGFOUR. — C'est alors que M. Lloyd George et M. Barthou s'entendirent officieusement pour faire appel à M. Cattier. Si ce dernier est intervenu, c'est donc uniquement parce qu'il a été sollicité. Il n'y a là nul mystère. On vous parle *Shell,* Rufus Isaacs... C'est du roman. M. Cattier s'était mis en valeur par l'interrogation qu'il avait fait subir au délégué des Soviets, Rakovski. Il est à la fois bon juriste et grand financier. Ah ! M. Lloyd George, c'est certain, ne lui a pas ménagé les avances. « Cattier, Cattier, lui disait-il un jour, je parlais justement de vous en termes plus qu'élogieux (*very high terms*) ». — « *I guess you,* répondit M. Félicien Cattier, vous avez besoin de moi... » — « *When it's useful to tell the truth, you must always tell it* », riposta le Gallois. Et cette formule est si belle que je ne me lasserai pas de la citer dans les deux langues : « Quand il est utile de dire la vérité, il faut toujours la dire... »

Le Droit de Propriété.

M. Cattier fut donc adjoint au délégué français, M. Fronageot, et au délégué anglais, Sir Cecil Hurst, pour tâcher de rédiger une formule conciliant les deux points de vue. Ce travail de rédaction n'engageait ni la sous-commission politique ni les gouvernements auxquels les trois juristes appartenaient. Les gouvernements étaient libres d'accepter ou de refuser la formule suggérée par le Comité des trois désigné en dehors de la Commission politique et sans mandat.

GALLION. — C'est évident.

SIR ARCHIBALD BIGFOUR. — *Well!...* Je retrouve sur mes tablettes la formule suggérée par les trois juristes. En voici le texte :

GALLION. — Inutile. Nous lisons les journaux. Les biens étrangers devaient être payés en bons soviétiques : monnaie de gorilles. D'autre part, il y avait le *pratiquement impossible...*

SIR ARCHIBALD BIGFOUR. — Et que signifiait ce *pratiquement impossible?* Equivalait-il à *matériellement impossible?* L'impossibilité pouvait être matérielle sans doute ; mais allait-on admettre aussi qu'elle fût légale ou contractuelle? En d'autres termes, la nationalisation, l'expropriation légale ou l'attribution du bien à un tiers en vertu d'un contrat allait-elle, dans la pratique, être considérée comme une impossibilité de restituer? La « formule des Trois » qu'accepta trop facilement M. Fromageot, ne plaisait guère à M. Cattier...

Eleuthère. — Il ne l'a donc pas signée?

Sir Archibald Bigfour. — Si, monsieur. Il ne convenait pas à un délégué technique de se séparer du bloc des Alliés. Mais il signa sous réserves et sans engager le moins du monde son gouvernement, votre gouvernement. C'est ce qu'il déclara, m'a-t-on assuré, à M. Jaspar lequel, avant de repousser le texte des Trois, le soumit au collège des experts belges. Cela se passait le samedi, si mes souvenirs ne me trompent pas; oui, dans l'après-midi du samedi 29 avril... Vos experts *belges* se mirent à l'œuvre. Le dimanche soir ils avaient terminé leur tâche, et le lundi 1er mai, à 11 heures, M. Jaspar, après avoir expliqué les raisons pour lesquelles il ne pouvait accepter la formule des juristes, présentait à la sous-commission politiques des contre-propositions en ce qui concerne la propriété privée. Elles étaient moins raides que le mémorandum de Londres. J'en ai conservé le texte. Le voici :

a) Si les biens existent encore et peuvent être identifiés, le propriétaire recevra du Gouvernement soviétique l'octroi de leur jouissance dans des conditions au moins aussi favorables pour lui, en tout ce qui concerne l'usage et la libre disposition, que celles résultant de son ancien droit;

b) En ce qui concerne les terres, le Gouvernement des Soviets pourra, au lieu d'en octroyer la jouissance, offrir au propriétaire une compensation, sauf toutefois pour ce qui est des terrains nécessaires à la mise en valeur d'une industrie exploitée par ce dernier. En cas de désaccord sur la détermination des terrains nécessaires à cet effet, le Tribunal arbitral mixte statuera;

c) S'il s'agit de biens qui n'existent plus ou qui ne peuvent pas être identifiés, le Gouvernement des Soviets devra offrir une compensation au propriétaire;

d) Si le propriétaire estime ne pas pouvoir accepter la compensation qui lui est offerte en vertu doit de l'alinéa *b*), soit de l'alinéa *c*), une indemnité lui sera versée par le Gouvernement soviétique. En cas de désaccord, cette indemnité sera fixée par le Tribunal arbitral mixte.

Dans l'entretemps, M. Jaspar avait causé — à distance — avec M. Theunis, lequel, avant tout contact téléphonique, avait éprouvé des réactions télépathiques tout à fait pareilles. Et il obtint que le Conseil des ministres tenu à Bruxelles, le 1er mai, refusât...

ELEUTHÈRE. — N'est-ce pas M. Theunis, et lui seul, qui imposa cette courageuse attitude?

SIR ARCHIBALD BIGFOUR. — Je vois que vous vous cramponnez à la légende: conflit Cattier-Jaspar, conflit Jaspar-Theunis... Hélas oui, tout cela est faux, je vous assure.

GALLION. — Le conflit Lloyd George-Jaspar aussi? Le Premier anglais était pourtant fort en colère!

SIR ARCHIBALD BIGFOUR. — Evidemment, il craignait pour *sa* conférence. Mais le discours du Ministre belge avait été si « réaliste » et si modéré que M. Lloyd George ne mit en doute ni la sincérité de M. Jaspar ni son désir de conciliation. Il prit, dans sa réponse, un ton attristé, mais aimable, plein de courtoisie et même de gentillesse. La grande colère de David? Le rusé Gallois est trop habile pour se fâcher... Tenez, je vais vous conter une anecdote qui vous montrera sa manière. La scène se passe à Miramar. S. E. achève de dîner en compagnie de Mrs Lloyd George et de quelques-uns de ses collaborateurs. Passe par hasard, du moins je suppose, M. Jaspar. Et voici ce que j'entends: « Vous avez vraiment bien parlé, s'écrie Lloyd George la main tendue; excellemment. Je le disais, il n'y a qu'un instant, à ma femme et à ces messieurs. C'est un discours vraiment *fighting*. Fort bon discours et que nous avons apprécié, n'est-ce pas, Messieurs?... Mais maintenant que vous avez fait un bon discours pour votre Parlement, et plus que vous ne deviez, et tout ce que vous avez pu... » Je n'ai pas saisi la fin de la conversation; mais j'ai lu dans les journaux que le Ministre belge avait maintenu son refus: il n'a pas signé le mémorandum du 2 mai.

ELEUTHÈRE (*songeur*). — Les Français ne l'ont pas signé non plus.

GALLION. — Parce que les Belges leur avaient donné l'exemple. Ceux-ci ont fait mieux: ils n'ont même pas assisté à la séance du 2 mai.

SIR ARCHIBALD BIGFOUR. — L'ami Eleuthère, je le vois, persiste à croire que Bruxelles fut le porte-parole de Paris. C'est qu'il ignore l'histoire de l'amendement Seydoux.

L'amendement Seydoux.

ELEUTHÈRE. — L'amendement des trusts?

SIR ARCHIBALD BIGFOUR. — Parfaitement. Cet amendement n'accordait aux anciens propriétaires qu'un droit de préférence. Et il ajoutait: « si l'exploitation de biens peut s'incorporer dans un autre groupement, le propriétaire aura droit de participer à ce groupement pour une part égale à la valeur de sa propriété. » Qu'est-ce à dire? Que l'ancien propriétaire, s'il n'a pas le droit de revendiquer sa propriété, a la faculté de souscrire dans le trust qui l'englobera. Lorsqu'on créera le trust, il pourra s'y intéresser pour une somme égale à la valeur de son bien. S'il ne souscrit pas, il n'aura droit à aucune indemnité. Les Belges ont fait rejeter l'amendement Seydoux; mais le plus étonnant dans cet épisode des négociations, c'est ce qu'on racontait à Gênes: « Si les Belges ne sont pas d'accord, aurait dit M. Barrère, nous ne présenterons pas cet amendement. — Mais c'est qu'en effet, nous ne pouvons être d'accord, aurait répondu M. Jaspar. »

On se rendit à la séance: M. Barrère proposa l'amendement...

GALLION. — Heureusement, le 11 mai, les Russes ont tué la Conférence.

Sir Archibald Bigfour. — « L'enfant est mort, s'écria M. Colrat en prenant connaissance du factum fatal; l'enfant est mort: tâchons de sauver les parents. »

Le 31 mai.

Gallion. — Sir Archibald, vous nous revenez en belle forme, sans médire du fond qui est parfait comme toujours. Vous savez par cœur votre Conférence. Si tout n'est pas inédit dans vos aimables propos, tout est clair comme l'eau de bonne source. Mais laissons, s'il vous plaît, le passé génois pour ne penser qu'à l'imminent avenir. Demain est le 31 mai. De quoi sera-t-il fait?

Eleuthère. — J'approuve la *position de la question.* Et d'ailleurs, qu'est-ce que le 31 mai?

Sir Archibald Bigfour. — Il n'y a point, le 31 mai, d'échéance de paiement et, contrairement à ce qu'un vain peuple pense, il n'a jamais été question d'entrer dans la Ruhr (1). Vous savez que l'Allemagne avait demandé un moratoire pour l'année 1922. Le 21 mars dernier, la Commission des réparations avait adressé au gouvernement du *Reich* une lettre dans laquelle elle indiquait les conditions mises à l'octroi du moratoire. En quoi consistaient celles-ci? Il s'agit d'assurer le paiement des réparations. Pour que l'Allemagne puisse payer, il faut arrêter la dépréciation du mark. Pour que le mark cesse de se déprécier, la situation financière doit être assainie. La Commission a par conséquent établi tout un programme financier. En augmentant ses ressources normales et en recourant à l'impôt forcé, le Reich devra couvrir ses dépenses d'administration intérieure, ainsi qu'une partie des dépenses qui lui incombent en vertu du traité de Versailles. Les causes du déficit budgétaire

(1) C'est à Berlin que veut aller notre éminent collaborateur, M. Charles Maurras. « Il est tout à fait dangereux, dit-il textuellement dans l'*Action Française,* de retarder encore l'opération libératrice ».

seront supprimées, notamment les *subsides* qui grevaient pour plus de 30 milliards le budget : les chemins de fer en absorbaient 20 à eux seuls, cadeau que le gouvernement faisait annuellement à l'industrie. D'autre part, la circulation fiduciaire ne pourra dépasser le montant qu'elle atteignait au 31 mars et la *Reischbank* deviendra autonomne, comme la Banque de Belgique : l'Etat ne sera donc plus maître de la planche aux assignats. Enfin, le Reich soumettra recette et dépenses au contrôle du Comité des garanties, et il prendra d'accord avec celui-ci toutes les mesures utiles pour prévenir l'évasion des capitaux et provoquer le retour des capitaux évadés. Les modalités d'exécution ont été discutées à Paris, entre le ministre des finances du Reich, M. Hermès, et la Commission des réparations. Après avoir discutaillé, l'Allemagne — soyez-en sûrs — acceptera...

GALLION (*soupirant*). — Vous croyez?

ELEUTHÈRE (*respirant*). — Je comprends. Donc pas de bagarres. Tant mieux. C'est ce que je disais. Votre exposé est lumineux.

SIR ARCHIBALD BIGFOUR. — Je crois bien : je vous récitais ou à peu près un paragraphe de ma chronique du *Flambeau.* Ces messieurs m'ont engagé à fuir l'esprit (comme c'est facile !) et de parler avec simplicité de questions graves, au lieu de marivauder à propos de questioncules. Mais je vais vous lire mon manuscrit. Peut-être me donnerez-vous — *sur la forme* (Sir Archibald accentua avec dignité ces mots restrictifs) des conseils que j'examinerai...

Une note topographique devient, en ce point, utile, sinon indispensable. Le trio, après l'indécise station de tout groupe de causeurs débouchant Porte de Namur, s'était attablé à la Taverne de l'Old Tom, entouré, bientôt, d'un silence respectueux : car les amateurs de bière anglaise sont également altérés de politique internationale. Ainsi vont de pair le végétarisme et la théosophie.

Pourquoi Wirth a cédé.

SIR ARCHIBALD BIGFOUR. — Je passerai, Messieurs, ce qui dans mon mémoire, concerne la Petite Entente, objet constant de ma sollicitude. J'expliquais longuement comment les intrigues russo-allemandes ont fait échouer en Finlande, la ratification du protocole de Varsovie; comment le gouvernement ententophile Vennola-Holsti a été renversé; comment M. Holsti, le seul Finlandais qui soit de cœur avec nous, sera ostracisé pour avoir risqué un seul pas vers la Pologne, un seul regard vers la France.

ELEUTHÈRE. — Vous avez raison de passer ça. Une crise finlandaise, est-ce une affaire européenne?

SIR ARCHIBALD BIGFOUR. — Dame! c'est l'effritement de la ligue, ou de la digue — comme vous voudrez — polonobaltique! Mais j'apprends qu'un brillant diplomate polonais écrit là-dessus, dans le *Flambeau,* des choses définitives et grâce à Dieu, consolantes. Au reste, M. Bénès lui-même a collaboré, cette fois, à la même *Revue*. Je bifferai donc tout ce chapitre. J'avais tiré quelques grains de vérité et quelques miettes d'histoire des *Mémoires du Kronprinz,* dont l'auteur, M. Rosner, m'avait communiqué les bonnes feuilles. Mais Payot vient d'en publier la traduction française, et tout le monde pourra lire comment Guillaume III, camouflé en constitutionnel-démocrate-anglophile, pose sa candidature à la présidence de la République allemande. Je crois entendre déjà les orgues de toute la Barbarie moudre l'air connu :

Jeune Wilhelm, rentre dans ta patrie,
Jeune Wilhelm, sois bon républicain!

Il ne me reste plus qu'à vous communiquer quelques réflexions sur la politique allemande en général. Je vous ferai plaisir, Gallion, et je vous surprendrai, Eleuthère, en prédisant le triomphe de M. Poincaré. L'Allemagne cédera, dis-je textuellement. « Elle cédera parce qu'elle est persuadée que la France *aurait marché*. Elle cédera parce qu'elle ne croit plus en Lloyd George. Les pirouettes de cet homme d'Etat imprévisible, incapable pour mille raisons de renoncer à l'Entente, actuellement paralysé par l'affaire irlandaise, faisaient craindre à MM. Wirth et Rathenau que l'Angleterre ne s'opposât point à la marche sur Berlin. Il n'est pas jusqu'aux agitations rhénanes qui n'aient inquiété les dirigeants du Reich. Les ex-entrepreneurs d'activisme en Flandre ont une vague terreur de ce genre de représailles. Et le résultat est excellent...

Demain, MM. Wirth et Rathenau, abandonnés derechef par la droite nationaliste que leur avait rallié le traité de Rapallo, seront réduits à leur majorité « démocratique » et ramenés à leur politique d' « exécution ». N'en déplaise à M. Marc Sangnier, Abel Favre et Sembat, le paradoxe reste vérité. L' « Allemagne nouvelle », fondée par le traité de Versailles, se consolide à coups d'ultimatum ! Lisez les journaux « populistes » et « pangermanistes »; ils recommencent leur réconfortante campagne d'injures contre un gouvernement de capitulards. Et voici même la *Deutsche Zeitung*, qui, après un mois de silence, découvre que l'accord germano-russe est humiliant et néfaste. « Le juif Rathenau a mis la main de l'Allemagne dans la main tachée de sang du Bolchévisme; *raca* sur le juif Rathenau ».

ELEUTHÈRE (*puissamment intéressé*). — Très bien, très bien ! Continuez, sir Archibald. Vive la paix, vive la démocratie !

GALLION. — Vive la force ! vive la paix !

Oliviers et lilas. Le Dr Seipel.

SIR ARCHIBALD BIGFOUR. — «Soyons stricts sur le fond, qui est l'exécution; soyons larges quant à la forme, conciliants quant aux modalités, et nous pourrons être optimistes. L'emprunt international n'est plus un mirage. M. Jaspar me disait hier : « Je ne vois pas l'avenir en rose, je le vois en lilas... »

GALLION, ELEUTHÈRE, *et en sourdine, le chœur des consommateurs.* — Il vous a dit ça, Bigfour, il vous a dit ça?

SIR ARCHIBALD BIGFOUR. — Il me l'a dit lui-même, αὐτὸς ἔφα. (*L'attention sympathique, l'admiration des buveurs de scotch redoublent: l'effet du dorien est sensible*).

UN CONSOMMATEUR (*timidement*). Que sait-on de précis sur l'emprunt international?

SIR ARCHIBALD BIGFOUR. — Je n'en dis pas grand' chose dans mon article, n'étant (pas encore) à même de citer des chiffres tout à fait exacts; mais je suis heureux de cette interruption. De l'optimisme, mais point de naïveté! Un emprunt international est probable: un emprunt de cent trente-deux milliards est une imagination malsaine. Les Etats-Unis, créanciers des Alliés, sont les maîtres du quart d'heure: à eux de fixer la dette allemande! Le *Matin* l'évalue à 39 milliards seulement, moyennant *compensation* des dettes interalliées, et renonciation de l'Angleterre à sa part. Ce qu'on peut espérer, je ne dis pas escompter, c'est — pour commencer — un petit crédit de deux milliards et demi...

LE CONSOMMATEUR. — Mark or?

SIR ARCHIBALD BIGFOUR. — Mark or, oui; à peu près ce dont l'Allemagne a besoin pour les paiements à effectuer jusqu'à la fin de 1923.

GALLION (*fronçant le sourcil*). — Et après? Et après?

SIR ARCHIBALD BIGFOUR. — Après, on verra.

GALLION (*inquiet*). — C'est là ce que vous entendez par *modalité?* Au fond, vous renoncez à l'ultimatum de Londres! Vous transigez!

SIR ARCHIBALD BIGFOUR. — Ce n'est pas moi. Moi, je salue bien bas les 132 milliards de Londres. C'est la Commission des réparations... Mais n'anticipons pas. Je continue. Je louais la politique de fermeté...

GALLION (*murmurant*). — Hum...

SIR ARCHIBALD BIGFOUR. — « Considérez, disais-je, quels beaux fruits cette politique porte en Autriche. A-t-on assez dénoncé l'Autriche indépendante comme la pire utopie des traités de paix? Or, l'Autriche, qui, disait-on, ne pouvait vivre, prend goût à l'existence. Elle a, depuis hier, un fort bon gouvernement, présidé par le Dr Seipel, un prélat, s'il vous plaît, et prieur d'une congrégation de femmes; ce digne ecclésiastique, violent adversaire du rattachement à l'Allemagne, est appuyé par les pangermanistes en proie au *Katzenjammer*. L'accord s'est fait sur la république, le Dr Seipel renonçant aux Habsbourg, les *Grossdeutsche* consentant à l'« essai loyal ». Les crédits vont venir! C'est le miracle. M. Seipel, qui, aussi bien, est docteur non en sciences sociales ou politiques, mais en théologie, y avait toujours cru.

ELEUTHÈRE. — Bref, vous êtes satisfaits de l'Europe centrale?

SIR ARCHIBALD BIGFOUR. — Là aussi, j'aperçois quelques raisons d'espérer, voilà tout.

Les nouveaux Massacres.

GALLION. — Et l'Orient? Vous le négligez, cette fois!

SIR ARCHIBALD BIGFOUR. — Pas tout à fait. Il ne se laisse pas oublier, hélas!

Vis-à-vis des assassins et des affameurs russes, après de tristes défaillances et de lamentables défections, l'unité morale du monde s'est refaite, grâce surtout à la Belgique. La Conférence de La Haye consacrera cette unité. On imposera, espérons-le, aux Soviets, le respect des règles du droit des gens; et s'ils veulent rentrer dans la communauté, il leur faudra passer par la porte étroite de l'expiation.

Mais d'autres criminels, tacitement encouragés par certaines puissances, continuent leur sinistre besogne; et c'est proprement la honte de l'Europe, le grand scandale de l'intellect et de la foi...

GALLION. — Sir Archibald, nous connaissons vos idées; nous vous félicitons même d'y persister avec courage, mais, vraiment, vous exagérez. De quels crimes parlez-vous? De ces atrocités *made in England,* qui...

SIR ARCHIBALD BIGFOUR. — Voilà donc l'éternel parti-pris! Il est vrai: encore une fois, la grande presse française, sauf l'admirable *Journal des Débats* et le vaillant *Echo National,* ont étouffé les cris de cent mille victimes! Quelle amertume pour les Belges qui pensent! Eleuthère, ce silence des journaux de langue française ne vous rappelle-t-il pas le silence des feuilles censurées sous l'occupation? On ne vous a rien dit alors du martyre des Arméniens, parce que les Turcs étaient les amis des Boches. Ce martyre se poursuit et se complète par l'extermination des Grecs d'Anatolie, et tout cela reste ignoré... parce que...

ELEUTHÈRE. — Vous calomniez notre pays. Notre presse est la plus libre qui soit au monde. Tous les partis flétrissent les bourreaux d'Anatolie. Mais avez-vous des preuves? Les témoins ne sont-ils pas suspects?

SIR ARCHIBALD BIGFOUR. — Mes témoins sont ni des Grecs, ni des Arméniens. Ce sont des Américains, des philanthropes comme ceux qui vous ont nourris pendant la guerre. L'*American Commission for Relief in the Near East,* sœur de la glorieuse *Commission* belge, avait entrepris dans l'Asie Mineure orientale une œuvre admirable, suite naturelle de l'œuvre des mission américaines avant et pendant la guerre. Ceux de vos compatriotes qui ont voyagé là-bas — il y en a — vous parleront de ces stations médicales de Cappadoce, où un petit état-major de médecins et de *nurses* se dévouait joyeusement pour les malades de toute une province, faisant revivre la légende des médecins sans honoraires, Cosme et Damien. Quatre membres de la *Commission* viennent d'arriver à Constantinople, après une captivité de plusieurs mois, que les Turcs leur ont infligée à Kharpout, vous verrez pourquoi. L'un d'eux, le colonel F. D. Jowell, a rédigé un rapport dont je vous citerai quelques phrases:

> Les violences exercées contre des sujets américains marquent le terme d'une longue série d'actions odieuses de la part des Turcs; c'est le prologue de nouvelles atrocités contre tout ce qui subsiste de populations non-turque en Asie. L'intolérant fanatisme des Turcs vis-à-vis des minorités s'exaspère de plus en plus, encouragé par les hésitations des Alliés et sans une énergique intervention du dehors, nous pouvons prévoir que *le dernier chapitre de la triste histoire des minorités ne tardera pas à être écrit.* J'ai été personnellement arrêté le 5 mars, et banni avec mes compagnons, sans obtenir des autorités turques l'explication de cette mesure. Il nous a fallu deux mois pour arriver à Constantinople. *Pendant mon séjour à Kharpout, les Turcs nous empêchaient de recueillir les infortunés malades grecs et arméniens qui tombaient à moitié morts devant les grilles de notre hôpital.* La maternité que nous avions fondée fut brusquement fermée sur l'ordre des autorités, qui se refusèrent à nous en donner la moindre raison...
>
> Tous les Arméniens sont réduits en esclavage: on leur interdit de quitter le pays. On a confisqué les biens de tous ceux qui sont morts au cours des déportations...
>
> Les hommes sont jetés en prison sans aucun prétexte, sauf lorsqu'il y a espoir d'en tirer une grosse rançon. Les femes sont, de force, enfermées dans des maisons turques sans pouvoir... invoquer la protection des tribunaux. Les fonctionnaires turcs qui depuis six mois n'ont pas reçu leurs appointements se paient eux-mêmes en pillant les Arméniens.
>
> *En ce qui concerne la situation des populations helléniques, on peut dire qu'elle est pire que celle des Arméniens.* Comment traite-t-on les Grecs déportés? C'est réellement épouvantable, et encore, le terme de leurs maux n'est-il pas encore arrivé. *Des trente mille bannis qui quittèrent Sivas, 1,500 périrent avant d'arriver à Kharpout,* 2,000 autres tombèrent en route, à l'est de la ville, du côté de Diarbékir. La commission américaine fournit des secours à ces malheureux réfugiés, mais comme il lui est interdit de dépasser Diarbékir, il est facile d'imaginer la destinée qui, dans ces parages, est réservée à ces infortunés.
>
> En route, les Turcs visitent les caravanes, et choisissent les femmes et les filles qui leur plaisent. La mortalité est formidable. La plupart des victimes succombent à la faim, d'autres sont enlevées par la

dyssenterie ou le typhus, qui sévit terriblement parmi les bannis. Les autorités turques avouent avec une impudence cynique leur résolution d'anéantir complètement les Grecs, et malheureusement leurs actes confirment cruellement leurs paroles.

N'y a-t-il pas une cruelle ressemblance entre ce rapport et les premières témoignages reçus en 1915, au début de l'ère des martyrs! Mais voici une dépêche plus nette encore :

« Les déportations et les massacres d'aujourd'hui en Asie-Mineure sont sans précédent dans l'histoire turque. Ils dépassent en étendue ceux de l'époque de Gladstone, ceux-là même qui ont été commis en 1915. Ils ne sont pas sporadiques, mais systématiques. Ils ont comme but unique l'extermination totale des populations chrétiennes. Ils se sont multipliés et accélérés au cours des dernières semaines *depuis que* la question de la trêve et de la sécurité des minorités a été posée dans les conditions de paix. *Un haut fonctionnaire kêmaliste a déclaré récemment que lorsque la paix sera établie il n'y aura plus de minorités, et que par conséquent il ne sera plus besoin de protection pour les minorités*; il a dit aussi *que la faute commise en 1915, époque où l'on négligea de supprimer complètement le christianisme en Turquie, devait être enfin maintenant réparée.* Les déportations s'étendent maintenant à toute la zone d'occupation kêmaliste, depuis le littoral du Pont près du Caucase, jusqu'aux environs d'Adalia.

Les méthodes exterminatrices des Turcs varient. En voici quelques spécimens: *Toute la population mâle de Trébizonde et du hinterland* a été arrêtée, enrôlée de force dans les prétendus bataillons ouvriers, envoyée dans des villes lointaines comme Kars et Sary Kamysch. Les vieillards, les femmes et les enfants du même pays, après qu'on les eut concentrés dans les environs d'Amassia, on les obligea à se rendre à pied à Césarée par Sivas, à Kharpout et pour les acheminer ensuite, à pied toujours, vers Diarbékir où les observateurs civilisés perdent leurs traces. On choisit pour ces marches les pires époques de l'année, lorsque les montagnes d'Orient sont couvertes de neige. La plupart des déportés meurent de froid et de fatigue, épargnant à leurs bourreaux la peine de les égorger. Sur une très courte distance, un témoin oculaire compta 1,500 cadavres... ».

Voilà des documents officiels. Ils ont été lus à la Chambre des Communes, et M. Chamberlain a confirmé leur authenticité. Les faits sont clairs. Comme le dit le haut commissaire britannique à Constantinople, il a suffi, dans la dernière conférence des Trois, de parler de *protection des minorités* pour que les Turcs se missent en devoir de liquider les minorités.

ELEUTHÈRE. — N'a-t-on pas décidé une enquête?

SIR ARCHIBALD BIGFOUR. — Oui. On a décidé une enquête, que des intrigues internationales et des manœuvres turques vont retarder, peut-être empêcher. Angora, défendue par ses avocats ordinaires (ô *Temps!...*) ergote, nie, réclame... une enquête dans la région de Smyrne! Cela a beau être mis en français par M. Herbette: on croit entendre les Boches qui, lorsqu'on leur parle de Dinant, Louvain, Tamines, Lille, Reims, ripostent en alléguant la *honte noire, l'ignominie* belge sur le Rhin. M. Poincaré n'aurait-il pu, dans ses derniers discours, glisser un mot de réprobation, ou une phrase d'avertissement discret? Il aurait, par ce simple moyen, soulagé bien des souffrances, notamment les souffrances morales qu'éprouvent aujourd'hui les amis de son pays. Au moins mon gouvernement, et j'en suis fier, a solennellement déclaré que si ces abominations sont réelles, il ne pourra plus jamais être question de rendre aux Turcs, sous une forme quelconque, l'Asie mineure occidentale, seul refuge des Chrétiens. Mais ce sont les Alliés, collectivement, qui ont le devoir de prendre et d'appliquer cette sanction *minima*. Les nations catholiques hésitent...

Roma locuta est...

ELEUTHÈRE. — La plus haute autorité catholique n'a pas hésité, elle!

SIR ARCHIBALD BIGFOUR. — Ah! vous le savez! Je croyais que les belles protestations du Pape avaient été supprimées comme la déclaration de M. Chamberlain. Devant les vingt mille congressistes réunis au Belvédère du Vatican, le jour anniversaire de la bataille de Lépante, Sa Sainteté s'est écriée:

Je suis heureux de voir réunis ici les chrétiens du monde entier, pour commémorer le départ des flottes chrétiennes vers les eaux de Lépante, où elles remportèrent, en 1571, sous le commandement de Don Juan d'Autriche, une brillante victoire sur la barbarie musulmane. Prions maintenant pour les chrétiens qui luttent aujourd'hui contre la même barbarie!

ELEUTHÈRE. — Puisse la fille aînée de l'Eglise entendre la voix du souverain Pontife! Oublie-t-elle vraiment ces lointains Hellènes du Pont et de la Cappadoce, descendants des plus vieux peuples civilisés et des premiers chrétiens, si accueillants aux missionnaires, aux explorateurs de France? Faut-il répéter pour eux le *Rien qu'une main, Français, je suis sauvé,* du poète?

GALLION. — Je vous ferai observer que l'honorable public réunis dans ce local ne nous écoute plus guère depuis que nous parlons de massacres et d'Orient. Et craignez, sir Archibald, que les lecteurs du *Flambeau* eux-mêmes...

SIR ARCHIBALD BIGFOUR. — Ne les insultez pas. Ils préféreraient sans doute que je leur racontasse le voyage à Moscou du citoyen Vandervelde, et ce sera pour la prochaine fois. Mais de précieuses approbations me persuadent que mon éternel plaidoyer pour les autels et les foyers des chrétiens d'Anatolie finira par émouvoir une nation aux colères généreuses. La Belgique se sent la patronne naturelle des déportés et des martyrs, même de ceux qui ont le malheur de vivre en pays exotique; son rôle est d'intercéder pour eux au tribunal des puissants.

GALLION. — Bien dit, sir Archibald. Mais je vous préviens que vous allez brouiller le *Flambeau* avec l'Ambassade. Déjà l'on y déclare *illisible* cette Revue humanitaire.

SIR ARCHIBALD BIGFOUR. — Ses subtils directeurs *savent là-contre,* comme dirait Eleuthère. Pour se réconcilier avec la République, ils ont sollicité la collaboration de Charles Maurras.

GALLION. — Il est vrai que l'auteur d'*Anthinéa* s'est converti: on le dit assez bon musulman.

ELEUTHÈRE. — Pauvres enfants grecs... Vive Victor Hugo, Monsieur (1)! FAX.

(1) Voyez, dans ce numéro, la fin de l'article de M. Charles Maurras.

CHARLES LECOCQ
15 décembre 1901 — 15 mai 1922.

Fig. 1. — Étoffes égyptiennes, 1550 av. J.-C.

Fig. 3. — Fragment du vase François (vi[e] siècle avant J.-C.).

Fig. 4. — Etoffe sicilienne (XIIe siècle après J. C.)

Fig. 5. — Vierge de Miséricorde, de Benedetto Bonfigli, Pérouse (1464).

Fig. 6. — L'Adoration de l'Eucharistie, de Théodore van Thulden (1606-1676).
Musée des Beaux-Arts, Bruxelles.

Fig. 7. — Velours du XVe siècle.
Musée du Cinquantenaire, Bruxelles.

Fig. 13. — Fresque de Domenico Ghirlandaj
Couvent de St Marc, Florence.

Fig. 2. — Étoffe égyptienne.

Fig. 9. — La Vierge et l'Enfant, de Crivelli (1482).

128 D.

Fig. 14. — Toile de Jouy.
Musée du Cinquantenaire, Bruxelles.

siècle.
lles.

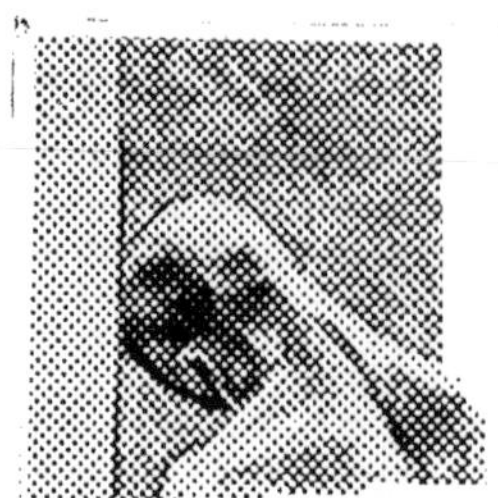

Les Compensations à la Hollande

(Mars-Avril 1919)

Nous publions le dernier article de M. Pierre Nothomb, article promis depuis longtemps à nos lecteurs. Les faits qu'il allègue sont connus, en gros. M. Nothomb n'a point commis d' « indiscrétion » diplomatique, ni cherché la « révélation » sensationnelle. Ce n'est pas que nous entendions garantir, dans le détail, le récit d'un témoin attentif, mais passionné. Personne ne peut se flatter d'être complètement informé, surtout en pareille matière. Mais, bien que l'argumentation de l'auteur prête à la controverse, son opinion n'est point négligeable. Le lecteur impartial en conviendra, même s'il ne partage point l'avis de notre collaborateur, et s'il estime que l'histoire des négociations de Versailles ne saurait être écrite d'une manière définitive, dès à présent.

La décision du 8 mars, devenue le 12 mars suivant un véritable contrat synallagmatique était pour M. Paul Hymans, qui l'avait obtenue à force de ténacité et de talent, un magnifique titre de gloire. Ce succès était de nature à effacer dans l'esprit des adversaires du ministre des Affaires étrangères le souvenir des deux fautes capitales qu'ils lui reprochaient justement : la première étant d'avoir, dans les circonstances qu'a racontées, à sa manière, M. le baron Beyens, et sur lesquelles il faudra sans doute revenir, participé à la publication du communiqué Reuter du 2 juillet 1916, la seconde, infiniment plus grave, étant d'avoir empêché l'armée belge de suivre les Allemands dans le Limbourg cédé en novembre 1918. Tout pouvait être réparé par la décision du Conseil suprême à condition qu'un gouvernement énergique ne la laissât point entamer, en tirât au contraire les conséquences logiques. Ne dissimulons pas les difficultés qu'eût dû surmonter M. Paul Hymans pour mener cette œuvre à bonne fin. Il avait autour de lui un gouvernement qui semblait, de par sa constitution même, prédestiné à la capitulation, et dont M. Delacroix incarnait de façon parfaite l'absence de doctrine et de volonté ; il avait en face de lui une Conférence prête à se ressaisir du moment qu'elle verrait un intérêt à diminuer la portée de ce qu'elle venait d'accorder à notre pays. Il avait à côté de lui un second — M. Vandervelde — décidé à servir son parti avant son pays. Il nous paraît certain pourtant que ces obstacles eussent pu être vaincus par un homme d'Etat tenace et résolu qui eût eu avec lui, dans son effort, la Belgique tout entière, la Belgique à laquelle, si elle l'avait voulu, on n'aurait pu rien refuser.

Or si les Puissances le 4 juin 1919 se déjugèrent, et prétendirent restreindre la sentence du Conseil Suprême, ce ne fut pas dû seulement à la façon imprécise et surtout indirecte dont fut présentée notre thèse : ce fut dû aussi à la série de capitulations qui marquèrent, du mois de mars au mois de mai, les discussions, au sein de la Conférence de la Paix, les conditions du traité relatives à la Belgique. Voir celle-ci reculer toujours, abandonner l'une après l'autre ses revendications, craindre visiblement une rupture qui ne lui eût apporté que des profits : cela ne pouvait qu'encourager l'Europe et l'Amérique à nous imposer, après ces sacrifices bénévolement consentis, d'autres sacrifices. Si l'on dit que l'on a marqué des pas en arrière sur le terrain du traité de Versailles, pour mieux résister sur le terrain du traité de revision, on dénonce un mauvais calcul. Directement ou indirectement, chacun de nos sacrifices préparait une nouvelle et plus pénible exigence. A mesure que l'on cède d'ailleurs, il est plus difficile de résister.

C'est surtout à force de s'être résigné et d'avoir jeté du lest pendant les négociations du traité de Versailles que M. Paul Hymans, vainqueur du 8 mars, allait être le vaincu du 4 juin.

Cette période tragique vaut qu'on s'en souvienne, cette aventure comporte une leçon.

* * *

Peu d'hommes d'Etat ont une intelligence plus lucide que M. Paul Hymans, un esprit plus délié, une éloquence plus claire et plus vive. Sa vivacité intuitive en fait le plus agréable des causeurs, son charme personnel séduit et enchante. Ceux qui l'ont attaqué l'ont toujours fait avec regret. A peu près seul parmi les hommes politiques de sa génération, il connaît à fond notre histoire diplomatique et parlementaire, et tâche de s'en inspirer. C'est en étudiant son cas et en esquissant son portrait que l'on s'aperçoit de quelles richesses une nation se prive en écartant trop longtemps du pouvoir certains partis et certains hommes. Né politiquement dans l'opposition, M. Hymans y avait grandi, en était devenu le chef. Eloigné nécessairement du ministère, cette grande école des réalités, il était de ceux dont se sont exercées surtout les facultés critiques et l'action verbale. Le jour où le pays a besoin d'eux il ne les trouve pas préparés. Il s'étonne et s'indigne d'une faiblesse, d'une inexpérience dont il est en somme responsable. Il se scandalise de les voir stériles et c'est lui qui est la cause de leur infécondité. Rien ne montre mieux que des cas comme celui-ci l'imperfection d'un régime parlementaire sans balancement, la vanité aussi, peut-être, d'une doctrine à laquelle on ne s'attache que faute d'un plus substantiel aliment.

Le voici Ministre des Affaires étrangères. Il voit clair et il voit loin. Il sait parfaitement ce qu'il faut atteindre et il mesure avec minutie ce qu'il faut craindre. Rien ne lui échappe : ni le but, ni les moyens adéquats, ni les obstacles. Mais ceux-ci, au moment qu'il faut les franchir, lui paraissent infranchissables. Qu'on manque de respect à son pays, il ne le supportera pas : et l'on se rappelle son succès d'éloquence lorsque la Belgique fut reléguée au bout de la table de la Conférence. Mais qu'aux revendications nationales s'oppose une difficulté, il n'a plus l'audace de la vaincre. C'est impossible ! pense-t-il, et dit-il. Et il ne se doute pas que toute l'opinion publique derrière lui est prête à bondir, à le soutenir, à le renforcer s'il va de l'avant. Il ne sent pas qu'il est des *oui* qu'il ne faut pas dire, des choses qu'il faut savoir faire, des responsabilités positives, et non pas seulement négatives, qu'il faut affronter. Il aime son pays, il le sert le mieux qu'il peut, mais il n'a pas en lui la foi qu'il devrait avoir. Pire : lorsqu'il a consommé le sacrifice il croit que l'opinion publique n'est pas assez mûre pour le supporter avec lui, il le pare des plus belles couleurs, il le déclare très supportable, il en développe les avantages ! Dans les pires épreuves qu'il subit il veut paraître vainqueur et content. Quand nous lui avons reproché d'être satisfait nous ne lui avons jamais fait l'injure de croire qu'il l'était : nous nous sommes désolés de le voir essayer de persuader au pays qu'il devrait l'être. Il ne faut jamais jouer à cache cache avec la nation. Elle est majeure. Elle a droit à la vérité. Par ses reculs et par ses sourires en des jours qui eussent dû être des jours de deuil, M. Hymans l'a, en 1919, doublement déçue — d'autant plus qu'elle avait beaucoup espéré de lui et qu'il avait, à la veille du 8 mars, donné sa mesure.

La question de l'Escaut et celle du Limbourg étant réservées pour la négociation du traité de revision, il semblait à première vue qu'une seule question territoriale se posât directement pour la Belgique dans les débats relatifs au traité de paix : celle de notre frontière devant Liége. La revendication des cantons arrachés par la Prusse aux provinces belges en 1815 ne comportait pas de solution pure et simple. L'ancienne frontière qui dessinait autour de Montjoie une sorte de golfe profond qui, remontant au nord, longeait la Kermeterwald, s'avançait jusqu'à Call, englobant capricieusement, avant de revenir au val de l'Our, les territoires de Schleyden et de Cronenbourg, et après être descendue vers le Sud repartait à l'Est, en contournant l'enclave de Prüm, — l'ancienne frontière n'était plus une frontière moderne. Il fallait la « normaliser » en la minimisant ou en l'arrondissant. La solution raisonnable, admise et désirée dans les milieux les plus compétents, conforme aux nécessités de la défense de Liége, était — *grosso modo* — la frontière Roër-Urft-Kyll. Elle était indiquée sur la carte remise à la délégation belge, par une ligne verte. Une position de repli était dessinée par une ligne bleue, elle englobait seulement Eupen, Montjoie, Malmedy, Saint-Vith. Aucune considération historique particulière ne militait pour la revendication de ces régions si l'on abandonnait les autres; l'avantage stratégique de cette ligne bleue était minime. L'intérêt économique des Malmédiens exigeait qu'on leur laissât les régions d'alentour; et je me rappelle avoir conduit un jour au ministère Henri Bragard, accouru à Bruxelles à la nouvelle de l'abandon possible de celles-ci, et chargé par ses amis de protester contre cette faute entrevue. La délégation restait dans l'expectative. Il arriva un jour où les Puissances demandèrent à la Belgique de dire avec précision ce qu'elle désirait de ce côté. On sait comment la Délégation ayant télégraphié à M. Delacroix pour que Bruxelles délibérât et décidât, la réponse arriva avec une rapidité inusitée, quelques heures plus tard. La ligne minimisée qui présentait tous les risques de l'autre et n'avait aucun de ses avantages, était choisie. Le Conseil des ministres, *qui ignora toujours tout de ce problème,* n'avait pas été consulté.

Une autre question territoriale était en réalité posée depuis qu'était envisagée la revision des traités de 1839. La décision du 8 mars la posa avec plus de force: celle des compensations éventuelles à la Hollande.

Il était évident que celle-ci allait résister de toutes ses forces à la restitution à la Belgique des territoires qu'elle nous avait enlevés par ce traité de 1839 dont les clauses avaient en réalité préparé et facilité l'invasion de 1914. Une solution amiable devait donc être considérablement facilitée si les Puissances avaient une monnaie d'échange à lui offrir. Cette monnaie d'échange ne pouvait guère consister qu'en territoires allemands. La Belgique n'eut pas besoin de beaucoup d'efforts pour le montrer à M. André Tardieu et à ses collègues de la « Commission des affaires belges ».

M. le baron Beyens, sans penser que ce fut pendant plusieurs mois celle d'un de ses successeurs, trouve naturellement cette idée absurde : « Afin de faire accepter par la Hollande le sacrifice d'une partie de son bien, on envisageait pour elle de larges compensations territoriales aux dépens de l'Allemagne. Quelle apparence y avait-il que la Hollande consentît à échanger de bons territoires néerlandais ou néerlandisés contre une région où elle aurait eu à lutter sans cesse contre un vivace patriotisme germanique ? »

Il faut oublier résolument l'histoire et la géographie pour parler de la sorte. Il suffit de regarder la carte pour s'apercevoir du coin qu'enfoncent dans le territoire néerlandais, en sa partie la plus vulnérable, l'ancien duché de Clèves et les territoires circonvoisins, pour comprendre l'intérêt puissant qu'auraient les Pays-Bas à posséder la rive gauche de l'Ems, sa frontière naturelle, et à récupérer une partie au moins de la Frise orientale pour avoir la maîtrise du golfe du Dollart, où elle a, *mutatis mutandis*, sa question de l'Escaut. Il suffit de se rappeler l'histoire de ces régions pour savoir l'attention que la Hollande y a porté chaque fois qu'elle a hésité sur sa destinée.

Au cours de la guerre de quatre-vingts ans, désireuse de se garder à l'Est comme au Sud, l'armée des Etats généraux s'installa solidement dans les marches occidentales de l'Allemagne dont le passé était intimement mêlé à celui des Pays-Bas. En même temps qu'au Sud-Ouest elle confisquait l'Escaut et mettait des garnisons sur la rive gauche, au Nord-Est elle confisquait les bouches de l'Ems en s'installant à Emden, nid des Gueux de mer, et le long de la frontière, à Lieroord notamment, à Lingen et à Bevergeren. En même temps qu'elle mettait son verrou sur la Meuse, à Maestricht, elle en fermait un à Wesel, sur le Rhin. Et de même qu'elle disséminait dans le Limbourg ses compagnies et ses enclaves, elle plaçait des garnisons dans toute la région du Bas-Rhin : à Emmerick, à Buderic, à Fort Orange, à Rynberg, à Rees, à Lipperschans, à Orsoy, à Meurs et à Huiskrakau, plus bas encore. J'ai insisté trop longuement dans la *Barrière belge*(1) sur le parallélisme des deux systèmes pour donner ici autre chose que de sommaires indications. Visiblement l'admirable République, prête à toute éventualité, s'organisait à toute fin. Quand le péril définitivement s'installa au Sud elle consolida, par le traité de Munster, son organisation méridionale. Mais elle n'abandonna point l'autre tout de suite. Ce même traité de Munster (art. 50) notamment, remettait au prince d'Orange la souveraineté du comté de Lingen et des seigneuries vassales ; et pendant plus d'un siècle on voit se maintenir sur les cartes qui illustrent le magistral ouvrage du général F. de Bas (*L'armée des Etats*) l'emprise précautionneuse de la Hollande sur des territoires de sécurité, moins rebelles à son influence et à son génie que ceux qu'elle asservissait au Sud. Elle ne s'en retire que peu à peu, et en y laissant une profonde empreinte.

Aussi fût-ce tout naturellement qu'en 1794, lors des

(1) *La Barrière belge.* Essais d'Histoire territoriale et diplomatique. Librairie académique Perrin, 1916 (Prix Drouyn de Lhuys, 1917), p. 87 et ss., p. 134 et ss.

négociations du Comité de Salut Public avec les délégués bataves, ceux-ci, Meyer et Blauw, obligés de consentir à l'abandon de la rive gauche de l'Escaut, demandèrent à titre de compensation un territoire équivalent dans la Gueldre prussienne. Cette demande fut confirmée peu après (26 avril 1794) par les Etats Généraux. Le traité de La Haye (17 mai 1795) prévoyait comme contre partie des cessions faites par la Hollande la remise de cet équivalent à la paix générale. Aux négociations de la paix d'Amiens, les plénipotentiaires hollandais n'eurent garde d'oublier cette clause, ils insistèrent sur la nécessité pour leur pays d'obtenir la frontière de l'Ems, et Clèves avec Wesel. Et si Schimmelpenninck se contenta de la promesse d'un règlement ultérieur que lui fit Joseph Bonaparte, la Hollande se hâta de reparler des compensations à l'Est lorsqu'elle eut comme porte parole le roi Louis : elle n'obtint que la Frise orientale. Elle revint à la charge en 1809 quand la France voulut annexer la Zélande et le Brabant, et lorsque en 1838 s'agitaient les questions hollando-belges, l'idée fut lancée à nouveau, par l'intermédiaire de la presse allemande, d'une remise de la Frise orientale par le Hanovre à la Hollande, pour être érigée en Grand-Duché ressortissant à la Conférence germanique, en remplacement du Luxembourg.

Comment s'étonner dès lors que les Hollandais n'aient pas oublié leurs marches de l'Est, que leurs historiens, leurs folkloristes et leurs artistes n'aient cessé de s'intéresser, passionnément parfois, à cette « Hollande d'au delà des frontières »? Il faut lire dans l'ouvrage de Johan Winckler (1) les pages consacrées à cette Frise orientale « qui est, depuis très longtemps, plus hollandaise qu'allemande »; à ce comté de Bentheim « où les cœurs sont ouverts à l'influence hollandaise »; à Wesel qui « à

(1) *Oud Nederland,* par Johan Winckler. (La Haye, Charles Ewings, 1887).

chaque pas rappele la patrie », où « le profil des maisons, des églises, des vieux édifices publics, l'aspect des rues et des marchés, le va-et-vient et le vêtement des habitants sont du plus pur néerlandais : si la troisième personne que l'on rencontre dans la rue n'était pas un soldat prussien, on se croirait dans une ville de notre Gueldre » ; aux régions de Rees, de Xanten, de Calcar, de Clèves, d'Emmerick où « c'est à peine si l'on peut se croire en Allemagne » ; à ces endroits où l'Yssel néerlandais coule en territoire allemand — Isselberg, Coespelt, Loon, Freden et plus loin Bocholt — et où « la langue des habitants est à ce point identique au patois gueldro-saxon que les habitants de ces pays ne doivent pas apprendre le hollandais quand ils viennent résider dans nos villes (1). »

Comment s'étonner aussi de ce que pendant la guerre maints Hollandais notables aient songé avec plus de force à ces régions, que la question de l'Ems ait été étudiée à fond par une partie de la presse, que des brochures et des cartes aient popularisé ce problème (2), que le professeur Pen ait attiré l'attention de ses compatriotes dans des articles remarquables du *Nieuw Amsterdammer* (3) sur les liens toujours vivants entre les Pays-Bas et les régions d'Ostfrise et de Westphalie, qu'un correspondant hollandais de la *Gazette de Lausanne* y ait publié (le 25

(1) Il n'est pas inutile peut-être de rapprocher de ce que Winckler dit de ces régions ce qu'il dit des régions naguère enlevées à la Belgique ; « La partie néerlandaise du Limbourg (Gennep, Venlo, Ruremonde, Maestricht et Weert), de même que la plus grande partie du Brabant et la Flandre zélandaise doivent, pour les caractéristiques populaires, linguistiques et morales, faire partie des Pays-Bas du Sud (Belgique), les caractéristiques populaires de la Néerlande septentrionale ne se trouvent pas ou peu dans le Limbourg et les mœurs hollandaises n'y existent pas ! »

(2) Notamment *De Eemskwestie,* par J. van der Hoeven-Leonhard, brochure publiée par le *Bond van Neutrale Landen* (octobre 1918).

(3) Notamment le 22 janvier 1916.

mars 1916) ce curieux et loyal article où il montrait que la Hollande, ayant pris ses sûretés sur la Meuse et l'Escaut tant que le péril venait du Sud, manquerait à sa vocation en s'immobilisant dans une attitude dangereuse et vaine et devrait répondre aux traditions de son histoire en pivotant sur elle-même pour prendre désormais ses sûretés — puisque le péril dorénavant viendrait de l'Est — dans les positions parallèles de l'Ems et du Rhin?(1).

Comment s'étonner surtout que les Belges sachant le salut de leur pays impossible sans une révision complète des traités de 1839, et désireux d'établir avec la Hollande une paix véritable et une amitié solide aient pensé dès le début à des compensations orientales; que le gouvernement les ait suivis; et que ceux qui, parmi les alliés, étaient désireux de nous aider efficacement aient trouvé cette idée féconde, raisonnable et parfaitement réalisable?

M. Hymans hésita d'abord à la mettre en avant. Des articles sympathiques à cette idée ayant paru dans la presse étrangère il se sentit encouragé. Mais dès l'abord la Délégation belge à Paris la présenta sans assez de force. M. Tardieu discerne fort bien le motif de cette timidité:

Deux courants contradictoires s'étaient manifestés dans le gouvernement belge — gouvernement de concentration où tous les partis étaient représentés —. Les socialistes disaient: pas d'annexion! Les partis bourgeois inclinaient à penser que pour donner à la Belgique de pleines garanties militaires et économiques la solution la meilleure était de placer sous la souveraineté belge la rive gauche de l'Escaut et le Limbourg hollandais. Il est superflu d'ajouter que ce transfert de souveraineté se justifiait d'une part, non seulement pour des raisons historiques mais aussi par d'excellents arguments de sécurité vérifiés par plus de quatre années de guerre. Quoi qu'il en soit la thèse belge marquait quelque flottement... Elle indiquait cependant que, dans le cas où satisfaction leur serait accordée, la Hollande pourrait recevoir compensation, soit sur les rives de l'Ems, soit en

(1) *Gazette de Lausanne,* 25 mars 1916.

Gueldre, pays prussiens habités par une race d'origine et de tradition hollandaise (1).

Au début de février un des membres de la Délégation américaine chargé par le président Wilson d'étudier les questions belges avait un entretien avec la Délégation belge et déclarait que ses conclusions personnelles étaient favorables à nos vues. Il souhaitait que la Belgique insistât sur les indications qu'elle avait données au sujet des compensations éventuelles pour la Hollande et qu'elle précisât ses vagues communications antérieures, en signalant les traditions historiques, les raisons ethniques qui pourraient rattacher plus facilement ces territoires à la Hollande ainsi que les circonstances économiques et autant que possible l'équivalence qui en résulterait.

L'invite était claire. Elle créait un devoir d'autant plus urgent que, à la même époque, si l'on en croit M. Tardieu, le président Wilson, travaillé par M. Lloyd George, se montrait sceptique :

« Je ne vois pas, disait-il le 22 février, comment on peut amener la Hollande à discuter cette question » (2). La Délégation belge n'eut pas de peine à se documenter. N'y eût-il eu que les notes que le *Comité de politique nationale* lui transmit, le ministère eût eu un dossier sortable. Mais outre ces enquêtes privées, des enquêtes officieuses étaient poursuivies tant en Frise orientale que dans la région du Bas-Rhin.

Qu'en fit la Délégation belge? Ce secret ne m'appartient pas. Toujours est-il que dès le 15 février elle était à même de répondre.

Tout d'abord l'équivalence était parfaite, les cercles de Rees, de Clèves, de Mörs, de Geldern, de Kempen et de Borken avaient à eux seuls plus d'habitants et de terres qu'il n'en fallait pour remplacer matériellement les terri-

(1) *La Paix*, p. 246.
(2) *Idem*, p. 247.

toires belges que la Hollande aurait rétrocédés. Les raisons historiques étaient abondantes et faciles à fournir. Les avantages stratégiques que retirerait la Hollande de l'échange envisagé étaient évidents. Les affinités ethniques ne s'étaient pas affaiblies depuis Winckler. Le moindre de nos soldats cantonnant dans le Nord du Rheinland s'étonnait d'entendre parler le néerlandais par les paysans, il relevait les inscriptions d'avant Bismark, si nombreuses en patois thiois, admirait l'architecture néerlandaise partout répandue, notait les noms flamands des villages et des familles — Coning, van Doornyk, Vanderlinden, Andriessen, Ridder, Ten Haef, Ten Brinck, De Haas, Van Oy, Luycken, Wever, Verlege, Ten Hage, etc. — et ceux qui s'intéressaient aux coutumes s'émerveillaient des souvenirs de l'ancienne liberté que conservaient les vieilles gens dans ces pays où les Rois de Prusse, jusqu'en 1870, prenaient soin de se proclamer ducs de Gueldre et ducs de Clèves, et où ils devaient se soumettre, à Geldern notamment, à des cérémonies archaïques d'intronisation, restes de nos Joyeuses Entrées.

Que la Hollande et ces régions eussent tout avantage à s'unir au point de vue économique, la preuve en éclatait aux yeux de l'observateur même superficiel. Ce ne sont pas seulement les touristes qui viennent par milliers, l'été, dans leurs villas de Clèves (qu'ils surnomment « Het Hartje van Holland »), et qui traversent cette frontière artificielle que cent routes, chemins de fer, trams électriques, voies d'eau empêchent d'être une vraie barrière ; ce ne sont pas seulement les pèlerins, qui, par milliers aussi, accourent des provinces catholiques de Néerlande prier la Vierge à Kevelaer ; ce sont les ouvriers qui indifféremment travaillent en deçà, travaillent au delà ; ce sont les capitaux qui commandent nombre d'industries (celle de la margarine notamment), ce sont les bateaux qui naviguent sur ce Rhin déjà bordé de paysages de Hollande. Il faut tenir compte aussi des innombrables citoyens hollandais installés dans la région comme chez eux. Il faut considérer l'aire considérable dont s'augmenterait l'hinterland de Rotterdam. Il faut penser aux mines plus riches que celles que la Hollande perdrait dans le Limbourg — si une combinaison ne pouvait être trouvée qui lui laisserait celles-ci et lui ajouterait une nouvelle richesse.

Mêmes résultats des enquêtes menées consciencieusement en Frise Orientale. Patois groningois des paysans, architecture hollandaise, inscriptions hollandaises des vieux monuments, notamment dans ces églises d'Emden et d'Aurich où l'on prêchait encore en hollandais il y a trente ans, et où on devrait le faire encore, plusieurs milliers d'habitants parlant exclusivement le hollandais; relations de famille; relations d'affaires; relations de villégiatures — Loga, Logabirum, Turichenhan, Leer, Nordeney, Borkum, peuplés de Hollandais —; relations de religions, les calvinistes recevant jusqu'en ces dernières années toutes leurs inspirations d'outre Dollart; propriétés agricoles et industrielles hollandaises. Et mêmes dispositions d'esprit des habitants, encore tout proches de la défaite, très désireux de sécurité, de prospérité, de stabilité, très indifférents au surplus — sauf une jeunesse « pangermanisée » — vis-à-vis de l'Allemagne, et qui, sans enthousiasme certes, mais non sans satisfaction, auraient changé d'obédience. Ils n'eussent pas tous crié — loin de là — comme ce châtelain de la Gueldre rhénane « qu'ils courraient avec joie jusqu'à La Haye sur leurs genoux pour supplier la reine de les prendre », mais ils auraient accepté sans colère de devenir de bons Néerlandais. Un de mes amis frisons, au retour d'un voyage sur la rive droite de l'Ems, m'envoyait la note suivante: « On parle actuellement beaucoup de la séparation, chacun tâche de ne pas être entraîné dans la chute allemande. Les intellectuels, pour autant qu'ils soient autochtones, ne se considèrent pas comme Allemands, mais comme

Frisons; les commerçants estiment qu'il est de leur intérêt d'appartenir à un Etat neutre, ils craignent qu'Emden ne perde tout en restant prussien, tandis qu'ils prévoient un grand développement de cette ville si elle devient hollandaise. Une *hollandification* paraît donc assez facile, surtout lorsqu'on prend en considération que la plupart des habitants de la province sont anti-prussiens. » Et il faisait suivre cette note d'une longue série de propos suggestifs entendus et notés en wagon de chemin de fer... La même mentalité, plus anti-prussienne encore, se manifestait dans le Sud. Des difficultés locales n'étaient donc guère à craindre.

Tout cela, les délégués belges purent l'exposer aux membres de la Commission des affaires belges. Celle-ci accueillit favorablement l'idée de compensations — « la commission, précise M. Tardieu, après une minutieuse discussion, admit le principe de cette solution qui lui apparaissait comme une garantie nécessaire et juste de la sécurité belge ». C'était un premier résultat considérable.

Il s'était imposé d'autant plus à la Commission qu'on était au lendemain du 8 mars et que, sans la compensation territoriale, répétons-le, l'exécution intégrale de la décision du Conseil Suprême paraissait plus difficile. Nous devions donc ne rien négliger pour que le principe se traduisît au plus tôt en une formule et pour que cette formule fût rendue définitive. Elle reçut bientôt une consécration et une précision par le vote au sein de la Commission du texte suivant qui devint la clause 9 des articles relatifs aux frontières occidentales de l'Allemagne :

Art. 9. Les gouvernements alliés et associés inviteront la Société des Nations, si les Pays-Bas le désirent, à nommer dans le délai d'un an après la signature de la paix une commission chargée de rectifier la frontière hollando-allemande aux bouches de l'Ems, afin de donner à la Hollande, par les eaux néerlandaises, un libre accès au port de Delfzyl.

En outre l'Allemagne renoncera à tout droit sur les cercles de Clèves, Mörs, Geldern, Kempen, Rees et Borken, et les puissances associées transfèreront à la Hollande autant de territoires qu'il aura été convenu avec le gouvernement des Pays-Bas, après approbation de la Ligue des Nations, le reste faisant retour à l'Allemagne (1).

Comme on le voit, la Commission avait réduit la compensation au minimum dans la région du Nord. Elle y comprenait au contraire, au sud-est des Pays-Bas, tous les districts indiqués par les diplomates belges.

Tout paraissait bien emmanché. Il y avait beaucoup de chances pour que le traité de paix comprît non seulement le principe de la revision des traités de 1839, mais encore le moyen pratique le meilleur pour y atteindre. La France était bien disposée, l'Italie aussi, l'Angleterre ne s'opposait pas encore ouvertement, M. Wilson qui semblait le plus à craindre disait : « Vous demandez que l'Allemagne cède du territoire allemand à un pays neutre : c'est peut-être juste, mais c'est difficile à motiver. » Ce « peut-être juste » était une demi-consécration. Il répétait encore ce propos d'après M. Tardieu, le 31 mars. A la séance tenue par le Conseil des Quatre le 28 mars, où la délibération avait porté sur les limites de l'Allemagne vers l'Ouest, la cause de la Belgique, sur ce point, n'avait donc pas subi de recul. Elle n'en subit pas davantage le 1er avril, jour où le Conseil examina plus spécialement la question de l'occupation rhénane.

Est-il exact — comme on l'a imprimé à l'époque — qu'à une de ces réunions, M. Hymans, qui y avait été admis par extraordinaire, ait été vivement pris à partie par M. Lloyd George qui osa parler des exagérations de la Belgique dans le libellé de ses dommages? Est-il exact que M. Hymans, ayant répondu avec toute la dignité et même avec toute la vivacité désirables, sentît le besoin pour consolider la situation de la Belgique de faire venir

(1) Traduction littérale du texte anglais publié le 7 avril par le *Daily Mail.*

à Paris l'ambassadeur le plus éminent que la Belgique pût choisir? Quoi qu'il en soit, il apparut à tous que la visite du Roi à Paris le 4 avril avait une particulière importance. Le héros de l'Yser allait être avec une autorité non pareille le porte-parole de son gouvernement.

Le soir du 4 avril la Délégation belge donne à la presse le communiqué suivant :

> ... « Le Roi a eu l'occasion de s'entretenir avec les chefs des gouvernements des intérêts essentiels de la Belgique.
>
> Il régnait en Belgique quelque anxiété et on se demandait si les questions belges avaient conservé leur rang dans la sollicitude de la Conférence.
>
> Le Roi a pu donner des précisions sur les points principaux du programme belge et particulièrement sur les réparations qui sont dues à la Belgique pour assurer son relèvement économique, et sur les conditions de sa sécurité.
>
> Le Roi a été écouté partout avec la plus grande attention et a quitté Paris satisfait des impressions recueillies... »

Les Britanniques avaient pris position, sur des rapports de leur amirauté, contre une restitution à la Belgique de la rive gauche de l'Escaut(1). « Avec sa claire et droite franchise, le Roi des Belges insistait, s'étonnait des objections présentées. M. Lloyd George lui répondit : « Si vous voulez modifier le régime de l'Escaut, nous sommes prêts. S'il s'agit de questions territoriales, c'est autre chose (2). » La discussion semble n'avoir pas porté sur la question des compensations. La réponse de M. Lloyd George indiquait suffisamment que lorsqu'elle serait traitée il faudrait être énergique.

Est-ce pour rendre plus bienveillante l'Angleterre? La question de l'avenir de la Rhénanie était posée par la

(1) M. Ch. Terlinden a raconté (*Revue générale* d'août 1921) comment nous avions connu la thèse britannique. C'est par un pli adressé « To the Belgium Commission » et remis, par suite d'une fausse interprétation de ce libellé, à l'Hôtel Lotti.

(2) Tardieu, *l. c.*, ibid.

France. L'Angleterre s'opposait au régime de sécurité définitive que demandait le maréchal Foch. L'avis de la Belgique pouvait être décisif. Il le fut. Elle se prononça nettement pour l'occupation de cinq, dix et quinze ans que proposait M. Lloyd George.

Le résultat de cette erreur de M. Hymans ne se fit pas attendre. Le 7 avril, le *Daily Mail* publiait la clause 9, dont l'existence avait, jusque-là, été tenue secrète; publication destinée, semble-t-il, à provoquer une opposition préventive du gouvernement néerlandais. Quelques jours plus tard, sous l'influence de M. Wilson, la commission de la Société des Nations décidait que Bruxelles ne serait pas le siège de celle-ci; et le jour même (16 avril) où la Chambre belge, sur une motion de M. du Bus de Warnaffe, protestait avec véhémence contre cette décision, le Conseil des Quatre — où nous nous étions aliéné la France sans gagner à notre cause la Grande-Bretagne et qui semblait avoir épuisé toute la bienveillance qu'il pouvait avoir pour nous en faisant suspendre le fameux referendum luxembourgeois, — abordait enfin, mais dans l'esprit le plus étroit, l'examen des problèmes politiques belges.

M. André Tardieu en fit l'exposé. Il défendit avec talent les conclusions de la commission qu'il avait présidée et particulièrement la clause relative aux avantages éventuels à réserver à la Hollande en territoire allemand. Appuyé par M. Hymans, il insista, devant les premières objections, sur le caractère de la proposition présentée: il ne fallait pas la considérer en elle-même, mais en concordance avec la décision du 8 mars et avec l'article du traité qui prévoyait la revision des arrangements de 1839. Il serait bien difficile d'arriver à une modification satisfaisante de ceux-ci sans une monnaie d'échange. Peut-être ne devrait-on pas faire usage de celle-ci, mais quelle imprudence de ne pas la garder à la main! Il s'agissait de maintenir une porte ouverte, et en aucun cas on ne disposerait de populations allemandes contre leur gré. Les droits à un plébiscite leur étaient expressément réservés... Hélas! ce fut en vain. Le Conseil des Quatre invoqua le refus préalable qu'avait opposé la Hollande, dès le lendemain de la publication du *Daily Mail,* à tout accroissement de territoire, et écarta l'article 9.

On ne peut croire que la gravité de cette décision échappa à M. Hymans. C'était l'échec presque certain du traité de révision, la ruine pratique de ce qu'il avait si heureusement obtenu le mois précédent. Certes, les compensations n'étaient pas essentielles, et nous ayant pris nos provinces sans contre-partie en 1839, il n'y avait aucune impossibilité juridique à ce qu'elle nous les rendît sans contre-partie. Mais il était bien audacieux d'espérer réussir dans ces conditions. Que fallait-il faire dès lors? Refuser. Résister, faire appel, s'il le fallait, à l'opinion publique belge.

Celle-ci s'émouvait-elle? Peut-être au début M. Hymans avait-il pu en douter. Il ne le pouvait plus aujourd'hui. La séance de la Chambre, le 16 avril, avait été symptomatique. Le premier échec qu'elle apprenait — le moins grave en définitive, et sa confiance restait entière pour le reste *qu'on lui cachait* — avait refait dans l'assemblée l'unanimité du 4 août, du 12 mars. On sentait maintenant qu'on pouvait s'appuyer sur elle, retrouver dans cette législature périmée des forces vives et ardentes. Jamais une parole d'énergie ne lui avait été dite en vain. Et le pays, où un vaste mouvement était organisé depuis deux mois par le *Comité de politique nationale* pour soutenir l'action de ceux qui étaient, à la Conférence, chargés de défendre des revendications politiques auxquelles s'attachait spécialement ce groupement, était mûr aussi pour une insistance et une résistance. Le gouvernement lui-même n'aurait pas osé ne pas suivre un ministre qui eût eu la foi. M. Hymans ne l'avait pas.

— A quoi bon? disait-il. La Hollande est butée, elle ne reviendra pas sur son *non*. Comment lui imposer ce qu'elle refuse?... C'était oublier qu'elle ne pouvait faire autrement que de dire non. Lui était-il possible de prendre une attitude d'hostilité vis-à-vis de l'Allemagne? Elle devait recevoir *malgré elle* les territoires de compensation. Lui était-il possible de marquer, en ne protestant pas, qu'elle se résignait facilement à la perte de ses territoires belges? Ce n'eût été ni vrai, ni habile. A ceux qui ne voyaient pas cette évidence, des indices nombreux étaient là pour montrer combien peu irréductible était cette inévitable opposition.

Dans un article du 8 avril, à la suite de la publication du *Daily Mail*, l'officieux *Algemeen Handelsblad*, tout en déclarant que personne en Hollande ne désirait la moindre parcelle de territoire allemand, et en qualifiant de fantaisiste l'information du journal anglais, montrait l'intérêt puissant que la Hollande doit attacher à la liberté du port de Delfzyl, et révélait *que le rapport provisoire de la Première Chambre sur le budget proposait de faire intervenir le gouvernement auprès de la Conférence de la Paix afin d'obtenir une rectification de frontière à l'embouchure de l'Ems*. Le *Handelsblad* ajoutait bien : « Le gouvernement n'a toutefois pas adhéré à cette manière de voir, il a simplement répondu que les négociations avec l'Allemagne à propos de cette question ont été interrompues par la guerre, mais qu'il se propose de les poursuivre ; il n'y a donc pas trace d'une initiative hollandaise pour intéresser la Conférence de la paix à cette question ». Initiative officielle, non, mais initiative parlementaire suffisante pour indiquer à la Commission des affaires belges qu'elle était sur la bonne voie, et surtout pour montrer combien était contradictoire et imprudente « la question posée dans les commissions de la Chambre demandant sur quoi la presse belge s'est basée pour démontrer que la Hollande reconnaissait elle-même la Conférence comme un organe pouvant modifier les frontières de l'Europe... » (1)

Indice plus intéressant encore. A la veille du 16 avril, une interview de M. Heemskerk avait fait le tour de la presse européenne. L'éminent homme d'Etat néerlandais y demandait que, ayant le même intérêt à se préserver du bolchevisme, la France et la Belgique *et la Hollande* s'entendissent pour tracer le nécessaire cordon sanitaire continu devant l'Allemagne. Il suggérait que, prolongeant l'effort des armées d'occupation, *l'armée hollandaise occupât le territoire allemand, le long de la frontière des Pays-Bas, sur une profondeur de vingt-cinq kilomètres.* N'était-ce pas dire à ceux qui voulaient bien l'entendre que si on nantissait la Hollande d'un tel gage avec l'espoir pour elle de le garder, et si on la faisait entrer dans une profitable alliance, elle pourrait bien se montrer moins intransigeante dans les affaires de l'Escaut et de la Meuse?

Enfin, ce n'était un secret pour personne à la Délégation que, dans certains milieux officiels de La Haye, on avait répété, de façon à être entendu à Bruxelles, que si la Hollande refusait toute acquisition territoriale, c'était afin de pouvoir, en l'acceptant, exciper vis-à-vis de la Prusse d'une contrainte des alliés; qu'en attendant elle ne pouvait qu'imiter l'attitude du Danemark devant l'offre du Sleswig. Elle serait enchantée qu'on lui *imposât* la Frise et Clèves...

L'obstacle irréductible n'était donc pas à La Haye, comme le disait M. Wilson. L'obstacle était à la Conférence. C'était là qu'il fallait agir, après avoir au besoin repris contact avec la Nation.

M. Hymans laissa celle-ci dans l'ignorance. C'était fort bien s'il n'avait cessé de lutter. Il lui donna la fausse impression de l'énergie. A un télégramme qui lui était

(1) *Algemeen Handelsblad,* 8 avril 1919; Avondblad, 1ste blad.

adressé le 15 avril, jour anniversaire des traités de 1839, par le C. P. N., et où lui étaient témoignées « la confiance du peuple belge, sa satisfaction des premiers résultats obtenus, sa volonté d'obtenir, avec la pleine réparation des dommages subis, l'intégrité de ses droits et les sécurités nécessaires sur l'Escaut, dans le Limbourg et vers l'Allemagne », il répondit que la Délégation poursuivrait « *avec énergie* la réparation intégrale de ses dommages et les conditions de développement économique et de sécurité nécessaires à son avenir ». On ne savait pas que déjà, sur une question capitale, il se résignait.

Cependant les bruits filtraient, se répandaient partout, indignaient le peuple. La Conférence, l'une après l'autre, rejetait toutes nos demandes. Il ne servait donc à rien — combien de fois la preuve devait-elle en être faite? — de céder sur un point. Peu à peu, on savait que nos réparations restaient compromises, qu'on ne forçait pas les Allemands à reprendre nos marks, qu'Eupen et Malmedy ne nous seraient restitués qu'après une consultation populaire humiliante; que, rendant ces territoires presque inutilisables, le président Wilson avait fait écarter Montjoie pour des motifs historiques qu'il jugeait ailleurs n'avoir aucune importance (1), que nous étions exclus de la répartition des bateaux allemands (à laquelle participerait la Hollande), etc.; enfin — tout finit par se savoir — qu'il n'était plus question des territoires de compensation dont on venait de tant parler. Rien n'est plus émouvant que de suivre dans les adresses des con-

(1) Connaît-on ce mot de M. Wilson? M. Hymans, insistant auprès de lui pour qu'il ne s'opposât pas à ce que Montjoie fît partie du territoire restitué, disait: « En admettant que les habitants soient de vrais Allemands il n'y en a que quatre mille ». M. Wilson plaisanta: « Vous parlez comme une fille-mère à qui on reprocherait sa faute et qui répondrait: « L'enfant est si petit! » C'est avec des mots de ce genre, en guise d'arguments, qu'on examinait et rejetait nos revendications les plus graves.

seils communaux la progression de ces nouvelles. Sollicitées, dès le mois de mars, de s'affilier au *Comité de Politique nationale* par un vote motivé, les municipalités, par centaines, répondaient à cet appel. Les premières se contentaient de l'énoncé d'un programme général, les autres, à mesure que se révélait un péril, que s'annonçait un recul, insistaient sur un point, sur un autre; dès la mi-avril les conseils communaux, sentant le traité de revision en péril, parlaient surtout de l'Escaut, du Limbourg et, dans le traité de paix dont les grandes lignes se dessinaient, voyaient tout d'abord les clauses politiques. C'est surtout parce que nos revendications de sécurité étaient méconnues que le cri naquit, se propagea, grandit: « Quittez la Conférence! » Les Italiens, eux, le 23 avril, n'hésitèrent pas.

— Ce serait folie de rompre, disaient les officieux, les humbles. La Belgique n'est pas assez grande pour faire un tel geste, elle doit se tenir sage, dans l'ombre! Voyez l'Italie! Enviez-vous son sort? Force lui sera de revenir humiliée, vaincue. On n'obtient jamais ce qu'on exige ainsi. Pour la question de Fiume, qu'elle n'aura jamais, elle risque tout son avenir. Il faut voir les réalités en face, il faut se contenter du possible. Il ne faut surtout pas oublier que les Anglo-Saxons sont les maîtres!... »

On sait les résultats du geste de l'Italie. En ne l'imitant pas, ou en ne le faisant pas avant elle, nous méconnaissions cette « situation privilégiée, spéciale, exceptionnelle » de la Belgique que les résignés, précisément, chaque fois qu'il fallait faire acte de virilité, avaient invariablement à la bouche. La Conférence eût pu se passer de l'Italie, à la rigueur. *Elle ne pouvait pas se passer de nous.* Nous avions beau être la « Puissance à intérêts limités », nous avions beau être écartés dédaigneusement des conversations essentielles et des décisions souveraines, nous avions eu beau nous laisser asseoir au bout de la table. — M. Jaspar, il faut le dire, a su changer cela — on ne concevait pas sans la présence de la Belgique la Conférence, sans la signature de la Belgique le traité. Ah ! la guerre de la justice et de l'honneur ! Ah ! la Belgique héroïque à qui allait, pendant qu'on pouvait se servir de son martyre comme enseigne, la sollicitude de tous ! Et la Paix du Droit — avec des majuscules — qui devait réaliser les serments solennels faits par chacun à « cette enfant gâtée de l'Europe » ! Devant l'indignation de l'opinion universelle elle eût été, après un jour, rappelée et comblée. La Délégation belge n'osa pas tenter un geste de rupture. Elle se contenta de protester.

Et en protestant, la Délégation, le ministre des affaires étrangères, le gouvernement firent exactement une manœuvre contraire à celle que spontanément réalisait l'opinion. Celle-ci, nous l'avons vu, d'instinct, songeait de plus en plus à la sécurité, aux frontières. Le gouvernement, donnant l'impression d'une renonciation résignée à toutes ses revendications politiques, s'appliqua à restreindre sa protestation à tout ce que l'opinion nationale faisait justement passer au second plan. « La Belgique, me dit un jour avec dédain un très éminent diplomate, n'a jamais su se passionner que pour les questions d'argent ! — Parlez pour son gouvernement », répondis-je.

Le 23 avril M. Vanden Heuvel est convoqué chez M. Loucheur — c'était en fait sur lui, et sur les experts qui lui avaient été adjoints, MM. Despret, Theunis, Lepreux, qu'avait reposé tout le travail en matière de réparations, M. Hymans s'étant réservé les questions politiques —. L'éminent professeur s'y rencontre avec les délégués de la Serbie, du Portugal et du Brésil : on voit le rang que nous occupons à la Conférence ; et M. Loucheur leur fait connaître les dispositions du traité relatives aux indemnités. Elles sont loin d'être satisfaisantes. Naturellement ! On avait mesuré notre puissance de recul. Le lendemain M. Vanden Heuvel, qui n'avait pas eu la veille le loisir de discuter, retourne chez M. Loucheur, il déclare les propositions inacceptables. La délégation écrit au Conseil Suprême devenu le Conseil des Trois, demande à être entendue. Son émotion gagne Bruxelles d'où, le 27, MM. Delacroix, Jaspar, Renkin et Franck partent pour Paris. On se concerte. M. Renkin demande que la résistance porte sur l'ensemble. M. Jaspar aussi, semble-t-il, qui eut en tout cas avec M. Hymans une scène violente. On devine ce que répond M. Franck, ce qu'oppose le délégué du parti socialiste (n'oublions pas les aveux de Moscou!). Le 28 il y a séance plénière de la Conférence. M. Hymans proteste avec éloquence... contre le choix de Genève. Il faut rapporter à ce propos, à sa décharge, le bruit d'après lequel M. Vandervelde se serait opposé à ce qu'il parlât d'autre chose. Peut-être aussi le ministre des Affaires étrangères jugeait-il prudent de ne pas faire d'éclat public avant l'entrevue que la Délégation devait avoir le lendemain avec le Conseil suprême.

C'est au complet — avec ses principaux experts — que la Délégation se présente, le 29 avril, place des Etats-Unis, dans le salon de M. Wilson. M. Hymans a décrit lui-même en sobres traits cette scène (1). Aux côtés du Président se trouvent MM. Lloyd George et Clemenceau. Successivement les deux premiers délégués parlent. M. Vandervelde ajoute son mot « au nom de la classe ouvrière ». Un colloque suit, d'où sortent des propositions à peine moins inacceptables que les clauses financières qu'on songeait d'abord à nous imposer. Devant cette obstination M. Hymans proteste à nouveau. Il va jusqu'à la menace de rupture, énoncée il est vrai dans les termes les plus modérés: « Il ne savait s'il serait présent à la séance où l'on remettrait aux Allemands les propositions. »

Une deuxième interruption. Conciliabule entre experts.

(1) Le *Soir,* 28 décembre 1921.

C'est alors que ressurgit une idée suggérée à M. Hymans dès le 23 février par le colonel House : la priorité de deux milliards et demi. « Ainsi vous serez toujours certains d'avoir quelque chose », sourit un délégué britannique qui dès lors marque son scepticisme sur la rentrée effective de l'indemnité. Un mot pareil eût dû pousser les nôtres à se demander s'ils n'avaient par tort de s'hypnotiser sur les milliards... Une autre « concession » est faite à la Belgique : ce sera l'Allemagne qui se substituera à elle pour le paiement de ses dettes de guerre à ses alliés. Belle ironie ! Ayant le droit à une restauration intégrale par nos alliés à défaut de l'Allemagne, nous nous entendons promettre généreusement qu'on ne nous réclamera rien, mais que nos alliés toucheront quand même, diminuant ainsi à notre détriment la capacité de paiement du vaincu. On a peine à croire qu'on ait considéré cette proposition comme un succès. La priorité était un avantage plus sérieux. M. Hymans avait fait un geste d'énergie, mais il l'avait limité à un objet restreint. Il s'en contenta, abandonnant définitivement tout le reste. *Primum vivere!* disait-il à son entourage. Tout de suite, d'accord d'ailleurs avec ses collègues, il décida de capituler. Il déclara « qu'il soumettrait la solution au Cabinet et qu'il en recommanderait l'acceptation ».

A la même heure, le Sénat est réuni à Bruxelles et le Baron de Favereau prononce un discours. C'est toujours la question de Genève, qui apparaît, dans la bouche de nos orateurs officiels, être la plus importante de toutes ! On regrette de ne rien trouver dans le discours du président du Sénat qui précise le moins du monde des revendications jugées jusque-là essentielles. M. Delacroix parle ensuite. Il déclare valeureusement que la Belgique ne cédera pas, que le principe de la réparation intégrale sera inscrit dans le Traité, que les négociations se poursuivent pour que cette réparation ne soit pas échelonnée sur trente années. Il proclame la « suprême énergie du gouvernement (*sic*) ». Les chefs des trois partis, croyant sans doute qu'il n'y a rien d'autre en jeu, s'associent à ces paroles. Eux aussi ne parlent que d'argent. Le monde entier — on transmet la protestation du Sénat à tous les parlements alliés — en conclura naturellement qu'on se désintéresse de tout le reste.

On se rappelle la stupeur du pays quand, officiellement, le 30 avril, il apprit les conditions qui lui étaient faites. Elles se résumaient dans ce mot du *Matin:* « La Belgique a obtenu le néant! » Réparations aléatoires, sécurités gravement compromises... Le traité de revision y pourvoira, dit-on aux bonnes gens. Ceux-ci voient clair. L'émotion dans le pays est à son comble. Les télégrammes, les lettres, les adresses affluent au ministère, à l'Hôtel Lotti. Spontanément, sans lien entre elles, des manifestations de protestation s'organisent dans les grandes villes... Le gouvernement en est ému. Le Conseil des ministres du 30 avril n'accueille pas la proposition d'acceptation de M. Hymans. Il décide que MM. Jaspar, Renkin et Franck repartiront aussitôt pour Paris. En revenant dans la nuit du 1er au 2 mai, accompagnés de M. Vandervelde, ils croisent, sans le savoir, le premier ministre, reparti brusquement dans la soirée avec M. Pierre Orts. A 11 heures, les ministres présents à Bruxelles tiennent un conseil sous la présidence de M. Vandervelde.

Je me souviens, comme d'hier, de cette journée du 2 mai. Malgré les insistances de notre Délégation, le gouvernement semblait vouloir faire preuve de vigueur. Avec inquiétude, tous ceux qui essayaient de savoir se raccrochaient à l'espérance. J'allai confier mes sentiments, au début de l'après-midi, à l'homme en qui je voyais la seule énergie du ministère. M. Renkin me dit ses craintes, ses soucis, ses révoltes: — « Et si tous étaient amenés à accepter les conditions financières? demanda-t-il enfin. — Pourquoi, répondis-je, si on est acculé à cette extrémité, ne mettrait-on pas *in extremis* comme condition le rétablissement de la clause 9? » L'idée parut féconde à mon éminent interlocuteur. Il rédigea sur le champ, pour M. Delacroix, et dans ce sens, un télégramme qu'il me demanda de porter aux Affaires étrangères pour le faire chiffrer. Quand je le revis une heure plus tard il m'assura qu'il venait de voir ses deux collègues qui, après avoir été au Palais, retournaient à Paris. Il avait trouvé M. Jaspar d'accord avec lui sur l'opportunité de revenir aux clauses de sécurité. M. Vandervelde aussi. Ceci me parut trop optimiste. Toujours est-il que le soir les journaux annoncèrent que MM. Vandervelde et Jaspar étaient repartis « avec le mandat impératif de ne pas signer un traité où ne se trouveraient pas des clauses garantissant notre avenir économique et notre sécurité militaire ». Ces derniers mots apaisèrent un peu l'anxiété publique. Mais il ne semble pas qu'à Paris M. Hymans ait eu fort à faire pour rallier ses collègues à l'idée de l'acceptation pure et simple. Un indice eût pu pourtant leur montrer à tous que la résurrection de certaines revendications politiques n'était pas si impossible : jusqu'au dernier moment le texte de la clause 9 avait figuré dans les épreuves des conditions de paix (1).

La Conférence pourtant attendait un oui ou un non. « Si vous n'acceptez pas, vous n'aurez rien », avait dit M. Wilson. Et l'on avait pris au sérieux ce scandaleux ultimatum. M. Hymans partit pour Bruxelles. Un Conseil des ministres, qui se réunit le 3 mai à 2 heures, ne fut que la préface du Conseil de la Couronne convoqué pour le dimanche 4 mai, à 8 heures du soir, au Palais.

Nul parmi les ministres et les ministres d'Etat ne pouvait ignorer l'état de l'opinion. C'est par milliers que nous

(1) M. Charles Terlinden qui fut un des secrétaires de notre Délégation confirme ce détail dans son curieux et éloquent article de la *Revue générale* du 15 avril 1921, déjà cité plus haut, sur le *Traité de Versailles et le Livre de M. Tardieu.*

recevions au *Comité de politique nationale* les témoignages de celle-ci. Nous lisions dans tous les journaux la même indignation et le même vœu. Les préoccupations d'ordre politique dont le ministre des Affaires étrangères, confiant imprudemment dans des négociations futures, faisait si bon marché, plus que jamais étaient au premier plan.

Nous a-t-on assez dit, écrivait M. Fernand Neuray dans la *Nation Belge,* que nous sommes le rempart de la France et de l'Angleterre!... Or, au lieu de renforcer ce bastion, bien plus dans leur intérêt que dans le nôtre, nos alliés, comme s'ils étaient sûrs de la guérison de l'Allemagne et de la parfaite correction de la Hollande de demain, laissent notre Meuse captive et notre Escaut enchaîné. Parmi tous les enseignements de la guerre il n'en est pourtant pas de plus évident que ceux-ci: Liége est trop près de la Prusse; la défense de notre Limbourg sans la possession du « Limbourg hollandais » est difficile et précaire; une armée belge, établie entre Anvers et Ostende ne peut, sans s'exposer à un péril mortel, être séparée de l'Escaut par un territoire étranger. S'ils avaient détruit l'unité de l'Allemagne ou seulement affaibli l'hégémonie prussienne on aurait compris que les Alliés se désintéressent des garanties et des sécurités qu'ils ont eux-mêmes reconnues indispensables, dans leur déclaration solennelle de 1917, à l'indépendance de la Belgique...

Nous entendions le peuple dans la rue, nous connaissions les appels adressés au Roi par les combattants de la guerre « prêts à reprendre la lutte s'il le fallait », les pétitions déchirantes des villes martyres. Nous venions d'assister enfin à cette inoubliable manifestation de l'hôtel de ville où M. Max, qui avait renoncé à une fête préparée en ce jour pour l'honorer, avait reçu les délégués de tous les grands groupements nationaux. Ceux-ci lui avaien remis cette adresse:

Les grandes associations patriotiques de Belgique, représentant plusieurs centaines de milliers de membres, appartenant à toutes les classes et à tous les partis, prient M. le Bourgmeste de Bruxelles, qui fut l'incarnation de la Patrie dans sa résistance à l'envahisseur, de transmettre à la Délégation belge le refus énergique d'adhérer à des préliminaires de paix qui ne répondraient pas aux nécessités de notre vie nationale, aux promesses sacrées faites par nos alliés et aux devoirs qui résultent pour eux des traités de 1839.

Elles conjurent la Délégation belge, si elle est sans espoir de voir améliorer les conditions proposées, de quitter la Conférence, de revenir à Bruxelles pour connaître le sentiment d'un peuple qui préfère tout risquer, comme il y a quatre ans, que d'abdiquer toute fierté et de sacrifier l'intérêt vital de la Patrie.

En sortant de l'hôtel de ville, les délégués transmettaient à M. Delacroix ce message :

Les délégués de la Ligue des Patriotes, de la Fédération des sociétés d'anciens militaires, de la Confédération nationale des classes moyennes, de la Fédération nationale des condamnés politiques, de la Ligue de Défense nationale, de la Ligue maritime belge, de la Fédération des avocats, de la Ligue du Souvenir, des Artisans réunis (1), etc., assemblés à l'issue de leur réception par le bourgmestre de Bruxelles, réitèrent avec instance au chef du gouvernement l'expression de leur angoisse et de leur volonté, demandent que la Belgique quitte la Conférence si elle n'y peut obtenir satisfaction pleine et entière, si les serments ne sont pas tenus, si les indemnités restent dérisoires, si le territoire national doit rester indéfendable, si appui formel n'est pas promis pour les négociations prochaines relatives à l'Escaut et au Limbourg. Parlez haut et ferme. La Nation qui ne comprendrait pas votre acceptation sera avec vous dans la résistance. Les peuples alliés ne permettront pas que leurs gouvernements nous abandonnent.

Et conscient de représenter un immense mouvement nous télégraphiions à Sa Majesté le suprême appel suivant :

Sire. Nous sommes, ce matin, cent mille membres actifs et près de 300 communes de Flandre et de Wallonie. D'immenses groupements ouvriers dans ces derniers jours se sont solidarisés avec nous. Nous sommes l'écho d'une opinion publique qui ne cesse de croître; qui s'indigne du peu qui nous est offert et de tout ce qui nous est

(1) A la fin de l'après-midi le Grand Orient de Belgique priait le C. P. N. de transmettre au gouvernement un message dans le même sens.

refusé. Pour le salut de la Belgique et de la dynastie nous conjurons Votre Majesté de refuser de signer le traité plutôt que d'accepter l'aumône qui nous est faite. La Belgique quittant la Conférence ferait éclater l'immoralité d'une paix qui se signerait sans elle en la sacrifiant, elle se grandirait aux yeux du monde autant que par son refus du 4 août 1914 et les peuples alliés exigeraient que justice lui soit rendue.

Nous pensons, en tout cas, qu'il vaut mieux risquer de ne rien avoir que d'abdiquer notre droit à des réparations et à des garanties promises par les serments les plus solennels.

Au milieu de l'angoisse de la Nation nous plaçons entre Vos mains notre volonté et notre confiance.

Contentons-nous de publier en face de ces textes le communiqué remis à la presse, à une heure de la nuit, par le secrétariat du conseil :

M. Hymans a fait l'exposé complet des conditions de paix et a émis l'avis, au nom de la Délégation à Paris, qu'il y avait lieu de signer le traité qui, dans la situation actuelle, donne à la Belgique des conditions honorables et satisfaisantes.

Le conseil à l'unanimité a estimé qu'il y avait lieu de signer le traité, mais à l'unanimité également, qu'il y avait lieu d'attirer l'attention sur la situation financière et économique de la Belgique et sur la nécessité qu'il y a pour les Alliés de nous assurer leur appui le plus complet en vue de notre restauration économique.

Il demande également l'appui des alliés pour entamer dans le plus bref délai possible des négociations avec la Hollande en vue de régler les questions qui se rattachent à la liberté de l'Escaut et à la liberté de nos communications fluviales vers l'Est de la Belgique et vers le Rhin.

Ce communiqué n'était pas l'œuvre du Conseil, il reflétait très inexactement la physionomie de la séance, au cours de laquelle M. Renkin notamment (que M. Delacroix avait supplié, avant d'entrer, de ne pas démissionner), avait prononcé un discours énergique contre l'acceptation, et qui n'avait été terminée par aucun vote (1), — ce communiqué suscita, faut-il le dire, plus de tristesse et de colère que d'étonnement.

Ceux qui savaient l'acceptation virtuelle donnée à Paris, le 29 avril, par M. Hymans comprirent l'une des causes au moins de cette maladroite résignation.

Maladroite dans son expression même. Le dernier paragraphe était la satisfaction platonique donnée à ceux qui se plaignaient de ce qu'on eût abandonné la clause 9 sans qu'on eût sérieusement livré bataille. Mais mieux valait ne pas donner de précisions que de sembler, pour ne pas froisser les socialistes, renoncer par des termes ambigus à une revision territoriale — *alors qu'on n'y renonçait pas du tout*. Le second paragraphe était plus platonique encore : on ne se résignait pas aux clauses financières sous conditions, on faisait un vœu de pur style, fait pour encourager les Puissances à nous contenter par des phrases de même valeur. Le premier, enfin, contenait les mots terribles que M. Hymans a dû souvent regretter et qui resteront dans l'Histoire, son « Cœur léger ». Je n'attribue pas ici, je le répète, comme on l'a fait avec injustice, à un sentiment de vanité, ce besoin de paraitre toujours vainqueur que témoigna toujours M. Hymans au milieu de ses pires échecs. Plus justement, c'est la seconde forme de son manque de foi dans la Nation. Non seulement il ne pouvait croire qu'elle le soutiendrait de son énergie, mais il ne pouvait croire qu'elle est assez forte pour supporter une défaite. En essayant de lui cacher des insuccès, dont il était loin au surplus d'être le seul responsable, il ôtait toute force à ses revendications futures. Comment l'Europe croira-t-elle dorénavant au caractère vital de revendications auxquelles on renonce avec *satisfaction*. M. Delacroix accentuait cette faute grave le lendemain dans des interviews

(1) Nous avons entendu le lendemain M. de Sadeleer s'indigner d'un communiqué « qui le ferait passer pour responsable d'une partie de cette faute ».

optimistes. « Nous ne pouvions songer à nous en aller », disait-il. C'était s'interdire à tout jamais de se servir encore dans d'autres négociations d'une telle menace. C'était encourager les Puissances à continuer de nous traiter avec désinvolture. Sous le coup d'un ultimatum plus grave, les diplomates de 1839, invoquant la nécessité et formulant des réserves solennelles, avaient sacrifié plus encore, certes: mais gravement, tristement, et en ménageant l'avenir.

Si au moins notre sacrifice nous eût servi à quelque chose! L'histoire des mois suivants nous a démontré le contraire. Celle d'aujourd'hui continue la démonstration. Pour quelle chimère, pour quel néant avons-nous en avril-mai 1919 abandonné ou compromis des revendications tangibles? Que disent les pseudo « réalistes » qui nous demandaient alors: « que pouvons-nous faire sans argent? » D'abord il ne s'agissait pas de renoncer à l'indemnité. L'Allemagne nous eût payés autrement si notre attitude lui eût montré que nous n'étions pas peuple à nous contenter de nuées. Et à défaut de milliards — *que nous ne toucherons quand même pas* — nous eussions assuré notre renaissance plus sûrement qu'aujourd'hui. De quoi est faite, avant tout, la prospérité du peuple? De son crédit. De quoi est fait son crédit? De sa sécurité, de sa stabilité, du spectacle de sa volonté et de sa foi en lui-même. Par la faute d'hommes d'Etat qui avaient encore la mentalité d'avant-guerre, nous n'avons pas donné ce spectacle à une heure décisive où nos amis nous jugèrent — et nos ennemis aussi. A moins d'un « rétablissement » décisif, dont l'occasion s'est déjà présentée, dont l'occasion se présentera encore peut-être — mais la laisserons-nous encore passer et où est l'Homme que nous attendons? — il sera très long et très dur de nous relever des suites de cette faute.

PIERRE NOTHOMB.

Une Esquisse de l'Histoire des Tissus

La tâche que nous entreprenons est ardue, car on a peu de renseignements sur l'évolution du tissage. Seuls de rares documents nous donnent quelques aperçus sur cette industrie artistique. Le dessin reproduit sur les étoffes pourra un peu nous guider, malheureusement bien peu, car pendant des siècles on dessina les mêmes genres de modèles. Dans l'antiquité jusqu'au VIe siècle de notre ère, les tissus étaient souvent faits de lin ou de laine, et c'est sur ceux-ci que nous trouverons les dessins les plus intéressants. Plus tard, c'est surtout la soie, et encore plus tard, les draps d'or et les velours, qui nous guideront, car ces différents tissus étant considérés comme aussi précieux que l'or, on y dessinait les figurations les plus rares et les plus typiques.

* * *

Les étoffes les plus anciennes connues sont celles qu'on a trouvées dans les tombes des Pharaons. Déjà on en voit dans des sarcophages qui datent de 5,000 (?) ans avant J.-C. Ce sont des lins très fins à lisières de couleur, qui enveloppent les momies de rois avec le plus de luxe possible, car on craignait sans cela que l'âme courroucée du mort ne vînt troubler les vivants.

Les premiers tissus avec dessins que nous connaissions, sont le drap funéraire conservé à Turin, provenant de la tombe de Kha et de sa femme Mirit, et datant d'environ 1,600 ans avant J.-C. Cette tombe a été rapportée intacte de la nécropole de Thèbes. Déférant au vœu du conservateur du musée de Turin, qui désire le publier le premier, nous nous abstiendrons de montrer ce tissu qui est orné de fleurs de lotus stylisées, ouvertes et fermées. Mais, au musée du Caire, il y a deux spécimens du même genre, l'un pris dans la tombe d'Amenophis II (vers 1540-1550 avant J.-C.) (1), l'autre que nous reproduisons, datant d'environ 1550 avant J-C., fig. 1. Ces tissus sont en toile incrustée de dessins faits en tapisserie, représentant des hiéroglyphes (écriture des anciens Egyptiens). Sur la même planche on voit une étoffe de lin à lignes entre lesquelles se trouvent des rosettes, qui date de la même époque. Ces spécimens sont d'une conservation merveilleuse : les tons sont restés vifs, grâce à la sécheresse du sable d'Egypte.

Continuons à parler des tissus qui ne sont pas de soie, pour pouvoir ensuite, jusqu'à la fin du moyen âge, ne parler que d'eux.

En Europe, on commença très tôt à tisser ; on le croit du moins d'après les fouilles faites en Suisse et en Haute-Saône, dans les villages lacustres des temps préhistoriques (2). Elles ont mis au jour des tissus nattés de grosses toiles, des rubans de lin, des franges, des cordes avec des houpettes et des filets. L'état lamentable de ces déchets, consumés par l'humidité, forme un contraste avec les tissus conservés dans le pays des Pharaons.

La Grèce nous fournit depuis l'antiquité des tissus de lin et de laine ornés de dessins. On voit par exemple sur les statues archaïques et l'Acropole des peplums bordés de grecques. Souvent en Attique on faisait des étoffes de haute lisse en se servant de métiers verticaux qui étaient très primitifs. En voici une description : le métier était simplement un cadre de forme rectangulaire, avec un

(1) Carles et Newberry, *The tomb of Thoutmosis IVth.* (Westminster, 1904.) Catalogue général des Antiquités égyptiennes du Caire : n° 46526.

(2) Hampe, *Katalog der Gewebesammlung des Germanischen Nationalmuseums.* (Nurnberg, 1897. t. I, p. 5.)

rouleau dans le haut pour y mettre l'étoffe déjà faite. Le cadre était orné de cordes qui avaient dans le bas deux pesons. Vers le milieu du métier se trouvaient deux bâtons parallèles pour maintenir les cordes d'aplomb. La navette courait horizontalement d'un côté à l'autre du cadre en enchevêtrant les cordes. Cette navette était lancée par la main du travailleur. On voit un spécimen de ces métiers sur un vase représentant Pénélope (1) et sur une miniature du IIIe siècle (avant J.-C.) illustrant un manuscrit de Virgile qui se trouve au Vatican (2).

On n'a pas pour le moment de reproduction de métiers horizontaux. Probablement ils ont existé.

Nous reparlerons plus loin des dessins des étoffes grecques en même temps que de la soie.

Faisait-on déjà au Ier siècle des toiles imprimées? Nous ne le croyons pas. M. Verneuil dit que Pline l'Ancien (Ier siècle après J.-C.) donne une description de la technique de ces impressions encore en usage de nos jours (3). En tous cas Forrer a trouvé, dans ses fouilles d'Achmim, en Egypte, une matrice à imprimer des étoffes, datant du IVe siècle.

Le même pays, à la même époque, nous donne encore des exemplaires de ces tissus de lin à incrustations de tapisserie dont nous avons parlé plus haut (fig. 2). Ils ont un fond de lin et un dessin de laine pourpre. Parfois ces motifs sont polychromés et d'un ton assez dur. Dans le haut de l'étoffe reproduite se trouvent des arcades inscrivant des bustes de personnages nous rappelant les têtes peintes découvertes par Graf dans les tombes égyptiennes; ces portraits datent du Ier siècle (avant J.-C.) jusqu'au IIe

(1) DAREMBERG et SAGLIO, *Dictionnaire des Antiquités grecques et romaines*, verbo *Textrinum*, fig. 6844.

(2) *Ibidem*, fig. 6845.

(3) *Art et Décoration*, 1912, p. 13. Nous n'avons pas pu retrouver ce passage dans Pline: il y en a un qui parle d'impressions, mais pas d'impressions sur étoffes.

après J.-C. On voit aussi sur ces tissus égyptiens des dessins géométriques, des sujets religieux, des poissons symbolisant le Christ, des personnages, des animaux, des branches courantes de vignes, etc. Ces tissus sont de modèle romain, puis byzantin.

Les dessins dégénèrent à partir des VIe et VIIe siècles. Les personnages au VIIe siècle n'ont presque plus de forme ; à l'époque arabe, l'on trouve quelques tapisseries de laine, mais surtout de soie. Longtemps elles portèrent le nom d'étoffes coptes, car elles ont été prises dans les tombes chrétiennes d'Egypte.

* * *

On croit que la Chine est la patrie de la soie. On assure que vers 2689 ans avant J.-C. (1), l'impératrice Hsi-Ling-Shi instaura cette industrie dans son empire. Elle fut la première à se vêtir de soies somptueuses et aussi à enrichir son pays de cette découverte si enviée par ses voisins. Les Chinois gardèrent jalousement pendant des siècles les vers à soie et la belle industrie que donnent leurs cocons. Ils furent les seuls exportateurs dans le monde entier. Enfin, au VIe siècle avant J.-C., paraît-il, le tissage de la soie était connu en Asie Mineure. Darius Ier (521-485) après ses conquêtes l'introduisit en Perse. L'Europe fut peut-être moins heureuse. Cependant un siècle plus tard on filait la soie en Grèce, car Aristote (384-322) dit dans son *Histoire des Animaux :*

« D'une certaine larve, qui est fort grande, qui a de « (petites) cornes, et qui diffère de toutes les autres, il « sort en premier lieu, par le changement de cette larve, « une chenille ; de cette chenille, il sort un cocon ; et du « cocon, un nécydale. Il faut six mois pour ces méta- « morphoses successives. Dans quelques pays les fem-

(1) OTTO VON FALCKE, *Kunstgeschichte der Seidenweberei.* Berlin, 1913, t. I, p. 25.

« mes déroulent les cocons de cet animal en les dévidant « et ensuite elles filent cette matière. Pamphile, fille de « Plateus, dans l'île de Cos, passe pour être la première « qui ait imaginé ce tissage (1). » Erreur! Une autre preuve, c'est qu'on a trouvé en Crimée des étoffes qu'on assure être grecques, des ve et ive siècles avant J.-C. (2). Elles étaient au musée de Saint-Pétersbourg, à l'Ermitage; y sont-elles toujours? Souhaitons que ces précieux fragments n'aient pas disparu depuis la révolution! Ce sont des reps, des satins, de la peluche, des fils d'or et de soie, de la mousseline ajourée, etc. Les ornements reproduits sur ces étoffes représentent des canards, des palmettes, des rinceaux, des branches courantes, des bandes renfermant des sujets mythologiques (3), d'autres avec des chars (4) attelés de chevaux.

Cependant pour connaître vraiment les dessins des tissus qui se faisaient au temps des Grecs, il faut examiner les vêtements ornés de dessins géométriques, de palmes, etc., figurant sur les vases et les coupes de cette époque (fig. 3). Entre autres il faut regarder le vase François qui nous montre tant d'habillements à motifs différents. Il est amusant de retrouver sur les quatre femmes se suivant des rayures renfermant des chars très différents de celles de l'étoffe que nous citions plus haut, mais cependant la même idée inspire les deux artistes. Cette merveille a été décorée par Clitias d'Athènes, qui vivait au vi^e^ siècle avant J.-C. Ce précieux objet est à Florence, au Musée d'Archéologie, c'est-à-dire à la Crocetta.

(1) ARISTOTE, *Histoire des Animaux*. Traduction de Barthélemy Saint-Hilaire. *Livre V, c. XVII, t. II, p. 209*. (Les mots placés entre parenthèses sont des additions arbitraires du traducteur.)

(2) HAMPE, *Katalog der Gewebesammlung*, etc., t. I, p. 6.

(3) *Dictionnaire des Antiquités grecques et romaines*, verbo *Textrinum*, fig. 6849. Tissu trouvé en Crimée.

(4) LADY EVANS, *Greek Dress*. London, 1893, p. 60, fig. 54.

Les Japonais aussi, dès qu'ils furent civilisés, commencèrent à tisser la soie. Cet art leur vint de la Chine par l'intermédiaire de la Corée (le style s'en ressent) (1). Les Nippons faisaient de beaux brocarts de soie dès 457 après J.-C.

*
* *

Pour étudier les dessins des IIe et IIIe siècles jusqu'au XIe siècle il faut examiner les mosaïques et les bas-reliefs. Souvent une grande similitude existe entre les motifs reproduits sur les tissus et sur les œuvres d'art déjà citées. Que de fois on voit, par exemple, sur les pavements romains des médaillons renfermant des personnages, des chars de triomphe, des animaux affrontés et des dessins géométriques; et on retrouve à peu près le même dessin sur les tissus de l'Egypte chrétienne ou sur les belles soies enfouies dans les châsses des saints.

La décoration sassanide (persane) était surtout un mélange d'art chinois et d'art gréco-romain. Cette période va de 226 à 632.

Un dessin favori de ces Asiatiques était des animaux affrontés avec un fleuron à l'articulation de l'épaule et séparés par un motif central. M. Migeon (2) nous dit qu'ils aimaient les scènes mouvementées. Souvent celles-ci sont tracées sur les bas-reliefs de leurs monuments et peuvent être comparées aux tissus et ainsi identifiées. De l'art gréco-romain et sassanide est sorti l'art byzantin, ceci se remarque surtout sur les étoffes. Il naît au VIe siècle après J.-C. sous le règne de Justinien.

Maurice Besnier (3) assure qu'« en l'année 552

(1) *Art et Décoration,* 1905, p. 90. — *Histoire de l'art au Japon.* Ouvrage publié par la Commission impériale du Japon à l'Exposition de Paris, 1900. Paris, De Brunoff, p. 46.

(2) GASTON MIGEON, *Les arts du tissu,* p. 8. Paris, 1909.

(3) DAREMBERG et SAGLIO, *Dictionnaire des Antiquités grecques et romaines,* v° *Sericum.*

« des moines persans, sur l'ordre de l'empereur Justi-« nien, allèrent chercher des œufs de ver à soie du « mûrier (bombyx mori) à cocons blancs dans une région « que Procope appelle la Serinde et qui correspond, « semble-t-il, au Khotan des modernes; ils les rappor-« tèrent à Constantinople, les firent éclore, élevèrent les « chenilles en les nourrissant de feuilles de mûrier et « montrèrent aux Byzantins à dévider les cocons. Justi-« nien réglementa sévèrement l'industrie et le commerce « de la soie, organisés désormais en monopole d'Etat, « sous la surveillance du préfet des Thesauri. »

Nous avons consulté les deux textes cités par Besnier sur ce dernier point; les voici :

« Lorsque, après la reprise de la guerre avec la Perse, « en 540, le prix de la soie monta de façon trop considé-« rable, Justinien crut pouvoir remédier à cet état de « choses en publiant, dans les années 543 à 546, une loi « par laquelle il fixait le prix de la soie écrue à huit pièces « d'or la livre. Mais comme les Persans ne purent pas « être obligés à livrer la soie à aussi bon compte, le « commerce et l'industrie de la soie cessèrent complète-« ment. Alors le « Comes S. Largitionum » Petrus Bar-« sames eut l'idée d'acquérir de la soie écrue au « Comes « commerciorum », de la faire travailler dans les fabri-« ques pour le compte de l'empereur, et de vendre les « objets fabriqués. Ayant obtenu l'autorisation de l'em-« pereur, il institua une Régie-Monopole, qui rapporta « de gros bénéfices. Cet état de choses dura au moins « jusqu'en 557 (1). »

D'autre part, nous trouvons dans Procope (2) que: Justinien et l'impératrice, « après avoir placé Pétros Bar-

(1) E. Zachariae von Lingenthal, *Eine Verordnung des Kaisers Justinianus über Seidenhandel.* Mémoires de l'Académie impériale des Sciences de Saint-Pétersbourg. VIIe série, t. IX, 1866.

(2) *Histoire secrète de Justinien.* Traduite de Procope, p. 301-303. Paris, Firmin Didot, 1856.

« syame à la tête de cette charge, les souverains ne tar- « dèrent pas d'en tirer avantage, même en y employant « les procédés les plus injustes. Il mit sous l'interdiction « spéciale de la loi tous ceux qui auparavant s'occupaient « de ce commerce; quant aux ouvriers employés au tis- « sage de la soie, il les força de ne plus travailler que pour « son compte.

« Sans prendre la peine de s'en cacher, et même en « plein marché, il fit vendre l'once (de soie) de couleur « commune, pas moins de six chrysos (84 francs envi- « ron), et celle de teinture royale, qu'on appelle Holo- « vère, 24 chrysos et plus (338 francs environ).

« Par ce moyen il procurait à l'empereur de grandes « richesses. Mais il en détourna secrètement plus encore; « et cette pratique, en commençant par lui, a continué de « subsister d'une manière permanente, car le grand tré- « sorier est aujourd'hui ouvertement le seul marchand « de soie, et il est le maître du marché. Tous ceux qui au- « paravant exerçaient ce négoce, soit à Byzance, soit en « chaque cité, les marins et ouvriers de terre, n'eurent à « supporter que des pertes dans ce métier. Dans les villes, « la foule entière de ceux qui s'y livraient fut réduite à « la mendicité. Les artisans et les manœuvres furent « obligés de vieillir dans la détresse. Beaucoup d'entre « eux, changeant de patrie, allèrent se réfugier au milieu « des Perses.

« Seul, l'intendant des trésors, en se livrant à cette « exploitation commerciale, voulait bien, comme je l'ai « dit, réserver une part à l'empereur des bénéfices qu'il « en recueillait; mais il en gardait la meilleure partie, et « s'enrichissait des souffrances publiques. »

En lisant ces documents nous voyons que sous Justinien il n'y avait pas de loi établissant un monopole, mais il s'est établi un monopole de fait. Nous trouvons encore en 886-911, sous le règne de Léon le Sage, un édit de cet empereur qui nous montre un code complet des règlementations pour les corporations des tisserands et pour leur commerce. Ils avaient à leur tête le préfet de Byzance. On retrouve les mêmes décrets dans les documents du moyen âge de nos pays. Les lois de Constantinople étaient très sévères. On était souvent puni du fouet ou de l'amputation de la main. Quand la peine était légère, on subissait des confiscations. Nous citerons un de ces passages qui nous paraît intéressant :

« Si l'on trouve dans les magasins des séricaires des « pailles en rouleaux non marquées de la bulle du préfet, « ces pailles seront confisquées et l'ouvrier qui les aura « reçues et roulées subira la confiscation (1). »

Très probablement ces beaux tissus ne s'exportaient pas, ils servaient aux seigneurs de l'empire byzantin et parfois pour faire des cadeaux aux rois étrangers.

Signalons l'opinion traditionnelle sur l'introduction des vers à soie dans ce pays. Elle a un fond de vérité ; elle affirme que des moines grecs revenant d'Asie apportèrent clandestinement des œufs de vers à soie (2). Pour bien les cacher, ils les introduisirent dans des bambous. Ils firent don à l'empereur de ces précieuses graines. Justinien, enchanté et fier de posséder ce trésor, installa immédiatement une manufacture près de son palais et fit faire des étoffes somptueuses dont on a encore beaucoup de spécimens. Par exemple dans le Sanctum Sanctorum, au Vatican, où l'on voit des tissus avec des médaillons renfermant des scènes religieuses, des chasses, des canards, des coqs auréolés, etc.

En Europe, Constantinople ne put garder longtemps, croyons-nous, le monopole des soies. Francisque Mi-

(1) *Le Livre du Préfet ou l'Edit de l'empereur Léon le Sage sur les Corporations de Constantinople.* Traduit par Jules Nicole. Genève, 1894, p. 36-45.

(2) DREGER, *Kunstlerische Entwickelung der Weberei und Stickerei* Wien, 1904, p. 24.

chel (1) dit qu'au commencement du XIe siècle, l'Espagne produisait ces riches tissus; Anastase le Bibliothécaire en parle en quatre endroits sous le nom de « spaniscum » qu'il emploie comme substantif et comme adjectif et qui, en tous cas, désigne un tissu. L'étymologie du mot « spaniscum » n'est pas certaine. Du Cange lui donne la signification de « espagnol, tissu espagnol ».

Il est cependant probable qu'on fabriquait la soie en Espagne sous la domination des Maures (712), car au VIIe siècle on faisait des tapisseries de cette matière en Afrique, on en trouve avec inscriptions qui permettent de les dater de 648 à 750 (2).

Dans les pays du nord de l'Europe, on tissait aussi de la soie à ces époques, mais seulement dans les monastères et dans les châteaux (3). Les ouvrières étaient souvent nombreuses. Les dessins en Europe furent pendant longtemps (jusqu'au XIIIe siècle peut-être) inspirés de l'Orient, de l'Espagne, de la Sicile ou de Byzance, mais pas toujours copiés.

Après l'Ibérie c'est une autre colonie arabe, c'est-à-dire la Sicile qui a la plus importante et la plus belle manufacture de soieries. Ce qui nous étonne c'est que Nicétas Choniate (? 1210-1220), écrivain presque contemporain du roi Roger (1093-1154), racontant les victoires de ce monarque en Grèce dit qu'entre autres il ramena des tisserands, mais ne mentionne pas qu'ils travaillaient la soie. D'un autre côté Christianus Urstisius de Bâle parle en détail des tisserands de soie ramenés de l'expédition grecque. Ce dernier livre date de 1585.

Il est très possible que Nicetas Choniate voulait parler d'ouvriers fabriquant de la soie, mais il ne le dit pas; ou

(1) F. MICHEL, *Recherches sur les étoffes*. Paris, 1852, t. I, p. 291-292.

(2) GUEST, « Notice of some Arabic Inscriptions on Textiles », *Journal of the Royal Asiatic Society*. April 1906, p. 390.

(3) *L'Arte*, 31 décembre 1919, p. 194.

bien Urstisius l'a ajouté pour rendre son récit plus intéressant (1).

Une manufacture de soie a-t-elle vraiment été installée par le roi Roger II en 1146-1147? Tel n'est pas l'avis d'Amare, approuvé par Francisque Michel; nous le reproduisons textuellement ci-dessous:

« Je suis persuadé que cette manufacture existait long-
« temps avant et que les captifs grecs, hommes et enfants,
« ne firent qu'augmenter le nombre des ouvriers. Le fa-
« meux manteau de la Schatzkammer de Vienne en est
« une preuve certaine, puisque l'inscription arabe qui s'y
« trouve est de l'an 528 de l'hégire (1133 de J.-C.) (2).

Cette chape est ornée de deux lions écrasant sous leurs pattes un chameau, entre les lions adossés se voit un hom ou arbre de la vie qui est aussi le symbole de la Croix. Sur la bordure du vêtement est l'inscription qui dit qu'elle a été finie à Palerme en 528 de l'hégire.

Il est presque certain que la soie existait déjà dans cette ville avant 1146. Peut-être le roi Roger a-t-il installé la grande manufacture de soie nommée « L'Hôtel de Tiraz ». Ce nom d'origine arabe nous renseigne sur les débuts de l'industrie de cette île. On y faisait entre autres des tissus comme celui que nous montrons ici (fig. 4).

Après la Sicile ce fut Lucques qui, la première, en 1248 eût des tissages de soie. Les dessins prirent alors un autre aspect: la flore et la faune sont moins stylisées. On voit de grandes palmettes surmontées d'oiseaux entourés de feuillage. Un peu plus tard ce sont les branches courantes interrompues par des oiseaux et des quadrupèdes, des

(1) *Nicetae Choniatae Historia*, éd. de Bonn, p. 99. — *Germaniae Historicum Illustrium, opera et studio Christiani Urstisii Basiliensis.* Francofurti ad Moenum, Jacobus Godefredus Seyler MDCLXX. T. I, p. 426.

(2) F. MICHEL, *Recherches*, etc., t. I, p. 73-75. — Cette réduction du calendrier de l'hégire à celui de J.-C. est juste à un ou deux ans près.

personnages, des imitations d'Orient avec des inscriptions pseudo arabes, etc.

En 1309, quatre familles lucquoises montèrent des ateliers de soie à Venise. Mais les fabriques importantes datent seulement de 1314. A ce moment, de nombreux tisserands s'enfuirent de Lucques, à cause de la prise de cette ville par Uguccione della Fagiuola (1), homme cruel qui, pour gouverner, terrorisait les vaincus. Ces artisans se répandirent à Venise, à Florence, à Milan, à Bologne et un peu dans toute l'Italie, peut-être même en Angleterre, en Allemagne et en France.

Francisque Michel est incrédule sur ce dernier point, bien qu'il cite le « Régistre des Mestiers et Marchandises de la Ville de Paris du XIIIe siècle » qui est intitulé: « Ordonance du mestier des Ouvriers de soye de Paris et de veluyaus (velours)... », etc. Nous ne sommes pas de son avis, bien que le compilateur de ces statuts mette une note disant qu'il croit ce texte postérieur. Surtout que nous trouvons dans le même registre une ordonnance « Des Ouvrières de tissuz de soie » (de Paris). L'auteur dit: « Que ces ouvrières ne faisaient apparemment que des rubanneries. » Pourquoi cela?... Rien dans le texte ne le prouve; voici les deux paragraphes qui se rapportent à ce tissage (2):

« Aucunes maîtresses du métier ne peuvent ni ne « doivent ourdir fil avec soie, ni florin (filoselle) avec

(1) F. MICHEL, t. I, p. 87-89.

(2) « Nule mestresse du mestier ne puent ne ne doivent ourdir fil avèques soi, ne flourin avèque soi, porce que l'uevre est fause et mauvèse; et doit estre arse, se elle est trouvée. » — « Nule mestresse ne ouvrière du mestier desus dit ne puent fère fausse entaveleure ourdie, ne tissue de fil ne de flourin, ne fère oevre enlèvée où il ait fil ou flourin; et se tèle oevre est trouvée, elle doit estre arse, quar elle est fausse et mauvaise. » — *Règlements sur les Arts et Métiers de Paris*, par G.-B. DEPPING. Paris, Crapelet, 1837; titre XXXVIII, p. 88. Pour « florin » voir GODEFROID *sub verbo*, et LA CUNE v° Florete, « soie tirée de la bourre enveloppant le cocon ».

« soie, parce que l'œuvre est fausse et mauvaise, et elle « doit être brûlée, si elle est trouvée. »

« Nulle maîtresse ni ouvrière du métier dessus dit ne « peuvent faire fausse entavelure ourdie ou tissue de fil ou « de florin, ni faire œuvre enlevée où il y ait fil ou florin « et si pareille œuvre est trouvée, elle doit être brûlée, « car elle est fausse et mauvaise. »

Notre avis est qu'on faisait des tissus de soie à Paris au XIIIe siècle, peut-être pas en grand nombre. Nous ne croyons pas qu'on en fabriquait en drap d'or ou en velours mélangé de ce métal.

Vers la même époque, c'est-à-dire au commencement du XIVe siècle, on faisait des nappes et des serviettes à Pérouse (1) ; ce sont des étoffes de toile, à œils de perdrix, agrémentées de bandes de lin bleu, représentant des dessins d'animaux, des zig-zags, etc. Nous trouvons une de ces nappes ornant la table d'autel d'une peinture représentant saint Martin célébrant la messe. Cette œuvre de Simone Martini (mort vers 1344) se trouve en l'église de Saint-François, à Assise. Donc la nappe a dû être tissée à la fin du XIIIe siècle ou au commencement du XIVe siècle.

Revenons à nos tissus de soie. Nous avons trouvé dans les inventaires de 1352 des tisserands de soie à Tournai (2), en 1368 à Valenciennes (3). En Angleterre également, on faisait de la soie à la fin du XIVe siècle, car nous voyons dans l'inventaire de Marguerite de Flandre, fille de Louis de Male, morte en 1405, une rubrique disant :

« IX draps de soie d'Angleterre, de plusieurs couleurs et façons (4). »

(1) Nous avons la preuve que ces tissus sont de Pérouse par un inventaire de 1482. Voir BORGHESI e BIANCHI, *Nuovi Documenti per la Storia Senese*, p. 311. Sienna, 1898.

(2) DEHAISNES, *Documents et Extraits divers concernant l'Histoire de l'Art*. Lille, 1886, t. I, p. 376.

(3) *Ibidem*, t. I, p. 487.

(4) DEHAISNES, *op. cit.*, t. II, p. 896.

A partir de cette époque, l'étude des tableaux devient utile pour classer les étoffes, car les personnages figurant sur les peintures ont souvent des vêtements faits en tissus ornés de dessins. Ainsi on peut parfois se rendre compte qu'ils ont été faits à une date antérieure à celle qu'on croyait. Malheureusement, les mêmes motifs ont été reproduits à des époques très différentes. Pour voir vers quel moment on a commencé à faire un dessin d'étoffe, il faut rechercher quand pour la première fois elle figure sur une peinture.

Le velours doit être très ancien: de la peluche a été découverte dans les fouilles de la Crimée. Parmi les tissus provenant des tombes égyptiennes et datant des premiers siècles de notre ère, il y a des velours de laine. Mais c'est seulement, croyons-nous, au début du XIVe siècle qu'apparaissent les beaux velours de soie. On les cite dans un inventaire de 1385, traitant des ornements de la Chapelle du Duc de Bruges, fournis par Chrétien le Chasublier ainsi mentionnés:

« Casule de vluel ouvré...», etc. (velours travaillé) (1).

Ces tissus se faisaient surtout en Orient et à Venise.

Certains les disent flamands, chose peu probable, car à cette époque il y avait un commerce très grand entre les Flandres et l'Italie. Les inventaires et documents du temps mentionnent souvent que des marchands venus de Lucques ou d'une autre partie d'Italie s'installèrent à Bruges, Lille et ailleurs pour vendre des soieries. Une autre preuve nous est donnée par le livre « Travaux artistiques du moyen âge aux Pays-Bas » (2) qui est un document sérieux et important. Il dit qu'en Flandre la fabrication des velours ne se faisait pas avant le

(1) DEHAISNES, *Documents et Extraits,* etc., t. II, p. 614. GODEFROY, *Dictionnaire de l'ancienne langue française,* 1885, t. VIII, p. 164.

(2) *Gilde van Sint-Bernulphus.* 1900, Utrecht. Bijdrage tot de geschiedenis der middeleeuwsche kunstweverij in Nederland.

XVIIIe siècle, mais dès le XVe siècle on tissait de la soie à Bruges; probablement était-elle sans dessins et mi-satin, mi-coton. C'est ainsi qu'était le satin dit « de Bruges ». En tous cas, ces étoffes devaient être fort rares, puisqu'une ordonnance de 1497 défend, par protectionnisme pour la draperie flamande, de porter les tissus de soie. Un autre document de 1506 défend l'alourdissement de la soie brute travaillée en Flandre, etc. On ne proscrit pas le velours venant d'Italie, dont l'industrie locale ne pouvait fournir l'équivalent. En 1604 seulement, Gaspard Benoît demande la permission de faire des draps de soie, qui jusqu'alors étaient importés d'Espagne, d'Italie et d'autres pays.

Nous croyons donc que dès le XIVe siècle on ne faisait pas ces tissus de velours et d'or dans le Nord de l'Europe, mais bien en Italie, en Espagne et en Orient.

Les motifs de ce genre d'étoffes étaient parfois dessinés par des artistes. Par exemple celui qui se trouve dans l'album Vallardi du Louvre. C'est un modèle dessiné par Vittorio Pisanello (1380-1456). Il a représenté sur ce tissu une grosse branche courante ornée de feuilles, de fleurs d'où sort une autre branche plus mince se terminant par une grenade lobée. Le fond de l'étoffe est fait d'asters mises l'une à côté de l'autre. Un autre de ces velours venant d'Italie ou d'Orient est peint sur un panneau de l'Agneau Mystique des frères Van Eyck. Il est sur la houppelande de l'ange jouant de l'harmonium, ce vêtement est de même époque et rappelle le dessin des étoffes de cette période (1). C'est une autre preuve, nous semble-t-il, qu'au commencement du XVe siècle on faisait déjà ces beaux tissus d'or ornés de velours qui durant de longues années furent considérés comme étant du XVIe siècle.

(1) Voir *Catalogue des étoffes anciennes et modernes,* décrites par I. ERRERA. Bruxelles, 1907, fig. 124 et 133.

Le plus riche de ces motifs est, croyons-nous, la branche interrompue par une grenade. Parfois ces motifs renfermés dans des meneaux sont plus ou moins enjolivés; parfois ils forment le dessin central d'où sortent les branches à grenades plus petites. On peut facilement s'en rendre compte en faisant le tour des collections d'étoffes du Musée de Cluny, du Musée de Bruxelles, etc. (fig. 7). Ces tissus figurent sur les tableaux depuis le xve siècle jusqu'à la fin du xviie, voyez la « Vierge de Miséricorde » de Benedetto Bonfigli (fig. 5) tout imprégnée de cette grâce primitive, caractéristique des peintres de second ordre avant Raphaël: elle date de 1464 et appartient à l'église du Gonfalone à Pérouse. L'on retrouve le même genre de drap d'or sur un tableau de Baldassarre Franceschini (1611-1689) représentant « La Vierge et l'Enfant avec des saints ». Il est à la cathédrale de Volterra. Qui pourra contester encore, après cela, que ces tissus se firent, ou tout au moins se peignirent pendant des siècles?

Une étoffe du même genre a servi au Titien pour la chasuble de saint Nicolas dans le tableau de la « Madone » placé en 1523 sur un autel de l'église des Frari à Venise. Elle est aujourd'hui au Musée du Vatican (1). Cette sorte de velours se rencontre aussi sur les peintures du Nord de l'Europe; Hans Memling en revêt souvent ses personnages. Le « Mariage Mystique » exposé à l'hôpital de Bruges en offre un exemple. Chose curieuse, cette œuvre date de 1479, donc à peu près de la même époque que celle de Bonfigli. D'autre part ces draps d'or se retrouvent jusque dans l'œuvre de Van Dyck et sur la peinture de Van Thulden (1606-1676) que nous montrons ici et qui se trouve au Musée de Bruxelles (fig. 6).

(1) Voir le *Catalogue* de ce musée, n° 238, p. 128. Photographie Alinari, n° 7749.

Donc en Flandre comme en Italie, les mêmes dessins étaient reproduits, du xve à la fin du xviie siècle.

Une étoffe d'un genre approchant (ornée de grenades lobées sur pétiole, ayant dans le bas deux branches qui vont en s'élargissant pour rejoindre deux autres grenades qui se trouvent à la ligne inférieure; dans le haut des deux branches une grappe de feuilles; les interstices sont ornés d'une petite grenade) se voit sur la robe de la « Vierge de Bon-Secours » de Sinibaldo Ibi. Cette peinture, pleine de charme et de douceur, est datée de 1492; elle est exposée dans l'église Saint-François à Montone. Nous avons eu la chance de trouver un tissu analogue(1).

Le velours ciselé, orné de feuilles lobées, renfermant des grenades, était très en vogue au même moment(fig. 8). Les dessins étaient parfois très légers, parfois très alourdis; cependant ils étaient faits à la même époque. Une des preuves est la partie centrale d'un triptyque de Crivelli (2) daté de 1482, reproduisant deux tissus de ce genre (fig. 9). Remarquez combien le dessin du velours est plus simple sur le drap d'honneur que sur le manteau de la Vierge. On retrouve aussi ces étoffes sur des tableaux du xvie siècle. Par exemple Pinturicchio nous montre une peinture datée de 1508, à l'église de Saint-André, à Spello (3), représentant la Vierge sur un trône élevé, tenant dans ses bras l'Enfant Jésus, debout, tout nu, quatre saints l'entourant et le petit saint Jean assis sur une marche du trône. La dalmatique de saint Laurent est du tissu en question, beaucoup plus léger de dessin que celui du manteau de la Vierge de Crivelli.

Une autre soie à ne pas omettre, car on a toujours cru qu'elle était du xvie siècle, c'est celle dite « vase à fleurs » (fig. 10). De semblables dessins se remarquent sur le vêtement de la Vierge de Bon-Secours du Musée de

(1) Catalogue d'étoffes Isabelle Errera, fig. 159c.

(2) Musée Brera, n° 201, p. 32 du Catalogue.

(3) Photographie Alinari, n° 5727.

Montefalco (1), œuvre anonyme du XIVe siècle. Le motif plus complet, avec feuille lobée, orne le drap d'honneur, derrière la Vierge et l'Enfant, peinte par Neri di Bicci (1419-1491?) et qui est au Musée de Prato (fig. 11). Ce tissu figure aussi sur un tableau présumé de Marco Marzale, daté de 1506, la *Circoncision,* de la *National Gallery*. Voici, nous semble-t-il, assez de raisons pour être persuadés que le motif des vases à fleurs se tissait avant le XVIe siècle. Chose encore plus surprenante sur le *Couronnement de la Vierge,* daté de 1447, peint par Filippo Lippi (jadis à l'Académie de Florence, maintenant aux Uffizzi), se trouve un personnage appelé Job, qui a sur la manche de son vêtement un dessin fort analogue à « la branche liée » (2), que nous croyions de la fin du XVIe siècle ou du commencement du XVIIe, parce qu'elle figure sur des tableaux de ces époques, surtout chez les Frans Hals et les autres peintres du nord de l'Europe.

Nous devons encore interrompre l'histoire de la soie pour signaler de nouveau les tissus de Pérouse (fig. 12). Regardons la fresque de Domenico Ghirlandajo, représentant la scène peinte sur les murs du couvent de Saint-Marc à Florence et datant des environs de 1480 (fig. 13). La nappe qui recouvre la table est une toile à « œils de perdix »; les deux bouts sont ornés de rayures bleues, décorées de tours surmontées d'oiseaux comme sur le tissu que vous voyez. Maintes fois sur les tableaux italiens figurent pareilles nappes. Nous les croyons de Pérouse à cause des articles d'un inventaire de 1482, qui les décrivent ainsi :

« Une nappe d'autel en toile de lin, pour maitre-autel, à dragons et lions de coton, à la pérugine. »

« Deux nappes d'autel à trois verges, pour le maitre-

(1) Photographie Alinari, n° 5476.

(2) Voir notre « Catalogue » susmentionné, p. 271, n° 368.

autel) à dragons et lions de coton, à la pérugine. » (1).

D'ailleurs la fabrication de ces nappages à bandes figurées s'est conservée dans cette ville comme industrie locale. Souvent aussi en Italie, probablement à Sienne, on fabriquait des bandes en soie et lin, reproduisant des sujets religieux : elles ornaient des chasubles, des chapes et des dalmatiques. Nous avons eu la chance de trouver un morceau de ces bandes représentant des séraphins dans des médaillons de fleurs, les interstices sont ornés de trois grenades fermées. Ce dessin est peint sur le tableau du Pérugin, exposé au Vatican (2). C'est sur la dalmatique de saint Laurent que se voient les plaques qui nous intéressent. Cette œuvre date de 1496. Dans les inventaires, on fait allusion à de pareilles étoffes. En voici de 1482, venant de l'Œuvre Métropolitaine de Sienne :

« Deux bandes d'or, avec séraphine entre des rosaces. » (3). Il s'agit sûrement de tissages, non de broderies, car ces dernières sont toujours mentionnées comme telles. Dans ces mêmes documents on cite des bandes ornées d'annonciations, d'anges tenant des croix, etc., que nous trouvons si souvent sur les tissus.

Vers la fin du xve siècle, peut-être avant, on faisait ces merveilleux velours à deux hauteurs, ornés parfois d'or, brochés et bouclés : ce travail est probablement italien. On en cite dans les inventaires, par exemple, dans ceux des ornements artistiques de l'Œuvre Métropolitaine de

(1) S. Borchesi e L. Bianchi, *Nuovi documenti per la storia dell' Arte Senese.* Siena, 1898, p. 311 : « Una guardanappa di lenzo, per l'Altare maggiore, a draghi e leoni, di bambagia, a la perugina ». « Due guardanappe con tre verghe, per l'altare », etc.

(2) Voir le Catalogue de ce musée, n° 224, p. 109.

(3) S. Borchesi e L. Bianchi, *Nuovi documenti,* etc., p. 294 : « Due piviali di crenesi piano con fregi d'oro e serafini in fa rasoni, etc. ».

Sienne, datant de 1482 (1). Naturellement l'étoffe mentionnée ne venait pas d'être faite, car elle était déjà dans les trésors.

En France, c'est Lyon, qui la première eut une manufacture officielle et obligatoire de soieries. Dans les archives de cette ville, on a trouvé une lettre patente de 1466, donnée par Louis XI (2) instituant cette fabrique.

En 1470, Tours avait aussi ses soieries. Orléans vint après. Mais la première fabrique fut celle de plus longue durée, puisqu'elle existe encore.

A l'époque de la Renaissance nous ne connaissons pas en France de dessins typiques.

En Espagne, au XVIe siècle, on faisait beaucoup de tissus à dessins assez chargés, ordinairement en drap d'or orné d'or et d'argent bouclés. Ce sont souvent des meneaux fermés, ornés de branches de grenades encadrant des palmes, au centre desquelles il y a des grenades ouvertes; parfois ce sont des soies lamées d'or, avec le même genre de figuration. Les premiers motifs sont reproduits sur des tableaux de Grunwald (1500-1530), de Bronzino (1544-1603), du Greco (1599-1625), de Velasquez (1559-1660) jusqu'à ceux de Cardi, de Gigoli (1559-1613) et de Zurbaran (1598-1663).

A Venise les vêtements des grands seigneurs étaient maintes fois façonnés en velours rouge sur velours, surtout ceux destinés aux sénateurs. Le dessin se composait de palmes doubles renfermant une fleur et ayant dans le bas deux branches recourbées se réunissant par une couronne. De ces étoffes sont souvent faits les vêtements des personnages peints par Le Titien (1477-1570) et par Le Tintoret (1518-1594). Parfois les tissus de cette

(1) BORCHESI e BIANCHI, *Nuovi documenti per la storia dell' Arte Senese*, p. 284: « 1482. Un paro di paramenti di velluto crenesi alto e basso brocatto d'oro cio è campo d'oro e le figure vermiglie... » etc.

(2) F. MICHEL, *Recherches*, etc., t. II, p. 272.

époque sont décorés de dessins à rinceaux et à motifs Renaissance analogues à ceux qu'on peut voir sur les charmants bas-reliefs italiens du XVe siècle et français du XVIe. Maintes fois aussi on copiait des ornements orientaux ou l'on s'en inspirait. Ces étoffes étaient fréquemment agrémentées d'inscriptions arabes, de grandes palmettes entourées de meneaux. Paul Véronèse a peint de ces soies à dessins somptueux. Par exemple, à Venise, sur le tableau du « Mariage de Sainte-Catherine », datant de 1557. Un autre dessin très usité à la fin du XVIe siècle et au commencement du XVIIe est le semis de fleurs, de branches et de grenades, genre de soie dont le dessin est ordinairement en velours qui se remarque sur la robe d'une dame de la famille Pitti, dont le portrait est aux Offices. Ces motifs se retrouvent sur les tableaux belges et hollandais de cette époque. Des ornements analogues figurent encore sur une toile manufacturée à Rouen en 1737.

La caractéristique du goût français date de Louis XIV, peut-être déjà de Louis XIII et se continue jusqu'à la fin de l'Empire.

Voyons l'évolution du dessin des tissus en ce pays; il fut accepté et imité partout. Par exemple à Gênes on faisait les beaux velours dits « Giardinetto », à fond de soie blanche et motifs de velours polychrome. Le dessin en était du Louis XIV italianisé. Un modèle typique est celui du gros fruit entouré de branches grêles; une simili-dentelle orne les interstices entre ces motifs. On y dessinait parfois aussi des motifs d'architecture entourés de gros fruits, etc. La Régence a encore des motifs lourds à la Louis XIV; parfois ce sont des dessins d'architecture avec des personnages, des vases, des coquilles et des nœuds stylisés. On sent déjà l'approche du Rococo.

L'époque Louis XV est plus gracieuse; les dessins forment des méandres sur les tissus. Ce sont parfois des branches fleuries, ou des rubans serpentant et enroulant des bouquets; d'autres fois des coquilles ou des dessins copiés de la Chine.

En Allemagne ce style devient trop grêle et trop compliqué; il est de mauvais goût.

C'est alors, en 1760, que Christophe Oberkampff, sous le patronage de Louis XV, installa à Jouy la manufacture des toiles imprimées (fig. 14). On voit sur ces tissus des ruines, des scènes champêtres, des chasses, etc. Le principal décorateur fut Jean-Baptiste Huet. Oberkampff mourut en 1815, du chagrin de voir les troupes occuper Jouy. La manufacture dura jusqu'en 1843; Mulhouse et Rouen en recueillirent l'héritage.

Le style Louis XVI devient plus rigide; ce sont des rayures, entre lesquelles il y a des bouquets, des médaillons renfermant de petits personnages assis à côté d'un vase, des paniers remplis de fleurs, suspendus par un ruban à des oves, etc.

L'époque Empire est tout à fait classique; c'est la découverte de Pompéi qui inspira cet art, cependant les motifs romains sont plus spontanés, moins figés. Les dessins faits à l'époque napoléonienne représentent entre autres des cornes d'abondance, des amphores, des buires, des caducées, des lyres. La décadence de cet art commence en 1815, et depuis lors, les dessins des tissus sont de mauvaises copies très alourdies des époques antérieures.

Heureusement, à la fin du XIXe siècle, un nouveau souffle artistique nous arrive d'Angleterre et il lui venait d'Italie. C'est Dante Gabrielle Rossetti (1828-1882) qui, tout imprégné de l'art de Botticelli, bien que son talent fût moderne et personnel, fonda l'école Préraphaélite. Et alors, comme à la Renaissance italienne, les artistes s'occupent aussi d'art industriel. Par exemple William Morris et Walter Crane font des dessins pour les tissus, à branches courantes, à personnages adossés à des arbres, à macarons.

Le « Modern style » pendant une vingtaine d'années a dominé le goût du monde entier. Il a enfanté l'art moderne qui a pris naissance en Autriche. Ce sont les architectes Otto Wagner (né en 1841) et Olbrich (1) qui en furent les promoteurs. Ils ne sont pas seulement architectes mais aussi décorateurs. Ces artistes appelés *Sécessionnistes,* dessinent le mobilier et les étoffes, etc. C'est seulement en 1903, que les célèbres « *Wiener Werkstätte* » furent fondés par les professeurs Roller et Hoffmann; Fritz Wamdorfer, qui était fabricant, en fut bailleur de fonds.

Dans ces ateliers on fait, — ou on tâche de faire artistiquement tout ce qui sert à la maison (la bâtisse comprise) et à la toilette, naturellement aussi les tissus. Mais regardez les spécimens sortant de ces ateliers autrichiens, notamment ceux dessinés par Nechansky. C'est un art décadent. Voyez comme le personnage est allongé, le visage anti-esthétique! D'autres nous montrent un modèle encore plus incompréhensible. Souvent aussi on retrouve des imitations de l'art persan avec des longueurs exagérées; on fait des conglomérats de fleurs déformées, du cubisme, etc. Ces dessins font le tour du monde: il sont à la mode.

La France a moins mauvais goût, en imprimant ses toiles genre Jouy. Ce sont les étoffes de Rambouillet et les cretonnes éditées par André Groult (2). Ces tissus ont parfois des figurations inspirées de l'Extrême-Orient, parfois ils ont un caractère tout à fait local.

Pendant la grande guerre, tous les belligérants ont fabriqué des étoffes avec des dessins de circonstances. Par exemple, on faisait des cretonnes, des mouchoirs de soie et de coton représentant les alliés. Un des dessins les plus harmonieux a été composé par Mlle Suzanne Lesboué et imprimé par M. Maurice Lauer.

Après cette terrible secousse, le goût devient en général

(1) *Art et Décoration,* 1902, p. 113.

(2) *Idem,* 1912, p. 15.

de plus en plus décadent; le cubisme et le futurisme battent leur plein. Chose étrange, les dessins inspirés de l'Allemagne et de l'Autriche se voient un peu partout. Cependant on aperçoit rarement des motifs simples, comme une torsade, des branches rappelant les dessins de William Morris, etc.

Le tout dernier cri est une tendance vers le dessin 1830-1870. Pourquoi doit-on toujours tomber d'un extrême dans l'autre? Irait-on du style fou au style pompier?

ISABELLA ERRERA.

La Protection des Minorités chrétiennes en Asie Mineure

Nos lecteurs n'ignorent point les nouveaux massacres d'Anatolie, dont Sir Archibald Bigfour leur a conté, dans sa dernière chronique, les atroces péripéties (1). Le *Flambeau* s'honore de défendre une cause qui a paru quelque temps désespérée, mais qui triomphera grâce à l'opinion publique universelle enfin réveillée. Nous saisissons cette occasion de remercier notre éloquent ami, le R. P. Rutten, qui, le mardi 13 juin, a ému le Sénat belge en faveur des chrétiens d'Orient.

« Nous regrettons tous, s'est-il écrié — après avoir lu les quelques extraits du Rapport Jowell que nous avons publiés (2), — que tant de nos compatriotes s'intéressent si peu à l'activité et à l'avenir de la Société des Nations. Mais comment voulez-vous que nous réagissions avec succès contre leur scepticisme regrettable, lorsqu'en présence de pareilles abominations nous voyons les grandes puissances continuer indéfiniment à décréter des enquêtes et à échanger des notes? Pendant ce temps on laisse aux massacreurs qui se moquent des enquêtes et des notes tout le loisir nécessaire pour achever leur besogne sinistre (*Très bien!*)

« L'ordre auquel j'ai l'honneur d'appartenir possède une mission en Arménie. Je n'oublierai jamais ce regard d'un vieux missionnaire à qui je demandais récemment ce qu'étaient devenues ces innombrables femmes arméniennes emmenées en captivité par les Turcs...

« Il me regarda d'un air triste et fit un geste découragé qui en disait long sur ce qu'il avait vu! Songez donc, Messieurs, à ce que vous ressentiriez vous-mêmes si l'on traitait ainsi vos femmes, vos filles et vos sœurs! Sera-t-il dit que les grandes puissances auront été, au début du XXe siècle, tellement absorbées par les questions d'in-

(1) Voyez le *Flambeau* du 31 mai 1922, 5e année, n° 5, p. 123 et suiv.

(2) *Annales parlementaires*. SÉNAT. Séance du mardi 13 juin 1922, p. 627.

térêt matériel qu'il ne leur est plus resté ne fût-ce que quelques heures pour s'intéresser au sort affreux de tous ces malheureux, exposés à chaque instant aux traitements les plus cruels et à des humiliations pires que la mort? Si, contre tout espoir, les grandes puissances n'avaient pas le temps de s'occuper de ces milliers de petits malheureux et de ces pauvres femmes, qu'alors tout au moins, devant la postérité qui nous jugera, on cesse d'ajouter le ridicule à l'odieux et que nous ayons au moins la pudeur de ne plus parler d'honneur, de solidarité internationale, et de Société des Nations.

« Monsieur le ministre, vous ne pourriez mieux honorer les victimes belges de la guerre qu'en plaidant, en souvenir d'elles, auprès des grandes puissances, la cause de ces autres victimes qui, depuis si longtemps, attendent dans l'anxiété et dans des privations inouïes l'heure bénie de la délivrance ». (*Longs applaudissements sur tous les bancs.*)

Quelques minutes plus tard, M. Henri Jaspar, ministre des Affaires Etrangères, associait officiellement, à ces nobles paroles et à cette manifestation, le Gouvernement belge:

« L'honorable R. P. Rutten, dans un langage élevé, énergique et émouvant, a rappelé à la conscience du monde qu'il y a une question arménienne. Elle est ancienne, et nombre de mes prédécesseurs ont déjà eu à s'en occuper. Elle s'est intensifiée depuis le traité de paix, et le P. Rutten disait avec raison qu'il est vraiment incroyable que l'habitude semble s'être implantée de considérer avec indifférence le massacre d'êtres humains innocents. C'est là, Messieurs, une triste et lourde conséquence de la guerre.

« Mais l'honorable sénateur sait que la sauvegarde des droits des minorités a été conférée par les traités à la Société des Nations; que la Société des Nations — et ce doit être l'une de ses activités les plus nobles — doit constamment se préoccuper du sort de ces malheureuses populations. Elle peut être saisie d'une question par tel de ses membres qui le jugera opportun.

« Seule, à ce jour, la Belgique l'a saisie de la question du sort des populations arméniennes. C'est le gouvernement belge seul, qui, à un moment déterminé, au cours de l'année dernière, a saisi le conseil de la Société des Nations de la situation déplorable des populations arméniennes, et le conseil a eu à délibérer sur cette demande. Le gouvernement belge, en ce faisant, n'a pas, je crois, manqué au programme que j'indiquais tout à l'heure. J'ai dit, en effet, que nous devions nous garder d'intervenir là où les intérêts de la Belgique n'étaient pas engagés directement ou indirectement, mais je n'ai pas dit que la Belgique n'avait dans le monde que des intérêts matériels. Elle possède des intérêts intellectuels et des intérêts moraux. Parmi ces intérêts moraux, par le rôle qu'elle a joué pendant la guerre, par celui qu'elle entend conserver dans la paix, figure le respect du droit, de l'honneur et de la vie des populations malheureuses, partout où ce respect est en péril ! Le gouvernement tiendra à honneur d'observer à l'avenir la même ligne de conduite que par le passé. » (*Applaudissements.*)

Si M. Henri Jaspar a voulu préciser avec cette courageuse netteté le point de vue belge en cette affaire, c'est que le moment semble venu des résolutions et des solutions. Le scandale oriental a trop duré. M. Poincaré l'admet aussi bien que M. Lloyd George. Il faut que soit proclamé, et garanti, le droit à l'existence des Arméniens et des Grecs d'Asie. Il est impossible que les massacreurs d'Angora soient, purement et simplement, remis en possession de leurs *rayas.*

Un écrivain français, Mme L. E. Ducros, qui a signé naguère du pseudonyme d' *Altiar* des ouvrages remarqués sur l'Amérique et l'Allemagne, et s'est fait une spécialité des questions asiatiques, a bien voulu exposer à nos lecteurs le régime que les amis de l'humanité souhaitent de voir octroyer aux diverses minorités de la Turquie, sous l'égide de la Société des Nations.

La Conférence de Paris, pour le règlement des questions qui depuis si longtemps troublent le Proche Orient, s'est ouverte le 22 mars, après avoir été remise à plusieurs reprises, d'abord par suite de la retraite de M. Briand, ensuite parce que le ministère italien ne parvenait pas à se constituer de façon stable. Peut-être faudrait-il trouver d'autres causes de retard dans le fait que Lord Curzon et M. Poincaré, — les deux véritables protagonistes de la conférence (1), — n'arrivaient pas à une entente préalable, les points de vue français et anglais divergeant profondément à l'origine.

Des flots d'encre ont été répandus sur cette réunion des trois ministres, et elle n'avait pas encore eu lieu que les journaux anglais, français et italiens ouvraient déjà leurs colonnes aux pronostics les plus divers. Une chose

(1) Il va de soi que l'Italie avait son mot à dire, ses espoirs économiques en Asie Mineure ayant été quelque peu endommagés par les accords franco-kémalistes. Son attitude à la Conférence ne fut pas moins intéressante que celle des deux autres nations, et, sur certains points du problème, elle se montra même un facteur déterminant.

seulement était certaine, c'est qu'il fallait mettre de l'ordre enfin dans le chaos anatolien.

Aussi la Conférence a-t-elle tenu avant tout à empêcher toute nouvelle campagne militaire, toute autre effusion de sang entre les Hellènes et les Turcs, et les ministres des Affaires étrangères de France et d'Italie tombèrent promptement d'accord sur les termes d'une proposition d'armistice qu'avait préparée leur collègue anglais. C'était là le meilleur des commencements.

Mais ce n'était qu'un commencement : des négociations de paix devaient suivre ; des clauses finales devaient être élaborées. Le dimanche 27 mars, les trois ministres alliés se séparaient, après avoir, en une dernière séance, complété leur œuvre par une offre de médiation qu'ils envoyèrent aussitôt aux Grecs et aux Turcs (à la fois à Constantinople et à Angora).

En somme, on peut dire que les propositions faites aux belligérants sont un compromis entre les points de vue anglais et français, un heureux compromis s'il met fin au désaccord que la question gréco-turque avait fait naître entre les deux grandes Puissances alliées, — et si, par lui, un pas est fait vers la pacification de l'Orient.

Voici les principes sur lesquels la Conférence a basé ses propositions concernant les minorités chrétiennes d'Asie Mineure (nous laissons de côté celles qui concernent le conflit gréco-turc, lequel n'entre pas dans le cadre de cet article) :

« ... rétablir la nation et la puissance turques dans les territoires qui peuvent être considérés comme leur appartenant, avec Constantinople, leur historique et illustre capitale, pour centre, et aussi avec les pouvoirs qui permettront à la Turquie de reprendre une existence nationale vigoureuse et indépendante.

« ... assurer aux Musulmans le régime le plus équitable

et maintenir l'autorité séculière et religieuse du sultan de Turquie.

« ... prendre des dispositions pour la protection et la sécurité des différentes minorités, tant musulmanes que chrétiennes, ou de toute autre race et de toute autre confession qui, soit en Europe, soit en Asie, se trouvent placées au milieu de groupements politiques ou ethniques plus considérables... »

Revenant, un peu plus loin, sur cette « impérieuse nécessité, qui découle à la fois de causes historiques et géographiques, d'assurer la protection des minorités de race ou de religion, quelquefois très nombreuses, aussi bien dans les vilayets de Turquie qu'en Europe dans les possessions de la Grèce », les ministres ont proposé une série de mesures pour garantir dans les deux régions la sécurité complète des minorités, sans distinction de race ou de religion. Ces mesures devront reposer à la fois « sur les stipulations contenues dans les traités en vigueur ou dans les projets de traités qui ont été préparés, et sur les lois civiles ou religieuses des pays intéressés ». De plus, les ministres ont décidé d'inviter la Société des Nations à collaborer à ce programme, « par la nomination de commissaires spécialement chargés, dans les deux régions, de surveiller l'exécution de ces mesures et leur application aux communautés principalement intéressées ».

On n'a pas été sans s'étonner peut-être que la Conférence n'ait pas réglé définitivement le sort d'une de ces communautés, de celle que constituent les Arméniens; du moins l'a-t-elle pris en considération toute spéciale, demandant là encore « en plus de la protection accordée aux minorités par les dispositions dont il vient d'être parlé », l'aide de la S. D. N. pour satisfaire aux aspirations nationales des Arméniens et leur donner enfin le Home auquel ils aspirent. C'est là une question importante, la plus importante pour les communautés arméniennes, pour lesquelles le Home National Arménien offrirait la meilleure des solutions. Toutefois, notre champ est ici limité aux minorités que forment en Asie Mineure les groupements d'Arméniens, de Grecs, de Juifs, et tout à l'est, de chrétiens d'Assyrie, — question très à part du problème arménien proprement dit; nous laisserons donc de côté ce problème, pour intéressant qu'il soit, de même que nous avons laissé déjà le conflit gréco-turc.

Nous voilà donc revenus, pour la protection des minorités, aux mesures stipulées dans les traités en vigueur ou dans les projets de traités qui avaient été préparés, et, malgré tant de modifications apportées au traité de Sèvres, malgré tant de concessions faites à la Turquie, dont quelques-unes vont dangereusement loin sous quelques rapports(1), les Puissances ne se montrent du moins nullement disposées à transiger sur le principe et l'application de la protection. La Turquie peut avoir toute l'Anatolie, pleine souveraineté sur Constantinople et une grande partie de la Thrace orientale; les restrictions du traité de Sèvres qu'elle trouva trop vexantes, concernant ses finances par exemple, seront rapportées et elle ne sera plus tenue qu'à payer une indemnité fixe en tant que belligérant de la grande guerre; on proposera bien un régime spécial pour les Hellènes de Smyrne (2), mais

(1) Peut-être vont-elles, en effet, au delà même de ce qui est juste envers la Turquie, puisqu'elles sanctionnent un fort accroissement de la gendarmerie et de l'armée régulière consenties à la Turquie de par le Traité de Sèvres, et qu'elles retirent l'obligation, pour la Turquie, de recourir à des officiers étrangers, — deux mesures qui ne seraient pas sans accroître le danger pour les minorités.

(2) Smyrne jouirait d'une sorte d'administration mixte sous la souveraineté turque, et si l'on veut bien se rappeler ce que la souveraineté turque a signifié pour les vies et les libertés des races

pour cette ville seulement, point pour la région environnante ; — cependant, les Turcs auront désormais à respecter les droits de leurs sujets chrétiens.

Il reste donc à traiter une question vitale ; il reste à la traiter d'une façon plus précise qu'elle ne l'a été par les termes tant soit peu vagues et généraux de l'accord de Paris. Le *Manchester Guardian* le remarquait au lendemain de la conférence : « La Turquie, même en ces derniers temps, s'est montrée une Puissance barbare, sans relation avec aucune de ses rares sujettes dont l'existence et les prétentions ont le malheur de lui déplaire, et les massacres arméniens dépassent probablement par leur atrocité complète et délibérée tout ce que l'Histoire peut avoir enregistré dans ce genre. Ils ne peuvent être oubliés, ni diminués, et on n'en peut laisser subsister une possibilité de retour. » Il faut qu'il y ait désormais une clause explicite, qu'observeront les consuls des Puissances qui se trouveront dans les districts turcs les plus importants, où existent des minorités chrétiennes ; il faut que soient infligées des pénalités sévères pour la moindre infraction à ces promesses, qu'une fois de plus les Turcs ne vont pas manquer de nous faire de se conduire décemment à l'avenir.

Le traité de Sèvres contenait cette clause, qui en aucun cas ne doit être absente du traité à venir, — car on a assez vu, on a vu assez longtemps, qu'en ces sortes de choses paroles ni serments n'avaient beaucoup de valeur. Il faut, cette fois, des certitudes. Il n'est plus admissible que l'on cède à la prétention des Kémalistes de régler eux-mêmes et comme ils l'entendront la question des minorités, sans intervention ni contrôle des Puissances. Ils déclarent que,

sujettes plus civilisées, ce n'est pas là, pour les Smyrniotes, une perspective à considérer bien gaiement ; et la protection de la minorité grecque, de la minorité arménienne, dans ces régions, devient un point sur lequel l'honneur même des Alliés est engagé.

d'après le Pacte National de l'Assemblée d'Angora, ils reconnaîtront aux minorités les mêmes droits, les mêmes libertés que la Grèce ou la Bulgarie, ou les autres Etats nés de la guerre (tels que la Pologne et la Bohême par exemple), ont reconnus à leurs minorités; et ils veulent que les Alliés reconnaissent ces promesses de leur gouvernement comme une garantie suffisante. Il y a cependant, entre la Grèce, la Bulgarie et les autres Etats européens d'une part, la Turquie de l'autre, cette différence fondamentale que les premiers sont des Etats laïques, que le dernier est un Etat purement théocratique, cela en dépit des étonnantes assertions fournies par Youssouf Kémal Bey au correspondant trop curieux d'un journal londonien (1). L'Islam est en Turquie la religion *d'Etat,* et si les Etats européens reconnaissent l'égalité de tous leurs citoyens sans distinction de races ou de cultes, il n'en est certes pas de même en Turquie, et les assurances pour nous persuader du contraire sont toutes fallacieuses. De tous temps, et on ne le répétera jamais assez, la Turquie a agi comme elle agit aujourd'hui, et si nous nous laissions ébranler par ses promesses, ce serait de notre part une faute bien volontaire que nous ne payerions jamais assez. En 1856, elle formulait le même désir de voir reconnue son indépendance *absolue,* la même promesse de respecter les droits de ses communautés non turques. Les Puissances consentirent à la traiter comme une Puissance européenne et civilisée; elles témoignèrent de leur entière confiance par les articles 7 et 9 du traité de Paris, que nous n'avons plus à rappeler. De son côté, la Turquie, par le Hatt (décret) Humayoun du Sultan Abdul-Médjid promettait aux sujets non musulmans l'égalité absolue devant la loi avec les sujets musulmans. L'expérience se prouva-t-elle encou-

(1) Voir le *Daily Telegraph* du 15 mars sur « la question du Califat ».

rageante? Le gouvernement ottoman montra-t-il quelque capacité, un peu de bonne volonté dans l'application de ces mesures de sagesse? Ne vit-on pas les populations chrétiennes rester la race inférieure et méprisée que l'on réduit à la servitude? Sans doute la situation s'améliora quelque peu à Constantinople et à Smyrne, grâce à une pression constante des Puissances, mais dans les provinces turques trop éloignées des yeux européens les persécutions et les exactions n'en furent que plus dures. En 1860, les massacres des Maronites éclataient, et les Puissances se voyaient bien forcées d'intervenir; il fallut que la France envoyât une expédition en Syrie pour mettre fin à l'effusion de sang, et les Puissances durent donner au Liban un régime spécial d'autonomie administrative avant qu'y refleurit la tranquillité et la prospérité.

Depuis? — Depuis ce furent, en 1876-77, des massacres en Bulgarie, des atrocités en Arménie ottomane, qui eurent pour conséquence la guerre russo-turque. Une fois de plus on fut obligé d'abandonner le principe de non-intervention pour imposer à la Turquie la libération de certains territoires habités par des chrétiens, et, dans d'autres régions, la mettre dans l'obligation d'introduire des réformes.

Plus tard encore le même système ne devait pas cesser de prévaloir, et le gouvernement ottoman ne respecta aucun de ses engagements. La Roumanie orientale, la Crète, ne furent délivrées que par des interventions des Puissances qui les détachèrent de l'empire ottoman quand il fut avéré qu'on ne pouvait faire rien de mieux. Sans doute, quand la Constitution ottomane fut proclamée, en 1908, on put croire un moment à un essai de régénération et de laïcisation, mais cela n'empêcha pas d'effroyables massacres d'Arméniens de suivre. L'Albanie musulmane elle-même se révolta et chercha son salut dans son indépendance... puis ce fut la guerre balkanique, qui devait libérer une partie de la Macédoine. Enfin, ce fut la Grande Guerre... Par leurs massacres et par leurs déportations, les Turcs ont fait périr alors, chez eux, un million de chrétiens...

Du reste, passons en revue les traités avec la Hongrie, la Bulgarie, la Grèce et la Pologne ; nous verrons que les clauses relatives aux minorités portent :

1° Sur la protection pleine et entière de la vie et de la liberté, sans distinction de race et de religion ;

2° Sur le libre exercice de toute foi, religion ou croyance ;

3° Sur l'égalité devant la loi et la jouissance des mêmes droits civils et politiques, sans distinction de race et de religion ;

4° Sur l'usage de la langue en matière de presse et de publication, dans les réunions publiques, et oralement ou par écrit devant les tribunaux ;

5° Sur la création et l'entretien, par les minorités, d'institutions charitables, religieuses, sociales et scolaires.

Tel est le tableau des droits que les Turcs voudraient reconnaître à leurs minorités. Que deviendrait, par cette concession apparente, la législation spéciale qui jusqu'à ce jour régissait en Turquie les communautés, constituant ce que si improprement on a appelé les « privilèges religieux » des non-musulmans? du même coup qui leur conférerait les droits des communautés européennes, ces minorités ne seraient-elles pas privées de ceux que les Puissances européennes avaient pu obtenir pour elles au cours des siècles, et qui trop souvent déjà n'entrèrent guère dans la pratique? Jamais, jusqu'à ce jour, notre diplomatie occidentale ne manqua d'insister, auprès du gouvernement ottoman, sur l'absolue nécessité d'accorder un statut particulier aux communautés chrétiennes, et c'est sous la pression de l'Europe que le sultan Mahmoud II proclama en 1839 le Hatt impérial de Gulhané qui confirmait des « privilèges » accordés depuis longtemps. Après le traité de Paris un nouveau rescrit impérial vint à nouveau garantir leur maintien; et en 1878 le traité de Berlin les affirma encore par son article 62. Il ne saurait donc être question de les supprimer; il faut au contraire les renforcer, obliger la Turquie à les respecter avec un peu plus de sincérité. Non seulement le changement proposé n'offrirait pas de garantie nouvelle, mais encore il provoquerait un état de choses intolérable pour les non-musulmans, car il est ridicule, par exemple, de parler de l'égalité des droits politiques et civils dans l'empire turc, vu qu'il est impossible d'y atteindre dans un Etat théocratique basé sur le Coran, qui refuse d'admettre l'égalité entre musulmans et non-musulmans.

C'est pourquoi une confiance et un optimisme aveugles seraient hors de saison. Il faut des garanties *positives,* dont le fonctionnement soit garanti par le contrôle direct des Puissances. Peut-être l'impression a-t-elle trop prévalu, dans quelques milieux, que la conférence de Paris avait insuffisamment préparé la défense des intérêts des minorités chrétiennes. Si nous nous en reportons à la déclaration même que fit en rentrant lord Curzon à la Chambre des Lords (30 mars), il est pourtant aisé de voir que le principe de la protection est maintenant définitivement posé. Lord Curzon a formulé en effet, pour les minorités, quatre desiderata qui sont ce que l'on peut demander de mieux et de plus précis pour les modalités souhaitables de la protection:

1° *Assurer aux minorités chrétiennes la jouissance de toutes les garanties qu'il y a trois ans on trouva nécessaire d'introduire dans tous les traités européens;* nous les avons citées plus haut en faisant allusion aux garanties des traités de Neuilly, Trianon, etc.;

2° *Pour les minorités d'Asie Mineure surtout, assurer les garanties additionnelles qui furent déjà proposées dans le traité de Sèvres;* ce sont celles que stipulent les articles 142, 144, 145 du traité de Sèvres, concernant l'annulation des conversions à l'Islamisme sous le régime terroriste qui prévalut pendant la dernière guerre; la réparation des torts causés par les déportations, séquestrations, captivités pendant la guerre; l'engagement, par le gouvernement ottoman, de faciliter l'organisation de commissions mixtes de la S. D. N., à l'effet de recevoir les plaintes des victimes; l'annulation de la loi injuste de 1915 sur les propriétés abandonnées par la force; l'engagement de faciliter le retour dans leurs foyers à tous les Ottomans de race non turque qui en furent chassés par la violence; de contribuer à la reprise des affaires le plus tôt possible et sans aucune charge pour les victimes; de fournir la main-d'œuvre nécessaire pour la reconstruction et la restauration des couvents et églises dévastés; la restitution par l'Etat, aux communautés, des biens privés restés sans héritiers par suite de massacres; l'organisation d'un système électoral basé sur le principe de la représentation proportionnelle des minorités ethniques, etc., etc., — tout ce qui en somme peut réparer en partie les horreurs subies par les populations chrétiennes pendant la grande guerre, alors que le Turc se crut libre de satisfaire ses goûts de carnage sans plus aucune entrave...

3° *Rétablir les anciens privilèges ecclésiastiques ou éducationnels accordés aux minorités d'Asie sous la loi de l'Islam;* ceci concerne les prérogatives des patriarcats et les « privilèges » dont nous avons dit tout à l'heure la nécessité, — une législation spéciale pouvant seule garantir, et jusqu'à un certain point seulement, la vie sociale des chrétiens en pays islamique;

4° *Fournir toutes nouvelles garanties qui pourraient être jugées nécessaires, soit par suite des conditions des minorités, soit par suite des circonstances de lieux où elles sont.*

En fait, conclut lord Curzon, « il ne faut plus se fier, ici et là, à des clauses occasionnelles; il faut formuler un code international, établi par une conférence interalliée, code international qu'il faudra placer sous la surveillance générale et effective de la S. D. N., en laquelle lord Curzon voit l'instrument le plus efficace, et, dans plusieurs cas, le seul instrument possible pour l'exécution des mesures protectrices. D'ailleurs, aux termes des traités européens, la S. D. N. a été établie gardienne des clauses de minorités. Elle peut aisément nommer six ou sept commissaires spéciaux, dont la mission serait de veiller assidûment à ce que soient exécutées les clauses du code à venir, et de se tenir en contact permanent à la fois avec les minorités et avec le gouvernement turc.

Ainsi l'espoir demeure d'une solution internationale, et désintéressée. Il n'est que trop vrai en effet que, dans le règlement de la troublante question des minorités, les Puissances de l'Entente, tant par suite d'engagements déjà pris que par suite d'appétits économiques peut-être inévitables, ont manqué à la fois de la force matérielle et de la force morale qu'il fallait pour résoudre, en toute bonne volonté, le problème. Les minorités n'ont point été jusqu'ici traitées avec la justice qu'il eût fallu. Il appartient aux Alliés de le reconnaître, de se mettre de côté, afin que toutes les nations civilisées, prises dans leur ensemble, entreprennent de conclure enfin sur ce sujet poignant. « Il n'est rien », remarque le correspondant diplomatique du *Daily Telegraph* (1er avril), « comme une politique nette et droite pour impressionner le Turc ». La politique des Puissances occidentales en Orient n'a pas été très nette en ces dernières années; elle a souvent dévié de son but.

Et c'est pourquoi l'opinion semble prévaloir de plus en plus que les sauvegardes des minorités devront être formulées en pleine liberté non par les Puissances qui jusqu'aujourd'hui s'en sont occupées, mais par un corps plus universel, tel que la Société des Nations.

ALTIAR.

Le Monument aux Élèves de l'Université de Liége Morts pour la Patrie

La guerre n'était pas finie, la victoire ne faisait qu'apparaître au loin, vision voilée, promesse incertaine, quand des professeurs assemblés de l'université de Liége décidèrent qu'à la mémoire de leurs élèves ou anciens élèves, tombés pour la défense du pays, un monument de reconnaissance serait élevé. Longtemps encore, le nombre des victimes s'accrut. Puis ce fut la délivrance, et ce jour-là, quand le peuple, respirant enfin, se sentit renaître à l'espoir, au travail, à la joie, la signification resplendit du sublime holocauste. « Ils sont morts, dit-on, pour que nous vivions. »

Plus simplement encore et plus largement on eût pu dire: « Ils sont morts pour nous. » Ces mots, hommage de respect, cri d'amour et de gratitude, qu'on les grave donc sur l'ex-voto de l'université de Liége inauguré dimanche! Ils rappellent la situation où nous fûmes et le danger que nous avons couru, le courage qu'il fallait pour tenter de nous défendre, le prix qu'a coûté notre salut. Ce sont les seuls beaux après la guerre. Ils évoquent le plus grand des martyrs, justifient un héroïsme qui en a besoin par la sainteté du devoir. On les sent pénétrés de tendresse, de pitié, de douleur et d'orgueil, avec je ne sais quel accent de gravité religieuse, et si, le 18 juin passé, le bas-relief du sculpteur Jules Berchmans qu'on venait de dévoiler, étreignait la foule, comme je l'ai vu, d'une sorte d'émotion sacrée, c'est qu'il traduisait avec une sobre éloquence ces sentiments-là, éclos en des heures solennelles au plus profond de nos âmes.

Un mort, ce mort-là qui représentait les deux cent-quarante-quatre vaillants de l'université tombés vraiment au champ d'honneur, lui seul, étendu, sans aucun symbole — enfin ! — avec le seul apparat d'un long suaire et, devant lui, le cortège ralenti des jeunes hommes sauvés par lui non de la mort, mais d'une vie déshonorée — et cela constitue tout le monument —; ce mort gisant et ces éphèbes pensifs au point central, je dirais presque au foyer d'une maison où l'on se flatte de préparer au pays une élite de forces neuves, hardies, robustes pour la pensée ou l'action: personne qui n'eût en soi le sentiment d'une heureuse inspiration et d'harmonieuses concordances. Au fond, il n'y a encore que de savoir aimer pour trouver de ces effets, si grands, si simples. Il est vrai que beaucoup de talent est alors nécessaire, car rien n'est plus difficile que de frapper fort, et juste, avec des moyens délibérément restreints. Berchmans a su le faire.

Le Monument aux morts de l'université de Liége se trouve placé devant un haut palier d'où le visiteur le peut contempler non de bas en haut, comme il arrive souvent, mais de niveau et à une distance de quelques mètres. Il consiste en un bas-relief rectangulaire de bronze à la patine dorée reposant sur un socle de marbre vert antique. Il s'exhausse ainsi jusqu'au point où la lumière, tombant d'en haut, vient le baigner d'une clarté très douce. L'entourage est de marbre blanc : ce sont les larges plaques rectangulaires sur lesquelles brillent en lettres d'or les noms des héros en longues, longues colonnes. Au dessus, le rythme alourdi de quelques guirlandes, des consoles, un larmier... L'architecte liégeois qui conçut cet ensemble, M. Paul Comblen, sentit finement, lui aussi, quelle simplicité convenait à cette façon de catafalque dressé dans la demeure des hautes études, et le bas-relief l'y conviait assurément.

Donc, à l'avant-plan, juste sur le socle, le glorieux cadavre rayant de sa masse rigide, horizontale, toute la largeur du monument. On ne voit que lui, d'abord, il requiert les regards, et la pensée qu'il attire ne peut plus s'en détacher. D'uniforme, d'équipement, d'arme quelconque, nulle trace. Pas même un casque! Et ceci est très beau déjà d'avoir compris que nous n'avions pas besoin de ces prémonitions pour savoir et sentir profondément notre récente histoire. Non, ni casque, ni sabre, ni fusil; point de lion, ni d'aigle, ni de drapeau; mais un linceul immense, une sainte grosse toile qui se tend ici, là se tasse ou se déroule pour envelopper, modeler de sa rude caresse le corps qui ne se relèvera plus.

En était-il donc ainsi là-bas, au bord de la tranchée? Un large repli qu'on dirait repassé au fer forme à la tête un bandeau mystérieux. On devine sous la double épaisseur de l'étoffe le front, les yeux et voici le cou, puis le torse bombé. Ah! qu'il était fort, ce jeune homme! Un souffle invincible, dirait-on, gonfle encore le thorax, bande les côtes, mais les bras reposent inertes, le corps s'allonge et ce n'est plus rien dès lors que les jambes gainées dans un étroit fourreau, les pieds superposés, dressant très loin leurs pointes, une forme indistincte qu'une main d'ami sur sa dernière couche a bordée.

Berchmans a vu plus d'une fois, j'en suis sûr, entre Nieuport et La Panne, ce linceul étalé, cette image anonyme qui représenta des milliers et des milliers de fois les jeunes hommes alignés pour la dernière parade, et c'est ce souvenir qui lui a permis, j'imagine, d'exprimer avec tant de force la vision tragique; peut-être encore se rappelait-il certains beaux monuments admirés jadis quand il avait commerce quotidien avec l'histoire de l'art: les lames de cuivre gravé de Bruges où le suaire aux plis sépulcraux, scellés d'une croix, ne laisse plus apparaître du défunt que deux lèvres entr'ouvertes, les tombeaux français du XVIe siècle conçus pour élucider la mort? Je ne sais. Mais encore est-il qu'au moment où la statuaire paraît trembler devant le « portrait ultime » et lui préfère des symboles fatigués, lui nous a rendu avec une tendresse, une fidélité également émouvantes le gisant, le *transi* qu'il ne nous est pas permis d'oublier. Je lui en sais, pour ma part, un gré infini !

Car ce gisant, il soutient tout dans le monument, il souligne tout, il explique tout. A lui va notre âme. C'est pour lui ce socle érigé comme un autel, ces plaques de marbre qui l'accostent et célèbrent, elles aussi, son sacrifice. Ces jeunes gens enfin qui passent, il n'est rien dans leur être physique, rien dans leur âme secrète qui ne soit commandé par lui. Magnifique unité ! Il est le modèle et la leçon — la leçon proposée littéralement à tous ceux que l'université rêve de former à son exemple.

* * *

A vrai dire, ce thème plein de ressources étant adopté, le gisant était de l'œuvre entière la partie la plus facilement exécutable. Il y a, entre le socle et le bas-relief adossé, l'espace suffisant, la base ménagée à souhait pour une forme assez volumineuse; et d'indiquer un cadavre sous une étoffe drapée, de sculpter un suaire et même de lui faire parler un langage éloquent, c'est une tâche où le métier obéit facilement à l'esprit qui le dirige. Il n'en était plus de même du cortège des éphèbes contemplant leur aîné.

Mais d'abord, comment les représenter? Je ne suis pas sûr que plus d'un sculpteur n'eût supputé, en cette occurrence, les avantages de la casquette d'étudiant, du *cover-coat* et de la coiffure « à l'aviateur ». Dieu me garde de penser de cela le moindre mal, mais c'est là du réalisme superficiel quand il était nécessaire d'atteindre à la vie profonde, la transcription de modes passagères dont on devine l'effet en face du gisant, lui, l'éternel silence et le devoir permanent.

D'autres n'eussent-ils pas pensé aux soldats de demain? Cela eût permis l'uniforme, la baïonnette et la charge, choses exaltantes! Sans doute. Mais si demain consistait précisément à se battre autrement que par le fusil ou la grenade, si l'exemple du mort commandait un effort et des sacrifices qui n'eussent rien de commun avec ceux de la bataille, à quoi rimerait dans le relief l'appareil militaire? Mieux valait penser à l'avenir qu'au passé, ou plutôt, mieux valait s'élever au-dessus de l'un et de l'autre, jusqu'à la sphère des valeurs éternelles.

Et je pense enfin que c'eût été un moyen commode de se tirer d'affaire que de concevoir une belle figure symbolique, masculine ou féminine, tenant, portant, tendant ou offrant une palme, une couronne, une épée... Eh bien, non. Pour exprimer l'homme vrai, qui a un cœur et une intelligence, ce ne sont pas des allégories qu'il faut, c'est l'homme lui-même avec toutes ses puissances et, dans le cas présent, c'était l'homme en sa jeunesse, au comble de la force, doté des énergies et des grâces qui sont fleurs de la vie, montrant enfin, non par la façon de porter son costume, mais son âme, combien il est pur, doux et résolu. Berchmans, encore une fois, l'a bien compris.

Six jeunes hommes nus passent à la file dans le même plan ou, plus exactement, se suivent de telle sorte, que tous les plans indiqués par l'artiste en relief gradué ou en raccourcis soient contenus dans une minime profondeur; ces six jeunes hommes accomplissent le même rite, sont pénétrés de sentiments analogues devant le commun objet de leur reconnaissance. Les animer tous, les tenir tous unis de corps et d'âme en variant autant qu'il était nécessaire leurs poses, leurs attitudes et leurs gestes : quelle difficulté !

L'écueil était la rupture entre le gisant et les éphèbes, rupture des lignes concertantes ou des accords spirituels. Or voici : les éphèbes sont tous debout et rangés de telle sorte que les têtes atteignent ensemble au même niveau. Cela est grec, de la Grèce archaïque — je n'emploie pas de terme savant, mais tous les connaisseurs me comprendront — et, ce qui importe bien plus, cela est très logique parce que cette ligne de sommet parallèle au gisant confère à l'ensemble du monument un puissant cachet d'unité en même temps que son allure monumentale.

Mais où est la variété ? Dans les têtes droites, diversement penchées, fièrement levées, dans les gestes des mains et des bras, l'énergie redressée ou la vigueur détendue et comme lasse, accablée, des torses, des reins et des jambes en des modulations nombreuses ; elle est dans la multiplicité des frémissements intimes auxquels correspond au dehors la couleur nuancée des modelés, soit de l'os, soit du muscle.

Et tout cela expressif au plus haut point : je pourrais analyser les sentiments particuliers de chacun des personnages, les montrer aussi clairement dans la construction matérielle que l'accent des physionomies ; tout cela naissant d'une source commune : le mort, ramené vers un unique objet de contemplation et d'amour : le mort. Voilà l'unité, la grandeur.

Des thèmes austères comme celui-ci sont périlleux à l'exécution. Non pas que l'artiste risque autant qu'on le croit de ne pas être compris : s'il est profondément ému, il saura communiquer son émotion à coup sûr. Mais se priver du secours de tant d'artifices : symboles, accessoires, attributs divers, viser au simple, au « dépouillé », ne demander qu'au nu, comme ici, une sobre et mâle séduction, c'est se condamner, en quelque sorte, à une probité de métier incorruptible.

Berchmans a du métier plastique une conception aussi éloignée que possible de l'académisme. Il est de ceux qui veulent atteindre au vrai, non par l'application de procédés coutumiers, fussent-ils consacrés par l'exemple de grands artistes anciens ou modernes. En sa manière, le vrai s'accuse du dedans au dehors et les dehors qui, d'ordinaire, plaisent à la foule, ne sont pas les siens. Il déteste le modelé lisse et arrondi qui, souvent, tue la couleur superficielle, éteint la clarté intérieure. Mieux vaut pour lui un modelé un peu fruste ou des plans multiples attestent l'énergie des dessous et le nuancement des apparences. Telle est la voie où il s'est engagé, au bout de laquelle il fera des œuvres accomplies et où le monument de Liége marque la plus heureuse étape.

Celui-ci fera honneur au sculpteur et au poète, l'un servant l'autre. Au cœur même de l'université, il restera ce que nous voulions qu'il fût : le témoignage d'un culte impérissable, une œuvre de beauté, une leçon de vertu et de force morale.

MARCEL LAURENT.

Charles Lecocq

C'est un douloureux honneur pour moi de rappeler ici la mémoire du jeune écrivain, prématurément enlevé aux lettres, qui, voilà queques mois, menait le bon combat pour l'art libre, à l'Université de Bruxelles.

Le petit Liégeois Charles Lecocq — inscrit à la càndidature en philosophie et lettres après avoir étudié en Polytechnique les mathématiques supérieures — vient d'être enlevé par une affreuse et courte maladie. Et je ne sais si je dois insister sur l'éloge amical de l'étudiant ou sur l'hommage qui doit être rendu à un talent fauché comme un blé vert, en pleine promesse de généreuses moissons.

Ce qui frappait chez ce grand gamin très doux, aux gestes menus, au regard limpide et vif, c'était une subtile intelligence, un sens critique déjà fort développé, une exquise cordialité qui ne se livrait que discrètement. Dès que j'eus le bonheur de voir le « cadet » me prendre en amitié, je sus la valeur de sa simple poignée de main et de son dévouement scrupuleux.

Charles Lecocq fut à mes côtés quand, dans la pénombre des vieux couloirs de la rue des Sols, nous allumâmes *la Lanterne sourde* afin de dédier à la poésie quelques rais de clarté dansante.

J'ai revu — méthodiquement rangés sur son bureau et tels qu'il les avait laissés avant que d'être emmené dans la triste clinique de Suisse — ses petits registres d'administrateur consciencieux, voisinant avec les derniers livres parus, et des cahiers d'écolier qu'il remplissait de son écriture régulière, nette ainsi que sa pensée et son style. Une poignante tristesse s'en dégageait. Les voici sur ma table, ces feuillets, fragments d'œuvre, points de repère. Et je songe en les triant à celui qui, servi par un étonnant esprit de synthèse, avait dégagé de ses lectures, de ses études universitaires et de sa prime expérience de la vie, ce scepticisme précoce qu'Anatole France teintait de souriant optimisme. Et je songe, d'autre part, à celui qui, sans tapage, avait la force juvénile d'accepter et de défendre un mouvement d'enthousiasme.

L'œuvre de notre ami, faut-il la considérer comme une réalisation définitive? Plutôt — et pour ne pas être infidèles à la vraie modestie du jeune écrivain — mettons les prémices d'art qu'il nous a laissées en regard de l'esprit qui les offrit en signe d'adhésion à un culte de beauté. Et devant ces nombreux essais, si solides déjà, si dépourvus des scories et des emphases qui déparent tant de poètes de vingt ans — pour ne point parler de certains aînés — pensons, avec un respectueux sentiment de regret, aux livres que préparait un jeune homme éclectique et sensible.

Zadig à Babylone — plaquette initiale que précédèrent, éparses dans les revues, des nouvelles émues, finement écrites — c'est une suite à l'histoire de « Zadig », délicieusement imitée de M. de Voltaire. Charles Lecocq affectionnait, tout en gardant à son style une alerte originalité, les tournures archaïques ou les solennités classiques qui prêtaient au remarquable humoriste qu'il était un ton de docteur biendisant. On retrouve dans le *Papou chez les Blancs,* conte inachevé que ses amis publieront, ce don de personnelle assimilation, joint au bénéfice d'une importante culture littéraire. Mais c'est avec joie qu'on y voit, renforcées et plus dégagées des influences inévitables, ses qualités d'observateur primesautier, truculent, facétieusement poli. Quel précieux sourire anéanti !

Critique amène, juste et pondéré, Charles Lecocq

était apprécié par les lecteurs de la revue *la Nervie*. Et c'est pourquoi ceux qui, derrière le vieux drapeau des étudiants, conduisaient au cimetière de Forest le probe camarade et le fantaisiste littérateur, avaient conscience d'une double perte.

Le Flambeau a tenu à consacrer au cher disparu une place méritée. Avec son père — qui fut pour lui un grand ami et un stimulateur — Charles Lecocq aida de toutes ses forces à répandre la vaillante revue, lorsqu'elle paraissait clandestinement, sous l'occupation. Plus tard, il y collabora, au grand jour.

Aucune des formes de la pensée et de l'art n'était étrangère à Charles Lecocq. Il est mort à vingt ans!

PAUL VANDERBORGHT.

Zadig

Qui montre combien Zadig est un chef d'État unique, puisqu'il désire le bien du peuple.

— Croyez-vous, dit Zadig, que l'Etat soit administré selon toute équité? Il m'est venu depuis quelque temps des scrupules au sujet du mandat que je remplis. Grâce à la Providence, devant qui s'humilie mon front, à peine ai-je dicté une loi que dix millions d'hommes y obéissent, et le moindre de mes gestes allonge son ombre jusqu'aux limites de l'Empire. Ne vous paraît-il pas, mon cher Cador, que cette puissance ne devrait pas tenir entre mes mains seulement? Je me suis longtemps concerté avec moi-même, et je me demande s'il ne vaudrait pas mieux associer à mon gouvernement un certain nombre d'hommes choisis par les dix millions de citoyens qui peuplent Babylone.

— Seigneur, dit Cador, ces scrupules témoignent de la grande bonté qui parfume votre âme; mais j'ignore s'ils sont de saison. Souffrez que je vous présente certaines objections insinuées par mon esprit taquin. Dans le nombre des citoyens qui pourraient se choisir des mandataires, il est certes des savants et des imbéciles. Le vote du savant et celui de l'imbécile auront-ils même poids? Si oui, c'est une injustice; si non, ce n'en est pas moins une, car comment juger du degré d'intelligence d'un homme? Dieu seul peut déterminer la valeur d'un mortel, et je doute fort qu'il consente à descendre sur notre machine ronde pour se livrer à de telles occupations. Ensuite, que faire en l'occurrence de l'avis des femmes? Le refuser? Les femmes sont, après tout, nées de la même matrice que nous, et ce serait les charger de mépris qu'agir de la sorte. L'accepter? Vous n'ignorez pourtant pas, Seigneur, la parole du Sadder : les femmes sont des êtres aux cheveux longs et aux idées courtes. D'ailleurs, il vous serait loisible de tenter une expérience : ouvrir un bazar le jour où l'on dévoilerait les urnes. Combien de Babyloniennes iraient voter, et combien iraient admirer les étoffes?... Seigneur, loin de moi la pensée que tout soit pour le mieux : mais laissez-moi constater que les choses vont le moins mal qu'elles puissent aller en un monde où l'homme est un loup pour l'homme. Et si votre main douce et ferme abandonnait le sceptre, vingt envieux aussitôt se le disputeraient, tels des chiens un os. Aussitôt le pays, sur qui pleuvaient jadis vos bienfaits, comme au printemps les fleurs blanches du cerisier, s'allumerait d'un coin à l'autre et retentirait du choc des armes et du son des buccins. Non, non, croyez-m'en : gardez l'hermine, Seigneur ; gardez aussi vos soldats et leurs lances.

— Ah ! l'armée, dit Zadig en hochant la tête, c'est la rouille qui ronge la nation. A voir mille jeunes hommes hauts en chair et pleins de santé joindre les pieds, tourner à gauche, à droite, pincer les cordes des arcs, bref, apprendre à tuer le plus diligemment du monde un autre jeune homme vêtu de manière différente, je songe avec amertume que la ronce et le chardon s'emmêlent encore dans tant de guérets ! Ah ! comme la faux, entre leurs mains, brillerait plus belle que la javeline ! Et pourtant, quelque désir que j'aie de les renvoyer aux champs, je suis tenu de les garder. Si je ne hérissais pas les frontières d'une forêt de lances, mon voisin sur le champ grugerait mon empire comme une huître et le mettrait à la rançon sans nulle vergogne. Mon bon Cador, des lois gravées dans l'airain établissent que quiconque porte préjudice à son prochain est payé en retour d'un non moindre préjudice. Pourquoi les nations n'obéiraient-elles pas à ces lois? Il serait si aisé d'établir un tribunal et des juges qui règlent les conflits entre peuples, et, de la sorte, rendre toute armée inutile.

— Seigneur, s'écria Cador, des juges ont-ils jamais empêché les hommes de tricher, de mentir, de voler, voire de tuer? Un tribunal, fût-il aidé de Dieu, ne saurait forcer les nations à vivre entre elles comme des palombes amoureuses , et à pratiquer la divine vertu. Pour qu'il n'y eût plus de guerres, Seigneur, le moyen serait qu'on élaguât de l'arbre du monde comme branche morte, non l'armée, mais la nation. Et cela est-il possible? Je ne le crois guère — du moins pour l'heure. Aussi bien, il serait désirable qu'on supprimât de même le prince, les juges, la police, les lois, le fouet; mais pour cela, il faudrait que les hommes apprissent d'abord à s'en passer.

— Cela est vrai, dit Zadig, et une ombre voilait ses beaux yeux.

1920. CHARLES LECOCQ.

Émile le Versaillais

Moscou, juin.

Messieurs,

Envoyé par le Flambeau *en Sovdépie pour y noter les réactions de l'opinion publique au moment du voyage de M. Emile Vandervelde, je crois répondre à vos désirs en vous adressant quelques extraits des gazettes rouges. Vous me dispenserez d'impressions personnelles.*

*Je suis chambré depuis mon arrivée. L'*Okhrana *m'a cueilli dès la gare de Windau. La lecture des journaux, néanmoins, m'est permise, et même recommandée. Le gardien m'en apporte plusieurs* pouds *tous les matins. Il s'est chargé fort volontiers de vous faire parvenir ces coupures, pour la propagande. Salut et confiance.*

A. B.

Vive Vandervelde! s'écrie *Rabotchaïa Moskva* (Moscou ouvrier), n° 86, 23 mai.

Dans Moscou la rouge et la prolétarienne arrive au secours des traîtres à la révolution, au secours des S. R. russes, le Chef jaune de la IIe Internationale, M. Vandervelde. Cette digne figure de « lieutenant de la classe capitaliste dans le mouvement ouvrier » est bien connue des travailleurs russes. Placé à la tête de l'Internationale, Vandervelde, au Congrès de Bâle de 1912, invitait les travailleurs de tous les pays à travailler contre la guerre par tous les moyens, si la guerre devait être déchaînée par le capitalisme. Lorsque cette guerre, deux ans après, devint un fait, et un fait sanglant, le même Vandervelde invita les ouvriers russes à contribuer de toutes leurs forces à la victoire sur l'Allemagne, à s'abstenir de lutter contre le tzar, « car la révolution pouvait nuire à la victoire ».

L'histoire de cet appel du citoyen Vandervelde au prolétariat russe, en 1914, joue, en effet, un rôle de premier plan dans toute cette polémique de bienvenue.

Tous les journaux reproduisent un article de Zinoviev (26 juillet 1915), intitulé: *Comment Vandervelde et le prince Koudachev « travaillaient » l'opinion des socialistes russes.*

Dans le cabinet du ministre de la Guerre de « l'héroïque » Belgique se sont rencontrés le président de la IIe Internationale et le ministre du Tzar. Ensemble, ils se sont appliqués à travailler l'opinion publique des socialistes russes. C'est un symbole! C'est donc jusqu'à cet étiage qu'était tombé le social-chauvinisme dans la personne d'un de ses plus éminents représentants. Par Vandervelde, la bourgeoisie de la Triple Entente et la diplomatie du Tzar russe donnaient l'essor, pour éblouir les simples, au canard de « la lutte contre le junkerisme prussien! » Et cela a pris. Ecoutez le dialogue.

« Je vous en prie, Messieurs les socialistes, venez donc combattre avec nous le junkerisme prussien.

— Volontiers, Excellence! Nous ne combattrons pas la guerre, nous nous souviendrons des crimes du militarisme prussien. »

Ainsi répondit au prince Koudachev, le citoyen Vandervelde.

« A vos ordres, répondirent en chœur Plekhanov, Alexinsky, Roubanovitch. »

C'est un fait historique que le seul camouflet public que reçut alors Vandervelde lui vint de notre parti et de son Comité central. De notre réponse d'alors, les joues leur en cuisent encore aux chauvins franco-russes.

Tel est donc le grand crime du citoyen Vandervelde. Le second est naturellement d'être entré dans le « personnel gouvernemental » du roi Albert, où il se trouve encore aujourd'hui.

Troisième crime :

Au moment où le Kaiser était renversé par les ouvriers allemands (tout seuls?), où les soviets se formaient à Berlin, les impérialistes de France et d'Angleterre jetèrent sur l'Allemagne révolutionnaire le mortel lasso du traité de Versailles. Parmi les signatures des représentants des puissances victorieuses qui ornent ce document de brigandage, brille la signature du ministre du Roi, le citoyen Vandervelde.

Quatrième crime :

> A Gênes, la division se met parmi les pays de l'Entente. La France, intéressée au payement de ses vieilles dettes, fait tout ce qu'elle peut pour contrarier la politique conciliante de l'Angleterre intéressée au développement normal de son commerce avec la Russie. La Belgique, dont Vandervelde reste ministre jusqu'à présent, adopte complètement le point de vue de la France. Les intérêts des actionnaires des sociétés anonymes belges expropriées par les ouvriers russes sont plus chers à Vandervelde que les intérêts du prolétariat non seulement russe, mais encore belge. Car non seulement, il n'a pas donné sa démission, mais il n'a pas eu un mot de protestation contre la politique de brigandage de ce gouvernement dont il reste membre.

Vive donc Vandervelde ! conclut le journal russe :

> Aujourd'hui ce laquais éprouvé du capital arrive à Moscou au secours de ces autres laquais du capital, les socialistes révolutionnaires russes. Les prolétaires de Moscou saluent dans les murs de la capitale rouge le traître à la classe ouvrière. Place au renégat, au laquais de la bourgeoisie. Vive Vandervelde, ministre du Roi !

La réception à la gare de Windau avait été préparée avec le plus grand soin. Les journaux soviétiques la décrivent en termes presque identiques. La foule attendit quatre ou cinq heures l'arrivée du train. Cette foule, d'après la relation même de la *Pravda* (Vérité), était composée surtout de « masses organisées », de colonnes de manifestants parfaitement commandés et équipés. Chacune de ces processions portait, outre ses bannières, des cartels et pancartes avec caricatures, devises et souhaits de bienvenue pour les « chers hôtes ». Sur un immense carré de calicot était peinte l'effigie du roi Albert, escorté de son ministre *Vandervelde le Versaillais, IIe Internationale, laquais de Sa Majesté !* Dans le champ on lisait la question suivante : « M. le Ministre du Roi, Vandervelde, quand comparaîtrez-vous devant le tribunal révolutionnaire ? » Une autre inscription interpelle ainsi Théodore Liebknecht : « Caïn, Caïn, qu'as-tu fait de ton frère Karl ? »

Puis encore : « Honte aux chefs de la IIe Internationale et de la IIe Internationale et demie, qui viennent défendre les assassins des chefs de la Révolution prolétarienne. » Les metteurs en scène s'épuisent en ingénieux efforts pour disposer toutes ces pancartes bien en vue, face à la sortie. On a traduit pour plus de sûreté les légendes en français, en allemand. Il faut que rien n'échappe aux « laquais », ni l'image ni le texte. Au dernier moment un long cortège apporte un tableau qui est sans doute le « clou » du *Proletkult*. Le tableau représentait un gigantesque éléphant accosté de deux roquets aboyants « à gueule de Vandervelde et de Rosenfeld. » Texte : « L'éléphant des Soviets ne craint pas les aboiements des roquets jaunes de la IIe et de la IIe 1/2 Internationale ».

Le train arrive. La foule se presse vers la sortie, impatiente de voir les « chers hôtes longtemps attendus ». Les voici. Un ouragan s'élève sur la place. De milliers de poitrines un seul cri sort : *A bas! A la porte! Traîtres, canailles!* (Doloï, vonn, predateli, kanalyi). Cette dernière injure recommandée par les chefs de file, comme plus internationale...

Lorsque les autos emportent Vandervelde, Liebknecht, Rosenfeld et Wauters, sous la protection de l'*okhrana*, s'élève ce chant créé pour la circonstance et lancé par une femme en blouse blanche :

Vandervelde, Vandervelde arrive :
Faisons-lui joyeux accueil.
C'est un laquais des mencheviks,
C'est le laquais de tous les laquais.
Il vient à nous le mondial larbin,
Quelle joie pour nous! Allons l'attendre.
  Dommage pourtant, mes petits amis,
  Que, sur le champ, on ne puisse le pendre! (*bis*)

Et la foule enthousiasmée reprend en chœur :

Dommage pourtant, mes petits amis,
Que, sur le champ, on ne puisse le pendre! (*bis*)

L'*Izvestia* (n° 116, 27 mai) ajoute ce détail, qu'à la sortie de la gare les « étrangers » aperçurent une affiche représentant le poing tendu et menaçant du prolétariat soviétique. Aux pieds de Vandervelde vint tomber, gracieux présent des ouvrières, un bouquet d'orties et de fleurs jaunes, fanées et fangeuses.

Si les Soviets détestent à ce point M. Vandervelde, ce n'est pas seulement à cause des « crimes » que lui reproche la *Rabotchaïa Moskva.* C'est parce qu'il a défendu la Géorgie socialiste. Et il s'est trouvé un Belge flamingant pour opposer au particularisme géorgien celui de la Flandre. Voici la « lettre ouverte » que publie la *Pravda* (n° 115, 25 mai) :

Vous venez défendre les socialistes de la contre-révolution qui ont attaqué et attaquent encore la révolution par le révolver et le poison. Mais votre cri d'indignation est étouffé par les voix indignées de centaines de révolutionnaires que, par vos ordres, M. Vandervelde, on a arrêtés, expulsés du pays ou privés de la vie. Qu'il me soit permis, citoyen Vandervelde de la IIe Internationale, de rafraîchir quelques-uns de vos souvenirs. Après votre retour à Bruxelles en qualité de ministre de la Justice, c'est-à-dire en qualité de défenseur attitré des coffres-forts incombustibles de la bourgeoisie, vous avez arrêté dans notre petit pays plus de 1,500 hommes flamands, dont toute la faute consistait en ceci qu'ils avaient réclamé l'autonomie pour la Flandre; des socialistes qui avaient voulu suivre la route tracée par la grande révolution russe; des paysans, coupables seulement d'avoir, au temps de l'occupation allemande, vendu leur vache aux Allemands. Et tous ces socialistes, tous ces autonomistes, tous ces paysans, vous leur avez appliqué le même paragraphe de la loi, vous les avez inculpés de rapports avec l'ennemi. Beaucoup de ces hommes ont réussi à s'enfuir, mais les autres ont été condamnés à la peine de mort, avec confiscation des biens, ou à la prison perpétuelle. Des condamnations à mort ont été prononcées même contre des journalistes. Parmi des milliers de cas, j'évoquerai seulement ceux-ci :

Joseph van Esterheim, typographe, 20 ans, arrêté à Anvers, pour activité révolutionnaire. La coupe de ses crimes déborda lorsqu'au tribunal, il lança à la face de ses juges ce cri : « Vive la Russie des Soviets ! » On lui infligea vingt ans de prison.

Arthur Librecht, vieillard de 81 ans, professeur à Anvers, condamné à 18 mois de prison pour avoir, dans une réunion publique, réclamé l'autonomie de la Flandre.

Auguste Goras (lisez Borms?), leader flamand, fut condamné à la détention perpétuelle.

Jean Guénau (Hénault?), détenu politique, se vit refuser par l'administration des prisons l'autorisation d'assister aux funérailles de sa femme.

Peu de temps après, il expirait en captivité.

Rosa Guchtenaere, pacifiste, fut condamnée à 3 ans de prison pour propagande « défaitiste ».

Et cette liste, M. Vandervelde, je pourrais l'allonger à l'infini. Les ouvriers allemands, eux aussi, ont éprouvé, en février 1920, la valeur de votre « politique démocratique », lorsque les troupes belges d'occupation à Mörs tirèrent sur les grévistes, couchant vingt hommes sur le carreau.

Ainsi jusqu'au moment de votre démission comme ministre de la Justice, les prisons de votre pays étaient pleines. Je demande une enquête sur la situation en Belgique durant votre ministère. En qualité d'avocat reconnu de la démocratie, de l'humanité et du socialisme, n'appuyerez-vous pas, M. Vandervelde, cette demande?

Ce flamingant signe *Imprecor.* Ces imprécations ne sont pourtant pas de Camille, qui n'est point, que nous sachions, réfugié en Allemagne. *Imprecor* prend nettement la qualité d'« émigré » et il écrit de Berlin. La lecture de la *Pravda* n'est pas toujours agréable, mais elle est parfois utile, puisqu'on découvre dans cette gazette officielle la preuve des étroites relations qui existent si heureusement, qui *devaient* exister, entre le prolétariat moscovite et l'*intelligenzia* activiste.

ARCHIBALD BIGFOUR.

Avant le procès de Moscou

Notes au jour le jour

24 mai. **A la frontière de Lettonie.**

Nous sommes partis pour Moscou, hier soir, à 10 h. 45. On nous avait annoncé un voyage particulièrement inconfortable. Ce n'est point le cas. Est-ce un hasard ou le souci de nous donner une première impression qui soit favorable? Toujours est-il que le « wagon diplomatique » de la *R.S.F.S.R.*(1) est en assez bon état. Il y a des draps et des oreillers pour les couchettes. Le linge n'est pas trop douteux; et, somme toute, ce seraient à peu près les conditions d'un voyage en wagon-lit de l'Europe occidentale, si le *steward,* vêtu et botté de cuir, n'était pas affreusement sale et les « dépendances » plutôt malpropres.

Comme compagnons de voyage, Otto Pohl, ministre d'Autriche à Moscou, qui ne paraît guère désireux de parler, ici, des choses de Russie; deux ou trois citoyens; quelques *tavarich,* portant l'insigne bolcheviste, et qui tiennent, à toute évidence, la correction du costume pour un préjugé bourgeois.

25 mai. **Sebej : La Frontière russe !**

Notre compartiment est envahi par les douaniers et les récoleurs de billets (il y en a cinq!). Dehors, des soldats, pieds nus, haillonneux, la baïonnette au canon, montent la garde. Un délégué de Kurski, le Commissaire du Peuple à la Justice, vient nous saluer et nous annonce qu'une voi-

(1) République socialiste fédérative des Soviets de Russie.

ture spéciale nous a été réservée. C'est un wagon de la Compagnie des Wagons-Lits, que, sans doute, M° Paul Hymans, avocat de cette Compagnie, viendra, quelque jour, réclamer à Moscou.

Pendant que je m'installe, tout heureux de dormir seul cette nuit, la foule s'assemble sur le quai et nous réclame : beaucoup de curieux ; quelques exaltés aussi ; entre autres un reporter de la *Pravda,* qui se cache la figure quand nous photographions la scène.

On nous assaille de questions : Avez-vous signé le Traité de Versailles ? Le fardeau des réparations n'écrase-t-il pas le prolétariat allemand ? Que pensez-vous de l'impunité des assassins de Liebknecht et de Rosa Luxembourg ? Pourquoi ne voulez-vous pas de l'unité du front socialiste ? Pourquoi défendez-vous les socialistes-révolutionnaires qui ont pactisé avec l'Entente ?

Un des voyageurs bolchevistes se charge de traduire les demandes et les réponses ; très objectivement, semble-t-il, à en juger par les réactions de la foule.

Rosenfeld et moi parlons d'abord. Puis Liebknecht. Au moment où il termine, le train s'ébranle. Les gens se découvrent. Lentement, pieusement, ils chantent l'*Internationale.*

A la gare suivante, Veliki Luki, les choses vont moins bien. Il fait nuit noire. On crie. On hurle. On donne des coups de marteau sur la paroi du wagon. La vitre du coupé de Liebknecht est enfoncée. On tire même un coup de revolver. Quelques excités essaient d'entrer de vive force dans la voiture. Un des employés du train, qui leur résiste, est blessé légèrement. Et cela recommence, mais moins violemment, à la ville prochaine.

Le lendemain vers 5 heures, arrivée à Moscou.

Des délégués du gouvernement nous souhaitent la bienvenue. Le même gouvernement, par l'intermédiaire de la Tcheka ou du Parti communiste, a *organisé,* sur la place de la gare, une manifestation hostile, qui servira de prétexte à des mesures en vue « d'assurer notre sécurité. »

Il peut y avoir, en tout, deux ou trois mille personnes, parmi lesquelles un membre du gouvernement, le citoyen Boukharine !

Tous ne sont pas hostiles. Les uns nous crient des injures ou font mine de se jeter sur nous. Mais d'autres, à la dérobée, nous jettent des fleurs. Impartialement, du reste, la police à cheval, culottée de rouge, refoule tout le monde, et, les bagages chargés par douze soldats, nos autos démarrent « vers les quartiers que le Gouvernement des Soviets nous a assignés ».

Où allons-nous?

Les faubourgs, traversés en coup de vent, ont un triste aspect: beaucoup de maisons n'ont pas de carreaux aux fenêtres; nombre de boutiques sont encore fermées. Mais vers le centre, les coupoles bleues ou dorées des églises et du Kremlin, gardent, sous le soleil du soir, leur splendeur de rêve.

Nous passons devant la cathédrale du Rédempteur. Nous traversons la Moskowa; puis le quartier paisible où se trouve le Musée de peinture Tretyakoff. Voici, derechef, des faubourgs, à l'autre extrémité de la ville, sur le chemin qui conduit à la *Montagne des Moineaux*.

Il y a foule de ce côté. Point de chapeaux. Beaucoup de casquettes. Les femmes, proprement nippées, ont des blouses blanches d'été. Voici une foire de quartier, avec des escarpolettes et des chevaux de bois. La vie continue.

Mais où allons-nous?

Au milieu de nuages de poussière, nos autos dépassent les dernières maisons. Elles prennent la route de Kaluga — par où partit Napoléon —; puis, un peu plus loin une traverse.

Il y a quarante-cinq minutes que nous roulons, depuis la gare.

Mais voici l'étape.

Nous logerons, décidément, à la campagne, dans l'ancien domaine de Voronzoff-Dashkoff, ci-devant vice-roi du Caucase. Mais on nous promet un bureau en ville et des autos à notre disposition.

A Voronzoff.

Au milieu des floraisons merveilleuses du printemps russe, parmi les vergers, les étangs et les bois, Voronzoff est une résidence délicieuse.

La ferme et les communs sont en très mauvais état. La chapelle, délabrée, n'a plus guère de visiteurs. Mais, à notre intention, on a complètement remis à neuf le pavillon principal et c'est une surprise — fort agréable, ma foi — que de trouver ici des lits scrupuleusement propres, de beaux tapis, fraîchement arrivés d'Orient, un ameublement de chambre à coucher auquel il ne manquerait rien, s'il y avait une carafe et des verres, un miroir à barbe et des appareils d'ablution un peu moins primitifs. Mais on y parera et, en passant à Berlin, nous avons pris la précaution d'acheter un *tub* en caoutchouc. Si vous allez à Moscou, faites de même!

Notre bureau, à côté, est charmant, avec ses fenêtres qui donnent sur le parc et le verger tout blanc de fleurs. Dans la bibliothèque on a mis pour nous, des livres français, anglais et allemands: Goethe, Byron, Racine et Molière; les *Misérables* de Hugo; *The Tale of two Cities* de Dickens. Au mur, Karl Marx, flanqué de Trotzky et de Lénine, nous contemple. Dans la Cour d'honneur, le drapeau rouge des Soviets claque au vent.

C'était une vie de campagne très simple, en somme, que menaient ces grands seigneurs russes: point de salle de bain; en fait d'installations sanitaires une chaise percée et, dehors, une planche à trois lunettes; des lampes à pétrole; et, pour se laver, des seaux d'eau que l'on va tirer au puits.

On eût fort étonné, sans doute, les Voronzoff et les

Troubetzkoï, qui furent jadis maîtres en ce lieu, si on leur avait prédit, que, expropriée par les Soviets, leur maison servirait, un jour, de quartier à des délégués de la IIe Internationale!

27 mai. **Au Commissariat de la Justice.**

Notre première visite à Moscou : chez Kursky, le Commissaire du Peuple à la Justice.

On entre chez lui, à peu près comme dans un moulin. Chose rare au pays des Soviets, il n'y a pas de sentinelles à la porte, et, de la rue, on peut voir si le Ministre est à son bureau.

Kursky est, nous dit-on, un des premiers parmi les avocats de Moscou qui se soit rallié au régime. Figure intelligente et sympathique. Aspect et costume bourgeois. Dans ce bureau, propre et sévère, c'est un Ministre de la Justice comme un autre. A ses côtés, Krilenko, le président du Tribunal révolutionnaire, mué provisoirement en Procureur général, est d'apparence moins rassurante. Tout petit, vêtu d'une sorte de costume de sport, l'œil dur, la bouche mauvaise, il fait songer, dès le premier abord, à une sorte de Fouquier-Tinville. C'est lui qui, dans un procès récent, disait aux juges d'un tribunal de province : « Si vous jugez que les preuves ne sont pas suffisantes, suppléez-y par votre courage révolutionnaire ! »

Dans un couvent.

Après avoir été à l'hôtel de ville, pour voir Kameneff, puis au Tribunal révolutionnaire, pour prendre contact avec les défenseurs russes, nous allons, hors des murs, visiter le couvent où est enterré Pierre Kropotkine.

C'est samedi. L'Eglise conventuelle est pleine de monde. Des popes, en dalmatique jaune, officient.

Jusqu'en ces derniers temps, il n'y avait pas eu de conflits entre l'Etat et l'Eglise orthodoxe, vivant sous le régime de la Séparation.

Dans le bas-clergé, beaucoup de prêtres sympathisent ou sympathisaient avec le bolchevisme. L'un des hauts dignitaires, même, Antonin, publiait récemment un manifeste commençant ainsi :

« Depuis cinq ans, par la volonté de Dieu, sans laquelle rien n'arrive, le Gouvernement des Paysans et des Ouvriers s'est établi en Russie... ».

Mais, depuis un mois, les choses ont changé. Le Gouvernement a pris la décision de réquisitionner les objets sacrés, en or et en argent, pour venir en aide aux affamés de la Volga.

A-t-on pensé que le produit de ces réquisitions serait affecté à d'autres usages? A-t-on considéré, simplement, que, même dans un but humanitaire, pareille confiscation était sacrilège? Toujours est-il que le clergé résiste. Il y a eu des émeutes; du côté de Saratoff, notamment. On poursuit l'ex-patriarche Tikhon. Le Tribunal révolutionnaire vient de condamner un certain nombre de personnes, et notamment, la bru du général Broussiloff, qui est, comme on sait, l'un des conseillers militaires de Trotzky. Il y aura, certes, des commutations de peine; mais ces jours prochains, cinq popes seront fusillés.

30 mai. **La NEP.**

Nous sommes allés hier à Sophisoa Nebreznaïa, voir nos amis des Missions de ravitaillement (Nansen et Internationale syndicale).

Ils nous disent que, depuis trois mois, l'aspect de Moscou s'est profondément modifié.

En avril, la situation paraissait désastreuse. Il en est autrement aujourd'hui. Non pas que l'industrie ait repris. A ce point de vue rien n'est changé. Mais à Moscou même, il y a dix fois plus de magasins ouverts qu'au début de la NEP (nouvelle politique économique). On vend de tout, dans les boutiques ou à la rue, depuis des orchidées chez les fleuristes, jusqu'à du pain sur le trottoir. Les gens, grâce peut-être à leurs vêtements d'été, ont l'air moins pauvre. Les affaires reprennent. Commerce d'importation et de spéculation, d'ailleurs, mais qui tend à provoquer une reprise de la vie économique. Quelques mercantis arrivent: des Américains, notamment, qui font du ravitaillement et placent des voitures Ford; beaucoup d'Allemands aussi, logés, comme des hôtes d'importance, ici même, dans l'ancien Palais de Konovaloff, le roi du sucre.

Il semble bien — ajoute un de nos amis — que ce ne soient pas seulement les fonctionnaires du Tsar qui aient connu et pratiqué les moyens de s'enrichir. Des gens ont été expropriés. D'autres sont en train de se mettre à leur place. Des fortunes nouvelles naissent. De nouveaux riches commencent à se montrer. Ce n'est plus la Terreur; c'est déjà le Directoire.

Mais le Directoire, lui aussi, avait ses Jacobins et usait de la guillotine; tout au moins de la guillotine sèche.

Les audiences de Kalinine.

Lenine est le Président du Conseil des Ministres. Kalinine est le Président de la République (PC ΦCP).

Nous le voyons presque tous les jours, car son bureau est à côté du nôtre, dans la 4e Maison des Soviets, ci-devant Hôtel Métropole.

C'est là que chaque matin il donne audience — tel saint Louis sous son chêne — à des centaines de paysans et d'ouvriers, qui viennent le voir jusque du fin fond des provinces.

André Morizet, dans son dernier livre, l'appelle, très justement, le Juge de Paix de toutes les Russies.

Autant Lenine, invisible, est jalousement gardé, autant Kalinine, fils de paysans, resté paysan lui-même, est largement accessible à tous; et c'est une chose vraiment touchante que de voir venir à lui, pour exposer un grief, pour réclamer un conseil, tous ces pauvres hères, malodorants et en loques, qui — repoussés peut-être de partout — se voient enfin donner audience par le premier magistrat de la République.

31 mai. **Chez Tolstoï.**

Tatiana Tolstoï nous montre le Musée Léon Tolstoï, ouvert depuis l'an dernier; puis, la maison, très simple, que la famille avait à Moscou.

De la salle commune, spacieuse et ornée, on descend dans les « catacombes », un réduit mal éclairé où le Père avait tenu à installer son bureau. C'est quelques pieds carrés. L'ameublement est plus que simple. Mais il y a d'amples fauteuils, et un divan où il doit faire bon se coucher. Rien n'a changé depuis le jour où Tolstoï est parti pour son suprême voyage. Des journaux, sous bande, sont encore là. Sa dernière paire de bottes, faite par lui, pend au mur.

T. Tolstoï nous raconte qu'elle aussi s'en va régulièrement au marché, dans un des coins des anciens bourgeois, pour vendre un châle, une paire de bottines et rapporter du beurre et des œufs.

— Ce n'est pas du tout ennuyeux, dit-elle. On se donne rendez-vous, entre gens de connaissance. On se communique les nouvelles du jour. C'est le dernier salon où l'on cause.

Au Tribunal Suprême.

Nous retournons au tribunal révolutionnaire pour y réclamer, vainement, l'acte d'accusation des S. R.

C'est le ci-devant palais du richissime marchand Riabouchich, celui-là même qui disait en 1914 : « La main des saints s'apprête à étrangler le sémitisme en Russie. »

Deux sentinelles veillent dans le corridor d'entrée. Le grand escalier conduit à un immense salon, avec un plafond où l'on a peint, à la Tiepolo, un sujet mythologique.

De l'ancien ameublement il ne reste, parmi les tables à écrire, qu'un piano à queue. De jeunes dactylos — quelques-unes en chaussettes blanches et les mollets nus — tapent à qui mieux mieux, sauf à s'interrompre pour griller une cigarette. Un officier, en culotte rouge, passe, avec une botte de muguets. Quelques visiteurs font tapisserie sur les banquettes. Des saute-ruisseaux attendent le message à porter. Peut-être sera-ce l'ordre d'exécuter les cinq prêtres que l'on n'a pas grâciés!

En passant à la Tverskaïa.

Mon compagnon, Narcisse Sorokine, interroge un jeune gars, de 16 à 17 ans, assez dépenaillé, qui vend des allumettes. Il était, au moment de la révolution, élève à l'Ecole supérieure de commerce. Il trouva, ensuite, à s'occuper dans un bureau; mais, comme on fait, à présent — *par milliers* — des coupes sombres parmi les petits fonctionnaires (politique d'économies), il s'est fait marchand ambulant.

— Et vous arrivez à vivre?

— Mais oui; passablement. Je gagne mes 3 ou 4 millions de roubles par jour.

A la devanture d'un kiosque, à côté, on nous montre un petit journal publié par des ci-devants à Berlin, et que le Gouvernement autorise, sous condition d'être sage. Il met d'ailleurs dix jours à arriver et on ne l'achète guère. A part cela, il n'y a d'autres journaux politiques à Moscou que des journaux officiels, le *Pravda*, l'*Izvestia*, le *Travail*. Mais il y a des journaux de mode; j'en vois cinq à l'étalage: un anglais, un allemand et trois russes!

1er juin. **La Galerie Morosoff.**

Il faut aller à Moscou pour apprendre à bien connaître les peintres français contemporains!

Enrichie par des expropriations intelligentes, la Galerie

Morosoff, devenue Galerie Nationale, est simplement admirable.

On y voit des Cézanne à se mettre à genoux devant; des Renoir, des Claude Monet, qui sont des chefs-d'œuvre; des fresques de Maurice Denis, qui sont à Puvis de Chavannes ce que la comédie la plus exquise est au drame classique, ce que Réjane est à la Duse. Matisse est représenté par une quinzaine de toiles, qui permettent de suivre toute son évolution. Il y a aussi, en grand nombre, des Picasso, des Fiesch, et, parmi les modernistes russes, des Kontchtalovsky, des Sapounoff, que sais-je encore!

Tous les musées, le dimanche, sont pleins de monde: des paysans, des ouvriers, à qui l'un ou l'autre artiste explique les choses.

Au Musée du Kremlin, j'ai acheté, pour le rapporter à Salomon Reinach, le Catalogue illustré de la Section préhistorique, qui a été préparé en pleine guerre civile et que l'on a édité en 1920.

Partout on assiste à un effort, parfois émouvant, pour instruire et pour s'instruire.

Mais au point de vue scolaire — me disait Lounatcharsky —, la situation est plus que difficile.

— « Vous nous envoyez du pain. Envoyez-nous aussi des ardoises ou des plumes métalliques! »

Un des jeunes communistes qui « veillent à notre sécurité » ajoutait:

« Je connais des écoles où, pour cent élèves, il y a un crayon! ».

2 juin. **Un Bazar soviétique.**

Tous les grands magasins de Moscou ont été nationalisés. Quelques-uns se rouvrent, donnés en location par les Soviets à des particuliers. D'autres sont exploités en régie, mais ne vendent que des spécialités. Il n'y a qu'un seul Bazar soviétique, du type de la *Samaritaine* ou des magasins Tietz. Les anciens procédés de vente sont maintenus. Les vendeurs ont un fixe et des gueltes. Peu de beaux articles; beaucoup de camelote allemande. A l'étage, nous voyons étaler, à côté du portrait de Marx, avec ses inséparables Trotzky-Lenine, le *Tapis des Alliés :* un soldat russe faisant le coup de feu avec un Anglais, un Français, un Italien et un Belge !

Ailleurs, sur la place Rouge, j'ai vu vendre des paquets de cigarettes belges à bande tricolore : *les Héros de l'Yser.* Un reliquat, sans doute, de notre Compagnie d'autocanons !

La NEP ne laisse pas d'être éclectique !

5 juin. **Une République vertueuse.**

Dire que des journaux bourgeois ont gravement affirmé que les Bolchevistes pratiquaient la communauté des femmes !

Je suis allé pendant trois semaines, tous les jours, à Moscou : jamais je n'y ai vu une image, je ne dis pas pornographique ou licencieuse, mais simplement légère. Il y a très peu de cinémas. Les théâtres ne donnent guère que du classique. Pas une affiche qui rappelle, même de loin, les réclames de l'Alcazar ou du Palais d'Eté.

Thomas, de l'Internationale d'Amsterdam, nous disait l'autre jour :

« Les gens ici, mangent peu — guère plus d'une fois par jour. Ils sont pauvres. Ils n'ont guère de quoi s'habiller. Mais, comme tenue morale, les Soviets moscovites l'emportent nettement sur la population des faubourgs de nos grandes villes ».

Sauf l'inévitable coefficient de fraude et de vente clandestine, la *vodka,* strictement prohibée, a disparu. La vente des boissons titrant moins de 20 degrés d'alcool n'est pas interdite. Mais elles coûtent trop cher. La bière est rare. Je n'ai pas vu un seul verre de vin dans les restaurants. Les gens ne boivent guère que de l'eau, du lait, ou du thé. On ne voit jamais d'ivrognes.

Bref, à l'heure actuelle, les deux plus grands pays du monde, la Russie et les Etats-Unis sont *dry!*

6 juin. **Au Soviet de Moscou.**

Les journaux ont raconté que sur l'invitation de Kameneff, j'étais allé au Soviet de Moscou, que j'y avais été insulté par la foule; que Radek m'avait couvert d'invectives; qu'indigné de ce guet-apens, j'avais pris la fuite. La vérité est que nous avons passé une demi-heure dans la tribune présidentielle; que, ne comprenant pas le russe, nous n'avons pas tardé à nous ennuyer et que nous sommes partis à l'anglaise. C'est deux heures après — les affaires administratives étant réglées — que Radek a fait son discours.

Et voilà comment on écrit l'histoire!

Le Soviet de Moscou compte 1,400 délégués, dont 1,100 sont des communistes et 300 des « sans-parti ». Très peu de femmes. Beaucoup de soldats, ou des démobilisés — portant encore la capote militaire. Devant le bureau, un seul militaire, baïonnette au canon.

Kameneff préside. Pour lui demander la parole, on jette vers le bureau une boulette de papier. Séance administrative très calme. Un orateur, d'allure bourgeoise, fait rapport sur la situation municipale. On pourrait se croire à l'Hôtel de Ville de Paris ou de Bruxelles. Mais quelques ouvriers se présentent à la tribune, pour exposer des griefs spéciaux. On écoute avec le plus grand calme, avec quelques signes d'approbation à la fin du discours.

Il n'est pas inutile d'ajouter que le Soviet de Moscou est aussi peu représentatif que possible: le scrutin est public; les socialistes non bolchevistes sont exclus des listes électorales; les non-producteurs n'ont pas le droit de vote.

7 juin.

Je cherche en vain, depuis mon arrivée ici, en quoi la hiérarchie sociale de la PCΦCP diffère essentiellement de la nôtre. Officiellement il n'y a plus de bourgeois, c'est entendu, et ceux qui vivent encore comme des bourgeois, se costument en prolétaires. Mais il y a des maîtres et des serviteurs, des fonctionnaires, des prêtres, et aussi des mendiants, beaucoup de mendiants, beaucoup plus de mendiants que chez nous; et aussi des soldats, beaucoup de soldats, beaucoup plus de soldats que dans l'Europe occidentale!

Nous sommes allés, cette après-midi, à la Montagne des Moineaux — la colline d'où les Français découvrirent Moscou en 1812. C'est, à peu près, le même aspect que sous Kerensky ou avant la guerre. Le tramway électrique roule, et pour ne pas payer 25,000 roubles son ticket, un pauvre s'est accroché aux buttoirs d'arrière. Le Restaurant du Mont est fermé; mais on a ouvert un café plus modeste et, sur la route, des femmes, aux pieds nus, vendent des faines, des *mastelles*, des graines de tournesol et du poisson sec.

Dans le village de Voronzoff que nous traversons au retour et où l'on bâtit une chapelle — la seule construction neuve que nous ayons vue depuis quinze jours — ce sont toujours les mêmes isbas, avec leurs fenêtres de bois ouvragé, ornées de feuillages à l'occasion de la Pentecôte. Quelques-unes aussi ont arboré un drapelet rouge.

Des enfants, beaucoup d'enfants, courent pieds nus, dans la boue. Les paysans sont au travail. Ils ont subi de dures réquisitions. Ils maugréent, sans doute, contre l'impôt en nature. Mais ils ont la terre. Ils ont plus de terre que jadis. Ils ne sont plus les serfs ou les tenanciers de Voronzoff. Et c'est cela, en somme, qui donne son fondement solide — mais sous le régime de la propriété privée — à la révolution russe.

Quant aux usines, aux chemins de fer, aux tramways, aux immeubles de rapport, ils sont propriété collective; ils appartiennent à l'Etat soviétique. Mais on paie pour loger dans ceux-ci. On paie pour voyager dans ceux-là.

Et quant aux établissements industriels, c'en est fait, depuis longtemps, des repas communistes, des salaires égaux, de la direction laissée aux ouvriers.

Il y a aujourd'hui, dans les usines soviétiques, des techniciens qui dirigent et des manuels qui exécutent. Sauf pour quelques catégories spéciales, les allocations en nature ont pris fin. Tous les salaires sont en argent, ou plutôt en papier : il y a des ouvriers et des employés à 6 millions de roubles par mois — tout juste de quoi manger du pain noir tous les jours. Quant aux instituteurs, aux professeurs d'Université par exemple, le Gouvernement des Soviets avait dû passer une convention avec Nansen pour assurer leur ravitaillement.

Faut-il s'étonner, dans ces conditions, que Radek, dans sa *Rothe Fahne,* ait pu dire :

« Il y a beaucoup plus de possibilités pour des réalisations communistes dans les pays industriels de l'Europe occidentale que dans la Russie économiquement arriérée. »

Ce qui existe actuellement, au pays des Soviets, ce n'est pas du communisme ; ce n'est même pas du collectivisme ; c'est ce que Lenine lui-même a appelé du capitalisme d'Etat.

Un résultat, néanmoins, est acquis. Au prix d'efforts et de souffrances terribles, l'Etat a nationalisé, dans le domaine industriel, les immeubles et les principaux moyens de production. Ce doit être la préoccupation de tous les socialistes, Bolcheviks ou non, d'empêcher que ce résultat, si chèrement payé, ne soit pas compromis par la NEP, la politique économique nouvelle.

E. VANDERVELDE.

Est-Ouest-Express

La Chine.

Faut-il écrire de nouveau : la Chine, et non plus : les Chines? C'est possible, et c'est presque gênant. Car sur les conseils des spécialistes, nous nous étions résignés à attendre « pendant une génération », l'unification inéluctable. Voici qu'une brève campagne militaire semble avoir abrégé le « lent travail » qu'on prévoyait. Oui, les choses ont marché assez rondement. A la fin d'avril, Wou Pei Fou et Tchang Tso Lin se faisaient face sur un front allant de Tchang Hsin Tien, à 16 kilomètres au sud-ouest de Peking, à Matchang sur la ligne de Tsien-Tsin à Pukeou (Nanking). On estime que Tchang Tso Lin disposait de 130,000 hommes, dont 110,000 amenés de Mandchourie. Les forces de Wou Pei Fou se montaient à 63,000 hommes, plus 35,000 en réserve sur la ligne de Peking à Hankeou.

Les hostilités commencèrent le 28 avril. L'opération principale eut lieu vers Tchang-Hsin-Tien : un mouvement tournant, exécuté par Wou Peï Fou dans la nuit du 4 au 5 mai déborda l'armée du nord, qui se débanda. Tchang Tso Lin se replia sans trop d'encombre sur la Mandchourie, découvrant Peking. Et le 2 juin, le président de la République Hsu Cheu Tchang, brave homme qui assistait impuissant à cette bataille perdue d'avance, pour lui, dans tous les cas, Hsu Cheu Tchang démissionna. C'est ce que voulait le général patriote et vainqueur. L'ancien président, Li Yuen Houng, lequel s'était retiré après la dissolution du Parlement et le coup d'Etat de 1917, le remplaça.

Il y eut une péripétie. Au milieu de juin, les avant-gardes de Wou Pei Fou, qui étaient arrivées à Chan Hai Koan, près de la Grande Muraille, y furent attaquées par celles de Tchang Tso Lin auxquelles la surprise de l'armistice rompu assura d'abord un léger succès (18-19 juin). Mais Wou Pei Fou reprit l'avantage, et Tchang Tso Lin, battu de nouveau, continua sa retraite. Du 5 mai jusqu'à ce jour, il aurait perdu 70,000 prisonniers...

Tandis que Wou Pei Fou conquérait ainsi, de haute lutte, le Nord et la capitale historique de la Chine, une révolution inattendue faisait disparaître le gouvernement du Sud. Depuis 1918, le président Soun Yat Sen, occidentalisé, chrétien, démagogue, rêveur et brouillon, se chamaillait avec divers militaires : Lou Young Ting, originaire de la province de Koangsi, où il fonda un gouvernement séparé ; puis Tcbeng Tchioung Ming, commandant de Canton. L'année 1921 fut remplie par la guerre interprovinciale de Canton et du Koangsi, puis par celles du Yunnan et du Koueitchéou d'une part, du Sentchoan de l'autre.

En 1922, Soun Yat Sen, exaspéré par la « révolte » du Koangsi, fit une singulière alliance avec le satrape mandchou Tchang Tso Lin. Il réussit à se débarrasser de Tcheng Tchioung Ming, qui, battu à Canton, s'enfuit, selon le rite, dans la colonie britannique de Hong Kong. Le « démocrate » Soun Yat Sen s'apprêtait à attaquer par derrière le général Wou Pei Fou, aux prises avec les Mandchous. Mais la victoire du sauveur de la Chine eut un contre-coup immédiat dans le Sud. Soun Yat Sen, se sentant perdu, s'enfuit à son tour, dans la colonie portugaise de Macao, et son ennemi, Tchen Tchioung Min, reparut à Canton, se déclarant prêt à coopérer avec Wou Pei Fou à l'unification de la Chine.

Wou Peï Fou est le maître de l'heure. Il a eu l'immense joie de voir s'évanouir ses rivaux du Nord et du Sud. Il a voulu montrer la pureté de ses intentions, sa modestie et son civisme en s'inclinant devant le gouvernement légal.

Il a reconnu Li Yuen Houng comme président de la République. L'ancien parlement, dissous, a été aussitôt convoqué avec l'appui des chefs militaires des provinces.

Wou Peï Fou est très jeune-Chine. Il n'y a qu'une voix pour louer son honnêteté personnelle. Dans cette lutte des généraux et des politiciens, le meilleur homme, incontestablement, a gagné. Mais il ne suffit pas que ce soit le meilleur. Il faut encore, pour qu'il mette fin à l'anarchie féodale et au morcellement provincial, qu'il soit un Bonaparte chinois, un Bonaparte qui se contenterait du « masque étroit ». Wou Peï Fou est convaincu de sa mission, et c'est beaucoup. Malheureusement, voici un nouvel obstacle à la régénération de la Chine : c'est le sentiment de trop parfaite sécurité que lui donne la Conférence de Washington, laquelle a garanti l'intégrité territoriale de la république céleste. Prime à la guerre civile, nous affirme un sinologue. Puis, il y a les habitudes de *mangerie* contractées par les chefs et les soldats. Mais croyons, en ce mois de juin, à l'étoile de Wou Peï Fou. Soyons Woupeïfoutistes.

L'Enver du Turkestan.

L'embarras chronique des chroniqueurs, ce sont les transitions. Cette fois, nous passerons sans peine de l'Extrême au Proche Orient. Le Turkestan nous servira de pont, et Enver de guide.

Donc, Enver Pacha est arrivé, il y a quelques mois, à Tachkent, capitale du Turkestan. Puis il s'est rendu à Bokhara, où il était chargé de réconcilier les insurgés musulmans, ou *Buzmaches,* avec la république soviétique locale. On sait que le bolchévisme est plutôt en recul dans ces régions. Les commissaires du peuple ont tyrannisé à loisir Bokhara, Samarcande, Tachkent, Andidjan ; les ouvriers du chemin de fer Krasnovodsk-Tachkent se sont faits les missionnaires de la doctrine.

Tachkent est un « séminaire de propagande soviétique ». Mais dans le Sud-Est du pays (la « Fergana »), dans l'Est (l' « Hissar »), les paysans et les montagnards, soulevés, résistent aux réquisitions bolchéviks.

Enver, envoyé en négociateur auprès des dits Buzmaches, au lieu de les calmer, se mit à leur tête. Depuis trois mois, il taille des croupières aux Bolchéviks; il a battu le fameux général de cavalerie Budienny; il a brûlé les puits de pétrole de Kokan, il a poussé jusque tout près de Bokhara.

L'Afghanistan voisin, naguère si chaud pour les Bolchéviks, accueille aujourd'hui les proscrits, les insurgés, les insoumis de Bokhara. Affranchi, par les Russes, des Anglais, il commence à s'appuyer sur les Anglais contre les Russes. L'émissaire de Moscou, Bravine, a été assassiné au sud de Kaboul en 1921, par deux fanatiques; son successeur, Raskolnikof, annonce qu'il laissera les Afghans tranquilles. Et l'émir de Kaboul, fort ambitieux, et à qui l'appétit vient en mangeant, commence à se découvrir des droits historiques sur l'Oxus, Merv, une partie du Turkestan.

Enver, ennemi des Bolchéviks, ennemi de Moustafa Kemal, peut-être allié des Afghans, réussira-t-il à fonder dans l'Asie centrale un grand Etat « turc-oriental »? Beaucoup de gens le croient. Les Russes, démoralisés, vont évacuer le Turkestan. Déjà ils négocient avec l'ancien khan de Khiva, Djumaïd, auquel ils offrent de rendre son trône.

Qui pousse Enver? Les Anglais, affirme-t-on. Si c'est vrai, le jeu est grandiose. L'Empire britanno-indien ne peut se passer d'une politique musulmane. Or, Moustafa Kemal est l'ennemi de l'Angleterre; il ne faut pas que le khalifat tombe en ses mains. Faïçal peut rendre des services; mais il manque d'étoffe; personne ne le prend au sérieux; il y a trop d'hilarité à la Chambre des Communes chaque fois qu'on prononce le nom du roi de Mésopotamie Il ne serait pas difficile, peut-être, de passionner les Musulmans de l'Inde pour la légende, l'épopée d'Enver. Le résultat final, d'ailleurs, importe peu. L'essentiel, c'est que Moustafa, l'ami des Bolchéviks, l'hôte de Claude Farrère, soit un peu diminué aux yeux des Musulmans. Cet effet ne saurait manquer. L'encouragement, qu'on y réfléchisse, n'est point négligeable pour tous ceux qui, dans l'Anatolie *non occupée*, en ont assez d'une guerre sans gloire. Les soulèvements, les mouvements réfractaires qui se produisent derrière le front de Moustafa Kemal, qui ruinent peu à peu son autorité, son gouvernement et son armée, tout cela, se faisant au nom d'Enver, héros de l'Islam, devient recommandable aux vrais croyants.

Géniale est la politique, anglaise ou non, qui exploite le désir de guerre et de gloire d'Enver, et le désir de paix des sujets de Moustafa Kemal.

Take Jonesco.

Cette question d'Orient, il y avait tout de même quelques hommes qui la connaissaient, et qui auraient fini par la résoudre. Mais l'ostracisme et la mort les atteignent l'un après l'autre.

Le 21 juin décédait inopinément, dans une clinique roumaine, un homme d'Etat d'une haute culture, d'une intelligence vaste et clairvoyante, qui fut un grand citoyen et un grand Européen.

On pourrait répéter à son propos ce qu'il a dit de M. Vénizélos: qu'il fut *une vraie grandeur humaine.* « J'entends par grandeur humaine, écrivait-il, l'harmonieux ensemble d'une haute intelligence, de la beauté morale et de l'inflexibilité de la volonté. » Ces qualités si rares, Take Jonesco les possédait et par sa politique comme par ses méthodes, c'est à l'illustre Crétois qu'il s'apparente.

Comme M. Vénizélos, il fut un partisan convaincu de l'Entente. Selon le mot de M. Barthou, il « entra en guerre aux côtés des Alliés, le 4 août 1914 ». C'est qu'il avait depuis longtemps vu venir l'orage et qu'il avait compris que l'intérêt de la Roumanie lui commandait de chercher un appui non point auprès des Centraux, mais auprès des puissances libérales de l'Occident.

A la veille de la conflagration européenne, M. Take Jonesco était à Londres. Le roi Charles lui avait confié, le 9 juillet, que l'empereur Guillaume avait décidé de *provoquer la guerre générale.* Aussi, dès que l'ultimatum Berchtold eut été signifié à la Serbie, il s'empressa de rentrer dans son pays. Le matin même de son arrivée, il fut prié à déjeuner par le roi. Il a raconté dans l'attachant volume de *Souvenirs* où sont reproduits quelques-uns des articles qu'il publia dans son journal *la Roumanie,* l'entretien qu'il eut avec Charles de Hohenzollern.

Il prédit que l'Angleterre ne resterait pas en dehors de la lutte, mais que, comme au temps de Napoléon, elle dépenserait jusqu'à son dernier shilling, jusqu'à son dernier homme. Il soutint qu'une victoire allemande, qui équivaudrait à une victoire hongroise, était « incompatible avec l'indépendance du royaume de Roumanie ».

Le lendemain, le lundi 3 août, eut lieu, à Sinaia, un Conseil de la Couronne. Sous la présidence du roi, étaient réunis les membres du gouvernement libéral que dirigeait M. Jean Bratiano, les anciens présidents du Conseil et les chefs de parti.

« Des engagements, dit le roi, nous lient aux puissances de la Triple Alliance et je suis saisi d'une demande des deux empereurs insistant pour que la Roumanie entre dans la guerre à leurs côtés. L'honneur aussi bien que l'intérêt nous obligent à répondre à leur appel.

— Aucun engagement ne nous lie, répond Take Jonesco, puisque les empires centraux n'ont pas été attaqués, mais ont provoqué la guerre. Et notre intérêt nous conseille à séparer notre cause de la leur. Imitons l'Italie qui, dans une situation identique à la nôtre, vient de se déclarer neutre. »

L'assemblée se rallie à son avis: la Roumanie n'interviendra pas.

A partir de ce moment, Take Jonesco ne cesse dans ses discours et dans ses articles de répéter que le devoir de la Roumanie est d'empêcher le triomphe des Centraux, sous peine de manquer à sa mission historique. Il dénonce le danger de l'intervention bulgare. Il prêche une politique d'action. Il montre que le Roumain n'a qu'un ennemi : le Magyar. « Il appartient ou bien aux Hongrois d'être sur les sommets des Carpathes et, de là, de nous dominer, ou bien à nous de nous installer dans la citadelle de la Transylvanie et de là, de dominer la steppe hongroise; il n'y a pas d'autre possibilité. » Aussi défend-il ce qu'il appelle *la politique de l'instinct national.* Il l'expose et la définit dans un grand discours prononcé, les 16 et 17 décembre 1915, à la Chambre des députés.

Quelques mois plus tard, cette politique l'emportait. Un nouveau Conseil de la Couronne, qui se tint à Cotroceni le 14 août 1916, décida la guerre.

« Messieurs, dit le roi Ferdinand, le moment est venu pour la Roumanie de choisir. Ce choix n'est pas douteux : nous ne pouvons que nous ranger aux côtés de l'Entente. »

La Roumanie entreprit sa « guerre de libération ». Les épreuves ne lui furent pas épargnées. Take Jonesco fut, dans les mauvais jours, l'âme de la résistance morale. Et lorsque se furent accomplies les prédictions qu'il avait faites, lorsque la victoire des alliés eut réalisé l'idéal qui lui était cher et que les Roumains des Carpathes s'unirent à ceux de la Bessarabie, l'éminent homme d'Etat fut aussi utile à son pays dans la paix qu'il l'avait été dans la guerre.

En mars 1908 il s'était séparé de ses amis conservateurs. Deux grands partis historiques, le libéral et le conservateur, s'étaient jusqu'alors succédé au gouvernement de la Roumanie, comme en Angleterre les *whigs* et les *tories*.

Take Jonesco essaya de briser les cadres traditionnels des vieilles organisations oligarchiques. De tempérament et d'éducation il était conservateur, mais il n'était pas hostile à des réformes sagement progressives. Il créa le parti démocrate. Après la guerre, il tenta de fondre les anciens partis dans un parti nouveau qui plaçât au-dessus des intérêts électoraux l'intérêt de la nation. Il échoua. Devenu président du Conseil à la chute du cabinet Averesco, il ne put se maintenir au pouvoir et les élections lui furent défavorables.

Il réussit mieux dans sa politique extérieure. C'est grâce à lui que fut édifiée la Petite Entente.

Take Jonesco eut le mérite de discerner que les intérêts de la Roumanie la lient indissolublement aux puissances occidentales, et de faire de cette idée l'inspiratrice de toute sa politique.

La Roumanie, — il l'a fort bien vu, — est carpathique, et non balkanique. Ce sont les Carpathes qui forment, pour ainsi parler, le noyau de l'Etat roumain. La Roumanie fait partie de l'Europe centrale, non de l'Europe orientale. Ses destinées l'unissent aux peuples que l'Autriche-Hongrie opprimait autrefois, en même temps que les Transylvains, aux nations mises comme une barrière entre la Russie et l'Allemagne. Take Jonesco préconisa l'union des Etats de la nouvelle « Moyenne-Europe ». Il fut avec M. Edouard Bénès l'artisan de la Petite-Entente. C'est qu'il connaissait admirablement la Roumanie et l'Europe. Il a eu des échecs personnels et le plus durable des succès. Ses idées sont devenues propriété nationale. Oui, c'était un grand Roumain et un grand Européen.

Le Mariage du roi Alexandre

Les noces de Belgrade étaient un point de son programme.

Les mariages de raison, dit-on, sont les meilleurs. S'ils

ne sont point toujours l'origine d'une longue postérité, ils enfantent au moins la Paix, cette fille immortelle. Le mariage du roi Alexandre fut un mariage de haute raison et de haute politique. Tant mieux pour les peuples des Balkans. On dit que par surcroît, et par miracle, ce fut aussi un mariage d'amour. Tant mieux pour ce couple sympathique.

Ce fut, enfin, un mariage pittoresque. Les journalistes qui ne l'ont pas vu l'ont décrit avec beaucoup plus de couleur que les autres. Ils ne tarissent pas sur le « rituel » et la « tradition ». Pas de demoiselles d'honneur, mais « des centaines de jeunes filles, habillées de blanc et portant des fleurs, formèrent une gracieuse garde d'honneur autour de la jeune princesse Marie de Roumanie, au moment où elle entra dans la cathédrale. » Le roi Alexandre est assisté d'un témoin, le duc d'York, second fils du roi d'Angleterre. Ce témoin, ou *Koum,* se tient à côté du maître de cérémonies (le *Stary svat*) derrière le couple nuptial. Tous deux portent pendant la cérémonie des couronnes au-dessus de la tête des époux... La fiancée est accompagnée d'un chevalier-servant (le *dever*) qui l'escorte à l'église, tient son bouquet et ses gants...

Après la cérémonie religieuse, le jeune couple est conduit à sa nouvelle résidence. En travers du seuil de la cour d'honneur est tendue une pièce de drap qui symbolise son entrée dans une nouvelle existence.

Ensuite l'épouse prend un tamis rempli de blé et de sucre. Elle en jette des poignées à tous les coins de la cour. Suivant la « tradition », elle doit compléter le rite en lançant elle-même le tamis par-dessus le toit de sa nouvelle maison.

Ici, le « journaliste qui n'a pas vu » s'avise, judicieusement, que l'élévation du palais royal de Belgrade a bien pu obliger la reine à donner une légère entorse au protocole. La jeune reine s'approche ensuite « de la porte en tenant un pain et un carafon de vin », symbole de la joie et de l'abondance qu'elle apporte à son mari. Enfin, elle prend dans ses bras un enfant, l'embrasse et l'orne d'une des parties de sa parure. Le bénéficiaire de ce geste gracieux sera un enfant de Topola, le berceau de la famille des Karageorges.

Les journalistes qui ont vu la cérémonie ne l'ont pas trouvée moins pittoresque; mais ce qui les a surtout frappés, c'est l'averse persistante dont elle fut « favorisée » et sous laquelle les Belgradois demeurèrent « stoïques » jusqu'au bout.

Cette pluie historique, et qui n'est pas du tout nationale, est-elle de bon augure pour le jeune royaume? Les Serbes, les Croates et les Slovènes différeront peut-être d'avis sur ce point-là comme sur tant d'autres. Mais la majorité de la nation y verra un excellent présage. Dans les pays du *mauvais œil,* les petites mésaventures de cette espèce sont considérées comme la minime rançon des grands bonheurs...

Les souverains de Serbie, longtemps, se sont assez mal mariés. Les maisons régnantes, alors fort dégoûtées, semblaient faire fi de leur alliance. Le prince Michel épousa une descendante d'Hunyadi János, héros authentique, certes, mais dont le nom est aujourd'hui mal porté. Le roi Milan épousa une noble d'origine russo-moldavienne. Alexandre Obrénovitch prit Draga pour femme, après avoir d'abord songé à une princesse allemande. Pierre Karageorgévitch épousa jadis la princesse Zorka du Monténégro, sœur de la reine d'Italie, mais elle mourut prématurément, et l'histoire n'a connu le roi Pétar que sous l'aspect d'un veuf mélancolique...

Marie, reine de Roumanie, a changé cette tradition. Elle a fait entrer Alexandre le Victorieux dans une famille plusieurs fois royale. Elle lui a donné sa seconde fille. L'ainée, Elisabeth, avait épousé le diadoque hellénique, le futur Georges II, celui qui réconciliera définitivement la Grèce avec la *Grande Entente*. Quant à la princesse

Hélène de Grèce, c'est aujourd'hui la compagne du prince royal de Roumanie...

Qu'on le veuille ou non, la cérémonie de Belgrade consacre le système balkanique de 1913. Des gens pressés, des conseillers pressants, et même importuns, avaient arrangé une autre combinaison, que certains diplomates nous présentent sans cesse comme réalisée ; la Bulgarie s'unirait à la Serbie, et naturellement, la Grèce ferait les frais du rapprochement.

M. Stambouliski, paysan matois, prédit volontiers une immense Yougoslavie, qui, touchant à toutes les mers, compterait au nombre de ses cités, Andrinople, Salonique, Sérrès, Castoria (1). Belle vision. Mais il a soufflé dessus, sans le vouloir, le jour où il a envoyé au Croate Raditch un télégramme de sympathie. Les Serbes ont compris que les Bulgares, n'ayant pu tuer la Serbie par une attaque de front, ni par un coup de poignard dans le dos, veulent maintenant la ruiner *de l'intérieur,* en s'y introduisant.

« En appelant de ses vœux un remaniement de la carte politique des Balkans, dit un bon observateur, M. Stambouliski brûle une étape : celle du rétablissement des rapports de confiance et de cordialité entre les deux peuples ». Par contre, la politique des mariages balkaniques a déjà porté des fruits amers pour la Bulgarie ; les ministres des Affaires étrangères de Serbie, de Roumanie et de Grèce, réunis à Belgrade à l'occasion des noces royales, ont rédigé une note à l'adresse du gouvernement de Sofia : c'est un ultimatum, s'il vous plaît, invitant le gouvernement bulgare à dissoudre ses bandes de komitadjis qui, par habitude, reprenaient le chemin de la Macédoine...

Que si, même, par l'effet de quelque magie, les Bul-

(1) M. Stambouliski s'est fait le champion de la plus grande Yougoslavie « d'un grand Etat qui, des côtes de la mer Noire à l'Adriatique, de Dédéagatch, Cavalla, Salonique, Voden et Castoria, à Tutrakan et à Balchik, d'Enos-Midia au Drin noir, partout où retentit le verbe slave, engloberait tous les Slaves du Sud ».

gares renonçaient à leurs réclamations, et que l'entente se fit, il est puéril de supposer que la spoliation de la Grèce s'en suivrait. La puissance qui mène la Confédération du Sud est la Grande Roumanie. Elle prétend, plus que jamais, n'être point balkanique. Mais elle a besoin de *l'équilibre dans les Balkans*; menacée par la Russie, haïe des Bulgares, elle doit forcément encourager dans la Péninsule l'élément non-slave. L'Albanie n'existait pas: elle fut, en 1912, au premier rang de ses inventeurs. La Grèce existe, quoi qu'on dise: la Roumanie doit logiquement la souhaiter la plus grande et la plus forte possible. La Roumanie attaquée sur deux fronts en 1916, veut être absolument tranquille du côté des Bulgares et du côté des Turcs, leurs alliés. N'en déplaise à la France, jamais Bucarest ne souffrira même ces quelques kilomètres de frontière commune que, sur la demande de M. Poincaré, il avait été question de donner aux Bulgares et aux Turcs. Voilà la traduction politique des mariages roumano-gréco-serbes. Si ces faits et ces idées paraissent surprenants, même à nos lecteurs, la faute en est à cette constante propagande turco-bulgaro-magyarophile, qui substitue une série de mirages à la vision réelle du monde oriental. Le public est aujourd'hui pourvu d'opinions commodes sur les « nouveaux pays ». Il est généralement aussi sévère pour nos alliés qu'il est indulgent à nos ennemis. Il rabaisse, au profit des Bulgares, « peuple laborieux, peuple d'avenir », les Roumains et les Serbes. Il affecte de « ne pas croire à la Yougoslavie », à moins qu'elle ne soit « régénérée par les Bulgares ».

« Les Occidentaux, dit justement M. Gauvain, se montrent singulièrement sévères, dans leurs appréciations hâtives. Leur ignorance est immense, et pourtant ils n'hésitent guère à porter des jugements tranchants. Au lieu de critiquer, ils feraient mieux de s'instruire. Avant d'aller porter ce qu'ils croient être la bonne parole à des populations disposées à les accueillir avec sympathie, mais promptes à relever des erreurs qui paraissent inexcusables, ils devraient étudier l'histoire et les mœurs des pays où ils promènent leur dilettantisme ».

Pilsudski et Ponikowski.

Par exemple, il faut pardonner aux Occidentaux qui ne comprennent rien à la crise polonaise! *Ces choses-là sont rudes...* La Pologne elle-même y perd son vieux latin parlementaire. Mais le *Flambeau* ne brille nulle part d'un plus vif éclat que dans la nuit sarmate.

M. Ponikowski, ancien recteur de l'Ecole polytechnique de Varsovie, accepta, en septembre 1921, le poste de président du Conseil. Il forma un cabinet d'affaires, qui devait « finir la session ». Le 5 mars de cette année, l'affaire de Wilno amena la démission du cabinet. La droite, en effet, ardente à la conquête du pouvoir, fait flèche de tout bois pour tirer sur les gouvernements qui collaborent avec la gauche. Elle réclamait l'annexion immédiate de Wilno, et accusait de tiédeur le ministère, gêné par ses engagements internationaux. Mais la Droite ne réussit pas. 247 députés de la Diète, contre 136, proposèrent de confier à M. Ponikowski la mission de former le nouveau cabinet. Et ce fut le second cabinet Ponikowski (10 mars) à peu près identique au premier, sauf que le portefeuille de l'Intérieur y fut confié à M. Antoine Kamienski, remplaçant M. Dowranowicz. Tout « tiède » qu'il était, M. Ponikowski, d'ailleurs, annexa Wilno aussi bien qu'un autre, sans avoir l'air d'y toucher.

Donc, le cabinet, appuyé sur une majorité d'une douzaine de voix, vivait assez tranquillement en attendant la date fixée pour les élections: 1er octobre 1922, au plus tard. Car la Diète actuelle ne peut vraiment prolonger son existence au delà de cette date. C'est une Constituante, et elle a voté la Constitution le 17 mars 1921!

La grande force du cabinet Ponikowski, c'était la

faveur du chef de l'Etat. Le maréchal Pilsudski tenait à ce cabinet extra-parlementaire d'origine, mais qui, en somme, gouvernait avec la gauche. Aussi la stupéfaction fut-elle complète parmi les Polonais de Pologne et de l'étranger, lorsque le Président, dans l'historique conseil du 2 juin, se mit à critiquer âprement la gestion des différents ministres. Le maréchal était, ce jour-là, très noir.

Nos lecteurs connaissent une des raisons de son pessimisme. La chute du ministère finlandais Vennola-Holsti, la non-ratification, par le gouvernement de Helsingfors, de l'accord de Varsovie, et par conséquent l'effritement de la *Petite Entente élargie,* c'était certes un échec pour M. Skirmunt. Nos lecteurs savent aussi que la politique de ce ministre à Gênes, quoique défendable (1), fut blâmée. Le maréchal reprochait au ministre un optimisme un peu trop rayonnant. M. Michalski, ministre des Finances, fut aussi pris à partie : il aurait fait de dangereuses économies sur la défense nationale ! M. Kamienski, ministre de l'Intérieur, fut tenu pour responsable du mécontentement général, lequel promettait des élections assez funestes !

Bref, les ministres, accusés de « *bavarder sans agir* », donnèrent séance tenante leur démission collective. Ainsi commença la *crise de juin,* qui sera peut-être encore la crise de juillet. C'est, au fond, un nouvel épisode du duel de Pilsudski et de la Droite. La Droite, en effet, voyant le maréchal renvoyer comme des domestiques ces ministres qu'elle n'aimait pas, se sentit au cœur le vif désir de les soutenir. La gauche hésita, et ce qui est pis, se divisa. Le groupe des conservateurs modérés de Galicie, lequel avait fait partie de la majorité, fut d'accord avec la droite pour conserver, malgré le Président, le gouvernement en disgrâce.

Par contre, les partis paysans Thugutt et Witos, qui

(1) Voyez le *Flambeau* du 31 mai 1922.

détestent M. Skirmunt, se portèrent, avec les juifs et les socialistes, au secours du chef de l'Etat.

Il existe à la Diète une « Commission des chefs de parti », qui depuis longtemps tendait à s'arroger un certain contrôle sur l'Exécutif. Instrument de la Droite, la dite Commission invita le maréchal-président à venir s'expliquer devant elle ; ce qu'il fit d'assez mauvaise grâce et non sans *deminutio capitis*. Après quoi, le président de la Diète, M. Trompczynski, demanda aux partis leur avis sur la crise. Et toute la droite, y compris les députés allemands, soit 256 voix, vota pour le maintien de Ponikowski ; 164 voix de gauche se prononcèrent pour le gouvernement.

Le Belvédère, battu, contre-attaqua la *Commission,* à laquelle il refusait tout droit constitutionnel. Il se mit à consulter directement les chefs de parti, et marqua si nettement sa résolution que M. Ponikowski, malgré le vote du Parlement, renonça à reformer le Cabinet. Enfin, le maréchal crut pouvoir rallier la majorité en posant, à son tour, une *question* à la Diète. Il lui demanda d'élucider un point sur lequel la Constitution ne se prononce pas clairement, ni la « Petite Constitution » du 2 février 1919 : le Chef de l'Etat jouit-il seul du droit d'initiative, peut-il choisir le premier ministre, ou bien ce droit appartient-il à la Diète ou à sa Commission ?

La Chambre répondit par le vote du 16 juin. Elle reconnut « en principe » le droit d'initiative du chef de l'Etat, mais elle le nia en fait, puisqu'elle s'attribua à elle-même ou à sa délégation la décision en cas de conflit.

La « réponse » fut votée par 188 voix contre 179. Deuxième défaite pour le chef de l'Etat, deuxième victoire de la droite. Celle-ci put croire venue cette heure qu'elle attend depuis 1918. Le chef de l'Etat s'inclina. La Commission s'érigeant en comité de Salut public, usa du droit qu'elle venait de se reconnaître, et voulut faire un président du Conseil. Ce fut M. Przanowski, élu à une très forte majorité... Mais M. Przanowski voulait conserver M. Skirmunt, et M. Skirmunt avait des ennemis ailleurs qu'au Belvédère.

M. Przanowski comprit bientôt les difficultés de sa tâche. Il ne s'entêta point, la Commission non plus. Elle ne recommença pas son coup d'essai. Le maréchal reprit lentement l'offensive. Le 25 juin, un député populiste de gauche, M. Woznicki, lui soumettait une motion *priant le chef de l'Etat d'user du droit d'initiative que lui confère la Petite Constitution.* Et le spectre d'une crise présidentielle, d'un gouvernement national-démocrate, d'élections brusquées, provoqua un retournement de la majorité. Le 25 juin, la motion était votée par 300 voix contre 100. Le maréchal avait perdu deux manches, mais gagné la belle. A ce jeu-là, c'est la victoire. Le centre galicien repassait à gauche. L'opposition irréductible ne comprenait plus que les *N. D.* de M. Dmowski.

Le 26 juin, M. Pilsudski adressait à M. Trompczynski, président de la Diète, une lettre l'informant qu'il avait chargé M. Arthur Sliwinski, vice-président de la ville de Varsovie, de former le ministère. M. Sliwinski, historien de valeur, politicien sans couleur, accepta, et le 30, le gouvernement était constitué. MM. Skirmunt et Michalski en sont exclus. La gauche exulte; la droite prédit des catastrophes.

Nous verrons si MM. Sliwinski, Narutowicz et consorts feront de bonne politique, de bonnes finances et de bonnes élections. C'est en octobre seulement qu'on jugera si le maréchal a vraiment gagné sa bataille et son bâton.

La Crise Tchéco-Slovaque.

Ce sont des partis qui s'affrontent en Pologne. En Tchéco-Slovaquie, ce sont des nationalités. Le mois de juin a été caniculaire sous cette latitude. On s'est battu tout le temps, et surtout pour les écoles.

Les Allemands qui jouissaient autrefois d'une situation

privilégiée, voudraient conserver une hégémonie qui leur échappe. Le gouvernement de Prague ayant été amené, pour des raisons d'ordre administratif ou financier, à supprimer quelques écoles allemandes, fut interpellé violemment le 13 juin, et la discussion ne se termina que le 21 juin par le vote d'un ordre du jour de confiance.

Le ministre de l'Instruction publique, M. Srobár, n'eut pas de peine à démontrer que la situation était loin d'être défavorable aux Allemands. Au 1er décembre 1921, sur un budget de 597,620,954 couronnes, 64.13 p. c. revenaient aux écoles primaires tchèques et 35.87 p. c. aux écoles primaires allemandes, bien que la proportion des habitants de nationalité tchèque s'élève, en Bohême, à 66.6 p. c. et celle des habitants de nationalité allemande, à 33.03 p. c.

La proportion des écoles secondaires est la même que celle des écoles primaires. Les Tchéco-Slovaques ont une école secondaire tchèque pour 34,300 habitants, les Allemands une école secondaire allemande pour 26,900 habitants.

En ce qui concerne les écoles spéciales les chiffres sont plus éloquents encore : 33.3 p. c. des écoles industrielles en Bohême, en Moravie et en Silésie sont des écoles allemandes ; il en est de même pour 63.4 p. c. des écoles professionnelles et pour 67.9 p. c. des écoles spéciales.

Enfin l'on sait que, sous le régime autrichien, il n'y avait pour tous les Tchéco-Slovaques qu'une seule université, celle de Prague, et deux écoles techniques supérieures.

M. Srobár — et c'est la partie à notre sens la plus intéressante de son discours — a dressé un tableau précis de l'enseignement en Slovaquie. Car a-t-il dit, « si en Bohême, en Moravie et en Silésie les écoles tchèques étaient traitées d'une façon injuste, les torts causés à la jeunesse slovaque allaient jusqu'à la barbarie. »

L'Etat n'avait pas créé d'autres écoles primaires que les écoles magyares et dans les écoles *libres,* c'est-à-dire confessionnelles, qui formaient 10 p. c. du nombre des écoles, l'enseignement du magyar était obligatoire.

Toutes les écoles primaires supérieures, secondaires, professionnelles, industrielles, agricoles et supérieures étaient des écoles magyares, non seulement par la langue d'enseignement, mais encore par leur esprit. C'est-à-dire qu'elles étaient autant d'instruments de magyarisation. Et la magyarisation étouffait de la même manière Slovaques, Allemands et Ruthènes.

La situation a changé. Pas assez, au gré des membres du Parti populaire slovaque, lesquels sont intraitables. Comme le ministre qui est Slovaque, lisait, à la fin d'une séance de nuit, le 21 juin, des statistiques rédigées en tchèque, voici ce que rapportent les *Annales parlementaires* :

M. JURIGA (du Parti populaire slovaque) : C'est une honte, il rougit de parler slovaque !

Le vice-président, M. Hruban, rappelle l'interrupteur à l'ordre.

M. JURIGA : Il trahit le peuple slovaque !

L'interrupteur est de nouveau rappelé à l'ordre.

M. PELIKAN (de la Coalition gouvernementale) : Parlez magyar, Monsieur le ministre ; cela leur sera plus agréable !

Le Dr SCHOLLICH (national-allemand) : On voit à présent le bluff de « l'unité tchéco-slovaque ! ».

Le vice-président rappelle à l'ordre le député Schollich.

Quelques jours plus tard, le ministre déposait un projet de loi sur l'enseignement, la « petite loi scolaire ». Elle ne réalise point, en effet, une réforme générale et définitive ; mais une réforme partielle et provisoire.

Elle décrète (art. 8) que, dans tout le territoire de la République, la fréquentation scolaire sera de huit années. Pour la Slovaquie, où les élèves n'étaient autrefois astreints qu'à six années d'école, l'augmentation est sérieuse. Et dans ce pays où l'instruction fut singulièrement négligée par le régime magyar et où l'immense majorité de la population ne dépasse pas l'école primaire, le progrès est indéniable.

Cependant, les Slovaques n'épargnent pas les critiques à la loi.

« Quand la République tchéco-slovaque s'est fondée, a dit le Dr Bobok, porte-parole du Parti populaire slovaque, les Slovaques ont mis dans le blason de leur nouvelle patrie une croix double, la croix apostolique; ils espéraient qu'elle symboliserait la victoire de la Foi religieuse et de l'Idée nationale. Le peuple slovaque a bientôt été déçu, car il a vu que la double croix n'était pas le signe de la victoire, mais d'une double défaite pour sa religion et sa nationalité. » Ce que les Slovaques reprochent à la loi (et ces critiques n'étonneront pas le lecteur belge) c'est de substituer à l'enseignement religieux la morale laïque et de favoriser les écoles de l'Etat au détriment des écoles confessionnelles.

Le projet Srobár institue, en effet, des cours de morale civique.

« Belle morale que votre morale laïque! s'écrie le Dr Petersilka, chrétien-social allemand.

Le député CERMAK: Vous vous servez de l'Eglise dans un but politique!

Des députés: Dire que c'est un prêtre qui parle ainsi!

M. PETERSILKA: Vous savez bien que dans certains gouvernements russes les laïcisateurs ont obligé des jeunes filles de 18 ans à se faire inscrire sur les registres de la prostitution!

Le député HILLEBRAND: Vous en avez menti!

Des députés: Vous êtes un calomniateur, un ratichon menteur!

Vacarme. Le président sonne sans interruption.

Quant aux Allemands, ils voient dans l'enseignement civique une machine de guerre contre le germanisme et l'un d'eux s'écria: « Ne poussez point notre patience à bout, sinon vous provoquerez la guerre civile! » C'est du Schollich!

Une autre question qui, à première vue, semble inoffensive, a déchaîné, elle aussi, une opposition acharnée.

Comme l'Etat possède toutes les voies ferrées de Tchéco-Slovaquie, le ministre des Chemins de fer, M. Sramek, proposait le rachat du chemin de fer d'Aussig (Usti)-Teplitz (Teplice), dont l'administration et les capitaux sont exclusivement allemands.

L'exaspération des Allemands grandit encore lorsque vint en discussion le projet de loi sur les emprunts de guerre austro-hongrois. Dans l'intérêt d'une foule de petites gens et d'un grand nombre d'entreprises industrielles et financières, le gouvernement propose d'indemniser une partie des porteurs de titres. Toutefois, il met comme condition que ceux-ci emploieront le montant des sommes qui leur seront remboursées à souscrire au quatrième emprunt tchéco-slovaque. Il demande aux Allemands une preuve de loyalisme. Cette prétention les irrite.

M. Bénès se croyait certain d'emporter un vote favorable. Il ne comptait pas trop sur l'adhésion des députés allemands qui représentent la bourgeoisie capitaliste de Bohême; mais il espérait que les socialistes allemands, qui représentent les petits porteurs de titres, voteraient le projet, moyennant quelques retouches. Les *Kriegsanleihe-Schutzverbände* (associations pour la protection des détenteurs d'emprunts de guerre) s'agitaient. Les socialistes allemands n'osèrent promettre leur suffrage. D'autre part, les nationalistes tchèques et les nationaux-démocrates annonçaient qu'ils ne participeraient pas à la discussion d'une loi qui, sans doute, les intéressait médiocrement. La session parlementaire touchait à sa fin. En vain le président du Conseil essaya-t-il de négocier avec Allemands et Tchèques, également intraitables. La séance de la Chambre avait commencé à 8 heures du soir. A l'aube, M. Bénès retira son projet.

C'est regrettable pour son prestige et pour le nôtre. Nos ennemis ne manqueront pas de dire que c'est un échec pour le *Flambeau!*

Rathenau.

« Après l'assassinat de Kotzebue, immolé par Karl Ludwig Sand, le 23 mars 1819, dit la *Deutsche Zeitung,* le prince de Metternich convoqua ses collègues, les ministres des divers Etats allemands, et leur dicta les décrets de Karlsbad. Ce furent des temps terribles pour la partie devenue consciente de la bourgeoisie allemande, pour la fleur de la jeunesse académique. Les plus nobles, les plus méritants parmi les fils du peuple, Stein, Greisenau, Arndt furent suspectés, persécutés. Dans notre histoire, ces années de réaction ont une réputation funeste et personne ne les a condamnées plus impitoyablement que nos partis de gauche. »

On le voit : Kotzebue, l'espion tu tzar, l'œil de Moscou, c'est Rathenau, Rathenau de Rapallo. Günther, si fier de sa modeste collaboration à l'œuvre libératrice, le jeune Günther, *cand. phil.,* secrétaire de Ludendorff, correspondant de Helfferich, l'ange de l'assassinat, le vengeur vierge, c'est *Sand redivivus.* Nous nous imaginions les monarchistes allemands courbant la tête sous les imprécations ; nous croyions au discrédit durable du « parti du crime ». Mais si le parti du crime a quitté, un instant, son attitude isolente, c'est qu'il lui convenait de poser au martyr. Il se drape à présent dans des souvenirs romantiques. Il se plaint d'être persécuté, et proteste, au nom de toutes les libertés germaniques, contre les ordonnances du Président d'Empire. M. Wirth est un Metternich qui veut, comme l'autre, vinculer la pensée allemande. Les universités le combattront jusqu'à la mort.

A Heidelberg, le 28 juin, le conseiller intime, Prof. Dr Lenard, prix Nobel, refusa de mettre en berne le drapeau de l'Institut de physique, et commença son cours, au mépris d'une ordonnance ministérielle. Comme les ouvriers républicains voulaient faire respecter la loi, les étudiants, groupés autour de leur maître, tentèrent sur la foule une expérience physico-politique en l'arrosant scientifiquement...

En 1819, les universités étaient seules contre les gouvernements à défendre l'idée allemande. En 1922, derrière les princes de la science s'avancent les princes tout court. Et la Bavière, en état de semi-restauration, n'a pas attendu vingt-quatre heures après la mort de Rathenau pour proclamer, au nom de l'Allemagne des patriotes, la résistance à l'oppression.

Les rôles sont retournés, dira-t-on. Parfaitement, et complètement. Ouvrez les journaux nationalistes. Lisez les titres: *Attentat contre... Helfferich!... Le Bolchévisme en marche... La Dictature sanglante... L'Appel aux baïonnettes françaises et aux canonnières anglaises... Les patriotes privés du droit de penser, pour deux ans.*

Le comte Lerchenfeld, en plein Landtag de Bavière, a traduit ces sentiments et trouvé la formule de la résistance légale à l'arbitraire:

Le gouvernement bavarois, a-t-il dit, ne peut approuver l'ordonnance principale et cela pour les raisons suivantes. Le point essentiel est l'extension de la protection aux anciens gouvernements républicains et à leurs membres. Cette mesure est excessive. Elle est inutile à la protection du gouvernement actuel. En Bavière elle pourrait amener des poursuites judiciaires que réprouverait le sentiment public (1). La peine de trois mois de prison fixée comme minimum est exagérée. Les prescriptions relatives au Tribunal extraordinaire empiètent sur la souveraineté des Etats confédérés. Ce tribunal n'a pas le caractère fédéral que devraient posséder toutes les institutions communes de l'Allemagne. Le droit de grâce du Président d'Empire reçoit une extension incompatible avec la souveraineté des Etats dans l'ordre judiciaire. Enfin il s'agit de mesures d'exception qui, d'après la déclaration expresse du ministre de la Justice d'Empire, M. Radbruch, sont dirigées contre la Droite, par conséquent contre une partie du peuple allemand. Or les mesures d'exception sont toujours regrettables et devraient disparaître le plus tôt possible, tandis que l'ordonnance principale doit être transformée en loi. Toutes nos objections

(1) Le comte Lerchenfeld fait probablement allusion aux assassins de Kurt Eisner.

contre l'ordonnance valent, et bien plus fortement encore, contre la loi.

Il est incontestable que nos mœurs politiques sont devenues sauvages. C'est la dernière conséquence de la guerre, c'est *le résultat de l'impossible traité de Versailles,* c'est l'effet de la pression inouïe à quoi notre patrie est soumise depuis le 28 juin 1919. Il ne peut s'agir du choix entre la république ou la monarchie. Si des ordonnances sont nécessaires, leur titre doit exprimer qu'elles sont rendues *pour la protection de la Constitution, non de la République.* C'est seulement à cette condition que tous les citoyens pourront respecter des décrets destinés à combattre les excitations et les mensonges politiques.

On a bien lu. Le comte Lerchenfeld veut proscrire le nom même de la République (*Republik*), employé, il est vrai, dans ces ordonnances avec une ostentation à quoi nous n'étions pas habitués. La République veut imposer « son nom, ses lois et son drapeau ». Quelle audace! N'est-ce pas une audace excessive? La *Frankfurter* se le demande mélancoliquement.

Il y a huit jours que Rathenau est tombé. La première nouvelle nous avait atterrés. Puis éclata en nous le sentiment qui inspira au chancelier d'Empire la parole célèbre: « Maintenant, c'est assez. » Assez de tolérance, assez de conciliation. Soyons fermes, soyons impitoyables envers ceux qui nous menacent, qui menacent notre patrie commune. Telle fut notre seconde pensée, il y a une semaine. Mais la troisième, hélas! fut la question résignée: combien de temps cette volonté d'assurer à tout prix le respect et la sécurité de l'Etat, combien de temps cette volonté restera-t-elle tendue? Ne sera-ce pas, comme après l'assassinat d'Erzberger, grande effervescence d'abord, et puis au bout de deux, de trois semaines, toute cette agitation vint se briser contre l'écueil de la bureaucratie, du particularisme, de la veulerie?

Et l'orthodoxe gazette de la dynastie Sonnemann, quelques lignes plus bas, nous administre topiquement la preuve de cette veulerie en s'inquiétant des manifestations socialistes qui, dit-on, se préparent!... Mais est-on bien sûr que les socialistes majoritaires soient, eux-mêmes, aussi joyeusement disposés à la lutte qu'ils le paraissaient d'abord? Le compagnon Scheidemann, l'autre jour, réclamait la dissolution du Reichstag, l'entrée en campagne de toutes les forces socialistes contre les assassins et les affameurs. On sait que l'Allemagne agrarienne exigeait le retour au commerce libre et la suppression du ravitaillement en pain; c'était la question de l'*Umlage*, de la livraison forcée par les cultivateurs de 2,500,000 tonnes de céréales à un prix de beaucoup inférieur à celui du commerce libre. La suppression de l'*Umlage* devait faire monter de 14 à 40 marks le prix du pain. M. Scheidemann affirmait que le cri de guerre « Gegen den Brotwucher » promettait la revanche des élections de malheur, celles de 1920. Le meurtre de Rathenau augmentait encore les chances du seul parti qui en Allemagne soit vraiment républicain. Or, les socialistes, subitement calmés, viennent de souscrire à un compromis. L'*Umlage* aura lieu; mais les prix consentis aux paysans sont rémunérateurs et se rapprochent des prix du marché intérieur libre. Dans tous les cas, c'est le pain cher. Les socialistes ont-ils reçu l'assurance qu'en échange de leurs concessions aux agrariens la majorité votera, malgré la Bavière, la loi sur la protection de la République? Il n'y paraît pas. Rien n'apparaît d'ailleurs sur le brumeux horizon.

Aussi préférons-nous finir par des citations plutôt que par des prophéties. Walther Rathenau l'a dit: « La nouvelle Allemagne est de tous les peuples le plus inconnu. » Et il a dit encore, cet Hébreu: « Nous sommes une génération de transition, destinée au fumier, indigne de la moisson. »

ANAGNOSTE.

Correspondance

Nous avons reçu de M. Pierre Nothomb, la lettre suivante que nous nous faisons un devoir de publier.

Messieurs,

M. le baron Beyens vient de répondre longuement dans le *Flambeau* à mon article sur la *Déclaration de Sainte-Adresse*. Il me serait personnellement agréable de riposter. Je m'abstiendrai de le faire pour quatre motifs:

1° Le premier motif est que l'ancien Ministre des Affaires étrangères a fait de sa politique un tableau qui confirme tout ce que j'en ai dit et qui rend inutile tout ce que je pourrais dire. Souci de notre petitesse, attachement à la neutralité, peur des alliances, ignorance de notre esprit public, humiliation devant la Hollande, crainte que les Allemands ne nous traitent en ennemis (!) — doute de la victoire en un mot: voilà la folle politique qu'on nous expose comme ayant été pendant deux années de guerre celle de la sagesse. Il y a beaucoup de détails à ajouter au tableau, rien d'essentiel;

2° Le second motif est qu'il me déplaît de faire usage d'éléments que je n'ai connus, après le départ du baron Beyens, que grâce à une collaboration avec ses successeurs. Il est facile et assez peu courageux de la part de mon éminent contradicteur de traiter de « bruits sans fondement » et même de « ragots de trottoir » certains faits que j'ai cités. J'ai écrit dans les premières lignes de mon article de février que j'aurais le souci de ne dire que ce que savait à ce moment à Sainte-Adresse « tout patriote indépendant et inquiet ». Si M. le baron Beyens n'a pas compris ma discrétion, ce n'est pas une raison pour moi de m'en départir, fût-ce pour lui prouver ses erreurs;

3° Le troisième motif c'est que certaines allégations de M. Beyens se réfutent d'elles-mêmes. Sa politique était celle du Gouvernement : allons donc ! Il dit lui-même que le Cabinet était divisé sur les problèmes d'avenir. Et le comte de Broqueville vient de lui donner un démenti assez éclatant en disant que son gouvernement avait, dès 1915, posé devant l'Europe la question rhénane. La vérité est que pendant deux ans un ministère faible et dispersé crut tenir en mains un ministre des Affaires étrangères qui lui échappait et agissait seul, comme à Londres, en juillet 1916, à la première injonction du voisin... Quand la politique rhénane que nous préconisions fut-elle une politique d'annexion de la Rhénanie? etc., etc.;

4° Le quatrième motif, et le plus grave, c'est que, en se défendant, M. Beyens, ancien Ministre des Affaires étrangères et ambassadeur en fonctions, entraîné par son sujet s'est oublié jusqu'à fournir aux Hollandais des arguments de nature à leur être puissamment utiles contre nous dans des négociations en cours. Les traités de 1839 étaient intangibles dans leurs stipulations territoriales! Déclaration aussi peu juridique que fâcheuse au moment où il s'agit de montrer à la Hollande que ce qui domine le problème hollando-belge c'est la décision du 8 mars 1919, qui décide la revision des traités « dans l'ensemble de leurs clauses ». Je préfère ne plus donner à l'honorable diplomate l'occasion de fournir des armes à nos adversaires et, par des déclarations certainement inconsidérées, de nuire gravement à son pays.

Veuillez agréer, etc.

PIERRE NOTHOMB.

Paul Errera
(23 juillet 1860 — 12 juillet 1922).

James Ensor : Barques échouées. — Eau-forte (1888).

James Ensor : Les diables Dzitts et Hikahox conduisant le Christ aux Enfers. — Eau-forte (1895).

Georges Petit : Buste du peintre Auguste Donnay.

Le Secret de William Stanley

VIe Comte de Derby

M. Abel Lefranc, l'éminent professeur du Collège de France, l'auteur de *Sous le Masque de William Shakespeare,* a fait au *Flambeau* l'insigne honneur de lui adresser, en trois articles, une réfutation d'une objection stratfordienne, formulée ici même par M. Paul de Reul. Pourquoi le VIe comte de Derby a-t-il gardé toute sa vie l'anonymat qui le privait de la gloire la plus éclatante? M. Lefranc admet que s'il ne réussit pas à expliquer ce secret, son hypothèse a beaucoup de chances de rester une hypothèse. La publication de la présente étude, attendue avec impatience par tous les shakespeariens, doit apporter la « décision » de cette passionnante bataille littéraire.

Au cours de deux volumes, publiés dans les premiers mois de 1919 et intitulés: *Sous le Masque de William Shakespeare: William Stanley, VIe comte de Derby* (Paris, Payot, in-16), j'ai entrepris de prouver que le théâtre shakespearien n'était pas l'œuvre de l'acteur de Stratford-sur-Avon, mais celle d'un membre de l'aristocratie anglaise de l'époque élisabéthaine, et, selon toutes les vraisemblances, de William Stanley, VIe comte de Derby. Depuis lors, cette thèse a été discutée, parfois avec passion, en plusieurs centaines d'articles (1), tant en France qu'à l'étranger. Parmi les critiques, les uns l'approuvèrent; d'autres la contestèrent ou la nièrent; d'autres encore, incertains et troublés, réservèrent leur jugement définitif, tout en admettant le bien-fondé de certaines parties de la démonstration. En particulier, les pages relatives à la charmante comédie

(1) On peut en évaluer le nombre à près d'un millier.

de *Peines d'Amour perdues* retinrent, à peu d'exceptions près, l'attention de tous ceux qui s'appliquèrent avec quelque esprit de suite à l'examen de la question. Les éléments réels dégagés au cours de cette étude frappèrent quantité de personnes(1). On doit noter, en outre, que certains juges, et non des moins qualifiés, se sont prononcés pour une solution transactionnelle. Partant de cette idée que Lord Derby, grand amateur des choses du théâtre et mêlé de très près au monde des acteurs de son temps, a composé certainement une série d'ouvrages dramatiques (2), ils considèrent qu'il a pu fort bien utiliser la collaboration ou le concours technique de l'acteur William Shakespeare, dont le nom aurait figuré seul pour des raisons faciles à deviner. On s'expliquerait ainsi les rapports incontestables qui rattachent le VIe comte au théâtre shakespearien. Une telle hypothèse offrirait, d'après ces critiques, le grand avantage de concilier tous les éléments du problème.

Au reste, quelle qu'ait été l'injustice flagrante dont certains jugements hostiles portaient l'empreinte, je me suis abstenu résolument de toute controverse, estimant préférable de continuer avec méthode les recherches commencées, plutôt que de poursuivre des polémiques, que, trop souvent, l'ignorance ou la légèreté de mes contradicteurs risquait de rendre assez vaines. De toutes manières, aucune des démonstrations positives, présentées dans les deux volumes de *Sous le Masque,* n'a été

(1) Voyez *The Nineteenth Century,* juillet 1919, article de M. E. Andrews, etc.

(2) Le fait est prouvé par deux lettres envoyées en juin 1599, de Londres, par un agent secret du parti catholique, George Fenner, à ses correspondants de Venise et d'Anvers: « Le comte de Derby s'occupe uniquement à écrire des comédies pour les comédiens publics. » — « Notre comte de Derby est occupé à écrire des comédies pour les comédiens publics. »

jusqu'à présent compromise, ni même entamée, par une argumentation sérieuse.

***

Depuis quelques années, les choses ont évolué: il est de plus en plus manifeste que le scepticisme à l'égard du dogme shakespearien tend à se répandre dans le monde entier, en Angleterre comme ailleurs. D'innombrables articles, dans la presse des deux mondes, sont là pour le prouver. Un bulletin impartial, consacré à ce mouvement d'idées, révélerait sûrement des changements fort piquants. Certains journaux considérables, de grandes revues d'outre-Manche accueillent fréquemment des études qui impliquent une hétérodoxie non dissimulée. Que de propos n'avons-nous pas entendus personnellement, depuis l'apparition de *Sous le Masque,* et qui attestent, en des milieux fort différents, l'ébranlement, chaque jour plus sensible, de l'ancienne foi shakespearienne! Désormais, le problème demeure posé devant l'opinion, et il n'est plus au pouvoir de personne de l'écarter. Beaucoup d'excellents esprits s'avouent, de ce chef, troublés ou inquiets. D'autres confessent que la défense de la foi orthodoxe leur apparaît comme si faible, si étroite, parfois même si puérile, qu'ils se sentent invinciblement attirés vers une exégèse nouvelle. Une orientation toute différente leur semble souhaitable en matière de recherches critiques et de raisonnement. Il est trop clair que le *credo* actuel ne fournit aucune réponse aux innombrables questions que les progrès de la psychologie, aussi bien que ceux de l'histoire littéraire, donnent maintenant le droit de poser. La critique indépendante, longtemps prohibée, pénètre décidément dans ce magnifique domaine de recherches. On n'est plus exposé à passer pour un demi-fou, ou tout au moins pour un halluciné, par le simple fait qu'on ose émettre des doutes sur l'identité véritable de l'auteur d'*Hamlet*. Oserais-je ajouter que l'abondante correspondance qu'il m'a été donné de recevoir, depuis le début de l'année 1919, suffirait à révéler avec quelle ferveur quantité de personnes cultivées s'intéressent, à peu près en tous lieux, à la solution de cette passionnante énigme? Les professeurs d'universités, aussi bien que ceux de l'enseignement secondaire, commencent à s'émouvoir. J'ai pu recueillir, de ce côté, une série de déclarations vraiment encourageantes. Et ces sympathies ne restent pas platoniques. Des maîtres écoutés de la jeunesse n'hésitent pas à affirmer leurs doutes dans des cours publics. Si nous donnions ici un aperçu de ces adhésions, recueillies, sous des formes diverses, parmi les hommes d'action de notre temps, les savants, les historiens, les professeurs de littérature, on serait sans doute fort étonné de leur variété et de leur portée singulière.

L'heure est passée où la curiosité provoquée par le problème shakespearien pouvait être satisfaite avec de belles négations doctrinales.

Puisque cette évolution récente ne saurait plus être niée, qu'il nous soit permis de rendre un hommage public à l'un des hommes qui ont le plus travaillé à la préparer: Sir George Greenwood, ancien membre du Parlement d'Angleterre, l'infatigable critique, dont les ouvrages, pénétrants et solides, ont tant contribué, au cours des quinze dernières années, à battre en brèche la tradition surannée qui prétend monopoliser les études shakespeariennes. Sir George n'a cessé de révéler les contradictions que suppose le *credo* stratfordien, l'insignifiance et l'invraisemblable pauvreté des moyens mis en œuvre pour le défendre, mais il n'a pas été au delà. Sa position d'« agnostique » ne l'empêche pas, cependant, de suivre avec un intérêt non dissimulé l'argumentation qui tend à faire de William Stanley, VIe comte de Derby, le plus grand dramaturge des temps modernes, l'auteur mystérieux caché sous le nom de William Shakespeare, acteur de la troupe de son frère.

* * *

Depuis la publication de *Sous le Masque,* nous avons eu l'occasion de mettre au jour divers travaux qui en ont affermi ou précisé les conclusions, du moins sur certains points, par exemple en ce qui touche le *Songe d'une nuit d'été* (1), les *Joyeuses Commères de Windsor* (2) et *L'Origine d'Ariel* (3). Avant d'aborder le nouvel ordre d'études que nous voudrions exposer aux lecteurs du *Flambeau,* il ne sera pas inutile d'indiquer les principaux résultats acquis sur la genèse et le sens du *Songe d'une nuit d'été,* en raison de leur signification toute particulière. Nous avons pu démontrer, en effet, et de la manière la plus sûre, les points suivants:

1° Cette charmante comédie, l'une des créations les plus exquises qui soient au théâtre, a été composée, à la fin de l'année 1594, d'après les indications mêmes qu'elle contient, et représentée pour la première fois, devant la cour d'Elisabeth, à l'occasion du mariage du VIe comte de Derby avec Elisabeth Vere, fille aînée du comte d'Oxford et petite-fille de Lord Burghley, vers le 24 janvier 1595.

2° Les célèbres allusions de l'acte II (scène 1, vers 60-174) qui ont donné lieu à des volumes de commentaires, ne visent en aucune façon les fêtes données par

(1) Voir *L'Opinion* des 16 et 23 octobre 1920: *Le Secret du Songe d'une nuit d'été;* les Mélanges Bernard Bouvier, édit. Sonor, Genève, 1920, p. 301-320: *La réalité dans le Songe d'une nuit d'été; L'Illustration* et *The Illustrated London News,* du 30 octobre 1920.

(2) Voir *L'Opinion* des 5 et 12 février 1921: *A propos des « Joyeuses commères de Windsor ».*

(3) *L'Origine d'Ariel,* dans le volume du *Cinquantenaire de l'Ecole pratique des Hautes Etudes.* Paris, Ed. Champion, 1921, et le tirage à part. Voir aussi la *Revue du* XVIe *siècle,* t. VIII, p. 137.

le comte de Leicester, en 1575, en l'honneur de la reine Elisabeth, à Kenilworth : elles s'appliquent, de toute évidence, aux fêtes offertes à cette souveraine par le comte de Hertford, au château d'Elvetham (Hampshire), en septembre 1591. C'est là que parurent ou furent évoqués, au cours de magnifiques spectacles, la reine des Fées, Aureola (véritable Titania), Auberon, le roi de féerie, Coridon et Phyllida, la sirène ou la néréide montée sur un dauphin, les étoiles amoureuses, etc., qui se retrouvent dans la scène citée plus haut du *Songe d'une nuit d'été*. Les concordances sont indéniables.

Toutes les explications antérieures, tant de fois répétées, et qui figurent encore dans la toute récente édition de la *Vie de Shakespeare* de Sir Sidney Lee (avril 1922), s'évanouissent définitivement. On doit, du reste, remarquer qu'elles étaient contraires aux vraisemblances les plus élémentaires. Il ne saurait s'agir, un seul moment, dans tout cela, du comte de Leicester et encore moins de ses relations passionnelles avec la reine. La belle Vestale est bien la reine Elisabeth, qui trône réellement à l'ouest sur la gravure où sont représentés les spectacles nautiques et autres d'Elvetham. Quant à « la petite fleur de l'ouest », c'est tout simplement Elisabeth Vere, filleule de la reine, qui avait accompagné cette dernière à Elvetham, en raison de ses fonctions de fille d'honneur. L'hommage rendu à Elisabeth est tout naturel, et en harmonie, si j'ose dire, avec le rôle rempli par la mariée auprès d'elle et le souvenir de leur présence simultanée chez le comte de Hertford. Il est hors de doute que William Stanley assista pareillement aux fêtes. Les deux jeunes gens se rencontrèrent et se plurent au cours de ces belles journées. Le trait de Cupidon vint frapper la jeune fille « auparavant blanche comme le lait, mais maintenant pourpre grâce à la blessure de l'amour : c'est la fleur que les jeunes filles appellent *l'amour oisif* », comme il est dit dans le *Songe d'une nuit d'été*. Mais, hélas! William Stanley n'était alors qu'un simple cadet de famille (1). Il dut attendre d'être devenu Lord, c'est-à-dire un peu plus de quatre ans, pour épouser celle qu'il aimait. Ce sont ces souvenirs que l'auteur du *Songe* se plait à évoquer. Il est probable que nous possédons, en d'autres parties de la pièce, des allusions non moins significatives à ce roman. Qui donc pouvait être au fait de tels sentiments d'ordre intime, sinon le comte de Derby lui-même? Rien de commun entre ces éléments si caractéristiques et l'acteur Shakespeare.

3° Les diverses scènes relatives à « la pièce dans la pièce » évoquent les représentations données à la *Midsummer* (2) par les acteurs populaires de Chester, ville chère au cœur de William Stanley, sous les auspices des comtes de Derby. Bottom et ses compagnons, d'inoubliable mémoire, personnifient les artisans de la vieille cité, qui, transformés en comédiens occasionnels, organisaient, le 24 juin et à la Pentecôte, alternativement, des spectacles réputés dans toute l'Angleterre. Il n'est pas jusqu'à cette particularité si saillante d'un personnage, tel que Bottom, transformé en âne et parlant comme un homme, qui ne se retrouve dans une pièce propre à Chester : *Balaam and his Ass,* une des plus populaires et des plus recherchées du cycle dramatique de cette ville.

4° Les bruyantes nuits de la Saint-Jean donnaient lieu à des excès notoires : nulle soirée plus redoutable, dans

(1) Entre 1590 et 1595, le grand ministre Burghley, aïeul maternel de la jeune fille, songea successivement à trois autres grands partis : au comte de Bedford, au comte de Northumberland, au jeune comte de Southampton. Ce dernier fut donc, pendant un certain temps, le rival de William Stanley. La rencontre n'est-elle pas curieuse, pour peu que l'on songe à tout ce qui a été dit depuis un siècle sur les rapports de l'auteur du théâtre shakespearien avec Southampton?

(2) Les seules allusions au théâtre populaire que renferme le théâtre de Shakespeare s'appliquent aux spectacles de la *Midsummer* et de la Pentecôte. Or, ces dates de représentations sont alors propres à la ville de Chester, ville des Derby.

l'année, pour la vertu des jeunes filles de Chester et même des femmes. Les documents du XVIe siècle abondent en enquêtes et poursuites motivées par des aventures amoureuses de la *Midsummer Eve*. Les couples s'égaraient, à la suite des pageants, dans un petit bois tout proche de Chester... Comment ne pas songer, en lisant le compte-rendu des troubles passionnels propres à cette nuit, et dont le petit bois proche de Chester fut le témoin complaisant(1), aux aventures des divers couples du *Midsummer Night's Dream,* dans le bois, près d'Athènes, pendant la nuit : Lysandre et Hermia, Demetrius et Helena et même Bottom et Titania ? Tel épisode, par exemple celui de l'acte II, sc. 2 (v. 35-65), ou celui de l'acte III, sc. 2, évoque, d'une manière aimable et piquante, les traditions chestériennes de la nuit du 23 au 24 juin.

5° La fameuse allusion que l'on rencontre à l'acte V, sc. 1, touchant la représentation proposée du « *Masque* » des *Neuf Muses pleurant sur la mort de la Science, décédée récemment dans la misère,* allusion qui a suscité tant d'hypothèses diverses et de commentaires aventureux, vise de toute certitude le *Masque* proposé par Arthur Throgmorton, dans une lettre adressée à Robert Cecil, pour le mariage du comte de Derby. L'autre masque visé dans cette lettre serait le *Songe d'une nuit d'été* lui-même. Des rapports multiples sont donc établis entre William Stanley et la comédie dont le mariage de Thésée avec la belle Hippolyte forme l'aimable sujet.

Nous arrêtons là ces conclusions. Si elles sont exactes, comme cela ne paraît pas contestable, l'aspect de la question shakespearienne en est modifié du même coup. Non seulement, l'histoire et le commentaire de la pièce doivent être renouvelés d'un bout à l'autre, mais, ce qui est plus grave, l'édifice stratfordien s'en trouve ébranlé

(1) Cf. le curieux recueil de Frederick Furniwall sur Chester dans *Early Engl. Text Soc. Orig. Series,* 108.

dans ses fondements. Cela est si vrai que tous ses défenseurs ont prudemment gardé, sur ces résultats certains, un silence absolu (1). Je ne crois pas que de pareils procédés aient jamais été employés dans une controverse historique quelconque. Voilà trente-cinq ans qu'un travailleur a commencé son labeur professionnel : toutes les thèses et recherches qu'il lui a été donné de présenter au public ont été acceptées sans nulle exception, et quand ce même travailleur s'avise d'appliquer les méthodes ainsi éprouvées au problème shakespearien, il s'aperçoit que le sujet est *tabou*. Les prêtres du temple stratfordien considèrent comme un sacrilège celui qui ose discuter leur *credo*, même s'il apporte les meilleures preuves à l'appui de ses assertions. « Raison ? dit le sophiste Janotus de Bragmardo — nous n'en usons point céans. »

* * *

Un nouveau texte, essentiel, va nous montrer, après d'autres, la place exceptionnelle que les choses du théâtre ont tenue dans la vie du VIe comte de Derby. Déjà, dans le premier volume de *Sous le Masque,* nous avions consacré un chapitre entier (le Ve) à cette matière : *La famille des comtes de Derby et les comédiens de l'époque élisabéthaine*. Ces pages, qui ont, semble-t-il, trop peu retenu l'attention des critiques, même bienveillants, groupaient tous les textes relatifs aux rapports des Derby avec les acteurs publics. Aucune famille n'a entretenu avec l'art dramatique des relations plus continues

(1) Dans la nouvelle édition revisée qui vient de paraître de son livre : *A Life of William Shakespeare* (776 pages !), Sir Sidney Lee n'y fait pas la plus petite allusion. La consigne est de tout ignorer. Quel jour de tels procédés ne jettent-ils pas sur la mentalité stratfordienne ? Je pourrais signaler d'autres faits à peine croyables. Le *Supplément littéraire du Times* (16 déc. 1920) avait cependant inséré une lettre de Sir George Greenwood résumant toutes les études que j'ai publiées sur le *Songe d'une nuit d'été*.

ni plus ferventes que celle qui nous intéresse ici. Les plus célèbres comédiens du temps ont appartenu aux troupes patronnées par Ferdinando, V[e] comte de Derby, frère aîné de notre William Stanley, depuis sa plus tendre jeunesse — il n'avait pas 17 ans — jusqu'à sa mort. L'acteur William Shakespeare appartint à la compagnie qu'il protégea de septembre 1588 à avril 1594, date de son décès. William Stanley, devenu comte de Derby, entretint pareillement une troupe, dont nous avons raconté les destinées, et qui se maintint jusque vers 1617. Thomas Heywood en fit partie.

Quelque temps après l'apparition de nos deux volumes, l'éminent historien du théâtre anglais, M. E. K. Chambers a bien voulu attirer notre attention sur une lettre qui avait été publiée au cours de la guerre (1915) dans le tome XIII du *Calendar of the Manuscripts of the Most hon. Marquis of Salisbury, preserved at Hatfield House* (p. 609) (1). Ce document n'est pas daté, mais il paraît tout à fait plausible de le rapporter aux toutes dernières années du XVIe siècle, et probablement aux environs de 1600. C'est une lettre de Lady Derby, femme du VIe comte, adressée à son oncle Robert Cecil, le secrétaire d'Etat d'Elisabeth. Aucune pièce ne pouvait démontrer d'une manière plus frappante le culte passionné de William Stanley à l'égard de l'art dramatique, en même temps que ses relations étroites avec les acteurs (2). On devine, par les expressions mêmes employées par Lady Derby, qu'il s'agit, chez son mari, d'une préférence telle pour le divertissement théâtral que l'équilibre de sa vie morale paraît presque en dépendre. Un tel document confirme avec une force singulière les inductions que

(1) Publication de l'*Historical Manuscripts Commission.*

(2) Cette lettre est à rapprocher de celle que nous avons reproduite dans notre ouvrage, t. I, p. 349.

nous avions formulées, il y a trois ans. En voici la traduction :

Mon bon Oncle, Etant pressée par mon mari de solliciter votre bienveillance en faveur de ce Brown (1) et de sa compagnie d'acteurs, afin d'obtenir qu'ils ne soient pas privés de leurs représentations habituelles, alors surtout que pour les maintenir ils ont employé la meilleure partie de leurs ressources, si toutefois une matière de si peu de conséquence peut ne pas vous paraître importune, je désirerais que votre appui pût être un moyen de les soutenir, pour cette raison que mon mari faisant ses délices de cette troupe, cela le préserverait de plus grandes prodigalités et contribuerait à faire prévaloir votre influence vis-à-vis de lui dans des matières de plus haute importance et pour mon bien. En rappelant ma meilleure affection à votre égard, je vous dis adieu.

Votre très attachée nièce,

E. Derby. (2)

Coïncidence vraiment surprenante : la comtesse emploie, en parlant de son mari, les mots *taking delite in them* (3), c'est-à-dire exactement les mêmes termes dont use Rosenkranz, dans *Hamlet* (II, 2, l. 350), quand il présente les comédiens à Hamlet en disant : « Ces acteurs sont ceux-là mêmes, Monseigneur, qui avaient coutume de vous charmer si fort, les tragédiens de la ville. » (Even those you were wont *to take delight in,* the tragedians of the city.)

Quelle rencontre étrange ! Si l'on veut bien relire tout ce que nous avons écrit naguère sur les rapports du personnage d'Hamlet avec la physionomie morale de Derby(4), et notamment sur le goût si vif que ce dernier manifeste, comme le prince danois, à l'égard de ces comédiens, on conviendra que le document nouveau offre pour l'étude de

(1) L'acteur Robert Brown.

(2) Adresse : Au très honorable, mon très bon oncle, Monsieur le Secrétaire.

(3) Faisant ses délices des comédiens, se plaisant fort en leur compagnie.

(4) *Sous le Masque,* t. II, chap. IX en entier.

la question shakespearienne un intérêt tout spécial. Comment identifier l'attitude d'Hamlet dans les scènes des comédiens avec celle que l'on peut attribuer à l'acteur Shakespeare? Quelle dérision, pour peu qu'on y songe un instant! Est-ce que le prince danois, féru lui aussi de théâtre et ami des comédiens, ne représente pas, de la façon la plus évidente, le grand seigneur anglais, de souche royale, qui accueille une troupe d'acteurs, déjà connue de lui, dans son château et qui parait si familier avec toute la pratique du théâtre qu'il leur donne les conseils les plus judicieux et les plus techniques sur l'exercice bien compris de leur art?

Que de fois William Stanley accueillit dans ses châteaux de Latham et de Knowsley les troupes de comédiens venues pour y donner des représentations!... Avec quelle sollicitude il les recommandait à ses amis! Entre Hamlet, fervent des choses du théâtre en même temps qu'écrivain dramatique, et ce personnage, le parallélisme est frappant. Aucune autre hypothèse n'a été proposée jusqu'à présent qui puisse être assimilée à celle-là au point de vue de la vraisemblance. L'épisode des comédiens dans *Hamlet* est le miroir fidèle de la réception d'une compagnie d'acteurs en tournée chez un grand seigneur. Il reproduit les scènes véritables qui se déroulaient en pareille circonstance dans une vaste et magnifique demeure telle que Latham et Knowsley (1). Les conseils que donne Hamlet à ses comédiens sont sans doute ceux-là mêmes que William Stanley avait adressés plus d'une fois aux troupes qui fréquentaient chez son père ou chez lui (2).

J'affirme à nouveau, avec l'inébranlable conviction qu'on le reconnaîtra un jour, que tous les épisodes, allusions ou évocations relatifs au théâtre, qui se rencontrent à travers le théâtre shakespearien, s'expliquent uniquement, et sans aucune exception, par les circonstances de la vie du VIe comte et spécialement par les représentations de Latham et de Knowsley comme par les mystères et spectacles de la *Midsummer* et de la Pentecôte qu'il prési-

(1) Les plus nombreuses, de beaucoup, qui aient été relevées dans des châteaux anglais, à l'époque d'Elisabeth.

(2) *Sous le Masque,* t. II, p. 151-152.

dait annuellement et que donnaient devant lui ses compatriotes, les artisans de Chester.

***

Si, comme nous croyons pouvoir le démontrer, William Stanley, VIe comte de Derby, doit être considéré comme l'auteur véritable du théâtre shakespearien, il devient indispensable d'expliquer avec quelque vraisemblance le secret profond dont il a entouré son activité de poète. Pourquoi ce mystère complet qu'il a su préserver jusqu'au bout avec une volonté et une habileté supérieures? Quel intérêt considérable avait-il à dissimuler ainsi son identité réelle? Il est de toute nécessité que des raisons vraiment probantes puissent légitimer l'étonnante substitution qui s'est accomplie et la rendre acceptable. Il importe que l'existence d'une énigme shakespearienne soit justifiée par des arguments en quelque sorte sans réplique. Là est peut-être, à l'heure présente, le point essentiel de la controverse.

Les motifs pour lesquels l'auteur de *Jules César*, de *Richard III* et de tant d'œuvres immortelles a voulu cacher sa personnalité véritable doivent se rattacher à des circonstances très graves et infiniment délicates de sa vie morale. Il ne saurait s'agir, en l'espèce, de fantaisie pure, et encore moins de je ne sais quel calcul bizarre, ni de mépris ironique de la gloire. Même en tenant compte des mœurs du temps, un pareil renoncement suppose, pour paraître plausible, une rencontre étrange de causes exceptionnelles. Si, pourtant, le repos, la liberté, la vie même du poète se fussent trouvés en péril, au cas où une seule indiscrétion eût été commise... Faut-il penser que la révélation de son nom, puisqu'elle n'a jamais été faite, eût entraîné des conséquences redoutables? Un secret si bien gardé touchait apparemment à des intérêts de grande importance. Serait-il donc absurde d'imaginer qu'une sorte de secret d'Etat a pu se trouver, dès l'origine, mêlé à cette énigme extraordinaire? Et si, par hasard, notre hypothèse venait à se vérifier, quel aspect nouveau, inattendu, saisissant entre tous, s'offrirait aux méditations de ceux qui s'appliquent à l'étude du théâtre shakespearien! La genèse de ce dernier impliquerait, en effet, un véritable drame bien digne du créateur de *Richard III* et de *Macbeth*.

A vrai dire, l'heure paraît singulièrement propice pour une telle recherche. A travers les multiples témoignages qui nous arrivent des points les plus divers, se dégage avec constance un ardent désir de voir la question ainsi posée s'acheminer vers une solution satisfaisante. On peut même affirmer que pour beaucoup d'âmes sincères, que trouble le doute, la vérité dernière ne saurait être conquise autrement. Tant que l'explication du mystère n'aura pas été livrée, avec toutes les preuves d'ordre psychologique susceptibles d'en faire comprendre l'absolue nécessité, nombre d'esprits prudents, même hostiles à la foi stratfordienne, hésiteront toujours à admettre la croyance nouvelle, quels que soient les arguments qui l'appuient par ailleurs.

Reconnaissons, dès l'abord, que si une pareille explication existe, elle devra présenter un caractère digne, à tous égards, des éléments mêmes du problème. Puisque la production dramatique dont il s'agit est une des plus hautes et des plus compréhensives qui existent, il importe que la justification du secret qui l'a accompagnée implique une telle grandeur et, par ailleurs, une telle force démonstrative, qu'il ne soit pas possible de la récuser. En un mot, le secret du plus grand des poètes modernes, dès lors qu'il peut être révélé, doit se trouver en pleine harmonie avec la prodigieuse splendeur de son œuvre.

***

Peut-être paraîtra-t-il à propos, avant d'aborder l'ample sujet qui s'offre à notre examen, de fournir des indications préliminaires sur ce qu'on pourrait appeler la question des personnalités cachées en littérature. Certes, de vastes collections, bien connues des érudits, ont été consacrées, au cours du XIXe siècle, aux ouvrages anonymes et aux pseudonymes adoptés par de nombreux écrivains. Le besoin qu'ont éprouvé certains auteurs de dissimuler ainsi leur véritable personnalité remonte assurément très haut dans l'histoire littéraire. Pour ne parler que des genres dramatique et romanesque, quantité d'ouvrages célèbres de notre littérature sont demeurés anonymes. C'est ainsi que, sans remonter jusqu'au moyen âge où l'anonymat fut si fréquent, la *Farce de Pathelin* et les *Quinze joyes du mariage*, deux chefs-d'œuvre par excellence, qui datent de la fin du XVe siècle, n'ont jamais livré les noms de leurs auteurs. Il n'est pas douteux que des circonstances particulières ont aussi contribué à mettre cette mode en faveur à certaines époques plutôt qu'à d'autres. Le XVIe siècle peut offrir, pour sa part, toute une série d'exemples curieux de dissimulations volontaires. Un livre d'une grande valeur technique, dont il parut, entre 1548 et 1594, au moins dix éditions (texte et traductions), le meilleur traité de science militaire qu'ait vu éclore la Renaissance : *Instructions sur le faict de la guerre, extraictes des livres de Polybe, Frontin, Vegece, Cornazan, Machiavelle et plusieurs bons autheurs* (1re éd. en 1548), appelé aussi le traité de la *Discipline militaire*, fut partout attribué à Guillaume du Bellay, même dans la préface, alors qu'il est l'œuvre certaine du seigneur de Fourquevaux, personnage considérable et fort connu en son temps, qui remplissait les plus hautes charges du royaume (1). Fourquevaux a laissé volontairement l'er-

(1) Voyez notre étude : *Un Réformateur militaire au XVIe siècle : Raymond de Fourquevaux* dans la *Revue du XVIe siècle*, t. III, 1915, p. 109 à 154.

reur se propager: il n'a jamais écrit un mot pour la combattre.

L'histoire du XVIIe siècle, en particulier, abonde en substitutions de ce genre: on sait combien les ouvrages de Charles Sorel, de Mme de la Fayette et de nombre d'autres écrivains parurent souvent dans des conditions qui étaient destinées à dérouter les contemporains. Ce serait un piquant chapitre de notre histoire littéraire à écrire. Au XVIIIe siècle, les publications faites, soit sous le voile de l'anonymat, soit sous des noms supposés, ne se comptent plus: quantité d'œuvres parmi les plus célèbres du temps, à commencer par celles de Voltaire et de plusieurs philosophes, ne virent le jour — il importe de ne jamais l'oublier — qu'accompagnées d'indications fausses ou énigmatiques.

Combien de mystères encore se succèdent à travers le XIXe siècle! La seule histoire des collaborations, faite à l'aide des documents déjà accessibles, offrirait une série de surprises à peine croyables. Est-il un épisode plus saisissant, pour nous en tenir à cet unique exemple, que celui de la collaboration d'Alexandre Dumas père et d'Auguste Maquet? Les révélations véritablement sensationnelles que nous ont apportées, sur ce point, des publications toutes récentes ont singulièrement ému et frappé l'opinion publique. Désormais, il est avéré que certaines des œuvres les plus célèbres du XIXe siècle ne sont pas, pour une part essentielle, de l'auteur qu'elles ont illustré et rendu à jamais populaire. Maquet, dont on croyait qu'il n'avait été qu'un collaborateur tout à fait secondaire, remplit en réalité, dans l'association des deux écrivains, le rôle de guide et d'inspirateur. C'est lui qui a conçu, conduit et écrit, non seulement *Les Trois Mousquetaires*, d'immortelle mémoire, mais encore une longue série de romans et de pièces de théâtre, parus sous le nom de Dumas père, et qui figurent parmi les plus connus de cet auteur. Il est prouvé qu'à part quelques phrases modifiées ou interverties, certains changements dans l'ordonnance et quelques courts développements, le texte imprimé de nombre de pages fameuses entre toutes, — l'exécution de Milady, par exemple, — est conforme au manuscrit de Maquet. La comparaison qui a été faite entre les deux textes n'est pas moins décisive en ce qui touche les autres chapitres du chef-d'œuvre attribué à Dumas. « Le succès fut étourdissant; on attendait avec impatience la publication de chaque feuilleton dans le *Siècle,* et quand les volumes parurent chez Baudry, les éditions se succédèrent sans interruption, tant elles étaient rapidement enlevées par la foule. Maquet assista à ce triomphe en spectateur. Il eut une consolation, sinon profitable, du moins réconfortante : il entendit, il lut le récit des louanges délirantes adressées à Dumas. Il avait probablement l'âme d'un philosophe, il jouissait d'un succès dont un autre avait le bénéfice. Il eut encore une récompense : le tome Ier de l'édition originale des *Trois Mousquetaires* revêtu de cette dédicace : *Cui pars magna fuit...* ce qui dans le modeste latin de Dumas signifie : « A celui qui y fut pour une grande part. »

« Maquet était l'homme ignoré, l'homme masqué, l'homme au masque de fer. Il dépensait beaucoup de talent : il en tirait un maigre profit au point de vue financier, il n'en tirait aucun au point de vue de la réputation, puisqu'il ne signait pas les œuvres. » On connaît, d'autre part, l'émouvante réclamation qu'il a formulée dans son testament.

Or, tout cela s'est accompli, pour ainsi dire sous nos yeux, il y a trois quarts de siècle à peine. Beaucoup, parmi nous, ont pu connaître encore l'un des deux acteurs de cette étrange aventure, mort seulement en 1888. Il a fallu la volonté tenace d'un érudit et tout le bruit produit par un conflit judiciaire récent pour amener le public à connaître enfin une vérité qui aurait pu rester encore longtemps cachée. Que la correspondance de Maquet et de

Dumas eût été anéantie, et la démonstration devenait dès lors bien difficile, sinon impossible à poursuivre (1).

Pareillement, il serait aisé de relever en Angleterre, au cours du XIXe siècle, plus d'un exemple topique de procédés semblables. Pour ne parler que du roman, le cas de Walter Scott et celui des sœurs Brontë figurent parmi les plus impressionnants qui soient. Personne n'ignore que le célèbre auteur des *Waverley Novels* publia une notable partie de ses romans sous un pseudonyme, et qu'il s'obstina, durant un certain nombre d'années, à nier, contre toutes les apparences, la paternité de ceux-ci, alors que d'innombrables lecteurs les accueillaient dans le monde entier avec une faveur dont il n'y a peut-être pas d'autre exemple.

« On s'arracha *Waverley* (juillet 1814), qui fut aussitôt traduit dans toutes les langues. Nul ne savait qui l'avait écrit; ce secret fut si parfaitement gardé que, de 1814 à 1826, pendant treize ans, aucune indiscrétion ne le trahit. Ballantyne faisait copier le manuscrit avant de le livrer aux typographes. L'original ne passait sous les yeux d'aucune autre personne. En vain l'Angleterre, l'Europe se

(1) Voyez GUSTAVE SIMON, *Histoire d'une collaboration. Alexandre Dumas et Auguste Maquet. Documents inédits.* Paris, Crès, 1919, in-16. De nombreux articles de journaux et de revues ont, vers le même moment, et tout récemment encore (juillet 1922), amplement étudié cette question si passionnante: par ex. *Le Temps* des 21 juin et 8 juillet 1922, etc. — Sans vouloir mettre en parallèle une question aussi importante avec celle d'*Ubu-Roi,* il sera peut-être à propos de remarquer que l'auteur véritable de cette pièce singulière, que nombre de critiques saluèrent en son temps comme un chef-d'œuvre, était resté complètement inconnu jusqu'à ces derniers mois. Il paraît bien établi que Jarry, qui fit jouer et publia la pièce sous son nom, n'y fut en réalité pour rien. Voir sur ce piquant problème: *Sous le Masque d'Alfred Jarry (?) Les sources* d' « *Ubu-Roi* », par Charles Chassé, curieuse et probante brochure, et les nombreux articles dont elle a été l'occasion. — Que d'énigmes du même ordre il serait facile de découvrir dans l'histoire littéraire de notre temps, à commencer par le cas si curieux d'un auteur très lu, tel que « Pierre de Coulevain » !

demandaient qui donc était ce mystérieux génie dont les chefs-d'œuvre se succédaient d'année en année. ...Mille suppositions s'échafaudaient. Tantôt c'était *Rob-Roy* où l'on voulait voir des mémoires, tantôt *Péveril du Pic* que l'on attribuait à un frère de l'auteur de la *Dame du lac*, parce qu'il avait habité l'île de Man. Walter Scott lui-même s'amusait à égarer le public (1). »

Dans la *Préface générale* de ses œuvres (1829), le romancier essaya d'expliquer les raisons de son anonymat. A toutes les questions posées sur cette obstination dans l'incognito, il était difficile de donner une réponse satisfaisante. Aussi, comme on l'a dit avec raison, n'en a-t-il donné aucune. « J'ai déjà dit dans l'introduction des *Chroniques de la Canongate* que je n'avais guère de meilleures raisons à alléguer que celle de Shylock : « Tel était mon caprice du moment. » Y a-t-il tout simplement un certain appétit « du mystère », lequel caractérise d'ailleurs ou doit caractériser « l'organisation intellectuelle du romancier? ou encore une certaine pudeur, pour un grave sheriff, à signer des œuvres qui passent pour frivoles? Toujours est-il qu'il n'avoua que très tard, et à la dernière extrémité, la paternité de ses romans » (2). Ce fait a frappé au plus haut point l'attention de notre Balzac (3).

L'histoire du mystère qui environna longtemps les œuvres des sœurs Brontë et spécialement celles de Char-

(1) *Walter Scott*, par CHARLES SIMOND. (Paris, Louis Michaud), p. 9.

(2) *Walter Scott*, par LOUIS MAIGRON. (Paris, La Renaissance du Livre), p. 8.

(3) « Tôt ou tard, l'avenir ou le présent vous savent gré d'avoir souffert en silence. Il est un grand homme, qui, prévoyant sa gloire, s'en est épargné les souffrances : Walter Scott a gardé pendant trente ans l'anonymat le plus sévère, il a joué sans amertume de toute sa renommée. » (*Le Lys dans la Vallée*, préface de l'édition de 1836, p. XIII). Voyez aussi VICTOR HUGO dans le *Conservateur littéraire*, éd. Marsan, t. I, p. 66, etc.

lotte, l'auteur de *Jeanne Eyre,* n'est, certes, pas moins surprenante. Il faut lire chez les biographes de cette dernière, par exemple chez Mme Gaskell, les détails relatifs au secret littéraire de celle qui devint illustre sous le pseudonyme de Currer Bell. Charlotte n'hésita pas à écrire une lettre de dénégation formelle. « La raison qui rendait Miss Brontë si anxieuse de conserver son secret, était, m'a-t-on dit, la promesse qu'elle avait faite à ses sœurs en engageant sa parole, que jamais la révélation ne viendrait d'elle. L'énigme de la publication des romans des trois sœurs sous des noms supposés, prenait tous les jours des proportions plus importantes; plusieurs critiques persistaient à croire que les trois Bell n'étaient qu'un seul et même auteur et que la différence existant dans les trois productions marquait simplement les époques successives de son développement littéraire (1). » Les trois sœurs avaient tenu secrètes leurs aventures littéraires même à leur père, et celui-ci ignora longtemps les publications faites par ses filles, tout en habitant avec elles dans un petit presbytère, fort isolé, du nord de l'Angleterre. Ce ne fut qu'après la seconde édition de *Jeanne Eyre* que Charlotte voulut mettre son père dans son secret. Un jour ce dernier s'était rencontré dans le jardin de la cure avec le facteur apportant un gros paquet à l'adresse de Currer Bell. « Currer Bell... », dit le vieux ministre, « nous n'avons pas ça dans la paroisse (2). »

Il est utile de rappeler ces faits pour montrer à quel point la gloire littéraire a été diversement appréciée par les écrivains, à travers les âges. On ferait aisément un gros livre de tous les cas particuliers que révèle à cet égard l'histoire littéraire de tous les temps. Et je ne parle pas ici des nombreux écrivains de haute valeur qui ont écrit des ouvrages, souvent considérables, sans se soucier de les

(1) *Vie de Charlotte Brontë (Currer Bell)*, par Mme GASKELL (trad. Mme Ambr. Tardieu). Paris, 1877, p. 157. Voyez aussi p. 141 à 155.

(2) E. DIMNET, *Les sœurs Brontë*. Paris, 1910, p. 168 et *passim*.

publier, ni même de les faire connaître à leur entourage. Tels d'entre eux ont composé des chefs-d'œuvre, qui ont négligé tous les moyens de conquérir la réputation à laquelle ils pouvaient prétendre. Le cas du duc de Saint-Simon, l'un des plus grands écrivains français, est bien fait pour nous inciter à réfléchir. Pour peu qu'on examine de près les choses, il est aisé d'apercevoir que l'uniformité d'aspirations, qui semble naturelle en pareille matière, chez les auteurs, n'a jamais été réalisée.

ABEL LEFRANC.

(*La suite au prochain numéro.*)

Midas

ou

le Change sans migraine

Parmi les multiples problèmes nés de la guerre, celui du change est sans conteste un des plus inattendus et des plus nouveaux pour le public. Dans la plupart des pays le change n'était connu, avant la guerre, que des économistes et des banquiers. Depuis 1914, et surtout depuis 1919, les problèmes du change s'imposent de plus en plus à l'attention de l'opinion publique. Couramment le public rencontre le change comme facteur important dans toutes les grandes questions sur lesquelles son attention est attirée. S'agit-il de la cherté de la vie, de la crise économique, des réparations, etc., partout le change intervient.

Or, si par le fait même de voir le change invoqué à tout propos, le public commence à se rendre compte de son importance, il s'en faut de beaucoup que même le public cultivé ait une idée quelque peu précise de son mécanisme et de ses répercussions sur l'activité économique et, en général, sur toute la vie sociale. On considère d'ordinaire que ces questions sont par trop compliquées, qu'il est impossible de les étudier sans posséder une préparation spéciale et qu'il convient par conséquent de les abandonner aux économistes.

Il y a dans cette opinion une grande part de vérité, mais aussi une certaine exagération. S'il est vrai que certaines questions spéciales relatives au change sont complexes, s'il est vrai que pour étudier la question à fond une forte préparation scientifique est nécessaire, il n'en reste pas moins vrai cependant que les grandes lignes du problème peuvent être exposées au public non spécialiste.

Il serait d'autant plus souhaitable que les gens cultivés possédassent quelques notions précises sur ce problème, que celui-ci ne paraît pas devoir disparaître de sitôt des préoccupations des hommes d'Etat.

Dans les lignes qui vont suivre nous ferons un exposé général de la question du change. Négligeant les détails, nous nous en tiendrons aux grandes lignes, qui elles-mêmes d'ailleurs ne seront qu'esquissées.

* * *

Le change est un phénomène né de la nécessité de régler les paiements internationaux, ou autrement dit c'est un procédé par lequel les habitants d'un pays reçoivent des paiements de l'étranger ou s'acquittent de leurs dettes envers l'extérieur (1).

Le seul élément qui différencie les paiements extérieurs des paiements faits dans le pays même, et qui donne naissance aux phénomènes du change, c'est la diversité des monnaies de pays à pays. Lorsqu'un Bruxellois doit effectuer un paiement à Anvers, il lui suffit de choisir le procédé par lequel il enverra un certain nombre de francs à son créancier; mais doit-il faire un paiement à l'étranger, il faudra qu'au préalable il convertisse ses francs en monnaie du pays créancier.

On doit donc distinguer entre les monnaies nationales

(1) Le terme change s'emploie encore pour désigner le cours, le prix des monnaies étrangères; c'est dans ce sens que l'on dit: le change hausse ou baisse. Il s'emploie également pour désigner l'opération même d'échanger certaines monnaies contre d'autres: « faire le change ». Dans ce dernier sens, on dit également « le change manuel ».

circulant dans chaque pays et la monnaie internationale. La monnaie nationale sera en or, en argent, en papier, elle peut même prendre d'autres formes et, en somme, elle ne nous intéresse pas pour le moment. La monnaie internationale, en principe, est fournie exclusivement par l'or, sauf dans les relations avec l'Extrême-Orient où le métal argent joue un rôle important. Il semble donc à première vue que les paiements internationaux soient réglés exclusivement en or. C'est ce que beaucoup de personnes s'imaginent d'ailleurs. Cette idée s'est encore renforcée dans le public depuis qu'il entend constamment parler des marks-or à propos des réparations.

En fait cependant l'or ne joue dans les règlements internationaux qu'un rôle tout à fait minime, il n'intervient que dans certaines circonstances, comme appoint pour régler le solde de dettes et de créances internationales. L'usage constant de l'or présenterait de très grosses difficultés pratiques, en outre il en faudrait des quantités qui excèdent de loin les stocks existants.

De sorte que, contrairement à ce qu'on croit très souvent, le change n'est pas basé sur un usage régulier de l'or. Bien au contraire, tout le mécanisme du change tend à régler les paiements internationaux en réduisant l'usage du métal à un minimum aussi bas que possible.

Le commerçant de Bruxelles dont nous avons parlé, pour payer les marchandises achetées à Londres, demandera un chèque à son banquier; le particulier partant pour l'étranger demandera une lettre de crédit, etc.

Mais le banquier, pour fournir des chèques ou autres moyens de paiement sur l'étranger, doit y posséder un avoir. D'où celui-ci proviendra-t-il? Il proviendra principalement des créances sur l'étranger que le banquier aura obtenues de sa clientèle. Car si certains clients lui demandent des chèques sur l'étranger, d'autres lui offrent des chèques ou des traites qu'ils détiennent comme contre-valeur de marchandises exportées, ou encore des coupons des valeurs étrangères (actions, obligations, etc.) qu'ils possèdent, etc.

Il en résulte qu'il existe un marché permanent de moyens de paiement sur l'étranger (les devises étrangères) qui s'effectue par l'intermédiaire des banques. Les uns demandent des devises, les autres en offrent. C'est l'état de ce marché qui détermine le cours du change.

C'est ici que nous abordons la question essentielle, celle qui est spécialement de nature à intéresser le lecteur. Comment le prix du change s'établit-il? Pourquoi la livre anglaise ou le dollar coûtent-ils autant de francs et pas plus ou moins? Pourquoi coûtent-ils plus ou moins cher à certains moments qu'à d'autres?

Pour donner une réponse à cette question, il convient au préalable de faire abstraction des circonstances actuelles. Envisageons d'abord comment les choses se passaient avant la guerre, dans les circonstances normales; nous pourrons ensuite décrire plus facilement la situation présente.

Comme nous l'avons dit, le système monétaire de la plupart des pays était basé sur l'or, en ce sens notamment que les banques d'émission remboursaient leurs billets en or. En principe un franc ou une livre anglaise étaient donc des monnaies d'or. Il n'y avait par conséquent rien de plus facile que d'établir le rapport existant entre ces deux monnaies, il suffisait de connaître leur poids en métal fin. Or, comme il y a autant d'or en une livre qu'en 25 francs 22 centimes, ce dernier chiffre représente la valeur de la livre-or exprimée en francs-or. C'est ce qu'on appelle le pair nominal, le pair métallique ou le pair tout court. Pour le dollar le pair est de 5 fr. 18 c., pour le florin hollandais de 2 fr. 09 c., etc.

En principe le prix d'un dollar (représenté par un chèque, une traite, un billet de banque américain, etc.) ne devait donc pas dépasser 5 fr. 18 c. Et en fait, dans les rapports entre les pays à circulation monétaire normale, le cours du change oscillait aux environs du pair. Il s'en détachait, soit dans le sens de la hausse, soit dans le sens de la baisse, mais dans des proportions très minimes. Les limites des fluctuations des cours étaient représentées par les frais de transport du métal jaune plus les frais d'assurances et autres petits frais accessoires.

Or ces frais étaient tout à fait minimes. Ainsi dans les relations entre Paris (1) et Londres ils atteignaient environ 10 à 12 centimes par livre. Quelle en était la conséquence? Lorsque la demande des devises sur l'étranger augmentait, parce qu'il y avait plus de paiements à faire qu'à recevoir, lorsque la balance des comptes envers l'étranger était passive — comme diraient les économistes — le prix de la livre montait, mais sans dépasser environ 25 fr. 35 c. Inversément lorsqu'il y avait plus de créances à recevoir de l'étranger qu'à lui payer, lorsque la balance des paiements était active, le prix de la livre baissait, sans tomber cependant au-dessous du cours approximatif de 25 fr. 10 c. (2).

(1) Nous prenons l'exemple de Paris et non de Bruxelles parce qu'ici la situation était quelque peu anormale avant la guerre déjà. La Banque Nationale ne remboursait pas les billets en or, elle ne donnait que des pièces d'argent de 5 francs, qui n'avaient cours que dans les pays de l'Union monétaire latine. Il en résultait que ces pièces étaient exportées en France où l'on pouvait toujours avoir de l'or ou des devises sur l'étranger. La base-or de la circulation monétaire belge se trouvait donc en France. Mais, comme les frais de transport des pièces d'argent étaient plus élevés que pour l'or, et surtout comme on ne pouvait avoir ces pièces à volonté, le change sur l'étranger s'élevait parfois jusqu'à 1 p. c. au-dessus du pair, ce qui avant la guerre était beaucoup déjà.

(2) Dans notre exemple, nécessairement simplifié, nous n'envisageons que les rapports entre deux pays. En fait, sur une place déterminée, les cours de tous les changes sont solidaires. Si la demande des livres ou des dollars augmente à Bruxelles, par exemple, les autres changes hausseront également. Même si les paiements doivent se faire surtout à Londres ou à New-York, l'arbitrage fera

La fixité des changes de la plupart des pays était avant la guerre une circonstance éminemment favorable à l'activité économique. Il convient cependant de ne pas perdre de vue que cette stabilité n'était pas obtenue, comme on le croit souvent, exclusivement par le fait que l'or était devenu la base de presque tous les systèmes monétaires. Cette stabilité résultait d'une série de circonstances dont nous indiquerons les plus importantes: les grands pays industriels avaient généralement une balance de comptes équilibrée et même plutôt active. C'est-à-dire que le plus souvent leurs créances sur l'étranger dépassaient leurs dettes. Ils plaçaient le solde actif à l'étranger sous forme d'achats de titres des sociétés étrangères ou de fonds d'Etats étrangers. Par contre, les pays dits neufs, ou en général les pays dont l'expansion économique commençait seulement, étaient généralement débiteurs et équilibraient leurs dettes par des placements de titres dans les pays anciens. Telle était notamment la situation de la plupart des républiques sud-américaines, de la Russie, des pays balkaniques, etc.

Enfin, en ce qui concerne les balances temporairement passives de l'un ou l'autre pays industriel, celles-ci étaient facilement équilibrées soit par l'exportation de titres par des banquiers arbitragistes, soit par des crédits temporaires obtenus à l'étranger, soit par l'intervention de la banque d'émission qui, en augmentant son taux d'escompte, attirait vers le pays des capitaux étrangers, soit enfin par l'exportation d'or.

Il ne faudrait donc pas s'imaginer que le seul fait de baser la circulation monétaire sur l'or suffit pour stabi-

hausser le cours des autres changes. En effet, si le dollar ou la livre montent, tandis que le florin par exemple reste stationnaire, on achètera des florins pour se procurer à leur aide des livres ou des dollars en Hollande. Rappelons encore que dans cet article nous sommes obligé de simplifier les choses et que nos exemples portent tous un caractère quelque peu schématique.

liser le change. Celui-ci ne peut intervenir que sporadiquement pour régler des balances temporairement passives. Quand on envisage de courtes périodes, l'on constate que le rôle du crédit, et plus spécialement du mouvement international des capitaux, est plus important que celui de l'or. Si enfin l'on envisage de longues périodes, on constate qu'à la longue les paiements entre pays sont liquidés par des marchandises ou des services (1).

***

Jusqu'à présent nous avons envisagé la situation telle qu'elle se présente dans les circonstances normales.

Nos lecteurs n'ignorent pas cependant que dans la plupart des pays européens et notamment chez les anciens belligérants, les circonstances actuelles sont loin d'être normales. Ils connaissent aussi, dans leurs grandes lignes

(1) Certains lecteurs se seront probablement dit que notre exposé n'est pas complet puisque nous négligeons le billet de banque en tant que moyen de paiement à l'étranger. Ne leur est-il pas arrivé d'emporter des billets belges dans un voyage à l'étranger et de les échanger auprès du premier changeur venu? Les billets sont donc acceptés à l'étranger? Nous avons d'ailleurs vu un jour une personne occupant une situation sociale élevée s'imaginer que l'excédent de nos importations sur les exportations se réglait par des billets de banque.

Faut-il dire qu'il y a dans les idées de ce genre une illusion complète? Les billets de banque ne sont acceptés à l'étranger que pour être utilisés comme moyen de paiement dans leur pays d'origine. Les banquiers ou changeurs n'en conservent qu'une petite quantité nécessaire pour les demandes courantes des voyageurs. Dès que la quantité des billets étrangers qu'ils possèdent dépasse le minimum nécessaire, une partie en est renvoyée dans les pays d'origine et constitue l'avoir des banquiers expéditeurs, grâce auquel ils pourront tirer des chèques sur les pays en question. Si on ne leur demande pas de chèques sur ce pays ils pourront soit y conserver l'avoir, lorsque le taux d'intérêt est suffisamment élevé, soit acheter des devises sur leur propre pays, soit enfin échanger ces billets contre de l'or qu'ils feront rentrer dans leur pays.

Il n'arrive que les billets soient détenus longtemps à l'étranger que

du moins, la série d'événements qui ont bouleversé l'équilibre monétaire et ont provoqué la dislocation des changes.

Dès le début de la guerre, les banques d'émission de la plupart des pays envisagés ont cessé de rembourser leurs billets en monnaie métallique (1). Dans plusieurs cas, en effet, les porteurs de billets, pris de panique, les présentaient en masse au remboursement et menaçaient d'épuiser l'encaisse. Dans d'autres cas, les banques ont suspendu la convertibilité, sans même que la panique se soit produite. C'était une mesure de précaution, pour conserver l'encaisse et afin de pouvoir éventuellement l'utiliser pour des buts d'utilité nationale. Dorénavant il n'était donc plus possible aux banquiers de faire appel aux encaisses des banques d'émission pour régler les paiements envers l'étranger. Celles-ci sont restées réservées aux gouvernements. Par conséquent le prix des devises étrangères était dorénavant déterminé exclusivement par l'offre et la demande, la limite supérieure à la hausse du change, limite constituée par le pair majoré des frais d'envois du métal, avait donc disparu.

Cette suspension de la convertibilité des billets, le régime de papier-monnaie, est même considéré très souvent comme la cause de l'instabilité du régime monétaire

lorsqu'ils sont dépréciés. Dans ce cas, des spéculateurs étrangers les achètent et les conservent dans l'espoir d'une hausse future. Il suffit de se rappeler le nombre considérable des marks allemands que le public imprévoyant et aveugle a achetés depuis l'armistice, tant en Belgique que dans beaucoup d'autres pays. Pareille détention de billets équivaut à un crédit sans intérêt accordé au pays qui les a émis. Nous aurons à revenir sur cette question.

(1) Cette suspension de la convertibilité, accompagnée de la proclamation du cours forcé pour les billets, constitue le passage au régime de papier-monnaie. En effet ce dernier terme est réservé par les économistes aux billets qui ne sont pas convertibles en monnaie métallique.

actuel. Mais c'est une erreur. Le régime de papier-monnaie n'est lui-même qu'un symptôme d'une situation déséquilibrée. D'ailleurs, on peut parfaitement concevoir, et l'histoire en a montré des exemples, un régime de papier-monnaie qui ne serait pas accompagné d'une hausse des changes étrangers.

Ce qui caractérise essentiellement la situation monétaire actuelle, c'est d'abord la dépréciation de la plupart des monnaies européennes, dépréciation qui se manifeste par la hausse des changes sur les pays à étalon-or (1), c'est ensuite l'instabilité permanente, les fluctuations continuelles des changes.

Cette situation est due à plusieurs circonstances, que nous indiquerons sommairement. D'abord, pendant toute la durée de la guerre l'activité économique des pays belligérants ou bien s'est sensiblement réduite ou bien a été dirigée en grande partie vers les nécessités de guerre. Leurs exportations se sont réduites, tandis que leurs importations, notamment en matériel de guerre et denrées alimentaires, se sont considérablement élevées. Après la guerre la même situation a duré pendant longtemps; si le matériel de guerre n'était plus nécessaire, il fallait par contre reconstituer les stocks de matières premières, rétablir le matériel industriel détruit ou détérioré, etc. Pendant toute cette période les pays belligérants d'Europe et même certains pays neutres, mais dans une mesure beaucoup plus restreinte, ont donc vu leur balance commerciale empirer de plus en plus. Tandis que les pays fournisseurs, Etats-Unis, Japon, certaines républiques sud-américaines, etc., voyaient par contre leurs exportations croître démesurément en volume et surtout en valeur, et devenaient créancières de l'Europe.

La balance passive des paiements était donc la première

(1) La dépréciation monétaire se manifeste en outre par la hausse des prix des marchandises.

raison de la dépréciation des monnaies européennes (1). Ce n'était pas la seule. Il faut ensuite tenir compte d'un deuxième facteur, l'inflation fiduciaire, c'est-à-dire la création excessive de billets de banque. Mais contrairement à ce qu'on croit souvent l'action de ce facteur sur le change n'est pas simple et automatique; elle est au contraire très complexe et soulève une série de questions que nous ne pouvons examiner ici. Bornons-nous à noter l'essentiel.

En temps normal, les banques d'émission n'émettent de billets que pour accorder des crédits à l'industrie et au commerce. Lorsque l'émission augmente, elle correspond donc à une extension de l'activité économique et par conséquent n'agit pas sur les prix, en principe du moins.

Qu'est-il arrivé pendant et depuis la guerre? Les banques ont émis des billets, en quantité souvent considérable, pour faire des avances aux gouvernements. Les billets ont été lancés dans la circulation par le canal des fournisseurs, fonctionnaires, etc. Ils ont provoqué une augmentation du pouvoir d'achat entre les mains de la population, à laquelle n'a pas correspondu un accroissement équivalent de la production. La conséquence en était

(1) La balance des paiements n'est pas déterminée exclusivement par le mouvement des marchandises, d'autres éléments entrent encore en ligne de compte: vente et achat de titres, intérêts des valeurs étrangères, services rendus par la flotte, etc. Un autre facteur, qui actuellement exerce une grande influence dans certains pays, surtout en Allemagne, c'est l'évasion des capitaux. Soit pour éviter les impôts, soit par crainte de troubles, un grand nombre de capitalistes cherchent à placer leurs capitaux à l'étranger. Il en résulte une demande intense de devises, tandis que d'autre part les exportateurs ne jettent pas sur le marché toutes les devises provenant des exportations. Ils laissent à l'étranger la contre-valeur d'une partie, plus ou moins importante, des marchandises exportées. A l'heure actuelle c'est là une des raisons les plus importantes de la baisse permanente du mark allemand. La même raison agit d'ailleurs dans d'autres pays encore, mais avec moins d'intensité, pour autant du moins qu'on puisse en juger.

une hausse des prix, plus ou moins forte suivant l'intensité de l'inflation et suivant aussi l'influence d'autres facteurs agissant sur les prix.

Lorsque les prix des marchandises haussent dans un pays, il y a une tendance à les importer de l'étranger où les prix n'ont pas haussé, ou n'ont haussé que dans une proportion plus faible. Les importations continueront aussi longtemps que le change n'aura pas haussé dans la même proportion que les prix.

Le mécanisme que nous venons d'esquisser n'agit pas toujours. Ce qui arrive souvent, c'est que le change hausse beaucoup plus vite que les prix, de sorte qu'au lieu d'être entraîné par les prix, c'est lui qui les entraîne dans un mouvement ascensionnel. C'est ce qui se passe notamment en Allemagne depuis l'armistice.

Il y a entre le niveau des prix, ce qu'on appelle la valeur intérieure de la monnaie, et le cours des changes, ou la valeur extérieure de la monnaie, des actions et réactions réciproques dont l'étude sort des limites de cet article, si celui-ci doit justifier son titre.

* * *

D'autres facteurs, également très importants, agissent sur le change. Ceux dont nous allons parler sont tout particulièrement responsables de l'amplitude des mouvements subis par le change. Ces facteurs sont avant tout la confiance, qu'on pourrait aussi appeler le facteur psychologique, et ensuite la spéculation. Ces deux facteurs agissent d'ailleurs l'un sur l'autre et souvent même se confondent.

Le facteur psychologique agit de différentes manières. Lorsque par suite d'événements favorables — seul l'espoir d'événements favorables suffit souvent — il y a lieu de croire que la situation économique et financière va s'améliorer, le change s'en ressent immédiatement. Les événements de ce genre peuvent être de natures diverses : consolidation de la situation politique, amélioration de la situation militaire, pendant la guerre, développement de l'activité industrielle, probabilité d'obtenir des emprunts à l'étranger, etc. A ce point de vue il convient de signaler tout spécialement l'importance de l'assainissement de la situation budgétaire. Lorsque l'on parvient à supprimer le déficit, l'étranger considère que le danger de voir la situation financière empirer, surtout par la continuation de l'inflation, disparaît et le crédit du pays s'améliore sensiblement. De même l'inflation fiduciaire n'agit pas seulement directement sur le change. Son influence indirecte, en tant que baromètre du crédit dont le pays jouit à l'étranger, est souvent plus importante que son action directe.

Les facteurs dont nous venons de parler, en augmentant ou en réduisant la confiance dans l'avenir économique et financier, exercent une influence favorable ou défavorable sur les mouvements du change. En effet, lorsque la confiance augmente, les banquiers, les industriels ou le gouvernement du pays obtiennent plus facilement des crédits à l'étranger, ce qui fait baisser le cours des changes. Par contre si la confiance se réduit, non seulement les crédits s'obtiendront plus difficilement, mais il arrivera même que les nationaux chercheront à placer leurs capitaux à l'étranger.

La confiance exerce surtout une grande influence en déterminant les mouvements spéculatifs. Il faut mentionner ici avant tout les crédits spéculatifs, dont l'action est actuellement très importante. Voici ce qu'on entend par là. Les capitalistes, parfois aussi les banquiers, des pays à change favorable spéculent souvent sur le change des pays à monnaie dépréciée, en escomptant une amélioration des cours. Cette spéculation peut se faire de différentes manières; la plus simple, mais non la plus rationnelle, consiste à acheter des billets de banque du pays à monnaie dépréciée et à attendre que leur valeur augmente. C'est ainsi qu'on a acheté après l'armistice des marks allemands dans le monde entier, pour des sommes qui se comptent par milliards. Des billets français et belges ont également été achetés à l'étranger, mais dans des proportions beaucoup plus restreintes.

Un procédé plus rationnel consiste à se faire ouvrir un compte dans une banque du pays à monnaie dépréciée et à y faire un dépôt. Ce procédé est plus rationnel parce qu'en attendant le dépôt rapporte un intérêt, tandis que les billets de banque n'en rapportent aucun. C'est ainsi, pour citer un exemple concret, que des Américains ont fait des dépôts dans des banques françaises et belges. Avec un dollar un Américain obtient, disons, 12 francs et les dépose dans une banque; si dans quelque temps le cours du dollar tombe à 10 francs, l'Américain pourra racheter un dollar avec cette somme et aura fait un bénéfice de 2 francs.

Ou bien, au lieu de déposer l'argent en banque, on peut acheter des titres, des fonds d'Etat notamment, pour les revendre lorsque le cours du change se sera amélioré. C'est ainsi que beaucoup d'étrangers ont acheté des fonds d'Etat allemands, que des Hollandais ont fait beaucoup d'achats de titres en Belgique, etc.

Or, lorsque la confiance dans la situation d'un pays augmente, les étrangers non seulement conservent les billets ou les dépôts en banque, mais les augmentent encore. Tandis que lorsque la confiance diminue, l'étranger réalise les billets, il retire les dépôts et le change s'en ressent défavorablement.

La confiance exerce également une influence sur l'attitude des habitants d'un pays à monnaie dépréciée. Lorsqu'elle augmente, lorsque l'on croit que le change va baisser, on n'achète des devises que dans la mesure strictement nécessaire, tandis que leurs détenteurs cherchent à s'en débarrasser. Leur prix baisse donc. Par contre lorsque l'on croit que la tendance est à la hausse, les détenteurs de devises tâchent de les retenir, tandis que d'autres cherchent à en acheter en vue des besoins futurs. Parfois on en achète même tout simplement pour les thésauriser, ce qui se fait actuellement sur une grande échelle en Allemagne, en Pologne, etc.

Il serait facile de citer des chiffres et des dates multiples pour illustrer ce que nous venons de dire, mais l'espace dont nous disposons étant limité, nous nous contenterons des observations générales que nous venons de présenter.

L'ensemble des facteurs que nous venons d'indiquer a donc provoqué un déséquilibre complet et des fluctuations fréquentes dans les cours des changes. Pour se rendre compte du degré de la hausse des changes, nous allons indiquer les cours pratiqués à une date récente, à New-York. La première colonne du tableau qui suit indique le pair, la deuxième le cours effectif pratiqué le 1er juillet 1922.

COURS SUR :				Pair.	Cours du 1er juillet 1922
Londres. Nombre de dollars pour		1	livre	4.86	4.42
Paris. Nombre de cents pour		1	franc	19.30	8.05
Brüxelles.	»	1	franc	19.30	7.95
Italie.		1	lire	19.30	4.45
Suisse.		1	franc	19.30	19.10
Amsterdam.	»	1	florin	40.195	38.73
Stockholm.	„	1	couronne	26.80	25.93
Copenhague.	»	1	couronne	26.80	21.70
Berlin.		1	mark	23.83	0.215
Vienne.	„	1	couronne	20.26	0.0045
Athènes.		1	drachme	19.30	2.75
Madrid.	„	1	peseta	19.30	15.62

Ce tableau fait ressortir une graduation dans la situation des pays européens. Il y a d'abord les pays dont le change est au pair (Suisse), ou légèrement déprécié (Angleterre, le cours de la livre s'étant fort sensiblement amélioré depuis quelques mois, Suède, Hollande). Ensuite nous avons les pays dont le change est fort déprécié, où l'unité monétaire a perdu de 50 à 75 p. c. de sa valeur (France, Belgique, Italie, Grèce). Et enfin les pays où l'unité monétaire a conservé à peine 1 p. c. de sa valeur (Allemagne) ou même beaucoup moins de 1 p. c. (notamment l'Autriche et la Pologne avec la Russie, qui ne figurent pas dans le tableau, n'étant pas cotées à New-York).

Il convient d'ailleurs de faire ressortir non seulement la dépréciation de la plupart des monnaies européennes, mais encore l'intensité de leurs fluctuations, l'amplitude des mouvements des cours. Cette instabilité de la valeur des monnaies est un fait tout aussi grave, peut-être même plus grave, que la dépréciation elle-même.

N'ayant pas sous la main un tableau complet de tous les cours pratiqués à New-York, nous allons prendre les cours cotés en Suisse. Le tableau qui suit indique le cours le plus haut et le plus bas pratiqués en Suisse pendant chacune des trois années précédentes.

COURS EN SUISSE SUR :	Pair.	1919		1920		1921	
		Cours le plus haut.	Cours le plus bas.	Cours le plus haut.	Cours le plus bas.	Cours le plus haut.	Cours le plus bas.
Belgique (*a*) .	100.—	87.—	44.75	52.37	34.19	48.91	34.25
France (*b*). .	100.—	90.27	41.62	52.07	31.69	48.48	36.24
Italie (*c*) . .	100.—	76.77	36.87	42.20	21.—	31.24	20.33
Allemagne (*d*)	123.45	60.37	9.12	15.62	5.24	11.19	1.63
Autriche (*e*) .	105.—	30.50	2.50	4.05	1.30	1.85	0.13
Angleterre (*f*).	25.22	25.11	18.73	23.21	19.47	24.20	20.20
New-York (*g*).	5.18	5.71	4.80	6.57	5.42	6.56	5.11

(*a*) pour 100 fr. belges; (*b*) pour 100 fr. français; (*c*) pour 100 lires; (*d*) pour 100 marks; (*e*) pour 100 couronnes; (*f*) pour 1 livre; (*g*) pour 1 dollar.

La dislocation des changes que nous venons de caractériser par quelques chiffres a eu des conséquences économiques et sociales d'une exceptionnelle gravité.

Si nous nous plaçons d'abord au point de vue des pays à change déprécié, nous constatons que la hausse des changes étrangers y est un des facteurs de la hausse des prix (1), dont les effets économiques et sociaux sont suffisamment connus pour qu'il soit superflu d'y insister. D'autre part, les fluctuations du change apportent un élément de perturbation et d'instabilité permanente dans toutes les opérations économiques et les rend essentiellement aléatoires. Les pays à change élevé n'ont pas d'ailleurs à se féliciter non plus. Par le fait du change leurs marchandises sont par trop chères à l'extérieur et leurs exportations s'en ressentent douloureusement. Si les habitants de ces pays ont fait des placements à l'extérieur, dans les pays à monnaie dépréciée, ils subissent des pertes graves. C'est ainsi qu'en Suisse de nombreux particuliers et des institutions financières ont subi des pertes importantes pour avoir jadis fait des placements en Allemagne. Enfin l'instabilité des changes est un facteur de perturbation constante dans toutes les relations internationales et toute l'activité économique mondiale en subit les effets déprimants.

Parmi les effets du dérèglement des changes il en est un qui mérite une attention particulière, et dont on parle beaucoup d'ailleurs. On lit tous les jours dans les journaux que l'Allemagne, par suite de la baisse du mark, est en train de conquérir les marchés mondiaux. Pour

(1) Cependant il ne faut pas considérer la hausse des prix comme due exclusivement au change, l'inflation y entre pour une grande part. D'ailleurs la hausse du change, au lieu de provoquer la hausse des prix, peut aussi en être la conséquence. Comme nous l'avons dit, il y a entre le change et le niveau des prix une interdépendance, présentant un très grand intérêt, tant au point de vue théorique qu'au point de vue pratique, mais que nous ne pouvons analyser ici.

peu que l'on pousse cette idée à sa conclusion logique on envierait à l'Allemagne la chute de son mark et l'on proposerait de faire baisser exprès le cours du franc belge, ce qui serait d'ailleurs pour le gouvernement ou pour la Banque Nationale d'une facilité enfantine.

Si cette manière de voir comporte une légère parcelle de vérité, c'est se faire bien des illusions et faire preuve de beaucoup d'ignorance que de l'adopter d'une manière absolue. C'est un fait que les économistes ont constaté depuis longtemps, que la dépréciation de l'unité monétaire dans un pays déterminé peut y favoriser, dans une certaine mesure et pendant une certaine période, les exportations. La raison en est bien simple. À l'intérieur du pays les prix, les salaires, les traitements, etc., ne haussent pas d'ordinaire aussi rapidement que le change; il en résulte que les industriels ont avantage à exporter puisqu'ils se procurent du change qu'ils vendent avec bénéfice. De même, les étrangers ont avantage à venir faire des achats dans le pays. C'est ce qui explique qu'un grand nombre d'étrangers envahissent l'Allemagne, et que beaucoup de Hollandais, par exemple, fréquentent les plages belges.

Cette constatation brutale étant faite, plusieurs observations supplémentaires s'imposent. D'abord la baisse de l'unité monétaire à elle seule ne suffit pas à favoriser les exportations. Il faut encore que le pays intéressé possède une industrie bien outillée et une organisation commerciale adéquate. S'il n'en était pas ainsi, nous entendrions des plaintes non seulement au sujet de la concurrence allemande, mais encore et surtout au sujet de la concurrence autrichienne, polonaise ou russe. Ensuite, les effets que nous venons d'indiquer ne peuvent durer indéfiniment. A la longue les prix et les salaires à l'intérieur du pays finissent par atteindre le niveau du change et alors la prime à l'exportation disparaît. Si la chose ne s'est pas produite en Allemagne, c'est parce que le mark baisse constamment, de sorte que les prix et les salaires ne parviennent pas à le rattraper, il reste toujours une marge, mais cette marge se rétrécit constamment et à chaque nouvelle chute du mark l'adaptation se fait de plus en plus rapidement.

Au surplus cette situation ne présente pas que des avantages. En somme elle se réduit à vendre les marchandises à l'étranger au-dessous des prix mondiaux. Or, si en présence de la concurrence internationale il est avantageux de pouvoir vendre moins cher que les concurrents, il y a là cependant une question de limite. Et quand le prix obtenu est fort au-dessous du prix mondial on pratique une espèce de vente à rabais, de liquidation (*Ausverkaufung*, comme disent les Allemands), susceptible de rapporter gros à certains industriels ou certains commerçants, mais peu avantageuse pour l'économie nationale dans son ensemble.

Il convient donc d'être très prudent et de ne pas s'illusionner sur les prétendus bienfaits de la dépréciation monétaire. Un régime monétaire stable présente infiniment plus d'avantages tant au point de vue économique proprement dit qu'au point de vue social, c'est-à-dire au point de vue de l'intérêt du plus grand nombre.

***

Quand et comment reviendra-t-on vers un régime monétaire stable? C'est par l'examen de cette question que nous terminerons cet article. C'est la plus délicate, d'ailleurs, mais celle qui s'imposera de plus en plus à l'attention de l'opinion publique.

Ce serait vouloir jouer le prophète que de lui donner une réponse catégorique. Or, la prophétie est toujours chose dangereuse. Il convient d'ailleurs de scinder le problème et de laisser complètement de côté la question « quand? ». Elle dépend de tant d'éléments économiques et politiques! Reste donc à envisager « comment » on peut revenir à un régime monétaire stable. Si l'on ne peut répondre à cette question d'une manière catégorique, du moins est-il possible de concevoir certaines hypothèses. On peut s'appuyer dans cette matière sur l'expérience d'un grand nombre de pays qui ont connu des périodes, plus ou moins prolongées, de change déprécié (1).

Lorsque dans un pays déterminé l'unité monétaire a été dépréciée, le retour vers un régime stable peut, notamment, se produire de deux manières (2). Ou bien, lorsque la situation économique s'améliore, lorsque les finances publiques sont assainies, l'inflation arrêtée, etc., le change s'améliore peu à peu et revient au pair. Il y a donc tout simplement retour vers la situation antérieure et le régime monétaire continue à fonctionner comme avant la crise. C'est ce qui s'est passé en France après la guerre de 1871, en Angleterre après les guerres napoléoniennes, etc.

(1) A ce propos il serait utile de mentionner que c'est à tort que l'on s'imagine souvent que la désorganisation actuelle des changes est un phénomène tout à fait nouveau et sans précédent. Ce qu'il y a de nouveau dans la situation actuelle, c'est l'amplitude des phénomènes et leur généralité. Ce qui rend le problème actuel particulièrement complexe, c'est que la dépréciation monétaire a atteint la plupart des pays européens et bon nombre de pays extraeuropéens. Mais en soi le problème des changes dépréciés n'est pas nouveau. Des pays nombreux l'ont connu et parfois pendant des décades entières. Des observations nombreuses ont été recueillies sur ces matières. Les économistes ne sont donc ici nullement sur un terrain nouveau et inconnu. Ajoutons même que, contrairement à ce que l'on affirme fréquemment, les événements actuels n'ont infirmé en rien les principes de la théorie monétaire tels qu'ils ont été dégagés par la science économique, pour autant évidemment qu'il s'agisse de principes scientifiques et non de balivernes que le public ou certains journalistes attribuent aux économistes.

(2) Nous faisons abstraction des cas exceptionnels où les billets émis se déprécient au point de perdre toute valeur, ce qui arriva par exemple aux assignats émis lors de la Révolution française.

Mais il arrive souvent que, lorsque la dépréciation a été assez prolongée et surtout lorsque la plupart des branches de l'activité économique se sont adaptées à cette dépréciation par la hausse correspondante des prix, des traitements, etc., il arrive que le retour du change au pair soit jugé impossible et même indésirable. On cherche alors, quand la situation économique s'améliore, à consolider la dépréciation et à stabiliser le cours du change à un niveau nouveau. Pour cela on rétablit parfois la convertibilité des billets, non d'après leur valeur nominale mais d'après le cours que l'on cherche à stabiliser. Ou même on ne rétablit pas la convertibilité, mais la banque d'émission achète et vend du change au cours fixé en l'empêchant de hausser ou de baisser. Cette politique a été suivie par de nombreuses républiques sud-américaines.

Parfois cette politique de stabilisation est couronnée par un retrait des billets dépréciés qui sont remboursés en billets nouveaux, d'après un cours déterminé, les nouveaux billets étant convertibles en monnaie métallique comme avant la crise.

Ou bien les billets restent en circulation tels quels, mais on rétablit leur convertibilité en monnaie métallique dont le poids a été réduit. Des réformes de ce genre ont été réalisées en Autriche, en Russie et dans d'autres pays.

Dans la littérature économique on désigne ces réformes, qui ont pour but de consolider la dépréciation au lieu de revenir au pair, par le terme « dévaluation ».

Il est bien certain que de nombreux pays européens, tels que l'Allemagne, l'Autriche, la Pologne, etc., ne verront plus leur unité monétaire revenir à la valeur d'avant-guerre. Cela ne permet aucun doute. Pour d'autres pays, comme l'Angleterre ou la Hollande, dont l'unité monétaire n'est que légèrement dépréciée, le retour au pair est possible et même probable. Pour les pays qui occupent une situation intermédiaire (France, Belgique, Italie), l'avenir ne peut être prédit avec certitude. Mais que l'on se rassure! Le fait de ne pas revenir au pair d'avant-guerre, en lui-même n'est nullement un malheur.

Dans les milieux officiels de ces pays on affirme — le pense-t-on vraiment? c'est là une autre question — que seule une politique tendant vers un retour au pair est admissible. C'est également le point de vue de certains théoriciens. On désigne généralement cette politique comme étant celle de la déflation, parce qu'on s'imagine que le principal moyen d'arriver à ce but est de réduire le nombre de billets en circulation.

Dans les milieux d'affaires par contre, ainsi que dans certains milieux scientifiques, on est de plus en plus persuadé, qu'une politique de retour au pair ne sera ni possible ni utile, et que l'on devra finir par pratiquer une politique de stabilisation. C'est également notre avis. En faveur de la politique du retour au pair, on invoque surtout les arguments suivants: on dit d'abord que toute autre solution constituerait une politique de faillite, qui ébranlerait le crédit de l'Etat. On ajoute aussi que le retour au pair est nécessaire pour rétablir les situations anciennes, spécialement en ce qui concerne les créanciers et débiteurs. Il faut reconnaître, en effet, que la dépréciation monétaire a été surtout préjudiciable aux créanciers, parmi lesquels il faut mentionner tout spécialement les rentiers, grands et petits. Tandis que l'unité monétaire se dépréciait, le montant de leur capital et des intérêts touchés restait le même. Enfin, on considère aussi le retour au pair comme indispensable pour provoquer une baisse des prix.

A ces arguments on peut répondre brièvement par les considérations suivantes. L'essentiel pour l'activité économique c'est de maintenir un certain équilibre monétaire, la valeur absolue de l'unité monétaire importe peu, ce sont ses fluctuations qui sont pernicieuses. Lorsque l'activité économique s'est adaptée à un certain niveau des changes, provoquer une baisse c'est déclancher une révolution économique en sens inverse de celle qui s'est produite pendant la période de dépréciation. C'est de nouveau une longue période d'instabilité, de réadaptation avec tous les troubles économiques et sociaux qui l'accompagnent. Si encore les bénéficiaires de cette nouvelle perturbation étaient ceux-là mêmes qui pâtirent naguère! Mais ce n'est nullement certain, car un grand nombre de porteurs de rente ou d'obligations ont vendu leurs titres. Les bénéficiaires seront surtout ceux qui souscrivirent aux emprunts pendant la période de dépréciation. Ils ont versé leurs souscriptions en francs dépréciés et toucheront les intérêts en francs-or. Il en résultera donc une augmentation de la charge de l'Etat, c'est-à-dire de la masse des contribuables, du chef des emprunts nombreux conclus depuis l'armistice.

D'autre part, la politique du retour au pair équivaut à signifier aux industriels et commerçants qu'ils vont se trouver en présence d'une baisse permanente des prix. Or, rien n'entrave l'activité économique comme la certitude de la baisse. En outre pareille politique constituerait une entrave aux exportations, parce que les prix baissent d'ordinaire plus lentement que le change, ce qui handicape l'exportation.

Au surplus l'examen détaillé de cette question demanderait des développements auxquels nous ne pouvons nous livrer ici, cet article ayant déjà dépassé les limites qui lui ont été assignées.

* * *

Les considérations qui précèdent auront montré, nous l'espérons du moins, la complexité du problème du change et son importance. Ce qu'il faut retenir surtout c'est que le change ne doit pas être envisagé comme un phénomène autonome. Il est la résultante d'un ensemble de facteurs économiques et psychologiques et on ne peut l'influencer qu'en agissant sur ces facteurs.

Certains lecteurs auront peut-être été étonnés que nous n'ayons rien dit des conférences internationales qui ont discuté ou doivent discuter les mesures internationales à prendre (crédits, etc.) pour stabiliser le change. Jusqu'à présent ces projets n'ont pas donné d'effets pratiques et il est peu probable qu'ils en donnent dans l'avenir. Il y a de graves obstacles, d'ordre politique et psychologique, qui s'opposent à l'entr'aide internationale en cette matière (1). Mais il ne faut pas oublier en outre que les crédits internationaux, si on parvient à les réaliser, ne seront jamais que des palliatifs, dont l'action sera temporaire. Avant tout, les pays intéressés doivent compter sur eux-mêmes: mettre de l'ordre dans leurs finances, équilibrer leur budget, supprimer le recours à l'inflation, intensifier l'activité industrielle, chercher de nouveaux débouchés, éviter les troubles politiques et sociaux. En outre, au point de vue international, ce qui importe tout autant que les emprunts, plus même peut-être, c'est la suppression des causes de conflits et le rétablissement d'une stabilité politique et sociale dans l'Europe entière. Mais ce sont là des questions qui dépassent de beaucoup le cadre de cet article.

B.-S. CHLEPNER.

(1) Il s'agit de crédits internationaux en vue de stabiliser les changes. Nous laissons de côté les emprunts internationaux pour faciliter le règlement de la question des réparations. C'est là une autre question, non moins hérissée de difficultés d'ailleurs.

Auguste Donnay

Quand on suit aujourd'hui, au gré d'un petit train quelquefois capricieux, le chemin provincial qui, de Liége conduit à Méry, on se sent lentement envahi d'une émotion dont la qualité est si subtile que j'ose à peine m'efforcer de la caractériser par des mots. Cette émotion, je l'ai ressentie naguère, et bien loin de nos paysages liégeois. C'était dans le rapide express qui glissait sur ses voies étroites, entre Kioto, capitale du vieux Japon, et Tokio, capitale du Japon moderne : des deux côtés du convoi, défilaient sans interruption les rizières inondées aux acides verdures, les cryptoméries découpées en écran sur le ciel, les petits villages de papier et de chaume, les Toriis arqués comme les sourcils d'un acteur tragique, les ponts bossus où passaient des coolies coiffés d'un champignon noir, les chemins encaissés auprès des cataractes, les paysans vêtus de paille, les jeunes filles qui marchaient haut sur leurs ghetas, protégées contre l'averse oblique par un parapluie bleu. Tout le Japon pittoresque et familier se déroulait ainsi, dans la cinématographie du voyage, devant mes yeux qui par delà les apparences s'efforçaient d'en surprendre l'âme. Mais surtout, une vision dominait et les villages et les foules et les arbres et le réseau des eaux courantes : celle du mont Fuji, l'immense cône aux cimes veinées de neige qui se présentait à chaque détour du voyage, identique et divers dans le soleil ou sous la pluie d'un temps mobile dont on eût dit qu'il modifiait à plaisir les éclairages, à la façon d'un peintre qui veut offrir son œuvre sous ses aspects les plus variés. Et à mesure que je voyais se préciser cette féerie japonaise, je sentais une inquiétude envahir ma sensibilité. Ces paysages, je les avais vus déjà. Je ne les découvrais point, je ne faisais que les retrouver. Les artistes me les avaient appris avant que je ne fusse confronté avec ces aspects de la nature. Et ce n'était point parce que tel détail avait été utilisé par Hiroshigue ou par Hokusai que je pensais à eux, mais parce que la stylisation sous laquelle m'apparaissait ce Japon d'estampe appartenait à Hokusai ou à Hiroshigue. Ce n'était pas l'apparence qui me venait d'eux, c'était l'âme même. Quand ces maitres étaient allés chercher une ligne, un trait, une inflexion du pinceau au flanc du Fuji ou sur la grève de galets blancs du lac Biwa, ils avaient surpris cette harmonie, cet équilibre, ces originalités qui constituent l'esprit vivant d'un peuple en même temps que l'esprit vivant d'un paysage. Ils avaient fini par s'identifier ainsi à ce paysage et à ce peuple, si bien qu'il était impossible de penser aux uns sans évoquer les autres.

* * *

Donnay, sur les collines de Méry, a fait le même miracle que les dessinateurs japonais au long de leur pays de rêve. En traçant le portrait de sa Wallonie, il lui a conféré un visage qu'elle n'avait point encore. Et l'on se demande si son œuvre a découvert la Wallonie ou si elle l'a tout simplement créée. Si bien que notre sensibilité, craignant d'être dupe d'une sensibilité étrangère, reste déconcertée devant des paysages où elle retrouve un homme et où elle a peur de ne point se retrouver elle-même. Auguste Donnay, comme le vieil Hokusai, inflige à notre orgueil une sorte d'humiliation en nous empêchant de faire une découverte sans passer par son âme.

Dès que la vallée de l'Ourthe s'encaisse dans ses collines aux tons de velours et d'ardoise, on pénètre dans son domaine à lui. Qu'un autre peintre vienne planter son chevalet au bord de la petite rivière argentée, et il composera malgré lui un tableau où flottera l'esprit de Donnay. Un sortilège l'enveloppera, à la façon de ces rondes fantastiques que le maître de Méry se complaisait à dessiner aux pages de ses albums. Il ne pourra plus, ce peintre, évoquer le paysage de l'Ourthe. Il évoquera, toujours et malgré lui, l'image que le maître de Méry a tracée de ce paysage; ou, plus exactement encore, il évoquera l'âme du maître de Méry.

Il y a deux façons de concevoir l'œuvre peinte, comme il y a deux façons d'ailleurs de comprendre l'œuvre écrite. L'art, quelle que soit l'époque à laquelle on l'étudie, est partagé entre deux tendances: la première est réaliste, la seconde est idéaliste. Ce classement n'est point absolu; il l'est moins en tout cas à certaines heures de l'évolution historique des Beaux-Arts qu'à certaines autres. On peut difficilement dire qu'un artiste soit exclusivement réaliste ou exclusivement idéaliste. Il participe de ces deux attitudes. Il y a du réalisme chez Burne-Jones comme il y a de l'idéalisme chez Courbet. Mais à certains moments, le conflit entre le réel et l'idéal est plus dessiné, plus accentué, plus exclusif. Celui que traversaient notre intelligence et notre sensibilité quand Donnay ouvrait à la beauté les yeux de son esprit, était assurément de ceux-là.

Souvenez-vous: le symbolisme venait de naître. Las des formules zolistes, dont l'exactitude, encore que plus romantique qu'on l'a souvent dite, emprisonnait l'imagination, on en revenait au conte pour le plaisir du conte, de l'imprévu des situations, des rencontres de personnages, des drôleries ou du pathétique des décors. Ce qu'on commençait à rechercher, ce n'est point la vérité des mensurations scientifiques dont le maître de Médan s'était fait une loi sans gaîté, c'était le charme d'une imagination qui aimait à se débrider, à se jouer d'elle-même, à prendre des attitudes décoratives, fussent-elles fausses et mensongères. Ce phénomène que l'on observait dans la psychologie des romanciers ou des nouvellistes, on le remarquait aussi chez les poètes. Les Parnassiens étaient des réalistes à leur manière. C'est-à-dire qu'ils étaient exacts et que si les Parthénons dont ils faisaient le décor de leurs poèmes restaient en dehors du temps, du moins gardaient-ils très précisément leur aspect d'histoire. Un poète parnassien comptait les colonnes de ses temples comme Zola comptait les boutons de la tunique de ses soldats. Si, de part et d'autre, l'intelligence avait fort à faire dans cette façon de considérer la beauté, l'âme n'y apparaissait que très accessoirement. Notons aussi que le symbolisme est une révolte de l'âme à laquelle les musiciens ont accordé leur alliance. La fraternité qui existe entre les mots et les sons, voulut s'affirmer contre cet accord sans base que les Parnassiens avaient prétendu établir entre les formes et les mots. Quand Verlaine réclamait « de la musique avant toute chose », il levait l'étendard de cette révolte, victorieuse à coup sûr, puisque la seule résolution de la tenter assurait déjà sa victoire.

Les peintres devaient venir plus faiblement à la rescousse des autres arts dans cet effort de libération de l'esprit. Et, curieuse remarque, tandis que les littérateurs, dans le même temps où ils se dégageaient du préjugé naturaliste, échappaient à l'académisme verbal, les peintres fréquentaient davantage l'académie à mesure qu'ils devenaient idéalistes. Verlaine, Laforgue, Mallarmé, et tous ceux qui les ont suivis, ont, selon le mot d'un d'entre eux, tordu le cou à l'éloquence. En même temps, ils l'ont aussi tordu à la syntaxe et, violant délibérément les règles du langage pour donner plus de souplesse à leur expression, ils ont atteint en poésie un stade que nous n'avons rejoint, en peinture, que dans ces tout derniers temps. Au contraire, les idéalistes du pinceau s'en tenaient fidèlement aux méthodes académiques. Les corps de Dante Gabriel Rossetti, les visages de Burne

Jones, les attitudes d'Holmann Hunt viennent de la plus sévère tradition classique. Nulle déformation, nulle interprétation ; la vérité, strictement observée et selon les formules. Il est exact que cet idéalisme-là soit britannique et que l'art anglais, Turner mis à part, fut, en ce dernier siècle, un constant exemple de sagesse et de modération voulue. Le préraphaélisme n'eut guère d'écho dans la peinture française. L'évolution de celle-ci, au lendemain du naturalisme, est sortie directement des recherches naturalistes. Le divisionnisme, le pointillisme, l'impressionnisme sont des conséquences de la peinture naturaliste bien plus que des réactions contre elle.

Donc, la réaction idéaliste, venue de la peinture anglaise, n'a pas frappé les peintres de chez nous. Mais elle a frappé les gens de lettres et tout le symbolisme en est inspiré. Si, plus que les autres peintres, Donnay en fut touché, c'est non point directement, mais par raccroc.

Ses relations l'avaient conduit dans les cercles de gens de lettres où le préraphaélisme triomphait. Quand on étudie l'histoire du symbolisme, on ne peut s'empêcher de parler de Liége et de quelques revues liégeoises. *Floréal* et surtout *La Wallonie,* du beau poète Albert Mockel, sont à l'avant-garde de la littérature symboliste. Au foyer de ces revues, Auguste Donnay regardait, de ses grands yeux étonnés, le spectacle de tant de jeunes esprits inventifs et enthousiastes qui dessinaient dans leurs poèmes et dans leurs proses la fresque emportée de leurs révolutions sentimentales et verbales. Et Donnay, fruste et ému, à peine sorti des travaux manuels auxquels il s'était consacré jusque-là, se mit, lui aussi, à écrire des poèmes, à sa façon. Ceci signifie que Donnay, illustrateur, est né. Et si l'on veut voir la genèse de son idéalisme, on doit feuilleter les livres et les revues d'alors auxquels il a collaboré.

L'illustration d'Auguste Donnay, c'est en quelque façon l'alphabet de son âme. Au seuil de cette âme, on me permettra de feuilleter cet alphabet ou d'en examiner tout au moins les premières lettres. Nous voyons le peintre se chercher tout d'abord au travers des décors préraphaélistes qui, vers 1890, avaient les faveurs de ses amis : de jeunes princesses se promènent alanguies au bord des étangs, que sillonne la blanche mélancolie des cygnes ; de jeunes princesses s'accoudent aux terrasses, devant des jardins fleuris de lys où, dans les vasques, sous la lune, chante un jet d'eau. De jeunes princesses ! Les souples rêveries d'alors s'incarnent naturellement en ces allégories alanguies. Et quand le pinceau de Donnay se fait illustrateur, comme son crayon, nous voyons apparaitre sur les vantaux d'un paravent des figures qui sortent tout droit de la littérature. Je cite Albert Mockel : « Sur le fond d'or régnait un paysage heureux, aux grandes et nobles lignes ; de gracieuses et claires figures y évoquaient mes propres poèmes. »

Mais, dans les illustrations de cette époque, Donnay tâtonnait à la découverte de soi-même. Il y a, entre l'allégorie et le symbole, une différence essentielle : l'allégorie prend l'idée par le dehors et lui donne un vêtement. Le symbole prend l'idée par le dedans et lui donne une forme. Donnay devait faire inconsciemment le chemin qui va de l'une à l'autre et, dépassant le symbole, atteindre enfin à cette vision subjective par quoi nous allons brusquement apercevoir sa sensibilité originale et l'expression même de la race dont il est.

Lui-même, sa race, ce n'est point assez dire. Ajoutons-y son époque. C'est seulement après avoir fait ce voyage vers soi-même qu'Auguste Donnay arrivera à s'approprier les belles conquêtes du symbolisme. Le symbolisme en littérature ressemble un peu, à certains égards, au cubisme en peinture. On a raillé ses essais comme on raillait hier les essais du cubisme. Et il est vrai qu'il y eut souvent quelque baroque fumisterie dans l'harmonie coloriste d'après Rimbaud ou dans l'instrumentisme de

M. René Ghill, comme il y en eut dans les tentatives de Picasso ou de Metzinger. Mais de même que la peinture d'aujourd'hui a conservé du cubisme une force et un sens, de même la littérature et la peinture d'hier ont reçu du symbolisme, fût-il le plus échevelé, une leçon et une révélation. Ce sont et cette leçon et cette révélation qu'il nous plaît de découvrir dans l'œuvre dont nous nous occupons aujourd'hui.

On peut considérer un paysage sous un double aspect. Le premier est objectif. Le morceau de la nature que l'on s'est proposé représente des formes et des couleurs exclusivement, des rapports de tons et des rapports de lignes. Ce qui intéresse dans ce cas le paysagiste n'est pas différent de ce qui intéresserait un peintre de natures mortes; l'inclinaison d'une colline n'est pas plus émouvante que la courbe d'un broc de cuivre; la somptuosité d'un arbre d'automne n'est pas autrement prenante que le pelage d'un lièvre ou les plumes d'un faisan sur une table d'une cuisine. Le peintre peint pour peindre. Il est un œil qui voit et une main qui reproduit avec habileté la vérité des choses vues.

Disons en passant, non point pour en médire, mais pour le caractériser, que l'art flamand fut souvent dominé par ce fétichisme de la couleur pour la couleur. Regardez les Courtens, les Claus, les Alfred Verhaeren.

La seconde façon de considérer un paysage est subjective. Qu'on me permette ici de citer un écrivain qui s'est attaché à définir l'attitude du lyrisme contemporain, M. Tancrède de Visan. « J'ai supposé, dit-il, une forêt regardée du point de vue de l'analyse et du point de vue de l'intuition. Dans le premier cas, on décrit la forêt, on en note les colorations, on décompose et recompose les formes, bref, on voit la forêt de l'extérieur. Dans la seconde hypothèse, on s'efforce de sentir la forêt, de la vivre en quelque sorte, de se mêler à son souffle, de communier, par une façon de panthéisme immanent, à son ardeur, de devenir la forêt, en l'identifiant à son état d'âme. » Remarquez qu'en cette hypothèse, la couleur et la forme ne sont en quelque sorte que des figurations sentimentales. Elles doivent satisfaire le cœur et l'esprit au moins autant que les yeux. La peinture de Donnay est de cette qualité. Elle s'oppose en cela à la peinture flamande dont j'ai parlé plus haut. Et ce n'est ni sans ironie, ni sans satisfaction que je comprends ainsi, aux lumières de M. Bergson, les grands bois aux bords de l'Ourthe que Donnay a dessinés comme des visages humains ou, mieux encore, comme des âmes humaines.

Ne nous en a-t-il pas lui-même donné le secret quand il écrivait cette note : « L'artiste wallon doit penser? » Mais à côté de cette parole, une autre parole s'évoque d'elle-même. Elle est de Léonard : « La peinture est chose mentale. » Mentale, assurément, avec tout ce que l'esprit renferme de grave et de grand, et surtout d'ineffable.

* * *

Il y a beaucoup d'ineffable dans un tableau de Donnay. L'émotion dont il nous remplit est souvent si subtile qu'elle échappe à notre analyse et qu'elle déçoit notre enquête. Et peut-être, s'il n'avait créé que des tableaux, vaudrait-il mieux en goûter l'ivresse sans en étudier les causes ou les effets de crainte de les amoindrir. Mais reprenons cet alphabet dont nous n'avons examiné que le début. Dans la suite de ses illustrations, Donnay nous a révélé le schéma de sa pensée et les étapes de son voyage sentimental.

Nous l'avons quitté à l'âge des princesses adolescentes et des cygnes sur les lacs rêveurs. Il n'y était pas tout à fait à l'aise. Les sites convenus de la légende aristocratique et anglo-saxonne intimidaient ce campagnard wallon. Il lui tardait de fuir, Dieu sait où !, au diable vauvert des taillis, des ronciers, des clairières et des champs. Le voilà parti : il va rencontrer, au creux moussu des sources, assise entre les pierres, la faunesse capripède, égarée des mythologies, qui boit, à même la conque, la fraîcheur de l'eau pure. Plus loin, à chevauchons sur son balai, la sorcière nue des sabbats déchiffre les grimoires d'enfer. Ainsi, l'esprit de Donnay s'éveille anxieusement au surnaturel populaire. Des ténébreuses forêts du folklore, mille impressions viennent à lui. Assise entre les racines d'un vieil arbre aux branches duquel sont perchés les corbeaux, la Tradition l'accueille et soulève à demi pour lui le pan du manteau qui couvrait son grave visage.

Mais pour mieux entendre la voix du passé, l'artiste s'assied au coin de l'âtre, dans les chaumières. Il écoute l'aïeule évoquer le vieux temps et le peuple vieux. Son âme se remplit du parfum des âges et maintenant, quand il regarde les paysages et les gens de son pays, il lui semble qu'il les voit pour la première fois : autour de ceux-ci, qui font leurs quotidiennes besognes avec simplicité, l'âme des pères est éparse, et le grand paysage est lourd du poids immémorial des légendes.

Le paysage ! En quelques traits, maintenant, Donnay l'enclôt dans un carré de papier. Feuilletons le précieux *In Memoriam* des *Ecrits wallons de François Renkin.* La cense chaulée aux immenses toits à pans, est grande et tranquille comme la foi, autoritaire comme le dogme. Au bord du chemin qui monte, l'une contre l'autre, se pressent les maisons villageoises. Le champ se mamelonne, où poussera le bon grain. Aux portes du fournil, où le pain roux cuira, le noyer s'apprête à feuiller, pour le repos des aoûterons. Ce sera l'heure où les meules se dresseront, hautes et blondes comme des châsses, sur l'éteule rase.

Les croquis de Donnay ont une vie prolongée : dans ceux-ci, se révèle toute l'existence du village. Des sensations de couleurs, de parfums, de musique s'agrègent en nous, grâce à l'accord des lignes. Ces quelques arbres, dans les prés, ces buissons qui annoncent une orée, la pureté du ciel, n'est-ce pas toute la primevère, à l'aurore d'un mars venteux ? Et ce croquis : l'eau lisse, les collines rondes, les arbres légers, les maisons paysannes, si joliment blotties au bord du cadre, n'est-ce pas comme une bouffée d'air violent, chargé de la fraîcheur de la rivière débordante ?

On sent frémir, par delà ces paysages que jamais ne hante pourtant un personnage, la vie heureuse et multiple des hommes. De parfaites fiançailles unissent les gestes de ceux-ci aux lignes de ceux-là. « Entre le tèle où écume le lait frais, l'été qui gonfle le pis du troupeau, la mélodie du pâtre, et le rajeunissement éternel des âmes, il y a des relations harmonieuses. Un humain est le fils du fleuve, de la plaine et des monts : il porte en soi toute la durée illimitée des ancêtres. » Ces mots, on les dirait écrits devant les dessins de Donnay ; ils illustrent le naturisme de Bouhélier. Claire vision qui distingue la noblesse intérieure des choses, la beauté éternelle des tâches humaines, dans l'adorable unité de la vie.

Donnay a su conférer aux humbles gens des villages et des bourgs une noblesse inconnue. A côté de l'hymne de bronze de Constantin Meunier, d'une voix modeste, il a chanté les louanges du travail ; il a dit le mineur couché dans les bouveaux, heurtant du pic le charbon croulant. Il a dit le bon menuisier, dans l'atelier parfumé de copeaux. Il a dit la « cotch'tresse » penchée sous le faix, tandis qu'au lointain, le fleuve s'enfonce sous les arches. Il a conté la douce aventure paysanne : le petit berger, rêveur et souffrant, dans la solitude des prés ; la faneuse perdue dans un rêve d'amour, et tout alanguie par l'odeur des foins ; le vieux faucheur quittant au crépuscule les champs moissonnés où les gerbes s'accotent. Il a dit tout cela avec une simplicité grave et pure qui élargit infiniment le cadre de ses petits croquis. Il l'a dit pour vingt revues ou livres, pour *Wallonia,* pour *L'Ame des*

Humbles, de M. Banneux, pour les écrits de Defrecheux, traduits par Mme Emma Lambotte, pour les adorables poèmes du Père Lecocq, pour les *Noëls wallons,* de M. Auguste Doutrepont.

Avec les illustrations de ces deux derniers ouvrages, nous découvrons peut-être le Donnay qui, ayant terminé son voyage vers soi-même, nous donne la mesure de sa sensibilité. Nous l'avons suivi, sur les chemins frayés par le symbolisme, passant de l'allégorie au symbole et du symbole à la vision intérieure du paysage. L'alphabet que nous avons adopté pour le comprendre nous fut utile et, grâce à lui, nous est apparu le secret de ses paysages. Mais, encore qu'ils en constituent l'essentiel, les paysages ne sont pas toute l'œuvre de Donnay. Parfois il les anime d'une apparition d'êtres humains, et comme dans Patinir ou dans Bles, la légende biblique s'évoque au bord d'une petite rivière ou dans un village de Wallonie. Nous voici devant Donnay artiste religieux, et c'est la dernière étape de son beau voyage.

Reprenons ici notre alphabet. Dans les *Noëls wallons,* nous trouverons une série d'en-têtes au trait qui sont peut-être parmi ses œuvres les plus grandes. Ces petits dessins expliquent le *Voyage en Egypte* ou le polyptique de Saint-Walhère, mieux qu'un long commentaire. Ils nous montrent où le peintre mystique peut découvrir le mieux les objets de sa foi. Cette foi, il la retrouvera dans les chaumières des villages; le décor paysan l'entoure, le coquemar et la tasse sont posés sur la table, à côté du crasset, des gens ont poussé la porte; farouche et doux, le père agenouille sa petite fille, qui contemple le spectacle divin avec les yeux timides d'un naïf émerveillement; des femmes prient derrière elle; sur le seuil, le berger en houppelande, venu de loin, bourdon au poing, regarde gravement le sommeil de la Vierge et de l'enfant Jésus. Donnay, comme un berger de la Nativité, a découvert chez les humbles une religion simple et candide. Il nous l'apporte sans faste, telle qu'il l'a vue.

Puisque nous parlons ici de Donnay artiste religieux, il n'est peut-être pas inutile de distinguer la qualité spéciale de sa religiosité, parmi tant d'autres efforts réalisés en ces derniers temps pour donner une forme plastique nouvelle à la croyance et aux images du culte. Les différents salons d'art religieux qui se sont ouverts depuis quelque dix ans en Belgique ont assurément révélé une renaissance mystique chez bien des artistes. L'école de Laethem-Saint-Martin, Servaes, Vande Woestijne, Minne, et même Anto Carte, ce Wallon qui a mis avec tant de bonheur son admirable talent à l'école des Flamands et des Espagnols, ont réagi avec succès contre les caricatures stéréotypées, comme un mauvais byzantinisme, de l'école Saint-Luc; aussi ne s'étonne-t-on point que l'école Saint-Luc ait éprouvé le besoin, pour se défendre, de mobiliser le Vatican lui-même. Dans cette phalange, Donnay, qui est d'ailleurs un précurseur, — et des Belges et même de Maurice Denis, — a sa place bien particulière.

Le mysticisme des Flamands a le plus souvent une allure sauvage et terrorisée. L'homme se débat devant Dieu un peu comme il se débattrait devant le diable. Il passe, dans son amour, un visage infernal. Prenez les Servaes du chemin de croix de Vieux-Dieu: le Christ, Marie ou les apôtres poussent leurs expressions de douleur jusqu'à un point tel qu'elles sont proches de la caricature. Les gestes se déséquilibrent, les rictus s'exagèrent. On a reproché à l'artiste d'avoir trop pensé à des hommes quand il avait à peindre des figures divines. Je dirais plus volontiers qu'il a pensé à des damnés. L'accent des grands mystiques est sensible en ces œuvres farouches, où l'amour de Dieu s'allie au mépris de la chair et où le mépris de la chair conduit aux pires mortifications de la forme.

Autre remarque: si nous en exceptons Breughel, d'ailleurs bien plus réaliste que mystique, tous les peintres flamands qui se sont préoccupés d'exprimer un état d'âme religieux ont isolé le personnage et l'ont soustrait à son décor. Ce sont des religieux abstraits comme les mystiques de leur sombre moyen âge. Il y a, entre Servaes et Ruysbroeck l'Admirable, une évidente parenté.

Auguste Donnay n'a rien de commun avec cette façon de considérer les rapports de l'homme et de l'au-delà. Sa religion est amène, souriante ; elle s'accommode de tendresse et d'humour. On ne trouvera pas, dans son œuvre, de grandes heures pathétiques et douloureuses. Le drame de la Passion ne l'attire pas. Les descentes de croix, les mises au tombeau, les flagellations ne sont point son fait. Mais le doux miracle de la Nativité, le faste naïf de l'Adoration des bergers et des mages, l'aventure pittoresque de la Fuite en Egypte, l'épisode familier de la Visitation requièrent bien davantage son attention et sollicitent son émotion. L'aspect revêche et dur de la vie du Christ ne l'intéresse point. Ce qui le séduit, ce sont les moments gracieux et paisibles de la légende.

En outre, Donnay se refuse à dissocier ses héros humains ou divins de paysages dans lesquels il a vécu lui-même. On pourrait presque dire que la légende n'est pour lui qu'un prétexte au décor. Le saint Joseph vêtu de brun, la Vierge vêtue de bleu, le petit Jésus lumineux sur le bon âne tranquille et doux n'ont d'autre raison d'être, semble-t-il, que de justifier le paysage d'ardoise, de sapins et de neige qui les entoure. Et l'homme en houppelande qui leur montre le chemin, c'est Auguste Donnay lui-même, dans son milieu, au bord de la rivière. Quand sainte Elisabeth vient rendre visite à la Vierge, c'est une femme d'une bourgade wallonne qui vient saluer sa cousine. Cette façon — plus naturelle que volontaire — de réduire le Nouveau Testament aux proportions d'un incident villageois n'a point pour but d'en diminuer la portée, mais plutôt de le mieux comprendre. Pour un

Wallon, Dieu n'est pas l'être tragique et tourmenté que les Flamands ont le plus souvent conçu. C'est un ami, avec qui l'on peut causer quasiment d'homme à homme et qui vous raconte des histoires.

***

Donnay a découvert le mystère. Mais, le découvrant, il n'en a point conçu la terreur. A la vérité, il y a du mystère partout. Pourquoi en serait-on plus étonné que de l'air qu'on respire ou du lait que l'on boit? Il n'est branche qui n'en soit pesante, il n'est pierre qui n'en récèle des trésors. Prendre conscience de ceci, c'est déjà faire acte de foi. Et se comporter vis-à-vis des choses et des hommes dans cette constante pensée, c'est sanctifier sa vie. Chacune des œuvres de Donnay, qu'elle traite un sujet religieux ou qu'elle interprète simplement un paysage, est sanctifiée de cette tendresse et de ce respect. Il n'est pas un détail de ce paysage, pas un trait de ces visages humains ou divins qui ne s'infléchissent pour lui, selon des volontés occultes et vénérables. Les forêts et les vieux murs sont pleins d'esprits surnaturels. Il rôde des légendes autour de chaque demeure. Tout est chargé de songe et de passé. Une race ancienne se rêve au travers de ces sites, de ces peintures murales et de ces dessins. Jamais la vieille Wallonie, toute en nuances, en douceurs, en musique, ne s'est mieux avouée que dans l'âme de ce maître.

RICHARD DUPIERREUX.

Paul Errera

Le Flambeau *a perdu dans Paul Errera un ami de la première* heure.

Ce grand Belge, qui, au Conseil de l'Université, comme à l'Hôtel de ville d'Uccle et à la Conférence des bourgmestres, ne cessa pas un seul jour, durant l'occupation, de diriger la résistance morale, avait fait de son hospitalière *maison un des principaux centres de cette résistance. C'est là que se communiquaient le plus vite les bonnes nouvelles, les mots d'ordre patriotiques; c'est là que se réfugièrent tant de prisonniers évadés; c'est là que le* Flambeau *clandestin trouva les premiers encouragements. Nous connaissions depuis longtemps Paul Errera. Et qui ne connaissait pas cet* homme *prodigieusement répandu dans tous les milieux, maître de plusieurs générations d'étudiants en droit, et par conséquent d'une moitié de la jeune élite bruxelloise; recteur vraiment magnifique de l'Université libre; conférencier* habile *et impeccable de l'Extension;* « *réserve* » *trop ménagée du Parti libéral, dont les rares, mais éclatantes interventions laissaient le durable souvenir et le regret d'une éloquence ornée et nourrie, puissante et nuancée? Nous connaissions donc Paul Errera; mais depuis la guerre nous le connaissions mieux, et nous l'aimions.*

Nous l'aimions pour sa culture et sa bonté, pour son humanisme *et son* humanité.

Ce Belge était un Européen dans toute la force de ce mot. Il possédait à fond toutes les grandes littératures anciennes et modernes; sa mémoire était un trésor, où son intelligence puisait avec un à-propos merveilleux. Il savait la langue et la psychologie *de nos ennemis: de là, sa supériorité dans les fréquentes discussions qu'il eut avec eux, lorsqu'il défendait l'Université volontairement silencieuse ou sa commune toujours en alarmes.*

Dans la grande capitale captive des Barbares, à laquelle manquaient si cruellement, pour la première fois depuis des siècles, l'afflux nécessaire de la pensée occidentale, les communications intellectuelles avec Paris, Londres et Rome, le commerce de Paul Errera était d'un charme triplement précieux. Shakespearien, dantista, *racinien, ce polyglotte parfait, cet érudit, cet* homme *du monde avait fréquenté à peu près tous les* hommes *illustres de notre temps, ceux qui pendant les années terribles mobilisèrent les esprits contre le germanisme. Il s'était entretenu dans leur langue avec* Ferrero, *d'Annunzio, Kipling, Joseph Reinach, Anatole* France. *Par mille fils secrets l'écho de leurs paroles arrivait jusqu'au salon Errera. On y lisait avec enthousiasme leurs proclamations, et notre prison s'éclairait alors d'une grande lumière. Mais surtout, les mouvements généreux de l'âme italienne se propagaient dans ce milieu où Paul et Isabella Errera pressentirent avec tant de foi et célébrèrent avec tant de joie l'Alliance latine.*

Le pays délivré, Paul Errera se voua tout entier à la reconstruction *du* haut *enseignement. Il rentra, plein d'ardeur, dans la carrière qu'il avait* choisie *et qu'aucun genre de succès ne lui fit jamais négliger. Il avait pour l'Université, pour la Science, pour sa science, pour son métier un amour inné. M. Paul Heger, président du Conseil d'administration de l'Université, M. Maurice Bourquin, successeur d'Errera dans la chaire de Droit public, diront mieux que nous sa réputation et son zèle. Il sacrifia à l'œuvre universitaire des ambitions qui eussent été légitimes, et peut-être faut-il regretter que ses amis politiques n'aient pas assuré au pays, au moment des négociations de 1919, comme à l'*heure *de la revision constitutionnelle, le concours de ce maître du Droit public belge et du Droit international. Mais, si d'autres ont pu le déplorer pour lui et surtout pour la patrie, la bienveillance d'Errera n'en fut pas altérée. Plus actif que jamais, plus souriant aussi, tout à tous, et toujours* *à sa place, il ne cessa d'enchanter ses collègues, ses élèves et ses amis par son esprit et son ingénieuse prévenance.*

Le soin de sa santé était la seule affaire où il se permit d'être inexact. Il dissimula avec une aisance stoïque le mal sournois qui le rongeait. La vraie peine pour lui eût été de renoncer à l'une des formes de son immense labeur. Cette douleur lui fut épargnée. Il mourut tragiquement, puisque ce mal qu'il méprisait le terrassa soudain en pleine force; mais il mourut comme il eût sans doute souhaité mourir, ayant jusqu'à son dernier jour fait le bonheur des siens, servi sa patrie et son idéal, laissant une compagne qui puisera dans le souvenir de l'œuvre commune la force de perpétuer une noble tradition, et dans le culte agissant de sa mémoire, la consolation du plus cruel des deuils.

Paul Errera, qui goûtait les pensées profondes et l'expression sans défaut, aimait ces lapidaires formules que la sagesse antique a faites à la mesure de la condition humaine, et qui enferment pourtant l'éternelle espérance des mortels éphémères. Il en est une que nous voudrions graver sur sa tombe:

Κοιμᾶται· θνῄσκειν μὴ λέγε τοὺς ἀγαθούς.

Il dort: ne dites pas d'un juste qu'il est mort!

LE FLAMBEAU.

L'Universitaire (1)

Il y a quelques jours à peine, Paul Errera, s'adressant aux étudiants de la Faculté de Droit, leur annonçait, dans des termes émus, la mort d'Eugène Hanssens; il déplorait qu'un tel maître fût prématurément enlevé à ses élèves et qu'une aussi noble intelligence s'éteignît, au moment même où elle brillait avec le plus d'éclat.

(1) Discours prononcé, le 14 juillet 1922, aux funérailles de Paul Errera.

Et c'est à Paul Errera lui-même que s'appliquent aujourd'hui ces regrets; comment pourrais-je les traduire, alors que nous sommes encore stupides devant cette perte soudaine et que nous avons peine à formuler nos pensées? Le vide produit par la mort de Paul Errera est si profond qu'il nous laisse pour ainsi dire désemparés devant un si cruel destin. Il faut pourtant, au moment où s'ouvre cette tombe, que l'Université apporte à celui que nous venons de perdre, le tribut d'hommages et d'affection qui lui est dû.

Attaché à l'Université depuis un quart de siècle, Paul Errera occupait à la Faculté de Droit une place prééminente que justifiaient l'importance de l'enseignement dont il était chargé, et l'autorité qu'il avait acquise vis-à-vis de ses collègues.

Appelé au Rectorat en 1908, il exerça ces délicates fonctions avec un zèle, un dévouement et une conscience qui lui valurent la reconnaissance et la sympathie unanimes du corps professoral.

Il contribua par ses cours, par ses conférences, par la haute réputation qu'il avait acquise dans le monde scientifique, à faire estimer et aimer cette Université libre de Bruxelles que son frère Léo avait si brillamment illustrée.

Comme son frère Léo, Paul Errera avait été un écolier modèle; ardent à l'étude, il avait l'esprit ouvert à tout ce qui en fait l'ornement.

Dès l'enfance, il avait appris les langues vivantes, le flamand, l'anglais, l'italien, l'allemand; il n'en possédait pas seulement le vocabulaire, mais aussi la littérature; sa personnalité s'affirmait ainsi sous des formes multiples, avec une souplesse et une élégance qui ne se démentaient jamais. Belge et ardent patriote, Paul Errera gardait de son ascendance vénitienne ce que les biologistes appellent des « déterminants », qui donnaient à son intelligence et à toute sa manière d'être, une originalité et un charme exceptionnels; s'il est vrai que rien de ce qui est humain ne lui était étranger, cependant les pentes naturelles de son esprit le dirigeaient instinctivement vers le culte de la poésie et de la beauté; une partie de son cœur appartenait à l'Italie; l'heureux choix qu'il fit de la compagne de sa vie en est un témoignage.

Pourquoi faut-il que le deuil envahisse aujourd'hui irrémédiablement cette maison accueillante où s'abritait tant de bonheur? Maison pleine d'émouvants souvenirs où semblait toujours rayonner la noble et fine figure de Mme Marie Errera, la « Mater admirabilis » qui éleva ses deux fils dans le culte du *vrai* et les orienta vers tout ce qui est beau et généreux sur cette terre.

Je ne sais si c'est par un don de nature ou pour avoir subi la douce influence maternelle que Paul Errera nous donna toujours l'exemple d'une infinie bonté.

Au Conseil d'administration de l'Université où dès 1910 il fut appelé à siéger en qualité de vice-président, tous ses collègues eurent maintes occasions d'apprécier la grande valeur de ses avis et sa parfaite aménité. Il suivit de près le travail de la réforme de notre enseignement dans nos diverses Facultés.

Il collabora à notre œuvre, il contribua puissamment à assurer sa grandeur, et voici qu'il nous quitte avant d'en avoir vu la réalisation...

Mais s'il n'est point parmi les nôtres le jour où nous pourrons en saluer l'achèvement, sa pensée restera présente, et tous nous garderons pieusement sa mémoire.

Au nom du Conseil d'administration et de l'Université tout entière, j'adresse à notre cher vice-président le plus reconnaissant hommage, le plus affectueux souvenir.

PAUL HEGER.

Le Juriste

Le *Flambeau* me demande quelques lignes sur l'œuvre scientifique de Paul Errera. Et voici qu'au moment de prendre la plume, j'hésite... Toutes les réminiscences qui m'assaillent semblent se fondre en un souvenir unique: celui d'une rayonnante bonté. J'ai beau évoquer le professeur et l'écrivain, les livres et les leçons, partout je ne vois que le sourire d'une âme confiante et généreuse.

La figure de l'homme qui m'honora de son amitié dissimulerait-elle à mes yeux celle du jurisconsulte? Ou bien l'œuvre juridique de Paul Errera ne serait-elle en réalité qu'un reflet de son grand cœur?

* * *

La première impression qui se dégage de cette œuvre est peut-être celle d'une vaste érudition.

Paul Errera n'avait rien de ces savants qui s'enferment dans le cloître de leur spécialité. Quelque attrait qu'exerçât sur lui la technique du Droit, il ne pouvait consentir à se laisser absorber par elle. La vie de la pensée, sous ses formes multiples, le séduisait. Il accordait au système d'un philosophe, à l'œuvre d'un artiste, à la découverte d'un historien la même attention, la même sympathie qu'au mécanisme d'une institution juridique. Et comme il avait beaucoup lu et beaucoup voyagé, son esprit s'épanouissait dans une atmosphère de brillante culture. Un Italien de la Renaissance, qui aurait connu le siècle de l'Encyclopédie...

Le titre même de certains de ses écrits atteste cette variété de connaissances. Sa carrière scientifique s'ouvre par la publication d'une thèse de doctorat consacrée à l'étude d'une ancienne forme de la propriété (1) ; « Dante et les Flandres », tel fut le sujet de sa dernière communication à la classe des Lettres de l'Académie (1921). Des *Masuirs* à la *Divine Comédie,* la curiosité de Paul Errera se promène, glanant en cours de route quelques réflexions sur les doctrines économiques de Henri

(1) *Les Masuirs,* 2 vol., 1891.

George (1), ou sur l'œuvre d'Adolphe Quetelet (2), ou bien encore sur les chroniqueurs, philosophes et moralistes qui illustrèrent la littérature française (3).

Qu'on ne se représente pas cependant une pensée qui s'éparpille, sans méthode, au gré des circonstances. Le vagabondage intellectuel n'est ici qu'un délassement, une détente après l'effort discipliné. Il ne compromet en rien l'unité substantielle de l'œuvre, vouée au culte fervent et fidèle du Droit public. L'étude juridique de l'Etat, de sa constitution, de ses organes, des principes qui régissent son activité toujours plus absorbante et toujours plus complexe: voilà le domaine où, pendant un quart de siècle, s'exerça sans défaillance le labeur quotidien de Paul Errera.

Ce fut la matière de son enseignement.

L'Université de Bruxelles lui avait confié la chaire de Droit public, où il succéda à Giron. Elle l'avait chargé en outre de faire à l'Ecole des sciences politiques et sociales un cours de Droit constitutionnel comparé.

Ce fut également l'objet de la plupart de ses publications et notamment de cet important *Traité de Droit public belge* — le plus complet de notre littérature — dont il préparait une troisième édition quand la mort vint le frapper (4).

C'est là que se déployèrent essentiellement les ressources de son esprit juridique, soucieux de saisir les institutions du Droit, non seulement dans les formes où elles se cristallisent momentanément, mais encore et sur-

(1) La « question de la propriété foncière en Angleterre et les idées de Henri George », *Revue Universitaire,* 1892.

(2) Adolphe Quetelet, « Introduction à un cours de statistique foncière », *Revue Universitaire,* 1894.

(3) « Cours sur la littérature française. Historiens et chroniqueurs. Philosophes et moralistes », *Syllabus de l'Extension universitaire,* 1896.

(4) *Traité de Droit public belge.* Droit constitutionnel. Droit administratif. Paris, Giard et Brière, 2e édit., 1918.

tout sous leur aspect dynamique, dans le mouvement de perpétuelle transformation qui les anime.

L'étude d'une disposition constitutionnelle, d'une loi ou d'un règlement administratif ne se réduisait jamais pour lui à la simple analyse d'un texte, quelque minutieuse et quelque pénétrante qu'elle fût. Ce texte, il entendait le faire vivre, lui donner la couleur et la sonorité d'une œuvre humaine. Le faire vivre d'abord, en le suivant dans ses applications pratiques, dans les interprétations de la jurisprudence, les débats des assemblées parlementaires, les rivalités même des partis politiques. Le faire vivre aussi, en l'insérant dans l'histoire. Les grandes institutions du Droit public moderne sont toutes vibrantes de souvenirs. En elles se concrétise un idéal pour lequel, pendant des siècles, les hommes ont lutté et souffert. Comment pénétrer leur sens, mesurer leur valeur, si on les détache de ce passé tumultueux dont elles sont issues et qui les a modelées? Paul Errera prenait toujours soin de reconstituer l'ambiance historique où plongent leurs racines. Il le faisait avec une aisance et un art d'autant plus attachants que sa science de juriste pouvait faire abondamment appel à ses connaissances de lettré. L'érudition ne fut donc pas chez lui un simple ornement. Elle ne se borna point à agrémenter la surface de l'œuvre; elle contribua, dans une appréciable mesure, à en nourrir la substance.

Il serait vain de chercher dans les travaux de Paul Errera l'ossature de ce qu'on peut appeler, au sens rigoureux du terme, une doctrine juridique. Sa pensée, souple et accueillante, refusait de se laisser emprisonner dans le cadre rigide d'un système. Aucune formule ne résumait la totalité de sa foi. Aucune école ne répondait entièrement aux aspirations de sa pensée. Il aimait à les passer en revue, à souligner leur force et leur faiblesse. Jamais il ne s'est arrêté à l'une d'entre elles comme à la Terre promise

Cet éclectisme doctrinal n'avait rien de commun avec le détachement d'un dilettante. Il ne puisait sa source ni dans un scepticisme désabusé, ni dans la nonchalance d'un esprit enclin à esquiver la lutte. L'œuvre juridique de Paul Errera n'est point neutre. D'un bout à l'autre de ses écrits, dans l'analyse des détails comme dans l'exposé des synthèses, on sent quelque chose qui vibre, une conviction qui s'échauffe, une espérance qui s'allume. L'amour, disons mieux, la passion de quelques grandes idées enchaîne la pensée du juriste et l'exalte.

Avant tout, la passion de la Liberté.

Son caractère l'y prédisposait. Foncièrement optimiste, confiant dans la nature humaine, comment ne lui aurait-il pas fait crédit? Comment n'aurait-il pas eu foi dans son libre épanouissement? L'étude et la méditation vinrent confirmer ce penchant instinctif.

De toutes les disciplines juridiques, nulle plus que le Droit public ne met en relief la valeur profonde de ce grand mot de Liberté, dont le matérialisme moderne n'est point parvenu à briser la magie. Faire du Droit public, c'est suivre l'esprit de liberté dans sa lutte contre l'arbitraire; c'est enregistrer ses victoires d'hier sur le despotisme des Grands; c'est assister, le cœur anxieux, aux résistances qu'il oppose aujourd'hui à la tyrannie des forces massives. C'est se placer à un point de vue d'où on peut le juger sur ses œuvres, et qui permet de mesurer la perte, l'avilissement, le désastre que sa défaillance entraînerait inévitablement pour l'humanité.

Dans son discours rectoral de 1910 (1), Paul Errera

(1) « Pour nos libertés », *Revue de l'Université,* 1910-1911.

s'adressait en ces termes aux étudiants de l'Université de Bruxelles :

« En science, comme en politique, soyez les champions de la liberté. On vous dira peut-être que, par elle-même, elle n'est rien ; vous répondrez que, tout au contraire, l'instruction, la richesse, la santé ne sont rien sans la liberté, « ce bien qui fait jouir des autres biens ». (Montesquieu.) Ne la redoutez pas ; qu'elle vous soit familière et amie ; recherchez-la dans la contradiction des opinions, dans le conflit des idées ; accoutumez-vous à elle, afin qu'elle ne vous effraie ni dans son principe, ni dans ses conséquences. En la pratiquant sagement, montrez qu'elle n'est redoutable qu'à ceux qui la dénaturent ou la méconnaissent. Soyez prêts au dévouement qu'elle attend de vous, elle qui, selon la parole d'un des ancêtres du libéralisme, « veut toujours des citoyens, quelquefois des héros. » (B. Constant.)

Il aima la liberté. Cet amour toutefois ne se figea point dans une formule doctrinaire.

Quelle que fût son admiration pour les grandes figures de 1830, quelque plaisir qu'il éprouvât à les faire revivre par la pensée, jamais il n'oublia qu'« il faut être de son époque à peu près comme il faut être de son pays (1). »

L'incessante mobilité des choses ne désorientait pas son esprit. Il savait que la société évolue, que ses énergies se renouvellent sans arrêt, que les points de vue se modifient et que les problèmes se déplacent de génération en génération. Et sans doute, tout le monde le sait, mais ce sont les réactions qui diffèrent. Les uns s'aigrissent et se cabrent devant ces transformations qui bousculent leurs habitudes et désaxent leurs croyances. D'autres les subissent, impuissants et résignés.

Paul Errera les accueillait avec confiance, avec sympathie.

(1) Rivier.

C'est qu'il aimait le mouvement, la jeunesse et la vie. C'est que son invincible optimisme croyait au Progrès. C'est aussi que les questions sociales qui tourmentent notre époque intéressent le sort des malheureux. Sa pitié allait d'instinct aux déshérités de la fortune. Discrètement, mais profondément, il compatissait à leurs souffrances. La bonté naturelle de ce patricien raffiné avait fait de lui un démocrate sincère.

* * *

L'œuvre de Paul Errera ne se trouve pas séulement dans ses écrits. Elle vit dans les cerveaux qu'il a formés.

L'enseignement a toujours été la forme essentielle de son activité. Il lui a donné le meilleur de lui-même. Il s'y vouait avec une noble passion.

Et comme il était aimé de ceux qui l'écoutaient! Comme il avait l'art de charmer son auditoire, de l'élever à la hauteur des grands problèmes dont il dissertait devant lui, de susciter en lui des enthousiasmes! La leçon finie, l'idée germait, la vision du Droit se développait et se précisait, façonnant, dans l'esprit de cette jeunesse, la pensée de l'avenir.

Professeur, Paul Errera l'était totalement, jusqu'aux fibres les plus intimes de son être.

Il le fut jusqu'à son dernier souffle.

La veille même de sa mort, comme je le suppléais pour les examens de la candidature en Droit, il me fit parvenir certaines questions à poser aux récipiendaires. Elles avaient été dictées par lui, au milieu des douleurs qui l'étreignaient...

Quelle sobre grandeur et quelle touchante beauté dans ce sentiment du devoir, tenace jusqu'à la tombe!

Ce fut sa dernière leçon...

MAURICE BOURQUIN.

La Crise des Alliances

Le livre de M. Fabre-Luce fait grand bruit en France. Il exprime avec un vigoureux talent une opinion très répandue là-bas. Il a sans doute le tort grave de considérer comme inéluctable un désaccord qui est le pire des dangers. Sur plus d'un chapitre, notamment sur les questions d'Orient, nos vues sont très différentes de celles de l'auteur. Mais l'état d'esprit de M. Fabre-Luce et de la majorité des Français est un fait d'une telle importance qu'il faut commencer par l'étudier, sans plus. C'est pourquoi ce compte rendu a été confié à un éminent compatriote, à un ami déclaré de l'auteur.

Les hommes d'Etat se débattent actuellement au milieu de multiples difficultés, dont les unes, transitoires et secondaires, sont la conséquence du récent conflit; mais dont les autres, plus anciennes et seules sérieuses, trouvent leur source dans le caractère des hommes et la nature éternelle des choses. Devant un même péril, la plupart des peuples ont oublié pendant la guerre leurs vieilles querelles, et jusqu'à la différence profonde de leurs tempéraments nationaux. La paix est venue ensuite menacer une union provoquée par le danger; l'ardeur de la lutte entraîne une conception volontiers simpliste de la politique. On ne regarde pas plus avant que l'adversaire, lequel bouche l'horizon; une fois l'ennemi abattu, on découvre derrière lui toute l'étendue du monde à reconstruire, et une tâche si vaste qu'elle peut alimenter mille activités contraires. Alors, les volontés anciennes se réveillent; les ambitions ataviques, endormies un instant, reprennent la poursuite de leurs buts séculaires, les divergences s'accusent entre ceux qui semblaient si parfaitement unis: c'est *la crise des alliances* (1), dont ont souffert tous les associés de la guerre, qui est venue compli-

(1) *La Crise des Alliances*, par M. Alfred FABRE-LUCE, Grasset, éditeur, 1922.

quer singulièrement et parfois compromettre les relations de la France et de la Grande-Bretagne; c'est à cette crise que M. Alfred Fabre-Luce vient de consacrer un ouvrage dont l'intérêt et la documentation méritent un examen détaillé.

* * *

Peu de périodes dans l'histoire ont été aussi encombrées de négociations diplomatiques, d'accords et de querelles, que celle où nous vivons depuis 1919. Pour assurer l'exécution des divers traités, l'entente franco-anglaise était plus que jamais nécessaire. Aussi l'histoire politique de ces dernières années semble-t-elle se confondre avec celle des relations de la France et de l'Angleterre.

Deux méthodes s'offraient à M. Alfred Fabre-Luce pour en faire le récit. Il pouvait, respectant l'ordre chronologique des faits, nous laisser gravir le pénible calvaire des multiples conférences; mais l'extrême enchevêtrement des questions traitées, le grand nombre des résolutions prises inutilement, rendaient ce procédé tout à fait vain. D'autre part, comme nous le fait justement observer l'auteur dans sa préface, sans doute « les projets esquissés dans ces réunions sont restés le plus souvent sans exécution... Mais, ces assemblées ont facilité cette évolution de l'opinion publique qui est le phénomène le plus important de l'après-guerre. Il n'est donc pas inutile de rappeler brièvement l'histoire de ces discussions périmées. »

Aussi M. Alfred Fabre-Luce a-t-il choisi une deuxième méthode, beaucoup plus difficile, certes, mais seule féconde. S'attachant à retrouver sous la trame compliquée des faits les lois psychologiques qui les dominent, il s'est avant tout préoccupé de ne pas « perdre de vue la continuité de l'histoire. Envisagés avec quelque recul, les événements apparaissent dans leur enchaînement et leur nécessité. C'est un des paradoxes de notre époque que la situation politique soit présentée chaque matin, dans toute sa complexité, à des citoyens affairés qui ont la curiosité d'en connaître quotidiennement le détail, sans jamais avoir le loisir d'en rechercher la loi. » C'est à l'étude de cette loi, beaucoup plus qu'à un récit minutieux de faits dont la plupart sont déjà remis à leur place véritable par le recul du temps, que M. Fabre-Luce a consacré un ouvrage, dont le sous-titre : « Essai sur les Relations franco-britanniques depuis la signature de la Paix », précise clairement le sens et la portée.

* * *

Au cours des siècles, France et Angleterre ont été adversaires plus souvent qu'amies. L'hégémonie allemande sur le continent leur avait fait oublier leurs divergences; encore a-t-il fallu l'invasion de la Belgique, et que le péril menaçât plus particulièrement la Grande-Bretagne insulaire, pour décider en 1914 le gouvernement de Londres à prendre nettement position. La gravité de la situation l'amena à se jeter dans la lutte avec abnégation, jusqu'à demander lui-même un commandement unique qu'il n'eût certes jamais admis au début. Comment expliquer alors qu'après la guerre les politiques française et anglaise aient suivi des voies différentes presque toujours, et contraires parfois, au point de se heurter brutalement?

Il faut attribuer en premier lieu au traité de Versailles ce changement d'attitude. A en étudier le texte, à en considérer les conséquences immédiates, la France put mesurer sa déception. Dans une page très remarquable, M. Alfred Fabre-Luce montre pourquoi l'opinion publique d'outre-Manche ne pouvait partager ce sentiment: « On a remarqué bien souvent que, dès les premières semaines de la Conférence de la Paix, la Grande-Bretagne a réalisé ses buts de guerre. Mise en possession de la flotte allemande, assurée que l'Allemagne devra céder toutes ses colonies, elle se trouve délivrée de son rival naval, commercial et colonial ; ayant fait exclure de la discussion le principe américain de la liberté des mers, elle est certaine de garder en Europe sa primauté maritime. Son triomphe est fait du déplacement de forces qui s'est opéré en sa faveur ; il s'inscrit automatiquement dans le Traité, et ne peut pas être détruit par une volonté de revanche. En effet, les victoires navales ont un caractère tout particulier : elles sont immédiates, car le vaincu, ne pouvant invoquer des raisons de sécurité intérieure, doit abandonner aussitôt en livrant ses navires, sa force concentrée et saisissable ; elles sont durables, car il faut, pour construire une flotte, du temps, de l'argent, de vastes ambitions, défendues aux vaincus ; elles sont sûres, car l'armement naval ne peut pas se poursuivre en secret : le plus léger contrôle saurait le dénoncer. Pas de frontières, pas de dévastation, peu de rancune ; les flots, toujours nouveaux, appartiennent sans blessure et sans souvenir au vainqueur naval, qui réalise d'un coup son gain. Les Anglais ont pu rester fidèles à l'ancienne et saine conception de la guerre : une affaire qui se paie elle-même. »

On se rappelle la page fameuse où Albert Vandal, étudiant la psychologie de ceux qu'il nomme les « Jacobins nantis », nous dépeint ces agitateurs avant tout désireux de sauvegarder contre une révolution nouvelle les avantages qu'ils ont su retirer de leur propre révolte. La Grande-Bretagne se trouvait dès 1919 dans une situation semblable ; nantie, elle aussi, des profits qu'elle poursuivait, elle se montra bientôt débonnaire pour un ennemi qui l'avait payée, et désireuse de protéger contre toute crise nouvelle le surcroît de puissance qu'elle venait d'acquérir.

Un créancier désintéressé par son débiteur devient vite favorable à celui-ci. L'Angleterre crut très sincèrement le Reich désarmé, puisqu'elle l'avait dépouillé de sa flotte, seule arme dont il disposât contre elle, et elle put de bonne foi considérer comme alarmistes ceux qui dénonçaient un péril dont elle ne se sentait plus menacée.

Notons encore un désir d'équilibre, qui empêche l'Angleterre de trop favoriser la France, devenue par sa victoire la première puissance militaire de l'Europe ; une certaine ignorance des problèmes politiques continentaux, ignorance notée dès le XVIIIe siècle par Kaunitz ; un sens aigu de ses intérêts, et, par ailleurs, un esprit nettement favorable à tout organisme international, propre à faciliter la reprise des affaires, et nous aurons l'explication de l'attitude britannique, depuis la Paix. D'une part elle abandonne vis-à-vis de l'Allemagne toute apparence, non pas seulement de rancune, mais encore de souvenir ; d'autre part la gravité de sa situation économique lui fait rechercher les occasions de rapprochement avec ses anciens clients russes ou ennemis ; enfin, les partis politiques, comme au lendemain de toutes les grandes crises, comme en 1815, se replient sur eux-mêmes, et, cherchant à rompre les trop nombreux liens noués pendant la guerre avec le continent, provoquent ce réveil de l'esprit insulaire que notera M. Paul Cambon.

La France, de son côté, a vécu pendant quelques mois dans l'ombre portée de la guerre ; elle se réveille un jour, seule, sans garanties, aidée d'alliés incertains, devant une Allemagne toujours puissante, et dépourvue de toute bonne volonté. On aimerait que M. Alfred Fabre-Luce, si complet dans sa psychologie de l'opinion anglaise, donnât un développement égal à son étude du mécontentement français. Les pertes subies par la République ; sa terrible situation financière ; la faiblesse des moyens d'action que lui accorde le traité contre un débiteur récalcitrant ; l'isolement où la place l'incompréhension de l'étranger, — tout contribue à faire naître en France un trouble profond, justifié par l'insécurité du présent et l'incertitude de l'avenir.

Dès ce moment, les deux peuples cessent de se comprendre entièrement. « Ils se sont ignorés à travers le temps, écrit M. Alfred Fabre-Luce, chacun se persuadant davantage de ses convictions et s'assourdissant de ses propres clameurs. La presse suit fidèlement l'opinion, qui elle-même reflète la presse. Deux miroirs, se réfléchissant l'un l'autre, ne montrent que le néant. Le conflit anglo-français s'explique par des raisons psychologiques bien simples : réaction naturelle d'indépendance après la tension de l'effort commun ; égoïsmes contradictoires de deux peuples appauvris ; affirmations des idiosyncrasies nationales devant une situation incertaine, nouvelle ; amertume qui suit les déceptions ; imagination renversée (comme disait Stendhal) d'un peuple qui, après avoir trop attendu la victoire, n'avoir pas assez obtenu des vaincus, se retourne vers les vainqueurs, et explorant le passé, accuse ses maîtres et ses alliés. »

Telles sont les positions prises par la France et l'Angleterre au début de ces années difficiles où M. Alfred Fabre-Luce a été amené à distinguer trois périodes : « Le Parlement français, dit-il, ayant pris l'habitude de renverser les ministères en janvier, il s'est trouvé que ces trois périodes correspondaient assez exactement aux divisions communes du temps. Dans la première (1920), les Alliés, aux prises avec des difficultés insolubles, placés entre les dangers intérieurs et extérieurs également redoutables, ont cherché en vain un compromis, et se sont dépensés en efforts inutiles. Dans la seconde (1921), ils ont dû se résigner, d'une part à réduire ensemble leurs revendications, d'autre part, à poursuivre, en dehors de l'alliance, leur politique particulière. Dans la troisième (1922) se marque une tendance à la synthèse : on essaie d'adapter l'alliance aux événements accomplis et aux nécessités de l'avenir ; on reprend en commun, sur de nouvelles bases, l'examen d'un certain nombre de questions réglées par le Traité de Paix. C'est le moment d'étudier la question de l'alliance, de chercher ce qu'elle a donné et ce qu'on peut encore attendre d'elle. »

Dès 1920, les antagonismes s'accusent. En Syrie comme à Constantinople, l'Angleterre, désireuse de compléter la défense des Indes, contrecarre systématiquement l'action du gouvernement français, bien que les intérêts britanniques en Turquie soient très inférieurs à ceux de la France; mais le souvenir de Gladstone, et le désir de supplanter sur le Bosphore la Russie défaillante, déterminent la politique anglaise vis-à-vis des Ottomans. Comme en même temps, et par un paradoxe étrange, ces derniers n'ont pas été désarmés par l'armistice que leur a imposé l'amiral Calthorpe, sans le consentement de son collègue français, le sentiment national se révolte en Anatolie, et y rallume la guerre. La vigueur imprévue de la réaction kémaliste pousse M. Lloyd George à déclancher l'intervention grecque. Politique si opposée aux intérêts traditionnels de la France, aux sentiments de l'opinion musulmane, que la République se voit un jour obligée d'en dégager sa responsabilité. Il n'est pas exagéré de dire que l'année 1920, consacrée à l'élaboration de l'inapplicable traité de Sèvres, et à sa défense par les armées helléniques, a aggravé d'une façon dangereuse toutes les difficultés déjà existantes en Orient.

Une deuxième dissension, provoquée par les affaires russo-polonaises, oppose Londres à Paris. En refusant de traiter sans conditions préalables avec le gouvernement des Soviets, en contribuant de tout son pouvoir au salut de Varsovie, le ministère de M. Millerand a fait preuve de courage, et d'une grande justesse de vues. Mais l'Angleterre lui reproche l'échec de ses propres tentatives, et jusqu'à une abstention, qui n'était point mauvaise volonté, mais seulement prudence.

L'antagonisme qui s'était aussi accusé entre les deux politiques, vis-à-vis de la Russie comme de la Turquie, devait provoquer sur le terrain allemand un conflit bien plus grave. Les manquements financier, militaire, juridique du Reich au traité de Versailles déterminèrent, le 6 avril 1920, le gouvernement français à occuper Francfort. M. Alfred Fabre-Luce voit avec raison dans cette action isolée le point de départ de bien des difficultés postérieures. Il s'agissait de savoir dans quelle mesure un des alliés pouvait se séparer des autres, lorsqu'il jugeait en jeu sa sécurité présente ou son avenir ; d'autre part, le problème des sanctions sortait de l'incertitude regrettable où l'avaient maintenu les conventions, et se posait nettement pour la première fois.

Désormais, le gouvernement britannique, convaincu que la France plaçait avant tout le souci de sa sécurité militaire, lui fera payer chaque concession sur ce point d'une réduction de la dette allemande : « On n'a pu, nous dit M. A. Fabre-Luce, s'entendre en 1920 ni sur une évaluation, ni sur une politique, ni même sur une procédure des réparations. Vis-à-vis du débiteur allemand, comme vis-à-vis de la Russie et de la Turquie, c'est bien une année perdue. Seulement, pendant cette année, une inégalité s'est créée entre les alliés. Moins éblouie par les mirages de l'avenir, l'Angleterre a fixé son attention sur le présent, et a pris de l'avance dans la course à la répartition. »

L'année 1921 vit, en même temps que l'aggravation de certains dissentiments, le règlement d'autres questions. Les frontières de Haute-Silésie furent enfin fixées par la Société des Nations ; la solution intervenue se rapprochait de la thèse française, et son évidente justice satisfit tout le monde. La Conférence de Washington, après de longs malentendus où la France laissa quelque prestige, se termina par des accords positifs. En Orient, le gouvernement de M. Briand reprit sa liberté par le traité d'Angora dont, en une formule heureuse, M. A. Fabre-Luce nous montre « l'imperfection et la nécessité ». Vis-à-vis de l'Allemagne enfin, la nécessité de fixer le chiffre définitif de la dette germanique fut la cause d'un trouble durable dans les relations interalliées.

« Un conflit constant d'opinions et d'intérêts », c'est ainsi que peut se caractériser cette longue période des négociations. Si, de par la force du temps, certains problèmes disparaissent de l'ordre du jour, l'opposition n'en subsiste pas moins sur les points fondamentaux. Angleterre et France, lasses de ne pouvoir s'entendre d'une façon satisfaisante pour les deux parties, agissent séparément, et chacune de ces initiatives détermine une crise sérieuse.

* * *

Après trois années d'une entente difficilement maintenue, à un moment où les deux nations font preuve d'une indépendance politique croissante, les hommes d'Etat se sont avisés de trancher ces désaccords au moyen d'un pacte de garantie, qui renforcerait la position de la France, et lui permettrait de réduire ses dépenses militaires. Il a été beaucoup question de ce projet; M. A. Fabre-Luce en a fait un examen détaillé, dont les conclusions méritent d'être rapportées.

Quelle serait la valeur morale d'un semblable lien? De toute évidence, le sentiment de la majorité de l'Angleterre lui demeure contraire; voici des siècles que sa politique traditionnelle lui interdit de s'engager étroitement avec une puissance continentale. « Si cette alliance était véritablement désirée, il serait inutile de la déduire d'un traité: elle s'inscrirait elle-même dans les actes de la politique quotidienne; on la constaterait avant de l'enregistrer. » Quelle portée pratique, en second lieu, accorder à cette convention, qui deviendrait applicable en cas de guerre? « L'hypothèse officielle récemment exposée (au Palais Bourbon) par le ministre de la guerre et le rapporteur de la loi sur le recrutement, est celle d'une offensive française au delà du Rhin, succédant immédiatement à la déclaration de guerre allemande. » Il est hors de doute que dans les conditions présentes, une semblable opération doive réussir avant l'écoulement du délai nécessaire à une intervention britannique; mais supposons la situation modifiée, et l'armée allemande à nouveau capable d'une longue résistance, quels seraient les moyens d'action de nos alliés? Ils ne pourraient plus envoyer en Europe, d'après les projets déposés en mars 1922 par Sir L. W. Evans, « que quatre divisions mobilisables en quatre mois au lieu de six divisions mobilisables en trois semaines, en 1914. » L'appui militaire serait donc extrêmement faible. De plus, ce pacte a toujours été considéré à Londres comme unilatéral. La France, impuissante à protéger la Grande-Bretagne insulaire, se verrait réduite à demander, sans offrir aucune contrepartie, le secours de sa voisine. Inégalité choquante, et que le peuple français n'admettrait point.

Enfin, de quel prix ne ferait-on pas payer cette alliance? N'oublions pas que pour insérer dans le traité de Versailles une disposition semblable demeurée lettre morte, M. Clemenceau a dû se résigner, en 1919 déjà, à de pénibles concessions. La France va-t-elle acheter cette fois encore une arme de si faible valeur, et peut-être au prix de nouveaux abandons en Orient? M. Barthou a donné à cette méthode le nom de *Mossoulisme:* « le « Mossoulisme » est une forme saisissante d'une politique extérieure qui donne plus qu'elle ne reçoit, qui renonce à des droits réels pour écarter des dangers imaginaires, et qui, sans nous avoir acquis en Europe des garanties nécessaires, a sacrifié en Orient des droits traditionnels. »

La France ne sait que trop ce que lui a coûté sur la rive gauche du Rhin, en Sarre, en Asie Mineure, le pacte annexé au traité de Paix et qui ne fut jamais ratifié; elle se refuserait à payer, une seconde fois, de renonciations nouvelles une garantie dont la valeur défensive serait à peu près celle d'un sabre de bois.

* * *

Pour ces diverses raisons, dont la justesse paraît frappante, il ne semble pas qu'un accord de cette nature puisse apporter dans les relations franco-anglaises une stabilité véritable. Aux yeux de M. A. Fabre-Luce, la solution paraît résider bien plutôt dans un examen approfondi des grands problèmes qui sont l'objet des difficultés actuelles. Réparations, d'abord. Nous saurons d'ici peu si le gouvernement allemand consent à prendre enfin les mesures financières propres à assurer les paiements de 1922, et nous aurons pour la première fois une idée précise de la capacité de paiement germanique. C'est alors que l'on pourra voir plus clair dans l'avenir, envisager une compensation éventuelle des dettes de guerre et des dettes de réparations, ainsi qu'un emprunt international; solutions que l'incertitude actuelle rend encore impossibles. En ce qui concerne la Russie, les intérêts de la France sont moins positifs que ceux de l'Angleterre, laquelle a un besoin urgent de la clientèle soviétique. Mais, d'autre part, il importe que la reconstruction de la Russie ne se fasse pas sans la France, en raison de l'œuvre que cette dernière y a déjà accomplie, et des droits considérables qu'elle y possède. Aussi, à La Haye comme à Gênes, le gouvernement de M. Poincaré a-t-il pu servir de modérateur, et retenir le Royaume-Uni sur la pente de concessions dangereuses. En Turquie enfin, la Grande-Bretagne devra (personne ne songe plus à le nier) modifier une thèse qui néglige la victoire négative, mais certaine, des nationalistes. Tant que ne seront pas respectées les conditions fondamentales du Pacte National d'Angora, la Paix ne pourra régner en Anatolie. En revanche, la liberté de navigation dans les Détroits devra être entourée des garanties les plus précises.

Un accord aussi général demandera bien des concessions mutuelles: il semble d'ailleurs que l'heure y soit favorable. Au cours de la Conférence de Gênes, M. Lloyd George a pu voir qu'une partie de son peuple, si elle désapprouve un traité de garantie, se montre bien plus opposée encore à toute rupture avec la France. Enfin, les récents événements d'Allemagne sont venus démontrer que les inquiétudes de l'opinion française n'étaient pas sans fondement.

Dans une conclusion d'une portée philosophique tout à fait rare en un semblable ouvrage, M. Fabre-Luce étudie l'avenir des relations franco-anglaises, si essentielles pour la paix de l'Europe. Il lui paraît que les nations devront s'orienter vers une préoccupation constante de l'intérêt général. L'interdépendance des Etats s'est extraordinairement accrue au cours des dernières années; il s'en faut pourtant qu'ils parviennent tous à mettre leurs ambitions particulières en harmonie avec le souci du bien universel. Pour obtenir ce résultat, toute une éducation de l'opinion publique, du personnel politique, et, dans une certaine mesure, une évolution du patriotisme, seront nécessaires.

* * *

Il faut rendre hommage à la très remarquable impartialité de M. A. Fabre-Luce; à une époque où la gravité des événements interdit l'indifférence, il était impossible de se montrer plus objectif. La connaissance approfondie que possède l'auteur des choses anglaises, lui a permis de donner une image précise et loyale de la politique britannique. Comprenant que les hommes d'Etat suivent avant tout la leçon de leur race et reflètent les mouvements de leur opinion publique, il a su s'affranchir des questions de personnes; en nous montrant comment sentaient ou raisonnaient deux grands peuples, il nous a dit aussi comment on pouvait les concilier. Cela seul suffirait à donner à « la Crise des Alliances » le pas sur tous les ouvrages déjà consacrés au même sujet, et gâtés par leurs intentions apologétiques.

Gageons cependant que tout le monde ne conclura pas

avec autant de modération que M. A. Fabre-Luce. S'il faut porter un jugement sur les politiques suivies par la France et l'Angleterre depuis l'armistice, les faits se chargent de nous l'imposer. Sans doute peut-on reprocher à la République d'avoir laissé, par un manque initial de fermeté, la situation s'aggraver en Orient; de s'être, dans la question russe, maintenue longtemps sur un terrain trop purement théorique; d'avoir enfin, en ce qui concerne les réparations, nourri d'abord des espérances excessives, et négligé le souci des réalités.

Mais si l'on regarde l'Angleterre, à laquelle appartint jusqu'en 1922, la direction diplomatique des alliés, il faut bien avouer que les résultats sont moins brillants encore. Son impérialisme a rendu presque insoluble la question turque; son internationalisme, qu'il faudrait admirer, si l'on pouvait croire à son entier désintéressement, l'a conduite à d'inutiles faiblesses vis-à-vis des Soviets, dont la Conférence de Gênes est venue montrer les fâcheux effets. Enfin, sur le terrain des réparations, il est permis de penser que le plus sûr moyen de faire payer l'Allemagne n'était peut-être pas de lui faire entrevoir constamment une réduction de sa dette. Le traité de Versailles autorise les alliés à accorder certains adoucissements au Reich si celui-ci exécute ses engagements; or, il serait vraiment paradoxal de louer la bonne volonté allemande... On ne peut que soutenir ceux qui s'intéressent passionnément à la reconstruction de l'Europe; mais il faut s'étonner, avec M. Raymond Poincaré, de ne pas voir cette reconstruction commencer par celle des régions libérées de France et de Belgique.

On a prêté jadis à un ministre cette parole cynique: « Il y a quelque chose de plus insupportable encore que les bourreaux, ce sont les victimes. » Le rôle de Cassandre fut toujours ingrat; la France en fait aujourd'hui la triste expérience. On ne lui pardonne ni l'énormité des dommages qu'elle a subis, ni la persistance de ses revendications. Au contraire, l'entêtement manifesté par l'Allemagne dans la mauvaise foi devient une excuse et l'on voit, contrairement à tout droit, la persévérance dans le crime amener la prescription...

Il y a là une situation intolérable à laquelle il n'est que temps de porter remède. Au moment où M. A. Fabre-Luce vient de nous donner une expression si impartiale des sentiments britanniques, voici qu'un Anglais, Lord Grey, nous montre à son tour une compréhension exacte de la situation française. Dans un récent discours, il s'exprimait ainsi : « Nous ne tenons pas assez compte, en Angleterre, des sentiments des Français... La France doit, nécessairement, être la plus désappointée des nations, la plus anxieuse en voyant la marche suivie par les événements. Une fois le traité de Paix signé, la France a cru avoir obtenu sa sécurité ; elle comptait sur les traités avec les Etats-Unis et avec l'Angleterre ; elle comptait que ces deux pays allaient venir à son aide en cas d'agression de l'Allemagne, et elle était rassurée. Quelle est la situation aujourd'hui ? Ces traités n'existent plus. Elle comptait aussi voir se rétablir ses finances, grâce aux réparations dues par l'Allemagne, et le gouvernement britannique l'avait encouragée à compter sur ces réparations. Qu'est-ce que la France a reçu en fait de réparations ? A-t-elle obtenu quelque chose d'appréciable pour relever ses régions dévastées ? »

Notons ces paroles de Lord Grey, et le livre de M. Alfred Fabre-Luce comme les témoignages d'un heureux effort de compréhension mutuelle. C'est en s'engageant dans cette voie, et dans celle de raisonnables concessions réciproques, que l'union franco-anglaise, cimentée sur les champs de batailles, pourra se resserrer encore dans la Paix.

Z.

James Ensor

James Ensor s'est écrié, un jour : *Je suis un peintre d'exception.*

Verhaeren qui ne pense pas autrement, ajoute qu'*il ne doit rien ou presque rien aux maîtres du passé.*

Ce n'est pas contestable. Aucune tradition d'art ne motive sa venue. Comme Rembrandt, comme Goya, comme Turner, il est seul dans un domaine de beauté qu'il s'est créé.

Il ne nous apporte aucun écho du passé, aucune trace de notre double tradition breughelienne et rubénienne. Il ne nous rappelle pas davantage, du moins de façon directe et flagrante, les maîtres de l'école anglaise.

L'éclat et la richesse du coloris, principalement au début, le laissent assez indifférent. Du *Lampiste* jusqu'aux *Enfants à la toilette,* il se contentera de symphonies en gris, blanc ou noir, ou de tonalités atténuées à l'extrême.

D'autre part, il s'écarte, dans sa technique, de la touche appuyée, voire un peu lourde ou massive en faveur auprès des nôtres, pour y substituer une virtuosité plus spontanée et plus logique, il s'éloigne tout autant du glacis liquide et diaphane, du coup de pinceau dessiné des maîtres anglais.

A notre souci de la forme précise et limitée il oppose, dès ses premières toiles, ses recherches de la forme rongée par la lumière.

D'ailleurs son esprit perpétuellement inquiet et sollicité par l'inconnu le fera renoncer bientôt à ces préoccupations qui n'ont trait qu'à un des multiples aspects de la vérité.

Il négligera de plus en plus ce soin constant et presque exclusif d'entourer d'air et d'atmosphère les choses qu'il représente, de reproduire les phénomènes lumineux qui ont frappé son œil, plutôt que leur vérité et leur beauté « coloristiques ». Et ce seront précisément ces dernières qui constitueront l'intérêt essentiel de la suite des natures-mortes et des toiles traitées *en clair* et en tons francs. Une technique serrée à l'extrême, une touche étudiée et voulue ont pris la place de la virtuosité spontanée des œuvres antécédentes.

Pour plusieurs de ces toiles le sujet est resté rigoureusement le même ; mais l'artiste, par un phénomène d'inspiration volontaire et consciente dont on trouverait à peine l'exemple chez d'autres peintres, a transposé totalement l'intérêt de la vision ; c'est un autre œil qui voit, c'est une autre sensibilité qui est frappée.

Ce n'est pas assez ; l'art d'imagination le tente et bientôt le possède intégralement. Il est arrivé au sommet suprême de l'art pictural : le lyrisme de la couleur. Qu'importe le sujet ! Il est assez indécis, assez lointain pour que notre attention ne s'y attache pas. La couleur seule, l'harmonie, la symphonie des tons, les effets d'irisation, sources de joie esthétique dont la cause est indéfinissable et que, seules, apprécieront les sensibilités les plus délicates, voilà ce qui, pour quelque temps du moins, sollicitera tous ses efforts.

Puis, se dépouillant encore davantage de tous les moyens directs, presque de toute objectivité, ses toiles ne seront plus qu'à peine rehaussées de quelques tons sommaires mais synthétiques, et le dessin stylisé des formes évoquera, plutôt qu'il ne rappellera, la nature.

Et pendant que se succèderont, se chevauchant quelquefois dans le temps, ces conceptions d'art si différentes que, mises l'une en face de l'autre, elles se contredisent et s'excluent presque, toujours dans ses dessins et ses eaux-fortes, continuera de se manifester cette sorte de double satirique, étrange, burlesque, goguenard et inexplicable de son inépuisable génie.

Mais alors même que pour un instant il semble se rapprocher de notre vision, en sacrifiant à la beauté et à la richesse des couleurs, il n'est pas à nous cependant. Il ignore la somptuosité chaude, la lumière dorée, l'harmonie onctueuse et enveloppante de nos grands coloristes. Il frappe notre œil de tons durs, presque crus, souvent volontairement froids; il préfère les bleus purs, les verts, les blancs nacrés; il ne cherchera pas à échauffer le coloris général; au contraire et, comme un défi que seul d'ailleurs il est à même de relever, il refroidira, par le choix des accessoires, la tonalité et la luminosité de ses plus heureuses toiles.

Jamais, dès qu'il a conquis sa totale personnalité, il ne se confond avec notre vision, pas plus qu'il ne se confond d'ailleurs à aucun moment d'une manière intime et flagrante avec l'école de peinture anglaise.

Il demeure également éloigné de l'une et de l'autre.

La seule partie de son œuvre où il semble avoir quelque peu fraternisé avec nos aspirations, c'est dans ses natures-mortes. Encore, là, si l'on veut les bien étudier, trouvera-t-on plus d'une différence fondamentale.

Quant à ses toiles de fantaisie, ses compositions, il n'y a rien, dans l'histoire de notre art, qui puisse de près ou de loin, rappeler quelque équivalence de vision. Aussi le nom de Watteau est-il le seul qu'elles aient jamais évoqué. Mais rien n'y est pareil et il n'est que Turner qui ait jamais aussi exclusivement demandé à la seule magie des couleurs tout l'intérêt et tout le charme d'un tableau.

La variété innombrable de ses aspects, ses évolutions incessantes qui, en ses différentes phases, sont réellement des contradictions, viennent donc miner la logique des principes et des théories de la critique courante. Le critérium de beauté auquel on rapporte d'ordinaire l'œuvre d'art, ne saurait servir ici. Une individualité aussi absolue, aussi puissante, aussi violente et aussi contradictoire, ne trouve place dans aucune école, dans aucun classement. Elle demeure isolée, tant au point de vue de ses techniques successives qu'à celui de sa vision perpétuellement renouvelée et il serait peut-être moins juste qu'on ne le désirerait, d'admettre avec Emile Verhaeren que « son œuvre s'élève au confluent de deux races — « race saxonne, race flamande ou hollandaise, — harmo- « nieusement mêlées dans le sang et dans l'âme d'un très « beau peintre ».

Certes l'incontestable théorie de race et de milieu peut trouver son application ici, il n'est d'ailleurs point de cas où elle ne saurait l'être; mais elle servirait à démontrer tant de choses contradictoires, qu'elle finirait par énerver sa réelle valeur. Si elle suffit le plus souvent à disséquer une personnalité, à motiver pour ainsi dire son œuvre, à la classer dans l'ensemble d'une école, elle ne saurait faire cependant de James Ensor le chaînon d'une tradition.

Quant à la *température morale* qui permet, selon Taine, l'éclosion du génie, c'est probablement en soi, dans le travail mystérieux de son âme, dans la fermentation obscure de son instinct, qu'il l'a trouvée et non pas dans son milieu, ni dans le hasard des événements.

Qu'il ait le plus souvent — encore cela n'est-il vrai que pour une partie de son œuvre, — représenté notre pays, nos paysages, nos ciels, n'est point pour l'infirmer. — Comment en eût-il pu être autrement? Il a à peine quitté Ostende et le milieu direct sera éternellement la première source d'inspiration des artistes. — Mais il ne les a pas vus comme nos peintres les ont vus. Il y a découvert des détails et des aspects que nous n'avions pas songé à y observer.

En cela il ne diffère ni d'un Rembrandt, ni d'un Turner. Plus tard, il ne faut point l'oublier, il suivit la voie qu'ils avaient suivie eux aussi. Il se délivra de l'emprise trop directe de la nature, pour se hausser dans les régions de l'imagination et de la fantaisie.

C'est essentiellement dans cette partie de son œuvre qu'il s'est avéré l'artiste d'exception qu'il est réellement, qu'il est avant tout, bien que ses toiles réalistes ou impressionnistes soient d'un si beau peintre qu'elles en ont fait oublier ou tout au moins négliger les autres phases de son inépuisable inspiration.

Gardons-nous des théories qui simplifient à l'excès l'explication de cet événement extraordinairement mystérieux : l'éclosion d'une personnalité, la genèse d'un artiste.

Que de fois j'ai entendu *expliquer* James Ensor en quelques mots ; les uns disaient : *il doit tout à la mer ;* les autres : *il doit tout aux coquillages.* C'est bien sommaire, pour ne pas dire puéril, quand il s'agit d'un artiste aussi complexe, aussi divers. D'ailleurs il a pris soin lui-même de nous dire ce qu'il doit à ces deux éléments et il est remarquable combien peu il y insiste. Chose curieuse, c'est plutôt moralement que la mer l'impressionne.

A Ostende, écrit-il, dans la boutique de mes parents, j'avais vu les lignes ondulées, les formes serpentines des beaux coquillages, les feux irisés des nacres, les tons riches des fines chinoiseries et, surtout, la mer voisine, immense et constante m'impressionnait profondément.

Mer pure, inspiratrice d'énergie et de constance, buveuse inassouvie de soleils sanglants. Oui, je dois beaucoup à la mer ! Oui, j'aimerais la vider, comme je viderai ce verre où l'or étincelle.

Ensor qui écrit d'une manière savoureuse et qui a le don de s'expliquer clairement en peu de mots, nous fait le compte, en ces quelques lignes, de ses dettes envers les choses de la mer et envers la mer.

Il est certain que les brumes, les brouillards, la lumière souvent irisée et l'atmosphère compacte de la mer l'ont puissamment incité à observer que « la lumière « et l'atmosphère mangent la forme. C'est pourquoi il « substitua bientôt l'étude de la forme épandue de la

« lumière à celle de la forme emprisonnée des objets où « tout est sacrifié au ton solaire, surtout au dessin pho- « tographique et banal ».

Ce sera sa première et grande découverte; elle constituera l'intérêt essentiel et l'originalité de sa première vision. Elle l'occupera jusqu'au moment où il observera, « dans la boutique de ses parents, les formes serpentines « des beaux coquillages, les feux irisés des nacres, et « les tons riches des fines chinoiseries ».

Ces mots définissent précieusement le métier, la technique de sa seconde manière. Les touches « tremblées, tâtillonnantes, serpentines » de ses eaux-fortes en sont comme une réplique.

Quant aux « feux irisés des nacres, les tons riches des fines chinoiseries », ils constituent la « coloristique » même des natures-mortes et des paysages qui vont naître de sa vision ainsi renouvelée.

Ce n'est pas tout.

Le caractère fugitif des ciels marins, leurs nuages capricieux, l'ondulation perpétuelle des vagues l'ont fort probablement, — par l'impossibilité même où il se sentait de les traduire dans toute leur mobile fantaisie, — incité à en tenter la restitution par la stylisation. Ce fut la source d'une nouvelle vision.

Encore faut-il que son génie ait été doué d'une réceptivité et d'une sensibilité peu communes, pour qu'il ait été inspiré là où d'autres avaient passé sans éprouver les mêmes transes d'art. Or, c'est dans cette réceptivité et cette sensibilité que réside le mystère et non dans l'incident qui les mit en action.

Avec l'énergie et la constance qu'il proclame avoir puisées dans le spectacle des flots, voilà donc, à peu de chose près, le compte exact de sa dette envers la mer. Ce sont donc bien ses toiles de jeunesse qui en furent le plus directement inspirées.

Quand viendra la période de ses œuvres d'imagination,

il conservera, de ces influences, l'amour des tons francs et vifs, de la lumière nacrée, mais l'intérêt n'est plus identique; il s'est déplacé; il est plutôt d'ordre abstrait, littéraire — dans le bon sens du mot. Car jamais il ne sombre dans cette confusion des arts, cause de tant d'erreurs plastiques, où l'histoire, la philosophie, l'anecdote en un mot, constituent l'essentiel et le mobile de l'œuvre.

Sans que la priorité soit un seul moment ôtée à la plastique, on retrouvera, chez Ensor, la recherche de la sensation rare d'un Edgar Poë, la vision d'humanité intégrale, avec ses laideurs et ses beautés, d'un Balzac, la satire, l'ironie tantôt méchante, tantôt apitoyée d'un Rabelais ou d'un Cervantès, et, dans ses toiles légendaires ou lyriques, un écho d'épopée ou un rayon des Mille et une Nuits.

En réalité, le milieu tel qu'on l'entend généralement : la maison paternelle, le pays où il est né, la ville où il a vécu, leurs habitants, n'ont pas été, pour lui, une des sources essentielles où s'est alimenté son art. L'ambiance artistique de son temps, l'esprit qui règnait alors en Belgique, ne l'ont pas davantage inspiré. Le mystère quant à l'origine de son œuvre, reste à peu près entier, partagé entre l'instinct obscur qui préside à la formation des artistes et les réactions que devaient produire, sur son caractère, les désillusions et les tristesses d'une vie tout entière passée dans l'étroitesse d'une ville de province et dans des luttes cruelles contre l'injustice et l'incompréhension.

Au reste, n'a-t-il pas clairement indiqué lui-même combien il s'écartait et, avec conscience, tenait à se maintenir libre du goût et de l'esprit du temps? Ce n'est qu'une affirmation qu'il prête gratuitement à Camille Lemonnier, mais sous son apparence narquoise elle nous donne sa pensée :

Nous avons tout fait, Maus, Picard et moi, etc., etc., pour maintenir cet Anglais rétif, toujours saboté, dans le terreau gras, plantureux, puriné et coulant de nos beaux peintres flamands; non, non, wallons veux-je dire! Mais il en sort toujours et demeure inclassable.

Aussi bien il n'y croyait pas, ou plutôt n'y croyait plus, à cet art flamand, qui, proclame-t-il dans un écrit qu'on peut considérer comme un manifeste et une profession de foi, « depuis Breughel, Bosch, Rubens et Jordaens est mort, bien mort. »

Ainsi donc libre de toute vassalité envers notre école dont il affirme, non sans quelque raison, que la suzeraineté a passé, depuis Courbet, à la France (1), il agit en solitaire, multiplie ses tentatives et ses recherches, poursuit, en véritable explorateur du beau, des voies inconnues et réalise d'authentiques anticipations dont il revendiquera, plus tard, la paternité, lorsqu'il écrira: « J'indi« quai, il y a trente ans, bien avant Vuillard, Bonnard, « Van Gogh et les luministes, toutes les recherches mo« dernes, toute l'influence de la lumière, l'affranchisse« ment de la vision ».

Affranchissement de la Vision! Parole grosse de tout l'esprit individualiste qui de plus en plus caractérise notre époque.

« Pourtant », dit Elie Faure, « plus l'individu est lui-même, moins il cherche à se différencier ». Il est vrai. Mais bien que *lui-même* autant qu'il est possible humainement de l'être, James Ensor apparaît à une époque où la personnalité constitue l'essentielle valeur d'un artiste. Il n'est plus de dogme souverain auquel tous obéissent, plus de rythme unanime qui porte vers un même idéal l'ensemble des adeptes de l'art. Les grandes écoles se sont

(1) Il ne faut pas perdre de vue qu'au moment où il pensait de la sorte, il était en droit d'ignorer la renaissance d'art qui allait se développer parallèlement à ses efforts et à laquelle s'attacheraient les noms de Georges Minne, Laërmans, Jakob Smits, d'autres encore, bien que, selon toute justice, il n'eût pas dû négliger les grands isolés qui s'appelaient: De Groux, Joseph Stevens, Leys, de Braekeleer, etc.

dispersées. Dans notre seul pays coexistent, à peu de distance près, les disciples de Leys, la pléiade glorieuse issue de l'influence de Courbet, l'école de Tervueren et l'école de Termonde, sans compter d'innombrables sectes secondaires. Et même parmi tous ces peintres il n'en est pas un, s'il se sent de force, qui n'ait hâte de se débarrasser de ses attaches pour essayer de devenir le chef à son tour d'une école nouvelle.

Erreur ou raison? Rien ne sert de le démontrer. C'est un fait qui se reproduit historiquement, chaque fois qu'une époque a perdu sa croyance en un idéal unique, sa foi dans l'efficacité d'une méthode ou d'une conception collective de la beauté.

A partir de ce moment il y a des peintres, il n'y a plus d'école de peinture belge. Chacun est isolé. Et cela durera tant qu'il ne se sera pas trouvé quelque personnalité assez heureuse et puissante pour condenser, en une formule unique et complète, les aspirations générales du siècle.

Encore est-on en droit de se demander si de telles éventualités sont, de nos jours, du domaine des possibilités.

Quoi qu'il en soit, en attendant ce sera le triomphe de l'individualisme, dont la première loi sera l'affranchissement de la vision. Et plus cet affranchissement sera intégral, plus, à ses propres yeux, l'artiste aura de mérite. Ce qui se conçoit du reste, puisque, au cours de ces périodes inévitables d'individualisme, le plus grand charme des œuvres, leur plus grande force d'attraction, leur principal moyen d'actionner notre sensibilité, c'est cette expression intégrale et imprévue d'un instinct, d'une personnalité, d'un être exceptionnel et puissamment accusé, dont les yeux ont exploré des domaines où les nôtres n'auraient jamais pénétré.

Cet affranchissement de la vision est intégral chez Ensor, dès qu'il délaisse l'observation directe et s'abandonne au lyrisme de ses compositions de visionnaire. Les derniers liens qui relient d'ordinaire les peintres entre eux, sont rompus; métier, couleur, dessin, mise en page, présentation du sujet, plus rien de tout cela n'obéit à la conception courante. La technique devient tellement immatérielle, s'écarte si radicalement du *coup de pinceau*, la couleur est appliquée en tons si purs, presque crus, le dessin est si informulé et la composition si imprévue, si contraire à la tradition, qu'on se trouve dépourvu de tout critérium pour juger de telles œuvres. On les *sent* plutôt qu'on ne les comprend, et on les aime, on les admire sans qu'on puisse faire valoir des arguments qui motivent l'admiration.

Il en est d'ailleurs ainsi pour tout ce qui, dans l'œuvre de James Ensor, est du domaine de la fantaisie.

Il se trompe grossièrement, celui qui considère ses tableaux de masques comme des études de masques proprement dits, comme une manière de natures-mortes.

Ses masques sont avant tout des « têtes d'expression ». Il a vu, certains jours, le visage de l'homme en laid; il a lu ou il a cru lire dans ses traits toutes les bassesses qu'il lui suppose. Il a accentué ces traits et en a tiré des monstres où l'on devine une humanité lâche, hypocrite, égoïste, haïssable bien plutôt qu'on n'y voit ce que sont d'ordinaire ces faces de ce carton: des caricatures drôles, mais fort peu tragiques.

A-t-on remarqué l'air irrespirable, l'atmosphère étrange et impossible, l'espace irréel où se passent ces scènes de squelettes et de masques, vêtus d'invraisemblables friperies? Il n'est pas possible que ce cadre de vide et d'étouffement ne contribue point à l'inquiétude qu'ils inspirent, qu'il n'ait pas été voulu, recherché et, par miracle réalisé. Ce n'est pas le peintre par excellence de la lumière, de l'air, de l'atmosphère, ce n'est pas l'auteur du *Salon bourgeois*, des *Enfants à la toilette* qui, sans le vouloir, eût ainsi réalisé ces milieux extraterrestres qui tiennent des limbes ou du monde abstrait des visions et des rêves.

En même temps que, dans son œuvre peinte, se modifie ainsi sa vision, dans son œuvre dessinée et gravée se produisent des transformations analogues. Leur caractéristique est également d'aller de la nature à l'imagination, du réel à l'immatériel et au songe.

La plupart des artistes évoluent. Il est rare que les plus grands demeurent, durant toute leur vie, fidèles à une même manière; mais il est plus rare qu'ils se modifient en sens aussi divers, voire contradictoires, et surtout qu'ils aillent jusqu'aux extrêmes dans l'un et l'autre sens. Si le cas se présente, il se développe généralement selon un ordre chronologique.

Chez Ensor rien de pareil. Les diverses apparences sous lesquelles s'est manifesté son génie, ne se classent pas dans le temps selon une ordonnance logique. Elles se chevauchent. Tandis qu'il achève une toile, il en conçoit une autre selon un tout autre idéal et, cependant qu'il achève celle-ci, rien ne l'empêche de revenir à sa première vision. On dirait qu'à certains moments il a hésité sur le bien-fondé de ses recherches et de sa vérité. Il n'en est pas ainsi cependant. Ses retours ne sont ni des regrets, ni des conversions. La vérité, c'est que jamais il n'a eu le sentiment de la satisfaction et du repos. Son âme fut constamment inquiète, avide d'inconnu, en quête de moyens d'art nouveaux.

Cette inquiétude qu'accentuait encore le doute né de l'hostilité et de l'incompréhension environnantes, fut la cause primordiale de sa diversité.

Elle fut par surcroît la source de cet intérêt que la moindre de ses œuvres suscite en nous. Jamais on n'a l'impression du *déjà vu*.

Aussi cette inquiétude, qui n'est que la recherche de soi, — du soi profond et subconscient — la tient-il lui-même pour sacrée.

Ceux qui connaissent James Ensor n'ignorent pas que l'œuvre d'art ne trouve grâce à ses yeux que pour autant qu'elle révèle, chez son auteur, cette sorte d'interrogation de l'instinct. Sans cette perception inconsciente du mystère, sans cette beauté informulée, elle ne saurait se sauver de la banalité.

C'est pourquoi il est inéquitable de ne juger Ensor que sur une de ses visions. Il faut le prendre dans son tout, avec ses différences et ne rien distraire de l'ensemble de ses apports. A cette condition seulement peut se faire le compte de ce qui lui est dû et se mesurer la valeur totale de sa personnalité.

Il serait tout aussi injuste de lui dénier les influences qu'il a exercées, pour la raison qu'on ne voit pas à sa suite la théorie des disciples directs — trop directs — que traînent, derrière eux, les chefs d'école légendaires.

Comment eût-il pu faire école à leur façon, lui le chercheur infatigable, l'infidèle perpétuel, l'homme des essais et des tentatives? N'était-il pas là pour dérouter, tout le premier, quiconque eût tenté de le suivre?

Son action aura été meilleure et plus féconde, et il est regrettable que son exemple n'ait pas eu le pouvoir de convaincre ses contemporains que le premier devoir d'un artiste, c'est d'être et de rester *soi.*

Néanmoins qui pourrait soutenir que ses observations sur les déformations des objets par la lumière n'ont pas eu une action sérieuse sur notre art? Le beau paysagiste Guillaume Vogels, bien que son aîné, fut, à l'encontre de toute vraisemblance, le premier disciple d'Ensor. On ne se doute pas de la modification de sa vision et même de sa tèchnique, après les premiers essais « atmosphéristes » de son jeune ami; plus d'un de leurs contemporains pourrait en témoigner. Ce fut l'éclair qui lui permit de découvrir ce qu'il portait en soi, mais qu'aucune circonstance n'avait éclairé auparavant.

Plus vive encore fut son influence sur ceux de sa génération.

« Pendant dix ans, dit Lemmen, Ensor accumula les toiles les plus hardies et les plus savoureuses, une profusion de dessins et d'études, — affirmant son incessante et fiévreuse poursuite de la lumière et de la couleur.

« L'importance de sa production, l'intérêt de ses recherches, la foi de ses disciples, ne pouvaient rester sans influence sur les artistes de sa génération. Cette influence fut considérable, elle décida les enthousiastes et les imitateurs et atteignit la plupart d'entre ceux qui, plus tard, évoluant, dégageant leur originalité, s'affirmèrent dans une voie personnelle. »

Il n'était pas superflu de rappeler ces lignes, parce qu'elles tirent toute leur signification du fait qu'elles émanent d'un émule d'Ensor et d'un peintre par ailleurs fort économe de ses louanges.

Aussi bien son avis est confirmé par Verhaeren :

Ensor est le premier de tous nos peintres qui fit de la peinture vraiment claire.

Son influence fut notable sur ses amis. A part Fernand Khnopff — et encore dans sa toile *En écoutant du Schumann* a-t-il peint le tapis en se souvenant de l'*Après-midi à Ostende* — tous subirent plus ou moins la fascination de son art. Ceux qui s'en garaient le plus, Van Rysselberghe, Schlobach, de Regoyos, Charlet parlaient de lui avec une admiration aiguë. Ils sentaient sa force ; ils ne tarissaient point sur les dons qu'il manifestait, et hautement le proclamaient le plus beau peintre du groupe entier.

Mais d'autres, tels que Finch et Toorop, se montrèrent attentifs, non pas à son enseignement — James Ensor n'en donna jamais — mais à sa façon nouvelle de traiter et de vivifier les couleurs. Il fut leur maître sans qu'il le voulût et peut-être sans qu'ils le sussent.

Cette influence dure encore et, chose singulière, s'est largement développée depuis. Mais elle s'est faite, pour ainsi dire anonyme. On dirait que la fatalité qui poursuivit si longtemps l'artiste incompris, tâche à présent de le dépouiller de ses mérites de chercheur et de la paternité de ses trouvailles.

Pourtant, sont-ils assez réels? A ce point de vue il faut citer ces lignes de son commentateur ; elles sont, en même temps qu'un suprême éloge, une reconnaissance de ses droits de priorité :

> Un autre rapprochement s'indique. Les récents intimistes français, les Vuillard et les Bonnard s'attachent aujourd'hui à certaines recherches qu'autrefois tenta James Ensor. Tels éclairages de salon ou d'appartements, telles lueurs argentées et discrètes, tels gris, tels bruns font songer à l'atmosphère de la *Coloriste* ou à la *Musique russe*. Il n'est pas jusqu'au dessin vacillant et brouillé qui n'établisse un parentage entre les deux manières. Je veux bien qu'il n'y ait que rencontre fortuite. Il est piquant toutefois de noter ceci : si James Ensor rappelle quelque peintre, c'est parmi ses cadets, parmi ceux qui innovent et préparent l'avenir et non point parmi ses aînés qu'il le faut chercher. Il n'est pas de ceux qui imitent ; il est de ceux qui découvrent. Il est plutôt d'accord avec ceux qui viennent, qu'avec ceux qui sont venus. Si bien que ses toiles qui datent de vingt-cinq ans recèlent toute la fraîcheur et la surprise des œuvres d'aujourd'hui.

Rencontre fortuite ? Coïncidence ? C'est possible ; c'est peu vraisemblable. Il faut un rien pour qu'il y ait contagion d'idées, pour que les affinités existant entre deux êtres sympathisent et se développent. J'ai vu naître ainsi un des plus beaux recueils de poèmes de la littérature contemporaine, un des plus originaux — ce qui paraît plus incompréhensible — de la lecture de deux vers de Verlaine. En peinture, en sculpture, une simple reproduction, si minime et si incomplète soit-elle, pourvu qu'elle révèle une beauté nouvelle, peut aller au loin, allumer l'étincelle qui éclairera soudain, aux yeux de l'artiste hésitant, des aspirations similaires mais encore endormies au fond de sa personnalité. N'a-t-on pas vu Georges Minne dont l'œuvre était relativement peu nombreuse et dans tous les cas très peu connue, influencer toute la statuaire germanique ?

Qu'importe d'ailleurs pour Ensor qu'il en soit ainsi ou autrement. Les dates sont là qui témoignent de ses anticipations. Si sa maîtrise a été moins constatée, si la lignée de ses disciples semble interrompue, il le doit principalement à la déroute qu'il ne cessait de jeter dans leurs rangs, en se renouvelant, en brûlant, en apparence, ce qu'il avait adoré la veille, en multipliant à l'extrême la complexité de ses visions.

La mobilité, l'inquiétude, la vacillation de sa nature, constate Emile Verhaeren, expliquent à la fois les recherches fiévreuses, les pas en arrière, les brusques progrès et les soudains reculs, en un mot tous les changements et aussi toutes les inégalités de son art. Après un tableau clair, il rétrograde vers un tableau sombre; après un dessin de caractère il commence un dessin atmosphéré; après une eau-forte toute en délicatesse il burine un cuivre comme avec des clous. Il est tumultueux et abrupt dans mainte composition; le développement continu ou symétrique des lignes ne l'inquiète guère; il procède par à-coups; il étonne plus souvent qu'il ne charme. Il fait preuve de maladresse et il est loin de bannir de son art le dérèglement et le chaos. Il ne tient jamais en place et souvent il ne tient pas même sa place.

Georges Lemmen à son tour appelle l'attention sur « la complexité d'allures, la diversité d'aspect de ce talent singulier où le grotesque se mêle si étrangement au sérieux, le fantastique au naturel, l'ignoble à l'exquis. Sans doute un spectateur superficiel n'y verra-t-il que désordre et incohérence ».

Et voici qu'à notre curiosité se présente naturellement le problème que constitue, dans son ensemble, l'œuvre de James Ensor. Comment un artiste aussi complexe, aussi désordonné, aussi contradictoire même, a-t-il pu imprimer à chacune de ses créations ce caractère d'intense personnalité que nous y découvrons dès le premier contact et qui en fait d'ailleurs le vivace attrait?

C'est que son œuvre est faite tout entière de ses passions. Elle est le fruit de l'amour, de la haine, de la colère, de tous les sentiments qui l'ont fait agir.

Il la tire de sa vie intérieure, la seule qui semble avoir réellement compté pour Ensor. Et, devenant ainsi l'histoire d'un homme, elle aura cette unité qui est une des conditions du génie. Elle sera vivante, c'est-à-dire remplie de ses rapports avec les hommes, et faite pour nous émouvoir, parcequ'humaine. Elle atteint et impressionne toutes nos sensibilités. Joie, douleur, beauté, laideur, ironie, colère, mépris, l'artiste use de tout et met en tout ce qu'il crée un rayon de son âme. L'homme ne s'est point effacé sous une froide esthétique ; ses travaux sont les jeux de sa pensée, jeux de dieu, parfois, qui voit en beauté et en lumière, jeux de félin aussi qui griffe et mord ; souvent les deux à la fois.

Oui, c'est parce qu'elle est tout entière empreinte de ce caractère de confession sincère, parce qu'elle est l'*histoire d'un homme,* que l'œuvre d'Ensor est si captivante et, jusqu'en ses moindres croquis, si palpitante d'intérêt.

Pourtant quelle existence plus banale que la sienne ! Et l'on se demanderait comment, dans sa monotonie, elle a pu communiquer à l'œuvre une telle flamme, si l'on ne savait que les événements en furent tous d'ordre psychologique. Les déboires ont déterminé l'évolution de son caractère et de son inspiration ; l'aspect du monde s'est révélé à lui, moins selon ses yeux que selon ce qu'il eut à souffrir des hommes.

Adhésion à l'instinct — un instinct de peintre riche et varié — là se trouve le secret de son art multiple mais toujours également net et pur de tout expédient ou subterfuge de métier ; conformité de son art avec sa vie, résonnance de ses passions sur son art, voilà le secret de cette flamme ardente qui anime son œuvre, qui la brûle et nous communique son feu.

Emile Verhaeren ne craint pas d'affirmer que « c'est de 1880 à 1885 que James Ensor produisit ses toiles les plus belles ». Peut-être ! Mais à condition d'attacher une importance capitale à l'art qu'inspire plus directement la nature. Encore est-ce faire bon marché des *Enfants à la toilette,* une des pages les plus ensoriennes, des *Barques échouées,* de *la Raie,* de ce pur chef-d'œuvre : *Mariakerke,* et de ses meilleurs tableaux de masques. Tout cela est-il si loin de la peinture telle qu'on l'entend habituellement? Peut-on faire abstraction de ses compositions légendaires, de ses dessins, de ses eaux-fortes dont il en est qui égalent ce qu'on fit de plus beau en cet art? N'est-ce pas resserrer trop étroitement les limites du jugement, lorsqu'il est question d'une personnalité aussi variée d'aspects?

L'œuvre de James Ensor forme un tout dont la diversité même n'est pas le moindre élément d'intérêt et de grandeur.

On peut à la rigueur admettre que s'il se fût cantonné, comme il en eût eu le droit, dans l'une ou l'autre de ses visions, les toiles qui en sont l'expression auraient été plus nombreuses; mais auraient-elles ajouté à la valeur de ses recherches?

S'il était resté fidèle à sa première manière, nous n'aurions pas connu ses claires et vibrantes natures-mortes, ses compositions lyriques, ses tentatives de stylisation. Nous eussions sans doute aussi ignoré la page formidable, presque inégalée, qui s'appelle le *Christ montré au peuple,* et la plus grande partie de son œuvre satirique n'eût pas vu le jour. Que l'on fasse abstraction de l'un ou l'autre de ses modes d'expression, et l'on verra de combien on diminue l'envergure du génie d'Ensor

L'âpreté des jours, les déboires, la mésintelligence tenace entre le public et lui, les doutes et les rancunes qui en sont résultés, ont été les grandes raisons de cette diversité d'aspects. Mais s'il est légitime d'en tenir compte dans l'appréciation générale et pour la place qu'on lui assigne, autre chose est de prétendre qu'il ne doit la valeur et l'étendue de ses recherches qu'à l'incompréhension dont il a souffert.

On sait ce qu'il a donné et il est juste qu'on le juge sur l'œuvre qu'il a réalisée; mais on ignore ce qu'il eût donné s'il avait été soutenu, s'il avait échappé aux dépressions du doute, s'il avait pu s'appuyer sur la confiance en soi que procure à l'artiste l'attention de ses contemporains. Les dénis de justice ne sont pas excusés parce qu'ils ne sont pas parvenus à l'abattre; s'il est resté debout et vainqueur, on ignore cependant le sang qu'il a perdu par les plaies aujourd'hui cicatrisées.

Tel quel, James Ensor occupe, dans l'art contemporain, une place exceptionnellement grande et enviable. On ne saurait la mieux définir que ne le fit Verhaeren dans la page éloquente et pleine de sens critique — de grande et large critique — que voici :

La place de James Ensor dans l'art de son temps apparaît belle et nette. Le recul nécessaire pour la fixer se fait et ce jugement émis par ses admirateurs n'est déjà plus un jugement horaire.

Un fait esthétique notoire domine la peinture du XIXe siècle: la découverte de la lumière. D'où la recherche d'harmonies nouvelles, de relations autres, de valeurs et de juxtapositions de tons insoupçonnées jadis. D'où encore un renouveau du sentiment pictural lui-même, la joie et la vie intronisées à la place de la morosité et de la routine, l'œil éduqué non plus à l'atelier mais dans les jardins, les bois et les plaines, les pratiques anciennes abandonnées au profit de la surprise et de la découverte rencontrées à chaque coin de route, à chaque angle de carrefour. C'est la nature, bien plus que les musées, qui forma les peintres novateurs. Elle leur imposa directement leur vision et modifia leur technique. Même elle renouvela toute leur palette. Ils n'ont consulté qu'elle: c'est d'après ses leçons ingénues et profondes qu'ils se sont formés, se sont découverts et se sont exaltés à l'heure des chefs-d'œuvre.

Dans cette conquête de la clarté, l'effort et la vaillance de James Ensor compteront. Son geste demeurera insigne, non seulement dans l'école de son pays, mais, un jour, dans l'art occidental tout entier.

...Ensor plus dominateur en son art, avec une vision plus aiguë et plus fine, avec un instinct magnifiquement développé, avec une invention plus large et plus abondante, cultiva le même champ que Pantazis et Vogels, mais il y suscita des fleurs de lumière d'une beauté plus rare, plus rayonnante et plus subtile. Lui ne ressemble à personne. Ses premières œuvres contiennent déjà en puissance toute sa force future. On ne les confond avec nulles autres. Elles s'imposent d'elles-mêmes. Elles sont indépendantes, fières, libres.

Au temps où elles éclatèrent, avec soudaineté et presque avec insolence, Manet occupait activement la critique d'avant-garde. Aux salons triennaux de Bruxelles, d'Anvers et de Gand, la toile intitulée *Au Père Lathuille* avait ameuté autour d'elle toute l'ignorance et la raillerie publiques. Il était séant qu'on s'en scandalisât. Le rire et le sarcasme étaient exigés comme un gage d'honnêteté bourgeoise et de bon goût provincial...

Les fureurs grinçant des dents contre Manet se tournèrent à point nommé contre James Ensor. Autant que le peintre des Batignolles il fut accusé d'instaurer en art une sorte de commune et d'inscrire sa doctrine esthétique aux plis d'un drapeau rouge. Bien plus: *sans égard pour les dates d'antériorité qui marquaient les toiles du peintre d'Ostende,* on les proclamait dépendantes et vassales de celles de Manet, on leur refusait tout mérite jusqu'à celui d'être des sujets de scandale inédits. L'erreur persista longtemps et persiste encore.

Cette dernière constatation est une des plus douloureuses à noter dans la carrière pourtant si abreuvée de fiel de James Ensor. Est-ce impuissance d'un petit peuple ou manque de retentissement de son activité? Est-ce manque de courage à défendre les nôtres? Ne serait-ce pas plutôt ignorance et mauvaise volonté de ceux qui, chez nous, détenaient les moyens de le faire valoir et qui furent plus tenaces contre Ensor, que la France officielle ne l'avait été pour Manet?

On s'entêta et l'on s'entête, ajoute encore Verhaeren, à ranger James Ensor parmi les élèves de Manet. Rien n'est plus faux. Les deux maîtres n'ont qu'un point de contact: tous les deux peignent à larges touches et tous les deux étudient la lumière frappant mais surtout modifiant le dessin et le ton local des objets.

Mais que de différences immédiatement s'accusent! Manet reste, somme toute, un peintre de tradition et d'enseignement... Manet compose ses toiles... la mise en page est faite d'après des recettes connues. Bien qu'il soit un peintre admirable, encore n'évite-t-il pas les sécheresses et les duretés. Il ignore l'abondance et la richesse prodiguées. La réflexion et le raisonnement le guident plus que l'instinct ne le pousse. Il a une main très experte, très habile. Il fait preuve d'esprit, parfois de virtuosité. Son intelligence surveille son art et le raffine. Il pense autant et plus encore qu'il ne voit.

James Ensor, lui, n'est purement qu'un peintre. Il voit d'abord, il combine, arrange, réfléchit et pense après. Il ne doit rien ou presque rien aux maîtres du passé. Il est venu en son temps pour ne recevoir que les leçons des choses. Certes, sa mise en page le préoccupe, mais ses compositions évitent de rappeler celles que les musées enseignent. L'esprit qu'il met dans ses toiles et ses dessins est plutôt grossier et populaire. Son trait de pinceau est appuyé; il ne glisse pas. Il n'est pas adroit. Toutefois sa couleur n'est jamais commune. En chaque œuvre le ton rare est riche, violent et doux, prismatique et soudain, installe sa surprise et son harmonie. On dirait qu'Ensor écoute la couleur tellement il la développe comme une symphonie.

Jamais ne s'y mêle la moindre fausse note. Il a l'œil juste comme est juste l'oreille d'un musicien. A le voir peindre, comme au hasard, on craint qu'à chaque instant la gamme profonde et rayonnante des couleurs ne se fausse. Or, jamais aucun accroc n'a lieu. L'instinct, le guide le plus sûr des artistes, bien qu'il paraisse un conducteur aveugle, l'assiste sans qu'il s'en doute et le décide, quand à peine il prend le temps de le consulter. Avant de poser un ton, il esf sûr que ce ton sera d'accord avec les autres. Il le sent tel, à travers tout son être. A quoi bon examiner, discuter, raisonner, si l'examen, la discussion et le raisonnement se sont faits préalablement, sans qu'on le sache, avec la promptitude que met un éclair à traverser le ciel. L'aptitude en art n'est jamais un acquis, mais un don. Elle est subconsciente et sourde. Celui qui naît sans qu'elle habite en lui à l'instant même qu'il voit, entend, flaire, goûte et touche, ne sera jamais un artiste authentique. Aucune étude ne la lui apportera.

« James Ensor est plus purement un peintre que Manet », dit encore Verhaeren, mais il ajoute, voulant grandir celui-ci, qu'il est un chef d'école magnifique, définitif et complet et qu'il « commande à un des carrefours de l'art où les routes bifurquent et gagnent des contrées vierges et inconnues. »

Cette critique large et fouillée, ce parallèle entre deux artistes également grands, est bien le plus beau chant de triomphe qu'on puisse faire entendre en l'honneur d'Ensor. Encore, dans cette joûte, ce dernier n'intervient-il qu'avec une partie de ses moyens. L'unité de vision, ou du moins l'évolution dans l'unité de Manet excluait de la lutte toute la partie imaginative et fantaisiste de James Ensor.

« Manet, proclame Emile Verhaeren, est un chef « d'école magnifique, définitif et complet. »

Est-il bien nécessaire pour atteindre au sommet où trônent ces maîtres souverains de l'art d'être un chef d'école? Rembrandt et Turner sont de grands isolés, sans famille ni disciples. Leur œuvre étrange, imprévue, libre de tous liens quelconques, qui s'inscrit en marge de toutes les traditions, leur œuvre d'exception en un mot, n'est-elle pas au nombre de celles qui sollicitent le plus vivement, le plus durablement l'intérêt, la curiosité et l'admiration des hommes?

Les chefs d'écoles sont des semeurs de froment; des générations se nourrissent de leur labeur, tandis que Rembrandt a refermé derrière lui les portes sublimes qui ouvraient sur son empire de beauté; mais combien d'artistes, par la suite, n'ont pas trouvé leur voie, grâce à la lueur projetée par un seul des mille divins rayons qui s'en échappent inépuisablement? (1).

GRÉGOIRE LE ROY.

(1) D'un volume à paraître chez l'éditeur G. Van Oest, à Bruxelles.

Le Mois des Crises [1]

Le Congrès rhénan.

Le dimanche 23 juillet, un congrès séparatiste tenait ses assises, à Aix-la-Chapelle. Ce qui suit est un résumé fidèle de ses débats. Nous ne prétendons « rendre » ici que l'atmosphère de la salle, et la physionomie des délégués. Quant à leur psychologie, et à celle de leurs commettants, c'est une autre affaire...

Les pangermanistes avaient menacé de « représailles » les organisateurs ; mais il a suffi d'un avertissement donné à l'agent berlinois, le préfet de police von Korff, pour que la presse et les étudiants cessent leurs provocations et que tout se passe dans le calme.

Il pleut. Quatre agents de police arpentent mélancoliquement la *Pontstrasse* déserte. L'assemblée est convoquée pour 1 heure de l'après-midi ; mais les délégués arrivent lentement. Petit à petit cependant, la vaste salle du *Gesellschaftshaus* se remplit. Aspect habituel des salles de fête : guirlandes de papier, bannières. Le drapeau officiel du Rheinland, rouge et blanc, se marie au drapeau de la République rhénane, rouge, blanc et vert. On cause avec animation et bonne humeur. On fume, on boit, on grignote des *Schnittchen*. Ces bons Rhénans, il faut que cela mange...

Deux heures. Des chants s'élèvent. Le Quartette rhé-

(1) En attendant le retour de Sir Archibald Bigfour, toujours captif des Moscovites, nous avons chargé Anagnoste de débrouiller pour nos lecteurs les « crises » de ce mois de juillet. On remarquera que notre collaborateur n'a pas abordé le problème capital du *moratoire*. Un éminent spécialiste traitera cette question dans notre prochain numéro (*N. de la Réd.*).

nan de Cologne exécute un *lied: Am Rhein, am schoenen Rhein,* au Rhin, au beau pays du Rhin est ma patrie. Les voix sont belles, l'attention religieuse.

Au nom du groupe aixois, M. Mullesheim souhaite ensuite la bienvenue aux congressistes.

Puis, M. Trier, du groupe de Cologne, prononce un discours qui, à plusieurs reprises, soulève les applaudissements :

Trois cent soixante communes, dit-il, ont envoyé 800 délégués au présent congrès : le Rheinland tout entier est représenté et il faut remercier particulièrement les camarades de la Hesse, du Palatinat, de Clèves et de la Sarre. Ils n'ont épargné ni leur peine ni leur argent pour venir affirmer, dans la vieille ville de Charlemagne, sur le sol historique des Francs, que la Rhénanie doit appartenir aux Rhénans !

M. Trier, qui, avec son binocle, son crâne poli, son long nez, son visage rasé, ressemble à un pasteur narquois et finaud, excite par ses saillies l'hilarité de l'assemblée. Il se moque agréablement des « Messieurs de Berlin » qui ont poussé la sollicitude jusqu'à inviter M. Smeets, le chef du Parti républicain rhénan, à faire une « cure » de quelques mois... dans les prisons du Reich.

Mais voici M. Smeets à la tribune. Il a une bonne figure ronde, un air jeune, énergique. Un petit garçon lui offre des roses blanches et rouges. Ovation.

Nous avions, dit-il, décidé à Bonn, au mois de décembre dernier, de former un front unique avec les Fédéralistes, la Christliche Volkspartei (Parti populaire chrétien) et la Rheinische Volksvereinigung (Parti populaire rhénan). Bien qu'aucun de ces partis n'ait répondu à notre appel, nous continuerons la lutte et poursuivrons l'union de tous les Rhénans !

C'est de la Rhénanie, ne l'oublions pas, que la civilisation fondée par le grand empereur, Charlemagne, s'est répandue sur l'Allemagne, alors que Berlin n'était qu'un misérable village slave. L'empire des Hohenzollern n'a rien de commun avec le vieil empire des Francs. Les Prussiens ont annexé Charlemagne, les Rhénans le revendiquent !

Les « hommes de confiance » applaudissent, lorsqu'un

coup de sifflet retentit, strident ; la salle entière est debout et crie : « A la porte ! » Tout s'explique : le perturbateur est un Allemand des Etats-Unis qui a marqué son enthousiasme à la mode *yankee*. Et M. Trier d'observer : « En Prusse, notre Américain eût été assommé ; ici, nous le traitons en ami ; la Rhénanie n'est pas la Prusse ! »

M. Smeets reprend son discours interrompu.

La Rhénanie est solidaire des démocraties occidentales. La Révolution de 1789 lui avait apporté la liberté ; c'est parce que celle-ci lui fut ravie qu'éclatèrent les guerres de 1813, de 1870, de 1914. La Révolution belge avait exalté les aspirations des Rhénans ; moins heureux que leurs voisins, ils n'obtinrent pas leur libération et la Révolution de 1848 fut écrasée par la Prusse. Vint 1918. Cinq mille Rhénans réunis au *Gürzenich,* à Cologne, acclamèrent la République rhénane. M. Adenauer, premier bourgmestre, se déclarait prêt à prendre la présidence. Depuis il a vendu sa patrie à la Prusse !

Les auditeurs conspuent M. Adenauer. Un vieillard à barbe blanche s'écrie : « Je combattrai la Prusse jusqu'à mon dernier souffle si elle touche au Rheinland ! »

M. Smeets parle des questions actuelles.

La Prusse ne paiera pas les réparations ; mais elle presse la Rhénanie comme un citron. Nous ne voulons pas être des *Muss-Preussen,* des Prussiens malgré nous ; nous ne voulons plus être les *coolies* de Berlin. Les gens d'au delà de l'Elbe peuvent m'emprisonner, ils n'empêcheront pas la volonté des Rhénans de s'exprimer. L'injustice de 1815 doit cesser. La Haute-Commission doit museler les « chiennes d'enfer » excitées par Berlin. Nous irons au referendum, lorsque les fonctionnaires prussiens auront été expulsés. En avant, pour l'indépendance de la Rhénanie !

L'assemblée se lève et pousse trois *Hoch!* pour la République rhénane.

Après un repos de quelques minutes, le Quartette se fait entendre de nouveau. « Il ne faut pas désespérer, remarque M. Trier, d'un peuple qui, malgré ses malheurs, garde une chanson aux lèvres. Un peuple qui chante ne renonce pas ! »

M. Gassen, délégué d'Opladen, et des délégués d'Ehrweiler demandent que la personne de M. Smeets soit protégée.

Puis, M. Smeets est réélu par acclamations président du « Parti populaire républicain rhénan ». Il expose longuement le programme du Parti.

M. Hammacher, délégué de Mayence, et M. Weiler, délégué de l'Eifel, exposent ensuite les doléances des vignerons de la Moselle et des cultivateurs de l'Ouest. Les uns et les autres se plaignent de la mauvaise administration de la Prusse, de sa *Misswirtschaft,* et ils réclament la convocation d'un Parlement rhénan, où les paysans auront leur mot à dire.

Enfin, des motions sont présentées et votées, à l'unanimité.

La première demande que les pouvoirs de la Haute-Commission soient élargis de manière à donner satisfaction aux aspirations rhénanes.

La seconde, que la neutralité du Rheinland soit garantie par la Société des Nations.

La troisième, que des commissions soient établies dans les communes rhénanes afin que l'inscription des habitants soit contrôlée en vue d'un plébiscite éventuel.

La quatrième, que la Haute Commission prenne M. Smeets sous sa protection...

De plus, deux longues motions concernent, l'une la politique extérieure, l'autre la politique intérieure.

Politique intérieure : il faut contrôler les finances, éloigner les fonctionnaires prussiens, épurer le personnel enseignant, protéger les Rhénans contre la tyrannie prussienne.

Politique extérieure : la paix véritable n'existera que si la rive gauche du Rhin est neutre et indépendante ; la Rhénanie fait appel à tous les peuples civilisés pour obtenir sa libération.

Lorsque ces différents vœux ont été approuvés par l'assemblée, M. Smeets remercie les assistants :

La réunion d'aujourd'hui marque un progrès de l'idée rhénane; nous reprendrons la lutte avec une nouvelle énergie et, grâce à l'union, nous réaliserons notre idéal !

Il est tard. Pendant des heures, les congressistes ont écouté avec une attention passionnée l'appel de la liberté rhénane. Ils répètent une dernière fois le cri que Kaufmann entendait avec surprise en 1848, dans les rues de Bonn (1) : « Vive la république ! Que ne sommes-nous quittes des Prussiens ! (*Wiw la Repüblik! Wär'n wir erst die Preussen quitt!*) »

Un vrai Prussien, Hans von Bülow, faisait à ce cri une réponse vraiment prussienne, le 28 mars 1892. Avant d'exécuter la *Symphonie héroïque* du grand Rhénan Louis van Beethoven, il disait à ses auditeurs de la *Philharmonie*, à Berlin : « Aux paroles d'erreur : *Liberté, Egalité, Fraternité,* opposons notre devise : *Infantérie, Cavalerie, Artillerie!* »

Le Reich et la Bavière.

Le Reich d'aujourd'hui osera-t-il proclamer cette bismarckienne devise en présence de la révolte de la Bavière ? Cette rébellion, avoue la presse allemande, est le plus grand danger dont l'unité germanique ait été menacée depuis janvier 1871. S'il en est ainsi, il faudra bien ranger parmi les hérésies historiques cette affirmation courante qu'un crime politique est toujours stérile, ou tout au moins nuisible à ses instigateurs. Nous avions, dans notre dernière chronique, montré comment, dès le surlendemain du crime de Grunewald, le gouvernement parut odieux, la victime indifférente, les meurtriers sympathiques. Depuis, Kern et Fischer ont fait leur entrée au Walhalla.

(1) *Frankfurter Zeitung,* 27 juillet 1922.

Les Assassins de Rathenau.

L'étroite vallée de la Saale, par où passent la grand'-route de Leipzig et la ligne du chemin de fer Francfort-Leipzig-Berlin, l'étroite vallée de la Saale est bordée, sur la rive droite, par des rochers à pic où se dressent la ruine de la Rudelsburg et les deux tours rondes du burg — également ruiné — de Saaleck. Les étudiants d'Iéna, de Halle et de Leipzig y viennent souvent tenir leurs « congrès de bière » et toute une poésie romantique, mélancolique, patriotique et gambrinienne est née dans ces beaux lieux, hantés par un génie frère du génie du Rhin. Franz Kugler, il y a cent ans, y trouva cette perle du « Kommersbuch »: *An der Saale hellem Strande stehen Burgen stolz und kühn:* Sur la Saale aux rochers clairs, les castels hautains et fiers... Et l'on chante encore: *Dort Saaleck, hier die Rudelsburg!* et le « lied » le plus fameux de tous: *Auf den Bergen die Burgen, im Tale die Saale:* Les châteaux sur les monts, et la Saale est au fond. Il y a là une strophe plaintive, qu'on murmure en se découvrant, en mémoire des camarades morts prématurément:

> Les uns pleurent, tandis que les autres cheminent; certains sont encore dans le flot de la vie. Beaucoup sont au but, arrivés chez les morts; beaucoup ont péri dans la joie et la peine.

Le poète Dreves, auteur de ces vers, se tira jadis une balle dans le cœur au pied de la Saaleck. Un tilleul qui bruissait tristement lui avait rappelé un camarade qu'il avait eu le malheur de tuer en duel quelques années auparavant...

Bien d'autres chants naîtront à l'ombre de la Saaleck, pour célébrer les jeunes tyrannicides Kern et Fischer, exécuteurs du Juif Rathenau: noble gibier traqué à mort par la police du Reich. Une tour de Saaleck, transformée en villa, est habitée d'ordinaire par l'écrivain Stein. Deux voyageurs, passant le 17 juillet près de cette tour, y aperçurent de la lumière. Ils avaient appris à Naumburg que le propriétaire de Saaleck, le Dr Stein, était absent depuis longtemps et se trouvait à Berlin. La curiosité les fit s'attarder sous les fenêtres, et dans une figure qui s'y montra ils crurent reconnaître un des malfaiteurs dont le signalement avait été répandu à d'innombrables exemplaires dans la région. La police prévenue vint faire le siège de la tour. Trois agents et un gendarme montèrent par l'escalier tournant jusqu'au troisième étage, sans rien voir ni entendre. Comme ils redescendaient, ils entendirent une porte s'ouvrir. Il leur sembla que l'on descendait à leur suite. Mais l'escalier tournant ne leur permettait de voir que les jambes des inconnus. Les policiers crièrent: « Haut les mains! Descendez! » Les poursuivis sortirent des revolvers chargés. La police se mit à l'abri dans un angle de l'escalier, puis décampa. Dans l'après-midi, elle revint en force. Les assiégés parurent plusieurs fois aux fenêtres et furent mitraillés. Kern, blessé à mort, fut, mais en vain, soigné par Fischer, qui l'étendit sur un lit, dans la chambre du Dr Stein. Fischer revint ensuite à la fenêtre, poussa le cri de *Vive Ehrhardt!* et disparut. On trouva plus tard son cadavre étendu à côté de celui de Kern: il s'était donné la mort.

« Kern et Fischer ont échappé au juge d'ici-bas, disait le lendemain la *Deutsche Zeitung*. Ils comparaissent devant le Juge suprême. Puisse-t-il leur être indulgent!... »

La République n'a point de chance. On ne saurait gouverner, en Allemagne, contre la coalition des *burgs*, des tilleuls, des légendes, des sites romantiques et des chansons à boire.

Les Lois de Défense républicaine et la Rébellion bavaroise.

Pourtant, le 18 juillet, le Reichstag votait par 203 voix contre 102 les lois « de défense républicaine ». Votèrent contre: les Nationaux allemands, la *Bayerische Volkspartei*, le *Bayerischer Bauernbund* (à l'exception du ministre Fehr), les communistes. La majorité des deux tiers était atteinte.

A la coalition des trois partis démocratiques et républicains s'étaient joints les populistes, ces ralliés, et les socialistes indépendants.

Les lois nouvelles « prévoient de sévères sanctions contre les associations secrètes de meurtre et contre toute action illégale. Elles font un devoir aux citoyens de dénoncer ces associations. Elles répriment toute excitation contre la République et tout acte de diffamation dirigé contre elle. Elles soumettent à certaines restrictions le droit de réunion et la liberté de la presse. Elles contiennent également certaines dispositions concernant les membres des anciennes maisons régnantes, auxquels, s'ils vivent à l'étranger, le retour en Allemagne peut être interdit, qui peuvent être relégués en un lieu déterminé, ou même bannis d'Allemagne. Ces lois prévoient aussi de sévères mesures disciplinaires à l'égard des fonctionnaires. Elles organisent, en vue de défendre la République, une Haute-Cour de justice et une police générale d'Empire. Ainsi armé, le gouvernement républicain pourra briser les principaux appuis du mouvement réactionnaire. Le Reich aura sa police, qui sera en mesure d'agir sur tout le territoire de l'Allemagne. Il pourra opérer des changements dans l'attribution des fonctions administratives, notamment dans les services du personnel. La Cour de justice constituée pour la défense de la République, comprenant neuf juges, dont trois seulement doivent être des magistrats de profession, pourra paralyser les sentiments réactionnaires du monde judiciaire allemand. »

Le vote des *Lois de défense* fut un grand succès républicain. L'énergie des socialistes qui menaçaient le Reichstag de grève générale et de dissolution, la quasiréconciliation des Majoritaires et des Indépendants, tout cela avait « rompu le front » de la Droite. Non seulement les Populistes, comme nous l'avons dit, s'étaient ralliés; mais, chose inattendue, le parti *Deutschnational* sembla s'effriter. Il était composé d'agrariens conservateurs, de pangermanistes, de nationalistes antisémites: les *Völkische,* les sectateurs d'Odin et de Freiia, les « propres Aryens », selon le mot fameux.

Ce sont les *Völkische* qui fondèrent cette justice de la Sainte-Vehme qui exécuta Erzberger, Rathenau, Harden. Leur mysticisme prit quelquefois des formes moins pures, à preuve ce groupe ultrateutonique d'Oldenbourg dont le principal exercice consistait à se faire photographier *in naturalibus,* par escouades mixtes, c'est-à-dire composées de représentants des deux sexes. Au groupe *Völkisch* appartient l'ineffable Bazille surnommé jadis *Heiterkeits-bazillus,* le *bacille de l'hilarité,* M. Hennig, qu'on mit récemment à la porte du parti National comme trop compromettant.

Furieux de cette exclusion, les extrémistes Graefe et Wulle s'en sont allés, eux aussi. L'honnête Düringer, de l'aile gauche, flairant dans la maison une odeur de sang, était parti bien avant les autres.

Les monarchistes connaissaient donc un certain désarroi. La « tyrannie bolchévique » (c'est ainsi que MM. Wulle, Helfferich et consorts appellent le régime Wirth-Rathenau) triomphait. Mais la Bavière se fit le champion de la « Démocratie » et de la « Liberté ». Cette terminologie est étonnante. Il n'est que de s'entendre. Nous avons fréquenté jadis des disciples de M. Maurras qui, parlant de « conservateurs français », voulaient désigner le parti radical. En Bavière, les Catholiques (*Bayerische Volkspartei*) et la *Ligue des Paysans* invitèrent le Gouvernement à défendre la *démocratie blanc-bleue (weissblaue Demokratie*) contre les Metternichs rouges. Toujours les souvenirs d'il y a cent trois ans!

A côté des Catholiques et des Paysans naturellement anti-prussiens et, en un sens, séparatistes, — persuadés en tout cas que la révolte serait le plus sacré des devoirs contre l'Etat unitaire — les pangermanistes indigènes et immigrés, qui forment la *Mittelpartei*, arboraient avec enthousiasme la cocarde bavaroise ; leurs journaux exhortaient le comte Lerchenfeld à ne pas mollir. Ainsi, Boris Savinkov, le plus patriote des Russes, se déclarait « polonais » à Varsovie, au moment de l'invasion bolchévik...

Encouragé, le comte Lerchenfeld osa braver le *ban d'Empire*. Depuis le 24 juillet, la Bavière est sortie du *Reich*. Elle a violé la Constitution de Weimar. Elle se prétend un *Staat* (Etat), non plus seulement un pays (*Land*) ; elle oppose son *veto* à des lois d'Empire. Les paris sont ouverts. Les gens qui parient pour la Bavière font remarquer que la *Reichswehr*, étant monarchiste, ne marchera jamais contre le fief des Wittelsbach, sans doute alliés aux Hohenzollern ; et ils voient leur opinion confirmée par la faiblesse des réactions du gouvernement central, après le discours « cuirassé » du comte Lerchenfeld. Ceux qui parient pour le Reich allèguent que la Bavière est divisée contre elle-même ; que Nuremberg vient de changer le nom de la *place Hindenburg* en *place Rathenau* (malgré un télégramme de Mme Mathilde Rathenau, qui voulait qu'on ménageât les sentiments de tous les citoyens) ; que les « vingt et une villes du Nord », tous les socialistes bavarois, les démocrates (les vrais) sont pour Berlin ; que le Palatinat, plutôt que de faire le jeu de Munich, ferait le jeu de Paris...

Souhaitons que le conflit s'engage à fond. Dans l'intérêt de la clarté : il faut savoir à tout prix si les monarchistes, comme on l'entend répéter partout, ont vraiment la force. Dans l'intérêt de la paix : quels que soient les vainqueurs, la petite guerre bavaro-allemande disjoindra le Reich de Versailles 1871-Weimar 1919, et préparera — dans un avenir plus ou moins proche — les républiques rhénane, silésienne, hanovrienne, l'indispensable démembrement de la Prusse.

A plusieurs conditions, qui se ramènent à une seule, c'est qu'il n'y ait pas d'officiers anglais, belges ou français en uniforme aux Congrès rhénans; que M. Dard, ambassadeur de France à Munich, subventionne plus discrètement les Leoprechting; et qu'enfin nous laissions les Boches, en famille, « laver leurs livrées » et repasser leurs cocardes. Ils ont naturellement le goût de la polychromie. Si nous avons seulement l'air de ne pas les regarder, les enfants d'Odin se fleuriront qui de vert-blanc, qui de bleu-blanc, qui de noir-blanc-rouge, qui de noir-rouge et or, et « pour des rubans », comme dans la chanson, « seront en proie à de longs débats ». Si nous paraissons sourire à leurs jeux, au lieu de nous présenter « l'arc-en-ciel de la paix », ils adopterons tous, pour nous faire enrager, le domino prussien, noir et blanc, monotone et menaçant.

La Crise polonaise.

La plus grande consolation qui soit venue aux Allemands, au milieu de leurs querelles, est le spectacle de ce qu'ils appellent les déchirements polonais. La crise de juin sera aussi la crise de juillet, disions-nous dans le dernier *Flambeau*. En effet. Nous en étions restés au ministère Sliwinski-Narutowicz, auquel nous souhaitions de faire de bonne politique, et de bonnes finances. M. Sliwinski, ami personnel du chef de l'Etat, avait au moins la bonne volonté. Mais une Chambre houleuse fit chavirer son esquif au bout de vingt-quatre heures. M. Pilsudski, vainqueur la veille, perdait sa troisième bataille.

Comment la droite nationaliste combat-elle avec cette âpreté un héros national, un patriote belliqueux? Comment la gauche démocratique et socialiste soutient-elle un autocrate qui se moque de la représentation nationale? Ce sont choses de Pologne. Voici une explication. A l'armistice, il y avait (à Paris) un gouvernement polonais. Il était présidé par M. Roman Dmowski, chef du parti national-démocrate, à qui sa haine de l'Allemagne avait permis de collaborer d'abord avec la Russie : ce qui lui avait gagné la confiance des alliés, tandis que les gouvernements activistes, à Varsovie, étaient suspects à raison de leur entente plus ou moins cordiale avec l'Allemagne.

M. Dmowski, en novembre 1918, s'apprêtait à gagner la Pologne pour recueillir le pouvoir, lorsqu'il apprit que M. Joseph Pilsudski venait d'y être proclamé chef de l'Etat. M. Pilsudski était socialiste. Il eut tout de suite pour lui les partis de gauche. La droite conspira ; M. Pilsudski déjoua les complots. On fit contre lui le « bloc national » aux élections de 1919. Il sortit de ces élections une Diète turbulente, à majorité incertaine, mais en somme peu entichée de M. Pilsudski. Ce diable d'homme réussit à la mater. Mais la fronde des bourgeois, des intellectuels, des paysans conservateurs contre M. Pilsudski n'a jamais cessé. On remplirait des *in-folios* avec les légendes ironiques, malicieuses et méchantes, répandues sur son compte. « La Pologne qu'on voit » — demandez aux voyageurs qui l'ont traversée — est anti-pilsudskienne. Elle conteste les talents militaires du Maréchal. Pendant sa retraite de Kiew, la fronde s'en donna à cœur joie. Un gouvernement national-démocrate se forma en Posnanie. Or, M. Pilsudski vainquit les Russes et la Droite. Il forma et soutint des ministères de plus en plus « à gauche. » Il en veut un qui soit tout à fait pur, pour faire les élections en octobre. C'est une des raisons qui lui ont fait renvoyer les extra-parlementaires Ponikowski, Michalski, Skirmunt.

Mais l'échec de M. Sliwinski laissait le champ libre à la Droite...

La Droite ne mit pas en avant son chef Roman Dmowski. Elle opposa au « héros populaire » un autre héros populaire, Korfanty, le triomphateur silésien.

M. Korfanty, comme M. Dmowsky, avait blâmé l'expédition de Kiew dans une lettre qui n'a pas été publiée. « Prenez garde, disait-il ; si votre front Est fléchit, notre front silésien cédera de lui-même ». Il pensait au plébiscite, que l'alerte bolchévique influença défavorablement.

Faut-il conclure que la Droite est *surtout* germanophobe, la Gauche russophobe? Oui, peut-être. Que la Droite soit *encore* russophile, la Gauche germanophile? Ce serait absurde. Tous les Polonais sont conscients du double danger. Mais vis-à-vis de problèmes aujourd'hui résolus, ils ont eu des attitudes différentes. Les passions ont survécu aux problèmes, les animosités personnelles aux oppositions d'idées. Ce qui domine chez les hommes de Droite, c'est la rancune d'avoir été sans cesse écartés du pouvoir qu'ils méritaient peut-être, qu'ils crurent souvent tenir...

La même mésaventure leur est arrivée cette fois encore. M. Korfanty, proposé comme président du Conseil par la Commission principale de la Diète, mais avec lequel M. Pilsudski refusa de collaborer, M. Korfanty établit lestement sa combinaison. Mais le veto de M. Pilsudski n'a point perdu toute efficacité. Le Maréchal annonçait qu'il se retirerait, si la Chambre acceptait un cabinet Korfanty. Le groupe du Centre, qui pendant toute la crise oscilla de gauche à droite, et de droite à gauche, sauva M. Pilsudski et perdit M. Korfanty.

La séance du 27 juillet fut fort belle. La Droite avait imaginé ceci : que le Parlement sommât M. Pilsudski de contre-signer la liste ministérielle de M. Korfanty. Mais comprenant qu'elle allait à la défaite, elle changea de tactique et présenta une motion, qui, même si elle échouait, devait au moins ébranler le chef de l'Etat. Elle demanda un vote de méfiance. Comme le national-démocrate Glombinski défendait la motion, le public d'une tribune jeta des œufs pourris sur la Gauche. On n'en vint pas aux mains, pourtant. Mais M. Witos, chef des paysans, proclama sa confiance dans M. Pilsudski, le « héros de l'indépendance », et des ovations enthousiastes éclatèrent. Les Juifs vantèrent la démocratie du président, les Allemands s'abstinrent, et l'ordre du jour de méfiance fut repoussé par 205 voix contre 187. Le ministère Korfanty n'existait plus, si tant est qu'il eût jamais eu une existence légale. Comme on proclamait le résultat, M. Korfanty, décoré depuis la veille de la médaille *Virtuti militari,* quitta la salle en souriant. La Gauche, debout, entonna l'hymne des révolutionnaires de 1831. Et le maréchal de la Diète, M. Trompczynski, levant la séance, convoqua l'assemblée pour le lendemain.

Il ne reste plus à la Commission principale de la Diète qu'à retirer la candidature de M. Korfanty; puis, à prier M. Pilsudski de nommer un nouveau président du Conseil, le cinquième en six semaines...

On ne voit d'ailleurs nulle raison pourquoi ce cinquième président serait accepté. La situation semblerait sans issue, s'il n'y avait les élections prochaines et la possibilité de les rendre encore plus proches, par la voie d'une dissolution. Seulement, pour qu'il y ait des élections, il faut une loi électorale, et la Diète polonaise n'a pas encore fini d'élaborer cette loi. On la connaît surtout, jusqu'à présent, par les doléances des Allemands qui prétendent que ladite loi sacrifie scandaleusement les minorités.

Finis Poloniae! clament-ils. Et la presse anglaise fait chorus. Ce chœur gémit la plainte funèbre sur *l'infortuné pays,* et rappelle les partages. La Pologne souffrira longtemps encore, dans l'opinion publique, d'avoir été jadis écartelée. Elle-même et ses ennemis auront trop répété qu'elle le fut « pour ses péchés ». Mais laissons aux historiens primaires cette puérile comparaison entre la Pologne du XVIIIe siècle finissant et celle d'aujourd'hui. Si une crise ministérielle très embrouillée menaçait un pays de « partage », l'Italie serait à la veille d'être coupée en petits morceaux. La crise ministérielle italienne est, en effet, beaucoup plus compliquée que la polonaise. Et, en Pologne, si le Sejm s'agite, le pays est calme, le paysan travaille ; ni fascisme, ni communisme.

La Crise italienne.

A comparer la Chambre polonaise et la Chambre italienne, le record du « partage » appartient certainement à cette dernière : Agrariens, 23 ; Démocrates, groupe Giolitti-Orlando, 42 ; Démocratie italienne (groupe Nitti) 36 ; Démocratie libérale (groupe Bevione-De Nava), 24 ; Démocratie sociale (groupe Casertano-Labriola), 41 ; Groupe fasciste, 31 ; Groupe mixte, 32 ; Groupe nationaliste, 11 ; Groupe parlementaire libéral-démocratique (groupe Salandra), 21 ; Groupe populaire, 106 ; Groupe socialiste, 122 ; Groupe socialiste réformiste, 26 ; Groupe communiste, 13. Donc deux grands partis, les socialistes et les *populaires* ; et des décombres de partis, du vieux libéralisme, de la récente Démocratie, sur laquelle on avait fondé de grands espoirs, aujourd'hui scindée en quatre groupes... Le 19 juillet, MM. Nitti et Sturzo renversèrent le cabinet Facta-Schanzer. Les Fascistes, en effet, sont en guerre avec les communistes, les Nittiens et les Populaires, et le Gouvernement était accusé de ne pas avoir montré, à l'égard de ces Fascistes, assez d'énergie. La Chambre, épouvantée par le Fascisme, suivit allègrement M. Nitti et Dom Sturzo à l'assaut du Cabinet. Mais ensuite, on fut très embarrassé. M. Mussolini, chef du groupe fasciste, un des plus petits de la Chambre, quoiqu'il soit maître du pays, M. Mussolini avait dit en plein Parlement une parole qu'aucun journal n'osa reproduire : « Si vous voulez gouverner contre nous, *nous nous insurgerons !* » Or, le directoire fasciste vient de lancer un manifeste dans lequel il annonce « qu'il dispose aujourd'hui de *700,000* hommes prêts à agir et que la mobilisation générale des Fascistes de la Toscane, qui sont 50,000, a été d'ores et déjà ordonnée ». Au même moment, une note officieuse fait connaître que l'armée active italienne ne va plus compter que 130,000 hommes par suite du renvoi d'une classe...

Successivement MM. Orlando, Bonomi, Meda, de Nava, échouèrent dans la formation du Cabinet: le problème, en effet, était insoluble. Les Populaires et M. Nitti, faisant le jeu des socialistes, n'admettaient qu'une combinaison de gauche et de guerre civile, de lutte ouverte et acharnée contre le Fascisme. M. Orlando, peu désireux d'affronter cette lutte, tentait de réaliser des combinaisons plus larges, où tous les démocrates, même la droite modérée, fussent représentés: veto des populaires, impossibilité parlementaire. M. Bonomi ou M. Mèda pouvaient, dans une Chambre de 528 membres, former une majorité avec le groupe Nitti, les populaires, les socialistes, les social-réformistes, 290 voix: veto des Fascistes, guerre intestine.

Personne ne se soucie d'allumer cet incendie à seule fin d'y rôtir les marrons de M. Nitti. D'ailleurs, pourquoi celui-ci ne tenterait-il pas sa chance? Lui seul est assez fort, dit-on, pour réduire le fascisme. Lui seul peut guérir l'« économie » italienne. Et puisque l'un après l'autre, le cours francophile, le cours anglophile, ont mené l'Italie dans les fondrières, la logique et la loi du *ricorso* n'imposent-elles pas le *deutscher Kurs*, la grande politique allemande qui est celle de M. Nitti?

« Hélas! écrit le correspondant spécial expédié à Rome par la pangermaniste *Deutsche Zeitung*. La crainte des fascistes domine si puissamment le Parlement qu'il ne peut espérer ramener au pouvoir l'homme dont l'Italie appelle à grands cris le génie financier et politique! »

M. Carlo Schanzer.

Si M. Facta manquait de prestige à l'intérieur, le dernier ministre italien des Affaires étrangères n'apportait pas à un gouvernement trop mat le lustre diplomatique qui lui eût fait gagner sinon l'estime générale, tout au moins les vacances.

Né à Vienne, juriste, bibliothécaire du Sénat, ensuite chef de division au Conseil d'Etat, député de Spolète en 1915, ministre des finances sous Nitti, sénateur en 1919, et enfin *student of foreign politics,* comme disent les Anglais, M. Carlo Schanzer représenta l'Italie à la Conférence du désarmement de Washington. Il y aida efficacement l'Angleterre et y obtint quelques succès. L'Italie, grâce à lui, du moins elle se le figura, vit son tonnage en *capital ships* assimilé à celui de la France. Cette satisfaction donnée à l'amour-propre italien, cette victoire remportée sur une rivale jalousée, désigna M. Schanzer pour succéder au marquis della Torretta. Pauvre della Torretta, si vite sacré grand homme, si vite coiffé du bonnet d'âne! Il se consolait en pensant que MM. Sforza ou Nitti n'avaient pas mieux réussi. Et M. Sonnino donc! Il se console maintenant, le marquis della Torretta, en voyant les avanies faites à M. Schanzer.

M. Schanzer fut le ministre de Gênes. Il avait mis tout son espoir dans cette conférence. Il s'y comporta comme le « brillant second » de M. Lloyd George, ou plutôt comme le lieutenant du Gallois en Europe. Sauver à tout prix sa conférence des mauvais desseins de la France, renouer le tout premier avec les Soviets, rendre au monde la paix par la réconciliation des Allemands; puis appuyé sur ses nouveaux et sur ses vieux amis, Anglais, Russes, Allemands, allié avec le Vatican du nouveau régime, faire une grande politique italienne, reviser le traité de Rapallo avec la Serbie, se lancer dans la glorieuse carrière orientale: tel était le plan de M. Schanzer.

Hélas, M. Schanzer ne rapporta de Gênes qu'un accord particulier avec les Soviets; et la veille du jour où il devait vanter au Sénat ce beau succès, les Soviets déchirèrent le traité russo-italien. Pourquoi? Dépit, mépris?

Dépit d'avoir manqué l'opération essentielle, mépris d'un pays qu'ils n'admettent pas comme un Etat de première grandeur?

La Conférence de La Haye vint détruire ce qui restait des illusions russes de M. Schanzer. Il se cramponna d'autant plus désespérément à ses amours anglaises.

Et il partit pour Londres, à la fin de juin. Il y passa douze jours et revint mortellement déçu, et mortellement atteint. C'est à peine si M. Lloyd George qui, vers la fin de la Conférence de Gênes, avait eu des paroles si aimables pour l'Italie, c'est à peine si M. Lloyd George consentit à le recevoir. C'est à peine si lord Balfour, esclave du *week end,* se laissa entrevoir. Et Carlo Schanzer avait tant de choses à leur demander, tant de choses à la fois!

D'abord et comme toujours, des matières premières, des crédits, l'amélioration du change. Puis, un peu d'air en Méditerranée, où l'Italie étouffe, depuis que la France et l'Angleterre se sont partagé les pays arabes et les Lieux Saints. L'Italie aurait pu avoir l'Albanie et la région anatolienne d'Attalia-Koniah; elle y a renoncé. Elle voudrait se réserver certains droits en Palestine et en Syrie; et à cet effet, M. Schanzer, Israélite d'origine galicienne, se présentait en ambassadeur du Quirinal sans doute, mais aussi du Vatican.

Seulement, le Vatican avait préféré s'entendre directement avec MM. Lloyd George, Balfour, et — juif pour juif — avec Sir Herbert Samuel. Et le juif Schanzer n'obtint aucune promesse relativement à la protection des Chrétiens, aucune garantie quant au Cénacle. Que proposait-il encore? Qu'on laissât l'Italie en possession du Dodécanèse; que l'Angleterre forçât la Grèce à évacuer Smyrne; que, néanmoins, les avantages économiques concédés à l'Italie par l'*accord tripartite* fussent encore amplifiés; que l'Italie fût admise à discuter le statut de Tanger...

Enfin, M. Schanzer demandait qu'on réunît à la Somalie italienne un morceau du Jubaland britannique : un port qui ne fût pas, six mois de l'année, rendu inutilisable par la mousson ; une zone côtière pourvue de sources et de puits d'eau potable. Au lieu de la zone, M. Schanzer remporta une veste... et l'avis d'avoir à payer en automne les intérêts des 100 milliards de lires dus aux Alliés. Aussitôt la lire baissa, et les 100 milliards en devinrent 110.

La Crise orientale.

L'accord anglo-italien n'a pu se faire. Ce n'est pas, assurément, la faute de M. Schanzer. C'est la faute de l'Italie qui a dédaigné ce qu'elle aurait pu prendre, et qui réclame maintenant ce que les autres ont pris, et veulent garder.

M. Schanzer avait des projets orientaux fondés sur une fausse conjecture : il croyait l'Angleterre prête à confesser l'*erreur* de sa politique. Or, MM. Balfour, Curzon, Chamberlain, Lloyd George sont persuadés qu'ils n'ont pas failli le moins du monde. Ils voient que les questions d'Orient se résolvent ou s'endorment les unes après les autres : l'Inde, l'Egypte, la Mésopotamie ne font plus parler d'elles, on verra tout à l'heure comment le foyer juif lui-même est confortablement installé. Et Smyrne ? « Les événements se chargeront de démontrer, répondait l'autre jour M. Chamberlain à une interpellation turcophile, que la politique du Gouvernement de Sa Majesté dans cette partie du monde fut heureusement inspirée. »

Le Gouvernement britannique n'a pas reconnu Constantin, et il ne se propose nullement de le reconnaître. Il a fait à la France une autre concession. La Turquie ayant refusé, absolument refusé le règlement de la question d'Orient arrêté dans la Conférence des Trois, le 26 mars, et la Grèce ne l'ayant accepté que d'une manière bien tacite, l'Angleterre proposait de contraindre les deux belligérants. La France et l'Italie intercédèrent pour la Turquie, et l'Angleterre céda. Mais imagine-t-on qu'après cela, MM. Curzon ou Balfour consentent à expulser les Grecs de Smyrne, pour les beaux yeux de M. Schanzer? En faisant adopter le principe de non-intervention, la France et l'Italie ont condamné leurs clients à ne récupérer jamais l'Ionie.

Car l'accord des Trois, s'il imposait aux Turcs d'indispensables servitudes, comme le respect des minorités, leur restituait conditionnellement Smyrne. La Turquie, la France et l'Italie n'ont pas compris que cette « chance » était la dernière. La France en particulier, très mal renseignée par sa mission militaire en Grèce, a cru bizarrement que les Turcs « jetteraient à la mer » l'armée hellénique! Nous eûmes la bonne fortune de pouvoir consulter sur ce point la plus haute des autorités. Le colonel Feyler, qui a passé quatre mois au front gréco-turc, nous a fait part de ses observations. Sans chemins de fer, sans artillerie, les Turcs ne songent même pas à l'offensive libératrice. S'ils l'entreprenaient, ils seraient écrasés. La Grèce, dit-on, est économiquement très épuisée. On ne voit pas qu'elle le soit moins que la Serbie, la Roumanie ou la Pologne dont le change est bien inférieur au sien. Et sa faiblesse économique ne serait aidée en rien par une évacuation que suivraient sans doute de graves commotions politiques. Elle restera donc en Asie Mineure. Et c'est l'affaire de Vilno, l'affaire de Fiume qui recommence...

La ressemblance est frappante. Car l'Ionie va se constituer en Etat autonome. Le bruit en court depuis un mois. On l'accueille en Occident avec un certain scepticisme. Mais le langage des journaux d'Athènes le confirme. Une proclamation, émanée du gouvernement grec, sera adressée aux populations de l'Asie mineure occidentale, appelant celles-ci à constituer un Etat indépendant pour défendre leur liberté. La naissance de cet Etat d'Asie mineure sera notifiée aussi bien aux Puissances alliées qu'à la Société des Nations, sous la protection de laquelle il se placera. Une assemblée de notables comprendra des représentants de toutes les races, Hellènes, Musulmans, Circassiens, Arméniens et Israélites. Un comité exécutif, présidé par l'actuel Haut Commissaire, M. Stergiadès, tenant ses pouvoirs de l'assemblée, jouera le rôle de Gouvernement. L'Etat d'Asie mineure (*Mikrasiatiki Politia*) invitera les fonctionnaires à continuer leur service sous l'égide du nouveau régime.

La presse vénizéliste s'est permis quelques critiques à l'égard de ce projet. « Il n'améliorera point, dit-elle, la situation internationale de la Grèce. Quel est le vice radical de cette situation? C'est que la Grèce, par les élections de novembre, est sortie virtuellement de l'Alliance. De là tous ses ennuis. Naguère, sous Vénizélos, elle était mandataire des Puissances en Orient. A chacun de ses efforts militaires correspondaient de nouveaux avantages politiques et nationaux. Financièrement même, elle était aidée par ses Alliés, assez parcimonieusement, d'ailleurs. L'autonomie de Smyrne, si elle était proclamée par le gouvernement d'Athènes, ne modifierait en rien cette situation. Les Smyrniotes, qui sont tous des Vénizélistes enthousiastes, n'apparaitront pas plus sympathiques aux Alliés pour lier ainsi leur cause à celle des gouvernants constantiniens. » La presse vénizéliste sans doute fait erreur. Ce qu'il faut, c'est qu'on voie dans les Congrès de la paix orientale, des Grecs qui ne soient pas des représentants de Constantin, des Chrétiens d'Asie qui plaident directement leur juste cause. L'Ionie une fois constituée en Etat autonome n'aurait guère de peine à faire entendre ses délégués, à Beïkos et ailleurs. C'est là ce qui importe. Les peuples civilisés souhaitent bonne chance aux nouveaux Ioniens.

Les Mandats.

Moins compliquées que la question d'Asie mineure, les questions de Palestine et de Syrie ont été plus vite résolues.

Le Conseil de la Société des Nations, réuni à Londres, a clos sa session le lundi 24 juillet, en ratifiant les mandats de la France et de la Grande-Bretagne (1).

Les deux mandats ne devront plus être soumis de nouveau ni au Conseil ni à l'Assemblée de la Société des Nations. On ne prévoit aucune modification des textes, aucune sanction supplémentaire: ils sont définitivement approuvés. Toutefois, ils sont provisoirement suspendus. Ils n'entreront en vigueur — simultanément — que quand certains points relatifs au mandat syrien auront été réglés.

Pourquoi simultanément?

Le représentant de la France, M. Viviani, l'a fort clairement expliqué:

Le gouvernement français s'est rendu compte du danger qui pourrait naître si on plaçait la Palestine sous le mandat britannique sans placer en même temps la Syrie sous le mandat français. En conséquence, nous avons établi comme principe de voter les deux mandats ensemble et de les mettre en vigueur simultanément.

Et Lord Balfour a dit de son côté:

Il est exact que le sort du mandat sur la Palestine est indissolublement lié à celui du mandat sur la Syrie. L'octroi de l'un sans l'octroi de l'autre ne ferait qu'accroître les difficultés et la demande formulée par le représentant de la France à notre dernière session a été accueillie à ce moment, comme elle l'a été ces jours-ci, par le gouvernement britannique avec la plus grande bienveillance. Il n'y a pas de divergences entre nos deux gouvernements à ce sujet.

Pourquoi distinguer entre l'approbation et l'application?

Ecoutons encore M. Viviani:

Le gouvernement italien, il y a quelques mois, a pressenti le gouvernement britannique en ce qui concerne certaines des conditions de son mandat; il a pressenti, il y a quelques jours, le gouvernement français au sujet du mandat sur la Syrie. Il a formulé, comme il avait

(1) On sait que les Etats-Unis ne s'opposent plus aux mandats depuis que des concessions de pétrole leur ont été accordées en Mésopotamie et en Palestine.

parfaitement le droit de le faire, certaines représentations qui affectent des intérêts vitaux d'ordre matériel et moral.

En ce qui concerne les négociations avec la Grande-Bretagne, celle-ci est tombée d'accord après quelques mois. Les négociations se poursuivent, depuis quelques jours, entre la France et l'Italie, mais je désire faire remarquer que c'est là une affaire qui échappe à la compétence du conseil. De même que le gouvernement britannique a traité directement avec l'Italie, le gouvernement français traite aujourd'hui directement avec le gouvernement italien.

Je suis autorisé par mon gouvernement à dire que les négociations ont déjà commencé, qu'elles ne seront pas paralysées par la crise politique qui vient de surgir en Italie, que les mandats ne seront suspendus, en conséquence, que pour une très courte période de temps et qu'un accord interviendra très prochainement.

Au dernier moment, et bien tardivement, — plus de deux ans après la décision de San Remo (25 avril 1920) qui désigna la France comme mandataire pour la Syrie — M. Schanzer a donc présenté un certain nombre de demandes qui concernent les tribunaux de Syrie, les écoles italiennes, les travaux publics, le cabotage et l'immigration. Le ministre italien invoque à titre de précédent les concessions qu'il a obtenues de l'Angleterre. On espère que les conversations franco-italiennes seront terminées pour le 30 août prochain. C'est à cette date qu'a été fixée la prochaine séance du Conseil de la Société; c'est alors que seront résolus les problèmes posés par l'article 14 du mandat sur la Palestine.

Cet article 14 organise la « Commission des Lieux-Saints ». La puissance mandataire s'engage à nommer une Commission spéciale qui examinera et définira « les droits et revendications se rattachant aux Lieux-Saints ou ayant trait aux différentes collectivités religieuses de la Palestine ».

Le 15 mai dernier, le secrétaire d'Etat du Saint-Siège, le cardinal Gasparri, adressait au Conseil une lettre dans laquelle il disait : « Le Saint-Siège ne s'oppose pas à ce que les Juifs reçoivent en Palestine les mêmes droits civils que les autres nationalités et confessions; mais il ne peut consentir à ce que les Juifs aient une situation plus favorable que les autres nationalités et confessions, et à ce que les droits des confessions chrétiennes ne soient pas suffisamment assurés. » Aussi le cardinal Gasparri déclarait-il l'article 14 inacceptable.

Dans un Livre blanc publié le 3 juillet, le Gouvernement britannique proposa un nouveau texte pour l'article 14. La Commission des Lieux-Saints serait composée d'au moins sept membres, désignés par les puissances mandataires, avec l'approbation de la Société des Nations. Et dans la réponse envoyée au cardinal Gasparri, le Cabinet de Londres exprimait l'avis que dans la Commission devaient être représentées toutes les puissances qui s'intéressent à la Palestine et les trois confessions chrétienne, mahométane et juive. Pour garantir l'impartialité de cette Commission il se déclarait prêt à choisir les membres sur une liste dressée par l'assemblée ou le conseil de la Société des Nations, ou bien encore par le président de la Cour de justice internationale.

A Londres, les cinq puissances catholiques du Conseil (Belgique, Brésil, Espagne, France, Italie) ont demandé que la majorité de la Commission des Lieux-Saints fût chrétienne. Le chiffre de sept membres a été abandonné; mais aucune autre décision n'a été prise, sinon que la surveillance et la responsabilité appartiendraient au Conseil.

La procédure de nomination des membres de la commission, dit le texte de l'article 14 adopté le 24 juillet, la composition et le fonctionnement de cette commission seront soumis à l'approbation du conseil de la Société des Nations. La commission ne sera pas nommée et ne pourra entrer en fonctions sans l'approbation du conseil.

L'Angleterre et le Sionisme.

Dans le préambule du projet de traité relatif au mandat de l'Angleterre sur la Palestine est reproduite la déclaration faite, en 1917, par M. Balfour au nom du Cabinet de Londres: « Le Gouvernement de S. M. considère avec bienveillance la création d'un *home national* en Palestine pour le peuple juif et il fera les plus grands efforts pour atteindre ce but, étant bien entendu que rien ne sera fait qui puisse influencer les droits civils et religieux des communautés non juives en Palestine ou les droits et la situation politique des Juifs dans n'importe quel pays. » Le traité reconnaît l'Organisation sioniste comme *Jewish agency,* comme représentation du peuple juif. C'est le triomphe définitif du Sionisme.

Les relations officielles de l'Angleterre avec les sionistes remontent à 1901. A ce moment le Cabinet britannique avertit Théodore Herzl qu'il était prêt à accorder à l'Organisation sioniste la concession d'un territoire. On songea d'abord à la presqu'île du Sinaï, plus tard à l'Ouganda. Mais ces projets se heurtèrent à la résistance des sionistes dont la majorité ne voulaient pas renoncer à la Palestine. Cependant, la colonisation de la Palestine, que le gouvernement turc était loin d'encourager, ne donna jusqu'à la guerre que des résultats peu satisfaisants. La situation économique du pays était mauvaise. Sur un territoire grand comme la Belgique, ne vivaient en 1914 que 700,000 habitants, parmi lesquels 90,000 Juifs. Les 43 colonies agricoles fondées par les œuvres israélites comptaient 12,000 émigrés. Politiquement, la Palestine n'avait pas l'importance qu'elle a maintenant. La sécurité du canal de Suez n'était nullement menacée; l'Angleterre exerçait sur l'Egypte une incontestée souveraineté; elle n'avait pas encore affirmé de prétentions sur la Mésopotamie. Avec la défaite turque, le réveil du nationalisme égyptien et les intrigues de Fayçal, la situation changea. Aussi, quand les troupes du général Allenby furent entrées à Jérusalem, l'Angleterre prit une série de mesures politiques et militaires en vue d'une occupation durable. A Versailles, puis à San Remo, elle obtint le mandat qu'elle sollicitait, et elle s'empressa d'organiser le pays.

A l'administration militaire succéda une administration civile, et Sir Herbert Samuel fut nommé Haut-Commissaire. Membre influent de la Chambre des Communes, financier mêlé à toutes les grandes affaires, ancien ministre, Sir Herbert est une des personnalités les plus éminentes de la politique anglaise. Juif orthodoxe, il est sympathique aux aspirations des sionistes, sans être affilié à aucun de leurs groupements. Il s'appliqua d'abord à doter la Palestine de chemins de fer et de routes, à réformer les impôts (les Turcs avaient conservé le vétuste système de l'affermage), à mettre en valeur la contrée. Pour l'exécution des travaux publics, la construction de routes et le défrichement du sol, les organisations sionistes lui fournirent, de février 1919 à mars 1922, 24,000 travailleurs. Ce sont les *Chaluzim* ou Pionniers, comme ils s'appellent eux-mêmes. De son côté, le *Fonds National Juif* acquit dans la plaine d'Iezréel, aux environs de Noûris, de vastes domaines que l'on se mit à défricher.

Des conflits ne tardèrent pas à éclater entre les Juifs et la population arabe. Les grands propriétaires arabes, les *Effendis,* jouissaient, sous l'ancien régime, de privilèges économiques et politiques. Et les petits paysans, les *Fellahs,* étaient obligés de louer leurs services à ces effendis, afin de satisfaire aux exigences des fermiers de l'impôt. Maintenant l'impôt est fixe; il frappe tout le monde et il est devenu plus supportable. Grâce à l'administration anglaise, la situation économique s'est améliorée; aussi les fellahs réclament-ils pour aller travailler sur les terres des grands propriétaires un salaire plus élevé. Mais la culture des latifonds, pratiquée à l'orientale, ne rapporte rien si la main-d'œuvre est trop onéreuse. Beaucoup d'effendis ont dû vendre leurs biens à des Juifs. Anciens maîtres du sol, ils n'ont pas renoncé sans amertume à leurs privilèges féodaux. Quant au peuple, il n'assiste pas sans colère à l'invasion des « étrangers ».

Que faut-il entendre par *Foyer national juif?* A cette

question que lui posait à Versailles le représentant des Etats-Unis, M. Lansing, le président de l'Organisation sioniste, le professeur Weizmann, répondit : « Nous espérons que chaque année 50 à 60,000 Juifs pourront retourner en Palestine. » Et il ajouta : « La Palestine doit être juive comme l'Amérique est américaine et l'Angleterre anglaise. » Ces déclarations ne laissent pas d'inquiéter les Arabes. En vain le Congrès sioniste de Karlsbad (1921) a-t-il proclamé solennellement la volonté des Juifs de collaborer avec les Arabes, dans l'intérêt des deux peuples. En vain, les représentants de l'Angleterre ont-ils répété que les droits des populations arabes seraient sauvegardés et qu'aucune injustice ne serait commise envers elles : M. Balfour a même dit, à Londres, que « les Arabes jouiraient d'une liberté qu'ils n'ont jamais connue sous la domination ottomane. » Malgré tant de protestations, malgré tant de promesses, les Arabes se sentent menacés. Et cela crée une situation difficile.

Il s'en faut toutefois que la politique sioniste soit, comme on l'affirme complaisamment, « à la veille d'une faillite retentissante » (1). En dépit des difficultés économiques ou politiques, des rivalités des races et des langues, le pays témoigne d'une activité remarquable. L'agriculture progresse ; des usines se fondent ; de grandes entreprises sont commencées : on construit le barrage du Jourdain qui donnera l'énergie et la lumière électriques à la Palestine et à la Transjordanie. Une université hébraïque est bâtie aux portes de Jérusalem.

L'Angleterre a jeté les bases, en Palestine, d'un Etat non musulman qui, pendant des siècles, aura besoin de sa protection, et contre lequel elle protégera les Arabes. On a condamné trop tôt cette politique géniale. On oublie qu'en Orient l'Angleterre gagne le plus souvent la dernière bataille.

(1) *Revue catholique des idées et des faits*, 28 juillet 1922.

L'Entrevue de Londres.

Espérons qu'elle ne gagnera pas la bataille du *moratoire,* et qu'elle se repentira, après La Haye, d'avoir encouragé les Bolchéviks comme les Français, les Kémalistes. Le résultat, c'est que la victoire est sabotée.

> Il est temps de réagir, écrit très justement dans l'*Eclair* (24 juillet) M. Michel Paillarès. Les cabinets de Paris et de Londres doivent regarder la situation en face et de concert. Passons l'éponge sur le passé récent. Refaisons ce que nous avons fait en 1904. Toutes les questions se tiennent, elles forment une chaîne indissoluble. Et surtout que dans leurs entretiens les Alliés aient constamment dans l'esprit que derrière le Bolchévik et le Kémaliste se cache le Prussien. Alors, nous aurons enfin cette Entente cordiale qui, seule, peut être le pivot de la paix.

Ce sont paroles à méditer au moment où M. Poincaré va rencontrer à Londres M. Lloyd George.

ANAGNOSTE.

Le Secret de William Stanley (1)

VIe Comte de Derby.

L'œuvre la plus haute n'a de prix que par ses rapports avec la vie. Mieux je saisis ces rapports, plus je m'intéresse à l'œuvre.

Anatole France, *Le Jardin d'Epicure.*

Si donc, il s'est rencontré, à travers les âges, d'incontestables exemples du désir qu'ont éprouvé certains écrivains, et non parmi les moindres, de demeurer cachés, on peut affirmer, sans crainte de heurter les lois de la psychologie, que le mystère shakespearien ne constitue, à aucun degré, une anomalie. Il n'est rien qui, *a priori,* interdise à un historien d'en admettre l'existence. Au reste, si, au lieu de nous en tenir à la littérature, nous explorions, à ce point de vue, d'autres domaines de l'activité humaine, par exemple ceux de l'art, de la politique ou même de la science, il est hors de doute que les cas d'anonymat ou de substitution d'un nom à un autre se multiplieraient singulièrement.

Vers le moment où l'auteur du théâtre shakespearien commença à écrire, parut le premier ouvrage de critique littéraire qu'ait vu éclore l'Angleterre: *The Arte of English Poesie,* publié en 1589 par l'éditeur Richard Field, et qui est attribué généralement à George Puttenham. Aucun autre témoignage ne saurait l'emporter, en l'espèce, sur celui de ce remarquable traité, qui conquit alors une ample réputation. Voici les observations fort

(1) Voyez le *Flambeau,* 5e année, no 7, 31 juillet 1922.

curieuses qu'il nous présente sur les poètes de l'aristocratie élisabéthaine :

> De nos jours... les poètes sont autant méprisés que la poésie elle-même, et ce nom est devenu infamant, d'honorable qu'il était, et sujet à mépris et à dérision; il est plutôt un reproche qu'un éloge pour celui qui en use, car, ordinairement, quiconque est amateur de cet art ou prouve qu'il excelle à le pratiquer, on l'appelle par dédain un fou (phantasticall); et un homme qui délire ou qui est fou (par réciprocité), on l'appelle un poète...
>
> Maintenant, en ce qui touche ceux qui font partie de la noblesse ou de la *gentry* et paraissent très bien doués pour la pratique de maintes sciences louables, et spécialement de la poésie, il est désormais reconnu aujourd'hui qu'ils n'ont pas le courage d'écrire; *et s'ils viennent à l'avoir, ils éprouvent alors la plus grande répugnance à laisser connaître leur talent. Cela est si vrai que je connais maints notables « gentlemen », à la Cour, qui ont écrit des ouvrages méritoires et les ont cependant détruits; ou bien s'ils se sont résignés à les voir publier, ils se sont abstenus d'y mettre leur nom:* comme si cela eût été une honte pour un « gentleman » de paraître savant et de se montrer lui-même amoureux d'un bel art. A d'autres époques, il n'en était pas ainsi, puisque nous lisons que des rois et des princes ont écrit de gros volumes et les ont publiés sous leur nom royal (1).

Que d'exemples, à l'époque même de la production shakespearienne, pourraient illustrer ces piquantes remarques, formulées par le plus compétent des juges! Combien d'auteurs de l'époque élisabéthaine, surtout parmi les nobles, ont négligé de publier eux-mêmes leurs œuvres, insoucieux de la gloire littéraire, telle que nous la concevons. Presque tous les ouvrages d'un écrivain aristocratique quasi contemporain de Shakespeare, Sir Philip Sidney, destinés à un si grand retentissement, ne

(1) Edit. Arber, pp. 33 et 37: « So as I know very many notable Gentlemen in the Court that have written commendably, and suppressed it agayne, or els suffred it to be publisht without their owne names to it: as if it were a discredit for a Gentleman to seeme learned and to shew him selfe amorous of any good Art... » Un bon juge a dit de cet auteur qu'il était le premier écrivain anglais qui « attempted philosophical criticism of Literature or claimed for the literary profession a high position in social economy ». La dédicace de Richard Field est adressée à Lord Burghley.

virent le jour qu'après sa mort. Le comte d'Oxford, proclamé par Meres, en son temps, l'un des meilleurs auteurs de tragédies et de comédies, et que la critique célèbre aujourd'hui comme un poète lyrique de premier ordre, n'a rien imprimé ; il a même laissé sombrer presque toutes ses œuvres (1). Nombre de grands seigneurs du XVIe siècle en ont fait autant. Edmond Spenser, d'autre part, n'a montré aucun souci de ses œuvres dramatiques. L'unique poète de haute valeur qui se place entre Dunbar et Spenser, Sir Thomas Sackville, plus tard Lord Buckhurst et comte de Dorset, laissa périr les « sonnets doucement assaisonnés » qui l'avaient rendu si célèbre.

L'un des plus remarquables poètes anglais du commencement du XVIIe siècle, né dix ans après l'acteur Shakespeare, John Donne, dont Edmond Gosse nous dit qu'il fut, « dans cet âge de puissants esprits et d'imaginations lumineuses, l'intellect le plus robuste et le plus laborieusement éduqué » ne publia aucune de ses nombreuses œuvres. Ses divers poèmes restèrent en manuscrit jusque deux ans après sa mort.

Quantité de recueils poétiques du temps (2), et dont plusieurs justement renferment des œuvres de Shakespeare, sont remplis d'énigmes et de mystères, encore non résolus à l'heure actuelle. Sans parler des *Sonnets,* dont il y a près de quatre-vingts interprétations, on peut citer *Willobie his Avisa, A Lover's Complaint, The Phœnix and the Turtle* (3), etc.

(1) N'oublions pas que le VIe Comte de Derby, qui a composé sûrement des pièces, en aurait fait autant, s'il n'est pas l'auteur du théâtre shakespearien.

(2) *L'England's Helicon,* dont M. Gosse note « les délicats mystères » et beaucoup d'autres.

(3) Ces énigmes shakespeariennes s'expliquent de la manière la plus naturelle par les circonstances de la vie de William Stanley. *Le Phénix et la Tourterelle,* pièce sur laquelle on a tant écrit, s'applique — je l'ai démontré — à la famille Derby. La sœur illégitime de William Stanley, Ursula Stanley, et son mari, Sir John Salisbury, sont les héros de ce curieux poème allégorique.

Ce n'est pas ici le lieu de rappeler les multiples énigmes, ni les aspects controversés, ni toutes les parties demeurées insolubles du problème shakespearien. Il suffira, pour donner une idée de leur importance, totalement méconnue par l'école stratfordienne, d'attirer l'attention sur un seul ensemble de faits: à savoir celui qui a trait à la publication des œuvres mêmes du poète. Croirait-on qu'après tant d'études minutieuses, la question de l'origine des éditions shakespeariennes est encore aussi obscure qu'au premier jour? (1). Comment se firent ces publications; qui les prépara; quel fut le rôle de l'auteur; comment les textes furent-ils choisis et fournis? Autant de questions auxquelles on ne nous répond que par des hypothèses. Mystère et incertitude partout. Les procédés varient constamment suivant les pièces. On a l'impression très nette de la carence de l'auteur en tout cela. Les choses se succèdent sans règle fixe ni logique. En aucun cas, on n'entrevoit l'action régulière et voulue du poète. Tout se passe comme s'il n'avait pris aucune part à ces éditions, comme si elles s'étaient faites en dehors de lui, sans son aveu, grâce, le plus souvent, à des textes clandestins, dont l'origine n'offrait guère de garantie. Le nombre des difficultés qui subsistent dans le texte shakespearien est immense. Erreurs et confusions de mots, passages inexplicables ou altérés abondent à l'infini. On voit, au fur et à mesure des impressions, les changements et additions se succéder, sans qu'on puisse en définir l'origine. En aucun cas, l'auteur ne révèle son intervention. Il demeure caché et insaisissable. Aucune explication satisfaisante n'a jamais été donnée de tant d'anomalies.

Il y a plus encore: il y a cette chose inouïe, prodi-

(1) Nous assistons, sur ce point, à des changements à vue perpétuels. On n'imagine pas le « puzzle » que représente la question des Quartos de Shakespeare. L'histoire des textes de *Richard III*, par exemple, constitue une véritable énigme. Nous en reparlerons.

gieuse, unique en ce temps, que le nom de Shakespeare est employé par un certain nombre d'éditeurs et d'imprimeurs avec une liberté et une désinvolture qui confondent. Toute une série de volumes paraissent sous son nom, qui répandent parmi ses contemporains des pièces ou des poèmes dans la composition desquelles il n'est pour rien, ou du moins dont la paternité lui a toujours été refusée par les éditeurs et les critiques modernes. On use de la firme *William Shakespeare* ou *W. S.*, comme d'une firme que personne ne se soucie de défendre ni de revendiquer ouvertement. A coup sûr, le principal intéressé se dérobe; il ne paraît en aucun cas et laisse s'accomplir, sans jamais protester, ces multiples usurpations de nom. Est-ce que John Lyly, Ben Jonson ou tel autre dramaturge notoire de l'époque se sont vu attribuer avec une pareille facilité toute une série d'ouvrages auxquels ils étaient restés totalement étrangers? Ce phénomène n'a pu se produire, surtout avec une pareille fréquence, pour aucun autre contemporain de Shakespeare. Comment l'expliquer? L'orthodoxie stratfordienne, méconnaissant cette difficulté, aussi bien que toutes les autres, ne s'est nullement préoccupée de l'éclaircir ou du moins elle ne l'a expliquée que par des raisons dénuées de toute valeur. Cette pratique singulière commença en 1594 (1), avec les

(1) Citons, à ce sujet, la plus récente édition de *A Life of William Shakespeare,* de Sir Sidney Lee, édit. de 1922, p. 260: « Shakespeare's assured reputation is convincingly corroborated by the value which unprincipled publishers attached to his name and by the zeal with which they sought to palm off on their customers the productions of inferior pens as his work. The practice began in 1594 and continued not only through the rest of Shakespeare's career but for some half-century after his death. The crude deception was not wholly unsuccessful. Six valueless pieces which publishers put to his credit in his lifetime found for a time unimpeded admission to his collected works. » L'explication donnée par Sir Sidney Lee n'en est pas une. Pourquoi le privilège de tant de fausses attributions est-il réservé à Shakespeare? C'est évidemment parce que les éditeurs étaient sûrs que le poète ne pouvait protester, obligé qu'il eût été, pour le faire, de dévoiler sa véritable personnalité.

initiales, quatre ans avant que le nom de Shakespeare parût en toutes lettres sur une production dramatique réputée authentique. Notons que la tragédie de *Locrine* fut publiée en 1595 « as newly set foorth overseene and corrected by W. S. ». De même, *Lord Cromwell*, en 1602, est donné comme « written by W. S. ». En 1607, nouvel emploi des mêmes initiales — qui sont aussi celles de William Stanley — dans *The Puritaine*.

Pendant la même période, le nom entier de William Shakespeare apparaît sur une série d'autres pièces, par exemple, en 1600 : *The first Part of the... Life of Sir John Old-Castle, the good Lord Cobham. As it* hath *bene lately acted by the Right* honorable *the Earle of Notingham, Lord High Admirall of England his Servants. Written by William Shakespeare* (1). N'est-ce pas d'une belle audace ? Quel autre poète s'est vu traiter avec une telle désinvolture ? La série continue avec *The London Prodigall*, en 1605, *A Yorkshire Tragedy*, en 1608. Cette dernière pièce porte non seulement le nom de Shakespeare sur son titre, mais aussi dans la « license » obtenue pour sa publication. Une vieille pièce sur le roi Jean fut pareillement attribuée à Shakespeare dans des éditions de 1611 et de 1622. Par la suite, ces attributions frauduleuses ne firent que se multiplier. On a pu leur consacrer récemment nombre d'études et des volumes entiers, sans que personne, je le répète, ait jamais réussi à expliquer ce phénomène étrange et exceptionnel ! Songeons encore à l'incertitude du canon shakespearien.

Que de pièces contestées : agréées par les uns, écartées

(1) Certains érudits prétendent que cette édition, fort gênante, qui porte la date de 1600, est en réalité de 1619. Il y eut aussi, en 1601, une publication faite par Weever de *The Mirror*, etc., où l'on cite des phrases du second *Henri IV* de Shakespeare, « which by covert implication convict Shakespeare of fathering — the false Old castle ». (Lee, p. 245.)

par les autres (1) ; que de variations à cet égard, depuis cent cinquante ans! Et je ne parle pas ici des pièces qui ont été ajoutées aux éditions collectives après 1623. Qui pourrait affirmer que la pièce intitulée *The Noble Kinsmen,* quoique écartée des éditions modernes de Shakespeare, et cependant publiée en 1634 sous son nom et celui de Fletcher, n'appartient pas au poète? Qui éclaircira les énigmes de *Faire Em* (2) et de *Mucedorus*? Pourquoi le célèbre *The Passionate Pilgrim,* publié dès 1599 avec la mention: *by W. Shakespeare,* et dont seulement le quart des pièces peut être attribué au poète, a-t-il été mis exclusivement sous son nom? Qui pourrait compter les mentions de *pirates, piratical,* employées, depuis un siècle, par tous ceux qui ont traité des éditeurs et des éditions de Shakespeare? Le seul fait que ces expressions reviennent, dans tous les ouvrages consacrés au poète, un nombre infini de fois, prouve le désarroi des critiques. Est-ce que, véritablement, le mystère n'apparaît pas, à chaque détour, dans le domaine shakespearien? Cette impression est si notoire que l'école stratfordienne, effrayée de ces incertitudes multiples, commence, depuis peu, à déclarer que les problèmes bibliographiques relatifs aux œuvres shakespeariennes comportent beaucoup plus de logique et de clarté qu'on ne le supposait jusqu'ici. A tout prix il faut sauver la situation compromise. Mais la volte-face est trop rapide : elle ne fait que souligner l'incohérence de ces théories occasionnelles.

Cet autre fait que jamais un poème ou une œuvre quelconque n'a été dédié à Shakespeare de son vivant, qu'il n'a jamais mis une dédicace en tête de ses pièces, qu'il n'a jamais publié, comme tous les poètes de son temps, une

(1) *Pericles, Titus Andronicus, Henri VIII, Henri VI, Timon d'Athènes,* etc.

(2) *Faire Em* fut joué par la Compagnie dont faisait partie Shakespeare, pendant que cette troupe avait Lord Strange, frère de William, comme patron.

poésie de circonstance, à l'occasion d'un événement marquant, soit pour la mort d'Elisabeth, soit pour celle du prince de Galles, Henry, etc. (1). L'absence de dédicace surtout, venant de l'homme qui a toujours si âprement poursuivi ses intérêts, jusqu'à faire emprisonner son voisin et ami d'enfance, simple caution, pour quelques shillings prêtés à un autre, est bien faite pour surprendre au premier chef. C'est la même indifférence qui se retrouve dans l'absence de toute revendication de ses droits contre les contrefaçons et fausses attributions d'ouvrages, et particulièrement de toute disposition testamentaire ou autre, au sujet de ses œuvres et de leurs éditions. Pour ne pas concevoir quelque étonnement de ce silence général et obstiné, il faut à coup sûr méconnaître les suggestions les plus élémentaires de la psychologie.

* * *

Dès lors que, dans la question qui nous occupe, un secret existe comme tant d'indices nous autorisent à le penser, il s'agit maintenant d'examiner avec une extrême attention s'il peut être justifié à la fois par les œuvres mêmes qui composent l'immortel théâtre et par les circonstances de la vie de l'homme à qui nous l'attribuons.

Il ne faut pas se lasser de le répéter : un tel mystère ne saurait être résolu, à l'aide de je ne sais quelles prétendues découvertes cryptographiques, ainsi que l'affirment les partisans de l'hypothèse baconienne ; le seul moyen de l'atteindre, c'est de chercher à déterminer les conceptions en quelque sorte primordiales du théâtre shakespearien et de vérifier ensuite si celles-ci s'accordent avec les faits les plus caractéristiques de la vie de l'auteur auquel nous croyons devoir les attribuer. S'il y a des

(1) Rappelons que la mort de Shakespeare ne suscita aucune épitaphe ou pièce de circonstance, alors que celle de Ben Jonson, par exemple, nous en a valu tout près de quarante.

chances de découvrir ce secret, c'est dans les œuvres elles-mêmes qu'on doit le trouver.

Quelle est donc la tendance essentielle qui se dégage du vaste ensemble que constitue ce théâtre si riche et si varié? Aucun doute ne saurait subsister à ce sujet : cette tendance existe, et si, sauf exception, la récente érudition shakespearienne ne l'a pas précisée comme il l'aurait fallu, c'est que l'idée absurde d'un poète écrivant ses pièces au hasard, sans plan préalable, sans ambition supérieure, sans convictions ardentes, sans enthousiasme intérieur, c'est-à-dire *uniquement pour gagner le plus d'argent possible*, a prévalu depuis quelque trente ans. Comment ne pas voir qu'une préoccupation dominante se retrouve dans le plus grand nombre des trente-sept pièces shakespeariennes, que la plupart de celles-ci se ramènent à une pensée continue et témoignent d'un but unique, à savoir la poursuite certaine d'un ample et grandiose dessein politique? Oui, c'est vers cette conclusion, peut-être surprenante pour qui ne songe qu'à l'acteur, mais d'une clarté merveilleuse pour qui prétend atteindre, à travers tous ces drames, ce qu'ils recèlent de philosophie constante et profonde, qu'il importe de regarder aujourd'hui.

Ne voyons-nous pas se dresser, au premier plan, les dix drames historiques dont l'histoire d'Angleterre a fourni la substance au poète? Voilà plus de cent ans qu'on en a proclamé la puissance insigne et l'unité parfaite, en même temps que le caractère national. Dès l'aube du XIXe siècle, un célèbre critique en a apprécié en ces termes la valeur sans seconde dans toute l'histoire des littératures. Citons ce témoignage déjà ancien, mais qui est resté toujours juste et pénétrant (1) :

Les drames tirés de l'histoire d'Angleterre sont au nombre de dix et forment par leur réunion un des ouvrages de Shakespeare qui a

(1) A. W. Schlegel, *Cours de littérature dramatique*, édit. franç. de 1814, t. III, pp. 93-94.

le plus de véritable mérite, et qui a été composé, du moins en partie dans la plus parfaite maturité de son talent. Ce n'est pas sans y penser que je dis un ouvrage, car il est clair que le poète en a coordonné toutes les parties, de manière à former un grand ensemble. C'est une magnifique épopée dramatique dont les pièces isolées font les différents chants. Les traits principaux des événements sont rendus avec tant de justesse, leurs causes apparentes et leurs mobiles secrets sont saisis avec tant de pénétration que nous pouvons y étudier l'Histoire, pour ainsi dire, d'après nature, sans craindre que des images aussi animées s'effacent jamais de notre esprit. Mais cette suite de tragédies est faite pour donner une leçon encore plus élevée et plus étendue; elle offre des exemples applicables à tous les temps de la marche des affaires politiques, et ce miroir des Rois devrait être le manuel des jeunes Princes. Ils y apprendraient combien leur vocation est noble et combien leur position est difficile; ils y verraient les dangers de l'usurpation, la chute inévitable de la tyrannie qui mine ses propres fondements en cherchant à les raffermir; ils y contempleraient enfin les suites funestes qu'ont souvent, pour les peuples et les siècles entiers, les crimes, les fautes et même les faiblesses du chef de l'Etat.

Huit de ses pièces, depuis *Richard II* jusqu'à *Richard III* se suivent immédiatement et sans interruption; elles comprennent ainsi une période de près de cent ans, et qui est une des plus actives de l'histoire d'Angleterre. Les événements qui y sont dépeints ne se succèdent pas seulement, mais ils s'enchaînent nécessairement les uns les autres, car ce n'est que lorsque Henri VII monta sur le trône qu'on vit finir ce cercle de révoltes, de divisions, de guerres civiles et étrangères qui avaient commencé avec la déposition de Richard II. Pour faire la liaison qui existe entre ces huit pièces et leur commune direction, je vais retracer en peu de mots les faits historiques sur lesquels elles se fondent.

...Telle est la connexion évidente de ces huit drames. Ils n'ont cependant pas été composés dans l'ordre chronologique, car Shakespeare, selon toute apparence, avait commencé par les quatre derniers...

Plus tard, Gervinus, à son tour, donne comme conclusion à un morceau non moins enthousiaste sur les pièces anglaises la remarque capitale que voici : « Cette commune signification politique et patriotique des drames en question est beaucoup plus grande que leur valeur historique en elle-même (1). » Combien il serait utile de pouvoir citer ici les jugements non moins perspicaces d'un François-Victor Hugo ou d'un Emile Montégut. J'y renvoie tout spécialement : on les trouvera en tête des pièces historiques de leurs belles traductions de Shakespeare (2). Nous parlerons plus loin d'une autre étude, due à un Anglais, sans doute la plus probante de tous. On a pu appeler Shakespeare « le poète des hommes d'Etat et le Tacite du drame », dire de ses pièces empruntées à l'histoire d'Angleterre qu'elles sont « fibres of England's life », comparer « la série prodigieuse qui va du règne de Richard II à celui de Henri VIII à une immense fresque, animée, vivante, qui contient les plus grands éléments que le théâtre puisse prendre à l'histoire. » (Silva Vildósola.) Ce n'est que de nos jours, je le répète, qu'on a commencé à méconnaître l'étonnante portée politique du théâtre shakespearien. Mieux on a connu la plate existence de l'acteur, que le gain seul inspire, et plus les critiques, inconsciemment ou non, se sont efforcés de diminuer le contraste qui existe entre la puissante signification de ce théâtre et la personnalité médiocre de celui qui est censé l'avoir composé. En effet, quels rapports concevoir entre ce formidable ensemble et l'acteur tel que nous le font connaître ses plus récentes biographies ?

Rappelons simplement les titres des dix drames tirés de l'histoire nationale, dans l'ordre chronologique de leurs sujets, en ajoutant pour chacun d'eux la date approximative de sa composition (3) : *Le Roi Jean* (1593 ou 1594), *Richard II* (1593 ou peut-être 1594), les

(1) Edition anglaise : *Shakespeare Commentaries,* 1875, pp. 248-258. Il cite, p. 251, un curieux texte emprunté à Thomas Heywood (1612).

(2) Trad. Montégut, tomes IV à VI (Hachette).

(3) On sait combien ces dates sont conjecturales, pour la plupart. Elles varient suivant les auteurs.

deux *Henri IV* (1597-1598), *Henri V* (1599), les trois parties de *Henri VI* (1590-1592), *Richard III* (1593) et *Henri VIII* (1612?).

Mais qui ne sait qu'à côté de cette magnifique « épopée » nationale, dont l'équivalent ne se retrouve dans aucune littérature moderne, un autre ensemble apparaît que la politique pénètre et inspire d'un bout à l'autre? D'abord les trois tragédies relatives à la vieille Bretagne et à la vieille Ecosse : *Cymbeline, le Roi Lear* et *Macbeth;* les trois tragédies romaines: *Coriolan, Jules César, Antoine et Cléopâtre,* auxquelles on peut joindre *Titus Andronicus,* les tragédies italiennes *Othello* et *Roméo et Juliette,* où le gouvernement vénitien et les factions politiques d'une ville de la péninsule se trouvent si fortement évoqués. A ces dix-neuf pièces, il est à propos de joindre encore *La Tempête,* ou les plus graves problèmes politiques sont agités, et *Peines d'Amour perdues,* esquisse charmante, où la vie de la cour de Navarre et les intérêts de son gouvernement tiennent une si large place. Une autre pièce, qui porte au plus haut point l'empreinte de préoccupations politiques, c'est assurément *Mesure pour Mesure,* dont, à cet égard, l'importance ne saurait être exagérée. Cela représente donc un total de vingt-deux pièces qui constituent ce qu'on pourrait appeler le groupe historico-politique de notre théâtre. Il serait aisé d'y ajouter encore, pour une certaine part, des comédies qui décrivent avec une complaisance visible la vie de cour, les passions et les intrigues qu'elle comporte, telles que *Comme il vous plaira, Tout est bien qui finit bien,* le *Conte d'Hiver* et *Beaucoup de bruit pour rien* (1). Nous ne parlons pas du *Songe d'une nuit d'été* qui

(1) Le *Marchand de Venise* n'offre-t-il pas également la peinture fort exacte d'un milieu aristocratique vénitien, de la condition des juifs, de la vie juridique de Venise; les *Deux Gentilshommes de Vérone,* de l'éducation et de l'existence des jeunes nobles contemporains, etc.?

reflète cependant, au premier chef, des événements de la vie de cour et propres à un milieu aristocratique anglais. On arrive ainsi à dépasser, d'une manière très sensible, la proportion des deux tiers pour l'ensemble des œuvres shakespeariennes. Il n'y a dans aucune littérature un théâtre où la politique tienne autant de place que dans celui de Shakespeare. Une telle constatation implique d'amples conséquences.

***

Quelle a été, au point de vue politique, la situation de William Stanley, VIe comte de Derby et de sa famille, pendant l'époque élisabéthaine? Sans conteste, de premier plan, puisqu'elle a été dominée par un fait dont la signification fut considérable dans l'histoire du règne: à savoir les droits éventuels des Derby à la couronne d'Angleterre, en d'autres termes à la succession d'Elisabeth. Ces droits dérivaient en première ligne de leurs liens de parenté avec les Tudors. Le père de William Stanley, Henry, IVe comte de Derby, avait épousé, en 1555, Marguerite, fille aînée de Henri Clifford, IIe comte de Cumberland, dont la mère, Eléonore, était issue elle-même du mariage de Charles Brandon, duc de Suffolk, avec la fille de Henri VII, Marie d'Angleterre, veuve de Louis XII, qui fut reine de France durant quelques mois. Ferdinando et William Stanley descendaient donc directement, par leur mère, d'une sœur puînée de Henri VIII, père de la reine Elisabeth. Toute la vie et l'activité des deux frères furent, en quelque sorte, commandées par cette perspective du trône d'Angleterre. Telle est l'idée qu'il ne faut en aucun cas perdre de vue, quand on s'occupe de l'histoire de cette famille, entre 1580 et 1604, ou environ. Sa situation apparaît, pour cette raison, comme infiniment délicate et, par moment, dangereuse. Les représentants des familles qui étaient susceptibles de fournir un successeur à Elisabeth se trouvèrent en péril, à diverses reprises. Une parole imprudente, un geste intempestif, et, à plus forte raison, des manœuvres suspectes ou un prétendu complot auquel on les aurait mêlés, fût-ce à tort, étaient susceptibles d'amasser sur leurs têtes les plus graves périls. L'exemple du comte de Hertford suffirait à le prouver, parmi bien d'autres faits non moins probants. On sait que ce personnage fut, une première fois, détenu sept ans à la Tour, de 1561 à 1568, pour avoir épousé secrètement Catherine Grey, elle aussi héritière éventuelle du trône, et une seconde fois, en 1595-1596, pour avoir laissé paraître quelque velléité de faire légitimer les enfants nés de cette union, non reconnue par la reine; et cela, bien qu'il eût alors, pour le défendre auprès d'Elisabeth, sa seconde femme, Frances Howard, tendrement aimée de la souveraine, dont elle avait été la fille d'honneur favorite. Un simple soupçon avait suffi pour lui enlever en un instant la bienveillance d'Elisabeth et compromettre pour longtemps sa liberté, sinon sa vie elle-même.

De très bonne heure, le IVe comte Henry (1) eut à compter avec les susceptibilités de la reine. L'histoire de son attitude et de celle de sa femme n'est pas encore faite, mais on peut deviner, par toute une série d'indices très clairs, qu'ils furent l'un et l'autre obligés de sur-

(1) Nous renvoyons au tome Ier de *Sous le Masque,* chapitres II et IV, pour l'histoire politique de la famille des Derby. On sait que l'avènement du premier Tudor fut dû, pour une large part, à l'intervention de Thomas, Lord Stanley, beau-père, par sa femme, du comte de Richmond, qui fut couronné sous le nom d'Henri VII. Ce Lord Stanley, ancêtre direct de notre William, devint comte de Derby, en récompense de ce rôle décisif. Son frère, mêlé plus tard, à tort ou à raison, à un complot politique, fut décapité sur l'ordre de Henri VII. Ce fait pourrait sans doute expliquer pourquoi le descendant de Thomas n'a consacré aucune pièce à ce souverain, qui devait sa couronne à la famille des Stanley et se montra ensuite si dur à l'égard d'un de ses plus notoires représentants, dont le concours lui avait été également fort utile.

veiller de très près leurs démarches comme aussi leurs pensées. Déjà, le IIIe comte, Edward, avait inspiré des soupçons à sa souveraine. Il passait, en effet, pour être catholique, comme la grande majorité de ses compatriotes, les habitants du Lancastre, et pour favoriser la cause de Marie Stuart. Ses fils Edward et Thomas furent même incarcérés, comme ayant participé à un complot ourdi pour la délivrance de la reine d'Ecosse. On les considérait comme faisant profession ouverte de catholicisme et comme mêlés à tous les mouvements religieux du Lancashire.

La situation devint plus délicate encore, du fait des droits à la succession royale que sa naissance conférait à Marguerite Clifford, femme du IVe comte, Henry, en lui donnant l'espoir de ceindre la couronne d'Angleterre. Ce dernier affirmait pareillement ses droits, dès 1570, du chef de sa femme, dont il était séparé, quoiqu'il en eût des enfants. Il passait pour un protestant assez ardent, encore que certains documents le représentent comme gardant plutôt une position neutre entre les deux confessions. Marguerite Clifford subit une assez longue détention vers le mois de mars 1579. En août de la même année, Lady Derby commit encore plusieurs imprudences dont les envoyés espagnols du temps nous ont conservé le souvenir, au cours de leurs rapports. Elle fut arrêtée pour avoir proclamé devant témoins, « qu'elle et son mari étaient prétendants au trône ». Une enquête révéla qu'elle avait eu recours à la sorcellerie, en s'adressant à l'une des nombreuses magiciennes d'alors pour savoir si la reine vivrait longtemps encore. Son intention était, sans nul doute, de régler sa conduite en conséquence. A la suite de cette découverte, Lady Derby ne fut pas envoyée sur le champ à la Tour, bien que des ordres eussent été donnés à cet effet; mais un grand nombre d'hommes et de femmes furent arrêtés pour crime de sorcellerie. Un domestique dans lequel la comtesse avait mis sa plus ferme confiance n'hésita pas à l'accuser nettement. Il résulta sûrement de ces événements, qui concordent avec la venue en Angleterrre du duc d'Alençon et les projets de mariage d'Elisabeth, une sérieuse tension entre la reine et les Derby. Mais le comte finit par effacer ces impressions fâcheuses. On sait qu'il fut désigné, au commencement de 1585, pour porter l'ordre de la Jarretière à Henri III, à Paris, où il descendit à l'hôtel de Longueville, ce qui explique assez naturellement qu'un seigneur de Longueville paraisse, aux côtés d'Henri IV, dans *Peines d'Amour perdues,* première pièce écrite par William. Il demeura toutefois quelque peu suspect; car, à son retour, promu Lord Chambellan d'Angleterre, il vit sa nomination annulée, après un entretien de la reine avec Leicester. Peu après, en août 1586, son fils aîné Ferdinando fut, un moment, compromis dans le complot de Babington.

Cependant, quelques années plus tard, vers 1590, l'action des catholiques anglais apparut, semble-t-il, plus ardente encore et plus décidée à l'égard d'Elisabeth. La reine avançait en âge, et il devenait de plus en plus nécessaire, à leurs yeux, de prévoir les graves éventualités de sa succession. Les plus gros problèmes politiques se posaient: fallait-il profiter de la vieillesse de la souveraine et des animosités que son long règne avait amassées pour précipiter sa fin ou sa déchéance? Convenait-il simplement de préparer les événements, en faisant tout pour assurer sa succession à un personnage dont les attaches ou les sympathies catholiques suffiraient à garantir la liberté des fidèles, sinon la révolution religieuse tant souhaitée?

Ce problème de la succession d'Elisabeth qui, depuis un certain nombre d'années déjà, avait suscité tant d'intrigues et de tractations, dominait dès lors toute la politique intérieure et extérieure du royaume. L'histoire détaillée n'en est pas encore établie, comme il le faudrait, mais il est évident que son importance ne saurait être exagérée. Les Derby y furent associés de très près. Nous n'avons pas à tracer ici le tableau, assez compliqué, des compétitions passionnées auxquelles donna lieu alors l'héritage entrevu du trône anglais, voulant borner cet exposé au rôle de la grande famille qui nous intéresse. Un échange continu de vues et de projets politiques se poursuivait, d'une part, entre les catholiques anglais de l'intérieur, et, de l'autre, leurs coreligionnaires exilés, le gouvernement espagnol, le Saint-Siège et spécialement l'ordre des Jésuites, dont l'action fut si grande dans toutes ces affaires. Une autre question, voisine de la précédente, qui offrit alors une signification considérable, fut celle de la légitimité des droits d'Elisabeth, qui souleva, dans tous les milieux où l'on s'occupait de ces dangereux problèmes, des controverses ardentes. Les partis hostiles à Elisabeth s'y intéressèrent de près. Il s'agissait, en outre, de savoir si les bulles de déposition portées contre la fille d'Henri VIII par la papauté ne déliaient pas, *ipso facto*, les sujets de tous leurs devoirs d'obéissance. Dans le cas de l'affirmative, la déchéance de la souveraine se fût trouvée acquise de droit : il devenait, dès lors, tout à fait légitime d'user de violence pour la réaliser. On sait que les complots et les projets de déposition ou même d'assassinat — par empoisonnement ou autrement —, machinés dans divers buts, se succédèrent avec une singulière fréquence durant la dernière partie du règne (1).

Deux grandes questions restent donc à l'horizon politique de l'Angleterre pendant la période qui nous occupe : la question de la légitimité des droits d'Elisabeth au trône et celle du choix de son successeur, puisqu'elle ne laissait aucune postérité. D'autre part, deux solutions étaient

(1) Un seul exemple : complot fomenté par des Espagnols pour empoisonner la reine, 1594. Hatfield, t. V, p. 54.

envisagées par ceux que préoccupaient le retour du catholicisme et la défense de la liberté religieuse, ou qui aspiraient à un changement de gouvernement et à la suppression du despotisme de la fille d'Henri VIII : la déposition, et, dans le cas où cette ultime résolution s'imposerait aux factions : le meurtre de la reine. Ce sont là des circonstances capitales qu'il ne faut jamais perdre de vue.

Vers 1591, les catholiques anglais et spécialement le célèbre cardinal Allen, originaire du Lancastre, Parsons, le jésuite, qui, en 1579, avait porté en Angleterre le bref promulgué par Grégoire XIV contre Elisabeth, plusieurs autres membres de son ordre et des chefs influents du parti se prononcèrent pour le choix de Ferdinando Stanley, Lord Strange, fils aîné et héritier présomptif du IVe comte de Derby, en qualité de successeur d'Elisabeth, contre tous les autres compétiteurs. Ils avaient cru devoir écarter son père (1), le jugeant beaucoup trop inféodé au protestantisme et d'une intelligence médiocre. Ferdinando, au contraire, faisait figure de lettré ; son esprit cultivé, le charme de son caractère le rendaient populaire dans les milieux d'écrivains. Il est probable que ses sympathies à l'égard du catholicisme leur avaient paru suffisantes. N'appartenait-il pas, en outre, à la famille la plus en vue du comté de Lancastre, où les catholiques étaient si nombreux et si agissants ? Il paraissait donc légitime de faire reposer sur lui les plus larges espérances. Notons que le chef militaire des exilés anglais qui combattaient pour la cause catholique, était un cousin de Ferdinando, William Stanley (1548-1630), qui portait les mêmes noms que son frère cadet. Mêlé à toutes les négociations et campagnes du temps, il remplit un rôle souvent prépondérant dans les entreprises dirigées contre la reine et son gouvernement.

(1) Nous avons dit qu'il vivait séparé de sa femme, dont l'origine royale motivait les droits des Derby à la couronne d'Angleterre.

Les tractations relatives à Ferdinando se prolongèrent un certain temps. Dans le courant de 1593, lorsque Lord Strange n'était pas encore devenu V[e] comte de Derby, par la mort de son père (1), il y eut de nouvelles et décisives tentatives pour le décider à favoriser les projets des conjurés. De vastes intrigues se nouèrent à travers l'Europe, activement menées par le gouvernement espagnol et par le cousin des Derby, William Stanley. Une descente en Angleterre, exécutée par les conspirateurs, avec l'appui de Philippe II, devait donner le signal de la révolte. La conviction des conjurés était que Ferdinando, devenu roi d'Angleterre, rétablirait aussitôt le catholicisme. L'agent principal du complot fut, dès le début, Richard Hesketh, originaire du Lancastre et compatriote des Derby. Il dirigea les menées secrètes, de concert avec le P. Holt et Worthington. Tous leurs efforts échouèrent auprès de Ferdinando, qui ne se décida pas à tenter la grande aventure. Cette histoire demeure, au reste, encore entourée d'un grand mystère. Il fallait avant tout rendre possible la déposition de la reine. Les conjurés affirmaient, dans ce but, que Lord Strange et les autres sujets de Sa Majesté pouvaient, sans le moindre scrupule, se considérer comme déliés de leur obéissance naturelle à l'égard de la souveraine. Grâce à la diffusion de cette croyance, ils espéraient pouvoir exciter une révolte et persuader Ferdinando de prendre « le diadème et la couronne », et, par conséquent, de provoquer la chute d'Elisabeth. Mais, à la suite de certains entretiens, le dessein d'Hesketh avorta définitivement. Ferdinando, devenu, sur ces entrefaites, V[e] comte de Derby, le dénonça au gouvernement royal. Le chef du complot, livré à la justice, périt de la mort des traîtres, à St. Albans, le 29 novembre 1593. Ses interrogatoires,

(1) Celui-ci mourut le 25 septembre 1593. Les documents prouvent qu'il y eut, à certains moments, beaucoup d'incertitude sur sa véritable religion.

confessions et aveux et ceux de ses compagnons (Hatfield, t. V) offrent un singulier intérêt en ce qui touche cet épisode si caractéristique, dont la déposition d'Elisabeth et le couronnement du comte de Derby devaient constituer le dénouement. Il est hors de doute que Ferdinando se trouva en butte, au cours de l'instruction, à de périlleux soupçons, de la part du gouvernement de la reine.

Le retentissement de ces faits fut considérable en Angleterre, comme à l'étranger. Quelques mois plus tard, Ferdinando mourut dans les circonstances les plus étranges (avril 1594). Il avait été moins de sept mois comte de Derby. On supposa que les catholiques s'étaient vengés sur lui de l'hostilité qu'il avait témoignée à l'égard de leurs plans, aussi bien que des révélations transmises en haut lieu. De nombreux témoignages nous sont parvenus touchant cet événement. Les uns affirmèrent que le comte avait succombé au poison — l'état bizarre de son corps, avant et après son décès, semblait le prouver, — les autres que sa mort devait être attribuée à des manœuvres d'envoûtement ou de sorcellerie. Bref, sa disparition fut expliquée par une vengeance occulte qu'on attribua en général aux menées du parti catholique. Il eut pour successeur son frère cadet, lequel devint le VIe comte.

Parmi les rumeurs qui circulèrent alors, c'est-à-dire à la fin de 1594 et au commencement de 1595, il en est une qui doit retenir notre attention : c'est celle que relate Nicolas Williamson dans une lettre à l'Attorney général (Coke), le 21 juin 1595 (Hatfield, V, 253). Selon cette rumeur, William Stanley aurait empoisonné son frère aîné. La comtesse de Shrewsbury (1) qui a entendu

(1) Tante d'Arabella Stuart, autre prétendante à la succession d'Elisabeth, elle était donc mêlée de près à toutes ces questions. La lettre de Williamson, du 21 juin 1595, est très importante pour l'étude de cette histoire. — Chose étrange, Lord Burghley lui-même fut accusé d'avoir fait périr Ferdinando, afin de pouvoir marier sa petite-fille à William, devenu Lord, et candidat éventuel à la couronne d'Angleterre.

formuler cette accusation et qui la rapporte, prend bien soin de spécifier qu'elle n'y adhère pas; mais elle croit, par contre, à la réalité des propos inconsidérés (*foolish*) tenus par le nouveau comte de Derby. Celui-ci aurait dit à Sir Francis Hastings, fils du comte de Huntingdon, que son frère Ferdinando et lui seraient amenés à lutter un jour l'un contre l'autre pour la couronne d'Angleterre(1); mais elle pensait que « l'étalage de son ambition, sa passion altière, sa recherche de la popularité et son opposition contre le comte d'Essex feraient sûrement sa perte. Lady Shrewsbury s'étonnait que l'on n'eût pas encore tiré vengeance de la mort de Ferdinando, parce que si un pareil sort était réservé au nouveau Lord — et si cela arrivait, ce serait par l'une des trois factions, soit Sir Tho. Stanhope avec Tho. Markham, soit ses frères, soit l'autre, — sans doute celle qui, d'après elle, aurait empoisonné Lord Derby — par Dieu, la vengeance devrait être complète, si cher que cela pût coûter(2). » La comtesse dit ensuite que le nouveau Lord Derby, à sa prochaine venue à Londres, ne refuserait pas d'aller dîner en ville, mais seulement dans quelques maisons sûres, et qu'il se défendrait sérieusement contre de telles intrigues.

De ces propos fidèlement rapportés, une constatation essentielle se dégage: William Stanley, au moment où

(1) Ces propos paraissent antérieurs à la mort de Ferdinando. Un précieux texte que nous donnerons plus loin semble aussi l'indiquer.

(2) [« My lord of Derby] *saying that they two should one day fight for the crown,* — the shew of his great will and haughty stomach, his making of himself so popular and bearing himself so against my lord of Essex, I thought would be his overthrow. » Il est difficile de savoir si ces derniers propos, depuis *the shew,* s'appliquent à Ferdinando ou à William. Il paraît plus vraisemblable de croire que William se trouve ici visé puisque l'ambition de son frère est, en somme, nettement contredite par son attitude dans le complot d'Hesketh, dont il repoussa les propositions et qu'il dénonça.

son frère aîné fut emporté soudainement, victime probable d'une vengeance politique, aspirait lui-même à la royauté; bien qu'étant le cadet, il envisageait l'éventualité d'une lutte entre son frère et lui, au sujet de la couronne d'Angleterre. Comment une pareille rivalité avait-elle pu devenir possible?

* * *

Nous pénétrons ici dans un domaine presque inconnu. Un document de premier ordre, que nous ne connaissions pas, au moment où *Sous le Masque* a paru, va nous apporter, sur cette situation extraordinaire, des révélations précieuses. Il s'agit d'un ouvrage, aujourd'hui fort rare, puisqu'il fut brûlé par la main du bourreau, sur l'ordre du gouvernement d'Elisabeth, et qui parut précisément en 1594, c'est-à-dire à l'heure même où se déroulaient les événements auxquels nous venons de faire allusion.

Ce livre est intitulé: *A Conference about the Next Succession to the Crown of England, Divided into Two Parts.*

Whereunto is also added A New and Perfect Arbor or Genealogy of the Descents of all the Kings and Princes of England, from the Conquest unto this day: whereby each mans Pretence is made more plain. Directed to the Right Honorable the Earl of Essex, of Her Majesties Privy Councell and of the Noble Order of the Garter. — Published by R. Doleman. Imprinted at N. (1) with Licence, 1594. 2 vol. en un 8°, avec planche généalogique. La préface-dédicace, adressée au comte d'Essex et signée Doleman est datée d'Amsterdam, le 31 décembre 1593. En réalité, cette « Conference » célèbre était l'œuvre du jésuite Robert Parsons, avec la

(1) Il a été réédité en 1681. L'une et l'autre éditions se trouvent à notre Bibliothèque nationale. La première a 509 pages. Elle a été imprimée à Saint-Omer.

collaboration du cardinal Allen et de Francis Englefield. Elle parut dans les premiers mois de 1594 : l'impression fut terminée avant la mort du Ve comte de Derby, survenue en avril 1594. Le Parlement d'Angleterre montra aussitôt, à l'égard de ce livre, une animosité extraordinaire ; il le proscrivit de toutes les manières, ordonnant que le seul fait d'en détenir un exemplaire chez soi devait suffire pour entraîner l'accusation de haute trahison. Notons, par contre, qu'un groupe important de catholiques le reçut avec consternation, et même, semble-t-il, indignation. Gifford, plus tard archevêque de Reims, dénonça le livre avec violence.

Il est curieux de remarquer combien ce volume, — peut-être en raison de sa rareté, — a été insuffisamment étudié jusqu'à présent. Ainsi qu'on va le constater, son véritable but n'a jamais été dégagé avec précision, et ce fut grand dommage pour l'étude des vastes intrigues que la succession d'Elisabeth suscita à travers l'Europe, de 1590 jusqu'à sa mort. La première partie de l'exposé de Parsons-Allen avait pour objet de présenter la thèse historique et légale du droit de la nation anglaise de changer la ligne directe de succession pour de justes causes, spécialement dans l'intérêt de la religion ; la seconde partie, qui contenait la démonstration généalogique, pesait les droits des différents prétendants et formulait finalement la conclusion de l'auteur. L'argument fondamental de Parsons consiste en ceci que les rois lancastriens, descendants de Jean de Gand, étaient les souverains légitimes de l'Angleterre. Pour prouver cette thèse, il insiste sur cette doctrine, si dangereuse pour les souverains, qu'un roi pervers, tel que Richard II, pouvait être légalement déposé. Sa conclusion, qui offre une portée considérable, a été faussée presque entièrement dans les plus notoires résumés qui en ont été présentés, notamment dans celui du *Dictionary of National Biography* (v° Parsons). On nous y affirme, en effet, que le porte-parole des catholiques anglais se prononçait nettement, en terminant, pour le choix de l'Infante d'Espagne, descendante de Jean de Gand, comme étant l'héritière toute désignée et la plus souhaitable du trône d'Elisabeth. Or, si l'on regarde de près la partie finale du livre, en même temps que nombre d'autres passages, on en dégage sans peine cette conclusion que l'auteur, après diverses conjectures, envisage seulement deux solutions comme possibles. La première comporte le choix du successeur d'Elisabeth en dehors de l'Angleterre. L'infante d'Espagne s'imposerait dans ce cas. Mais Parsons, sans l'écarter, voit très nettement les inconvénients et les dangers de cette éventualité. Reste une seconde alternative : le choix du prétendant fait en Angleterre même, dans une famille de souche royale. Dans ce cas, on ne peut hésiter qu'entre le second fils du comte de Hertford, dont l'auteur expose les titres, et les fils de la comtesse de Derby, Ferdinando et William. Visiblement, Parsons et ses amis inclinent vers ces deux derniers candidats, rappelant leurs titres spéciaux et les grands avantages que présenterait la désignation d'un membre de cette illustre famille, mêlée à tous les grands événements de l'histoire anglaise. Son ouvrage se termine sur les pages qui leur sont consacrées. En voici la conclusion :

Je dois nommer ici les enfants de la comtesse de Derby, d'abord parce que, en vérité, les chances (*probabilities*) de cette famille sont très grandes, ensuite par égard pour leur lignée, qui, en effet, est estimée, comme absolument pure de toute bâtardise, ainsi qu'on l'a montré précédemment, et qui l'emporte sur toutes par la proximité du sang, puisque la comtesse actuellement vivante est plus proche d'un degré du roi Henri VII que tout autre prétendant qui soit. Secondement, je dois nommer les enfants de cette princesse et non pas elle-même, parce que je vois la plupart des gens favoriser cette maison de tous leurs vœux et désirer que l'un de ces enfants soit préféré à leur mère, et cela parce qu'elle est une femme, et que, leur semble-t-il, c'est beaucoup d'avoir trois règnes de femmes successifs, comme on l'a remarqué précédemment ; il vaudrait mieux, pour cela, que ses droits fussent reportés sur l'un de ses enfants (exemples nombreux de cas analogues empruntés à l'histoire d'Angleterre; l'un de ces cas est précisément celui de Marguerite, comtesse de Richmond, aïeule des Derby, qui s'est vu préférer son fils, lequel devint le roi Henri VII. La même situation ne ferait donc que se reproduire à l'égard de la comtesse de Derby.) Enfin, je crois devoir nommer les enfants de cette comtesse en général, et non le comte de Derby personnellement, de préférence à son frère, bien que ledit comte soit l'aîné, et cela pour deux raisons, d'abord parce que son jeune frère [William] n'est pas marié, ce qui constitue une circonstance favorable dont nous avons déjà eu l'occasion de parler plusieurs fois..., et secondement, parce qu'un certain nombre de gens ne se montrent pas satisfaits de la conduite de ce Lord jusqu'à présent, et j'ai lieu de penser que ces mêmes personnes s'accommoderaient beaucoup mieux de son frère cadet [William], s'il peut être considéré comme plus apte à régner. Assurément, ce sont là des choses incertaines, mais la nature et l'expérience de l'homme n'interdisent nullement d'espérer toujours de grandes choses des jeunes gens, spécialement des princes : Dieu permet que tous les justes désirs se réalisent. Sur ce, je termine mon livre, m'arrêtant là, avec l'espoir d'avoir accompli les promesses que j'ai faites en commençant (1).

Ainsi donc, le manifeste du parti catholique de 1593-1594, le volume fameux, dont l'apparition parut si redoutable à Elisabeth et à son gouvernement, clôt les 509 pages de sa longue et minutieuse enquête par une déclaration pleinement favorable à la famille des Derby, et, en dernière analyse, au fils cadet du IVe comte : à notre William Derby. Ce fait, resté jusqu'à présent inconnu des historiens, est, à coup sûr, d'une importance capitale : il entraîne, par ailleurs, de grandes conséquences.

(1) *A Conference*, édit. de 1594, t. II, pp. 266 et suiv. — Cf. également : *The Right of Succession to the Kingdom of England, in Two Books; against the Sophisms of Parsons the Jesuite, who assum'd the Counterfeit Name of Doleman; By which he endeavours to overthrow not only the Rights of Succession in Kingdoms, but also the Sacred Authority of Kings themselves.* Written... by... Sir Thomas Craig of Riccartoun, etc. Londres, 1703, in-fol. de 431 pages, plus la table. — *Allen's Defence of Sir William Stanley*, Ed. Heywood, Chetham Soc. — *Letters and Memorials of Cardinal Allen*, Gillow's Bibl. — Alfred Bailey, *The Succession to the English Crown*, 1879, etc.

Il ressort de ce texte que William Stanley est, du vivant même de son frère, vers la fin de 1593 et au commencement de 1594, le candidat agréé par le parti le plus puissant qui s'oppose alors à Elisabeth et dont le cardinal Allen apparaît comme le véritable chef et l'inspirateur. On s'explique maintenant sans peine les propos rapportés par la comtesse de Shrewsbury : William songeait à ceindre un jour la couronne d'Angleterre. Dans la pensée de ceux qui le désignaient, comme aussi peut-être dans sa pensée intime, un tel résultat ne pouvait être obtenu que par la déposition de la reine Elisabeth et qui sait? — tant de complots ourdis par ce même parti sont là pour le prouver — au moyen de sa disparition définitive de la scène du monde.

Combien maintenant toutes choses s'éclairent ! Quand, en juin 1599, les agents du même parti chercheront à circonvenir William, devenu VIe comte de Derby, ils ne feront que reprendre le fil d'une négociation déjà ancienne (1). Il est clair que le VIe comte eut à déployer, à travers les dangers de toutes sortes auxquels donnaient lieu les espérances catholiques, qu'elles fussent ou non nettement favorisées par lui, une prudence et même une méfiance exceptionnelles. Rien de surprenant que George Fenner, l'un de ces agents, ait pu écrire alors à ses commettants que le comte, tout occupé à écrire des comédies pour les acteurs publics, se montrait peu porté à favoriser les menées du parti catholique. En mandant cette nouvelle à Venise et à Anvers, Fenner ne se doutait guère que la production théâtrale qui l'inquiétait si fort pour la réussite de ses projets, s'appliquait justement, depuis le début et pour la plus grande part, à l'ensemble des problèmes politiques dont la légitimité incertaine, la déchéance ou la disparition éventuelle d'Elisabeth formaient le nœud véritable. L'histoire n'était, en somme,

(1) *Sous le Masque,* t. I, p. 80.

pour le grand seigneur, poète et auteur dramatique, qu'un moyen de traiter sans trop de péril les graves questions qui s'agitaient autour de lui et dans lesquelles il était, si j'ose dire, partie prenante. Aspirant au trône d'Angleterre, dans le secret de son cœur, il se trouvait directement intéressé à la solution de toutes ces controverses politiques, les plus passionnantes qui fussent alors.

Les trois *Henri VI, Richard III,* le *Roi Jean, Richard II,* les deux *Henri IV, Henri V, Henri VIII,* et pareillement, quoique en dehors de l'ambiance anglaise, *Jules César, Hamlet, Mesure pour Mesure, Coriolan, Cymbeline, La Tempête,* etc.; tous ces drames traduisent, avec les nuances et les transpositions qu'implique l'évolution d'une âme passionnée durant vingt ans, les désirs, les rêves, les espérances, les incertitudes, les luttes, les anxiétés, aussi bien que les méditations ardentes et les résolutions parfois douloureuses de William Stanley. Sous le voile tutélaire de l'histoire, transparaissent à chaque moment, les préoccupations intimes du comte de Derby, prétendant à la couronne. Tout ce magnifique théâtre politique, encore si mal compris, puisqu'on n'a voulu y découvrir aucun lien avec la vie du poète ni avec la réalité contemporaine, reflète au contraire, à un degré extraordinaire, les passions et les aspirations cachées de son auteur. Là est l'explication certaine de son admirable unité; là est aussi le secret véritable du VIe comte de Derby. Désormais, la production shakespearienne ne fait plus exception: elle rejoint les autres œuvres supérieures de l'humanité pensante, qui, dans tous les temps et dans tous les pays, offrent, si profondément marquée, l'empreinte de la vie et de l'ambiance, celle aussi des sentiments et des idées propres aux génies qui les ont conçues et créées.

Pendant qu'il confiait à une série de chefs-d'œuvre la suite des pensées continues et silencieuses que lui inspiraient et la situation présente du royaume et l'avenir royal qu'il entrevoyait, William Stanley attirait du même coup l'attention de ses contemporains sur les problèmes politiques auxquels était liée sa grandeur future. On ne doit pas oublier que, suivant la démonstration probante, présentée jadis par un clairvoyant historien (1), le théâtre élisabéthain remplissait, dans une certaine mesure, le rôle dévolu à la presse, à notre époque. Nous traiterons plus loin de cette importante question. Pour le moment, il suffira de constater que la tendance ainsi révélée à travers une partie de ce théâtre, convenait d'une manière frappante aux visées du VIe comte, prétendant éventuel à la couronne. Il l'adapta donc avec une habileté remarquable à ses buts secrets. Il fit, comme on le verra bientôt, de plusieurs de ses pièces, des œuvres destinées à la propagande, en évitant qu'aucun indice pût jamais trahir leur origine. La moindre indiscrétion sur l'identité véritable de l'auteur eût amené l'incarcération immédiate de William à la Tour, — sa mère, ses oncles, le comte de Hertford et tant d'autres y furent envoyés, pour des soupçons du même ordre — et peut-être un châtiment plus grave encore. Il fallait, à tout prix, que le secret fût maintenu. *Richard II,* le *Roi Jean, Richard III,* les deux *Henri IV,* etc., produits sous le nom du représentant des Derby auraient pris, en effet, une signification si claire que la sanction n'eût pas été différée d'un seul moment. C'est pour ce motif que jusqu'en 1598, les drames aussi bien que les comédies, parurent sans nom d'auteur. Observation fort importante qui ne semble pas avoir retenu l'attention des érudits: aucun témoignage formel ne nous est parvenu qui puisse s'appliquer à William Shakespeare, écrivain dramatique. avant

(1) M. Richard Simpson, dont nous reparlerons bientôt.

1598 (1). Les premières mentions qui le concernent sont de cette année-là : elles sont donc contemporaines de la première apparition de ce même nom sur deux éditions du théâtre shakespearien.

Quand, en 1598, pour éviter les soupçons d'une censure qui connaissait de brusques réveils, William se décida à mettre un nom sur le titre de certains d'entre eux, il choisit celui d'un ancien acteur de son frère, réputé comme *Jean Factotum* par excellence (2) et avec lequel, féru de théâtre comme il l'était, il se trouvait déjà en relation depuis quelque dix ans, puisque la troupe des Ferdinando avait joué ses pièces. William Shakespeare, qui portait le même prénom et avait les mêmes initiales que lui, avait sans doute servi antérieurement d'intermédiaire entre un confident de William Stanley et les comédiens qui devaient ignorer l'origine de ses pièces. C'est surtout ce rôle de *factotum* qui se manifeste à travers tous les faits connus de son existence : notamment ses prêts et affaires d'argent (3). Son nom avait figuré au bas des dédicaces de deux poèmes amoureux publiés en 1593 et 1594 : *Vénus et Adonis* et *Lucrèce,* les raisons indiquées par Puttenham (4) et peut-être aussi en raison de sa passion pour Elisabeth Vere, que la

(1) La terrible sortie de Greene contre le plagiaire, contre le corbeau paré des plumes des autres, etc., ne saurait être produite comme une preuve en faveur de Shakespeare authentique écrivain dramatique. Le texte de Weever donné par Ingleby-Smith comme étant de 1595 est de 1599.

(2) C'est le titre même : *An absolute Johannes factotum,* sous lequel l'acteur William Shakespeare entre pour la première fois dans l'histoire, au cours de la célèbre attaque dirigée contre lui par Robert Greene, auteur dramatique, en 1592.

(3) Et peut-être aussi l'emploi de ses initiales sur plusieurs pièces qui n'ont rien à voir avec le théâtre shakespearien.

(4) Voir plus haut le texte de Puttenham et tout ce qui a été dit sur l'attitude détachée de l'aristocratie anglaise de ce temps à l'égard de la réputation littéraire.

famille de Southampton voulait faire épouser à ce dernier. Personne n'a encore expliqué pour quels motifs les œuvres dramatiques de Shakespeare ont été publiées sous le voile de l'anonymat jusqu'en 1598. Or, si un nom commence à apparaître sur deux titres dans le courant de cette même année — fin ou commencement, on ne sait, — comment ne pas remarquer que cette date est bien voisine du mois de juin 1599, époque à laquelle William se trouva en butte à de nouvelles sollicitations politiques, qui tendaient à l'engager dans une lutte dont l'enjeu devait être la déposition d'Elisabeth.

Constatation essentielle, les trois pièces sur lesquelles apparaît pour la première fois le nom de l'acteur de Stratford (1) sont, d'une part, *Richard II,* dont on va parler, le drame le plus agressif et le plus dangereux assurément, au point de vue politique, de tout le théâtre shakespearien, *Richard III,* et de l'autre, *Peines d'Amour perdues,* exquise comédie, qui fut l'œuvre de début du poète, remplie d'allusions à Henri IV, à son entourage et à la France contemporaine, et qui justement, pour ce motif, dut subir de profonds remaniements avant sa publication. Dans son état primitif, elle mettait directement en scène les personnages que William Stanley avait connus à la cour de Navarre et leurs actions mêmes. Tout cela fut atténué et modifié, dans de larges proportions, pour la scène, vers la fin de 1597. Nous l'avons démontré en détail dans *Sous le Masque* (2). Les souvenirs de jeunesse semés par William à travers cet ouvrage, avec tant de grâce et d'esprit, furent donc rendus moins reconnaissables, pendant que la pièce, par ailleurs, voyait le jour en librairie sous le nom de l'acteur (1598).

(1) *William Shake-speare,* notons-le, sur *Richard II et Richard III,* et *W. Shakespere* sur *Peines d'Amour perdues.*

(2) Tome II, pp. 56 et suiv. Depuis la publication de notre ouvrage, nous avons trouvé de nouveaux indices des remaniements, à ajouter à ceux, déjà si probants et si nombreux, que nous avions relevés.

En attribuant ainsi à un personnage sans conséquence et d'un rang social tout à fait inférieur, des compositions si proches de la vie contemporaine, — malgré l'éloignement apparent des faits historiques qui servaient de cadre aux drames empruntés au passé de l'Angleterre — le poète écartait prudemment les suppositions qui pouvaient l'atteindre. Dès lors qu'il n'apparaissait aucune concordance entre le comte de Derby et les allusions plus ou moins voilées de ses pièces, le caractère agressif, et par là même périlleux, de celles-ci, devenait beaucoup moins sensible, au moins pour les non-initiés.

Voilà l'explication, au fond naturelle et simple, du mystère shakespearien : le secret de William Stanley devait être préservé d'une manière absolue ; la sauvegarde de sa liberté et celle de sa vie même en dépendaient. Le moindre indice révélateur eût entraîné pour le poète caché d'incalculables conséquences. On comprend que rien n'ait pu le décider à laisser deviner sa personnalité. Si, seulement, l'auteur des comédies s'était trahi, en quelque manière, celui des drames et des tragédies eût risqué de se trouver découvert du même coup. En effet, parmi ses pièces, les unes racontent l'histoire de ses passions et celle de son cœur ; d'autres, l'histoire de ses rapports avec sa famille et avec son entourage ; d'autres encore, les réflexions et les projets politiques dont il vient d'être parlé : toutes apparaissent, si j'ose dire, comme solidaires les unes des autres.

De 1590 à 1642, année de la mort de Lord Derby, sous Elisabeth vieillissante, comme sous Jacques Ier, que mirent en péril d'incessants complots politiques, que notre prétendant avait un moment espéré pouvoir supplanter, et qu'il voulut conseiller ensuite, et sous Charles Ier, qui manifesta, lui aussi, quelque défiance à l'égard des Derby, même à l'heure où le fils de William, le VIIe comte, allait sacrifier sa tête pour la défense du trône, il ne fut jamais possible de dévoiler le mystère. Ensuite vint la révolution anglaise et la longue éclipse du théâtre, et spécialement du théâtre shakespearien, qui en fut la conséquence. Rappelons que les archives de la famille des Derby furent anéanties totalement au cours de cette même révolution, pendant le siège du château de Latham, — si glorieusement défendu par Charlotte de la Trémoïlle, — avec la tour de l'Aigle qui les contenait (1).

***

Le livre de Parsons, dont la préface est datée de décembre 1593, parut au début de 1594, mais nous savons de source sûre qu'il circula en manuscrit, à travers l'Angleterre, dès 1592, c'est-à-dire deux ans avant son impression. Il eut même alors de si nombreux lecteurs que le jésuite reçut environ trois cents lettres, au sujet de sa démonstration, au cours de la seule année 1592. C'est donc durant une période qui embrasse 1592, 1593 et 1594 que l'action de ce traité historico-politique se fit principalement sentir en pays anglais. Or, c'est exactement la période qui correspond, de l'aveu unanime des critiques et des éditeurs, à la composition des grands drames shakespeariens relatifs à l'histoire anglaise : les deux dernières parties de *Henri VI, Richard III, Richard II* et *le Roi Jean,* respectivement attribués par tous les juges compétents aux années 1592, 1593 et 1594. Il y a plus : la corrélation entre la substance historique et généalogique de *A Conference* et les tragédies shakespeariennes est absolue. Personne n'a jamais pu expliquer pourquoi l'auteur du théâtre shakespearien se montre d'un bout à l'autre un lancastrien convaincu. Cet aspect, pourtant très saisissant,

(1) Il ne faut jamais perdre de vue ce double fait que plus de la moitié des pièces shakespeariennes ne parurent qu'en 1623, et que, d'autre part, nous ne savons absolument rien sur les représentations de la plupart d'entre elles.

de l'œuvre, paraissait si difficile à justifier par des raisons plausibles, qu'on a préféré l'omettre purement et simplement depuis quelque temps, ainsi qu'on l'a fait pour nombre d'autres questions, non moins importantes, dans tant d'ouvrages d'allure orthodoxe, parus récemment. Entre l'œuvre de Parsons et le théâtre shakespearien, la concordance des allusions, des préoccupations historiques et politiques, et pareillement celle des grands problèmes traités : légitimité, succession au trône, meurtres politiques, dépositions de souverains, est constante. Ce n'est point par hasard ni par une fantaisie d'ordre littéraire ou poétique que l'auteur de notre théâtre a porté sur la scène toute la guerre des Deux-Roses, en une série de tableaux dont la grandeur et la puissance n'ont jamais été surpassées : c'est pour atteindre un but certain, dont l'exposé d'histoire politique, présenté plus haut, aussi bien que le livre de Parsons nous donnent l'explication complète. Un dessein supérieur, dont l'unité n'est pas contestable, anime tout cet ensemble.

Commençons l'examen détaillé de ces pièces par le drame de *Richard II*, que l'on s'accorde à attribuer à l'année 1593. Cette tragédie parut d'abord en 1597, on l'a vu, sans nom d'auteur, puis deux fois l'année suivante, avec le nom de William Shake-speare, et enfin en 1608. Une scène essentielle de 165 vers, celle de la déposition du roi Richard, avait été exclue par la censure de ces trois éditions. Elle ne vit le jour qu'en 1608 « avec les nouvelles additions de la scène du Parlement et de la déposition du roi Richard », c'est-à-dire cinq ans après la mort d'Elisabeth, quand la signification de ce dernier épisode avait perdu toute sa gravité. C'est ce dernier texte de 1608 que le Folio de 1623 a reproduit. On sait le rôle très particulier joué par cette pièce dans l'histoire du règne d'Elisabeth. Aucune autre composition dramatique contemporaine n'a causé, au point de vue politique, une émotion comparable à celle que produisit *Richard II* dans les milieux gouvernementaux. Cela résulte, au premier chef, des circonstances de la conjuration d'Essex, dont la déposition de la reine constituait le but principal. Au moment où elle allait éclater, plusieurs conspirateurs notoires allèrent trouver — dans les premiers jours de février 1601 — le comédien Augustine Philipps, l'un des membres de la troupe du Lord Chambellan, qui jouait au théâtre du *Globe,* pour lui demander, en lui offrant une somme de 40 shillings, de remettre en représentation, à ce théâtre, « la pièce de la déposition et du meurtre du roi Richard II », dans l'espoir, observe M. Lee, que ces scènes pourraient susciter un soulèvement populaire. Malgré quelques objections présentées par Phillipps, la pièce fut donnée le samedi 7 février, la veille du jour fixé par Essex pour le commencement de la révolte dans les rues de Londres. Lors du procès qui suivit l'échec de la conjuration, l'acteur fut appelé à déposer sur les circonstances dans lesquelles *Richard II* avait été repris au *Globe,* comme offrant un sûr moyen d'ameuter le peuple. Or, dans tout cela, il n'est pas fait la plus petite mention de Shakespeare. S'il avait été réellement l'auteur de la pièce, nul doute qu'il se fût trouvé mêlé aux négociations préalables et ensuite à l'enquête; mais Phillipps, ancien acteur de la troupe du Ve comte de Derby, Ferdinando, paraît seul. Un peu plus tard, le 4 août suivant, Elisabeth ayant appelé auprès d'elle l'érudit greffier de la Tour, William Lambarde, se plaignit violemment devant lui des tendances de « cette tragédie » de *Richard II,* « qu'elle avait toujours considérée avec une grande méfiance ». Comme la reine parcourait les registres de la Tour, elle s'arrêta brusquement et dit à Lambarde : « Je suis Richard II, savez-vous? » Lambarde comprit à quel souvenir récent sa maîtresse faisait allusion et répondit : « Cette très perverse imagination n'est le fait que d'un bien ingrat gentilhomme, la créature que V. M. a le plus comblée. » — « Celui qui oublie Dieu, oubliera aussi ses bienfaiteurs, reprit la reine; cette tragédie a été jouée, il y a peu de temps, avec des intentions séditieuses, plus de quarante fois, en pleine rue et dans des théâtres. » Il est avéré que le destin de Richard II préoccupa toujours la reine Elisabeth et qu'elle ne redouta rien tant que d'en éprouver un sémblable (1). Comment admettre qu'un simple acteur ait osé risquer ainsi le courroux de la souveraine et se mettre en quelque sorte en conflit avec son gouvernement? A quel mobile aurait-il donc obéi? Tout demeure inexplicable en cette affaire, quand on l'étudie à la lueur de la doctrine stratfordienne. Combien les choses deviennent plus claires et plus logiques, si l'on tient compte d'un dessein secret, dont l'origine était restée énigmatique depuis la première production du drame! La déposition du roi, comme l'a observé Montégut, est, en réalité, le but unique de cette œuvre.

Si maintenant nous ouvrons le volume de Parsons, qu'y trouverons-nous? Une étude développée, la plus étendue du livre, en ce qui touche les matières historiques, consacrée au cas de Richard II: conception de la royauté, mauvais gouvernement, révolte, abdication et déposition du souverain, etc., bref, exactement les mêmes sujets qui constituent la trame du *Richard II* shakespearien (2), et traités dans le même esprit : le tout dominé par ce point d'in-

(1) L'historien Hayward fut emprisonné, de 1599 à 1601, pour avoir inséré une description de la déposition de Richard II dans la première partie de son *Histoire du règne de Henri IV*.

(2) On sait que le *Richard II* shakespearien, que Sir Sidney Lee proclame « la plus pénétrante étude d'un caractère historique et la peinture la plus concentrée d'un fait historique que Shakespeare ait tentée jusque-là », s'occupe exclusivement des deux dernières années, de la chute et de la mort du roi, et laisse de côté les précédentes crises de son règne. On peut appliquer à cette pièce ce que Renan dit de *Coriolan* et de *Jules César* et la qualifier d' « étude de psychologie absolue ».

terrogation capital : la déposition du roi était-elle légitime ? Ce morceau, d'une si haute importance, se rencontre dans *A Conference,* pages 61 à 79 ; il faut y ajouter encore les nombreuses allusions à la chute du monarque, répandues à travers l'ouvrage, et même dans la préface.

Le drame de *Richard II* modifie profondément l'histoire. Il attribue un rôle magnifique dans les deux premiers actes à Jean de Gand, rôle qui est entièrement différent de celui que comporteraient les circonstances de la vie et surtout le caractère véritable de ce personnage. Le poète le transforme : c'est à lui qu'est dévolu l'honneur de prononcer l'admirable et prophétique éloge de l'Angleterre, tant de fois cité, et même tout récemment, au cours de la guerre. Visiblement, le poète a élaboré ce rôle avec une tendresse profonde. Ajoutons que, dans le reste de ses œuvres, il prodigue les allusions à ce même personnage avec une complaisance évidente. Or, la figure de Jean de Gand, nous l'avons dit, constitue comme la clef de voûte du système de Parsons ; Jean de Gand est, d'autre part, l'ancêtre direct, par sa troisième femme, de William Stanley ; Jean de Gand, chef de la famille de Lancastre, est le héros populaire par excellence du Lancashire ; il personnifie une région de l'Angleterre, chère entre toutes au cœur du VIe comte, puisque le pays de Lancastre, berceau et résidence principale de sa famille, a été gouverné par les Derby durant des siècles. Ce fut, à tous égards, la terre de ses affections premières et de ses souvenirs.

L'autre personnage que ce poète a traité pareillement avec une prédilection sensible est le fils de Jean de Gand, Henri Bolingbroke, dont le rôle offre un contraste si marqué avec celui du roi Richard II, qu'il fait déposer et qu'il remplace. Avec lui s'accomplit la révolution lancastrienne. La maison de Lancastre entre dès lors dans la grande histoire : elle triomphe et devient maîtresse du trône d'Angleterre. C'est ce triomphe qu'expose et explique le drame de *Richard II.*

Autre rapprochement topique: le titre de comte de Derby avait existé d'abord dans la famille de Jean de Gand, avant d'être attribué aux Stanley par le roi Henri VII, au lendemain de son avènement et en témoignage de sa reconnaissance.

Tous les changements si caractéristiques que le poète a introduits dans son œuvre et qui apparaissent avec tant de netteté, quand on la compare avec les faits historiques et avec ses sources, présentent assurément un sens. Ils trahissent, maintenant que nous sommes en possession du secret, et l'esprit qui les a conçus et les tendances auxquelles celui-ci obéissait. La suite de notre enquête va nous révéler encore bien d'autres données également saisissantes.

Les liens étroits qui existent entre le comte de Derby et l'ensemble historique du théâtre shakespearien vont devenir de plus en plus apparents. En revanche, du côté de l'auteur Shakespeare, ce sera toujours, si j'ose dire, le néant.

Vers le milieu du dernier siècle, parurent à Londres deux beaux volumes in-4°, remplis de nombreuses illustrations, sous ce titre: *Lancashire: its History, Legends, and Manufactures,* by the Rev. G. N. Wright M. A. and Thomas Allen, assisted by Residents in various parts of the County. — Si l'on ouvre le tome Ier de cette publication, où les fastes du Lancashire sont étudiés avec une fierté patriotique par des savants estimés, on admire un frontispice, qui n'est autre qu'une fine gravure du portrait du VIIe comte de Derby et de Charlotte de la Trémoïlle, sa femme. En face de cette reproduction de l'œuvre de Van Dyck, figure le titre du volume, également gravé: or, ce titre nous offre le portrait de Jean de Gand, roi de Castille et de Léon, duc de Lancastre, avec ses armoiries et une vue de son tombeau. Ces deux gravures affrontées, qui évoquent les deux grands noms du comté de Lancastre, ne sont-elles pas comme un symbole frappant des liens intimes qui unissent *Richard II* au VIe comte de Derby? (1)

ABEL LEFRANC.

(*La suite au prochain numéro.*)

(1) On nous permettra de renvoyer ici au chapitre IV de *Sous le Masque:* La famille des comtes de Derby et le théâtre de Shakespeare, t. I, pp. 238 à 326.

" Little Belgium „

« On eût dit d'un chapon couvant des œufs de porcelaine... »

Les Belges sont des sages. A toute autre époque et en tout autre lieu, après des événements tels que ceux que nous vécûmes, on eût vu paraître et circuler récits, pamphlets et libelles. A Sainte-Adresse, chacun disait: « Silence aujourd'hui ; mais demain !... » Or, après trois ans et plus, les « maîtres de ces jours » attendent encore leurs autels, leurs piloris ou leurs gibets. C'est à peine si l'on commence à rompre la tacite et unanime consigne du silence. Il est temps. Non pas que l'heure dogmatique de la sereine histoire ait sonné, mais l'heure semble venue des leçons pragmatiques à tirer du faisceau des faits. Noyés dans la brume, ces faits doivent être mis en lumière et c'est à les y mettre que chacun qui sait se devrait appliquer.

Nous y songions en lisant dans cette revue les articles remarqués du baron Beyens et de M. Pierre Nothomb, consacrés à la politique de Sainte-Adresse. La lanterne sourde du diplomate jette de discrètes lueurs sur les ombres du paysage que çà et là illumine vivement le projecteur manié par la main nerveuse de son antagoniste. On voudrait la pleine clarté. Quelle leçon ! Il est vrai qu'il faudrait quelque nouveau Banning pour la bien donner au pays et de bonnes oreilles à celui-ci pour l'entendre.

La surprise morale que fut pour nous la guerre fut bien plus grave encore que la surprise matérielle. Ni plan politique, ni plan militaire. Au sujet de celui-ci, les courageuses révélations du général de Selliers de Moranville ont édifié ceux qui le devaient être. Le plan politique? Objectera-t-on que la réponse faite à l'ultimatum est la preuve de l'existence de ce plan? Ce fut le langage indigné de très honnêtes gens. Sans plus. Mais le lendemain et les années qui suivirent! Ce qui fit penser, à de certains jours, que Sainte-Adresse valait Bréda et ce qui fit dire en plein conseil de cabinet qu'il fallait prendre garde qu'on ne fût tenté plus tard de comparer les ministres du Roi aux hommes de la Révolution brabançonne.

Démosthène disait aux citoyens d'Athènes qu'il leur fallait un gouvernement « qui marchât à la tête des événements comme un général à la tête de ses troupes ». Avons-nous eu ce gouvernement? Avons-nous eu même un gouvernement, si nous eûmes des ministres, dont plusieurs indiscutablement tinrent remarquablement l'emploi? Les idées mènent les gouvernements comme elles mènent le monde. Quelle était l'idée du gouvernement de Sainte-Adresse? Ce n'est plus seulement l'homme à qui les dieux ont dit leur secret qui se pose aujourd'hui cette question, c'est aussi « the man in the street » pour peu qu'il ait lu, ce simple, les récents écrits du baron Beyens.

Nous vous l'affirmons parce que c'est la chose qui est: le gouvernement de Sainte-Adresse n'a, par exemple, jamais résolu, tant pour lui-même que pour ses agents, la question capitale de savoir si le contrat de neutralité, imposé à la Belgique en 1839, subsistait malgré sa transgression par l'Allemagne et par l'Autriche et quelles étaient les conséquences de droit de cette transgression.

Oh! sans doute, il fut dit, redit et dit encore que la Belgique ne consentirait plus à être contractuellement neutre après la guerre. C'est même dès février 1915 qu'à Sainte-Adresse, les ministres délibèrent sur cette question posée par l'un d'eux, qui exposa, en l'occurrence, tout un vigoureux programme de politique extérieure. En mars, la décision fut prise : plus de neutralité contractuelle ; la décision fut confirmée le 20 novembre ; on la formula encore le 24 février 1916, lors de l'important conseil qui siégea toute la journée et auquel assistèrent les ministres d'Etat Hymans, Goblet d'Alviella et Vandervelde, mais où le baron Beyens ne vint que l'après-midi, ayant, dit-il, été retenu à Paris par les funérailles de la princesse Koudacheff.

Fort bien donc pour l'avenir. Mais la Belgique était-elle neutre encore tandis qu'elle faisait la guerre ? Ahurissante question qui, pourtant, se posait. Le contrat était-il résilié ou suspendu, à la façon en quelque sorte dont certains prétendent que le contrat de travail est suspendu pendant la grève ? Il n'en fut point décidé, il n'en fut jamais décidé alors que c'était la question primordiale, celle de notre statut juridique de guerre et le postulat de toute notre politique.

A cette question, le baron Beyens, sans hésiter, répondait : oui. « C'était par là, disait insolemment un de ses détracteurs, que ce hautain seigneur cosmopolite rejoignait les électoralistes des bourgs pourris. » Nul ne goûtera le ton de pareil propos encore qu'il contienne plus qu'une âme de vérité. Patriote ardent, esprit de belle allure, le baron Beyens servait consciencieusement la Belgique qu'il aimait. Mais né loin d'elle, ayant vécu loin d'elle, elle lui apparaissait d'autant plus petite et plus faible qu'il avait vu de tout près la puissance des grands Etats. Venu de Paris à Sainte-Adresse, il dut avoir quelque commisération pour « ces parents pauvres de province » et surtout trouver périlleuses et démesurées les ambitions de plusieurs d'entre eux. Il n'avait pas la foi. La foi est un don. La fée de son baptême avait oublié de le lui donner. Ajoutez-y que la guerre était à ses yeux une sorte de « parenthèse » dans l'ordre diplomatique puisqu'il ne croyait pas que l'écrasement de l'Allemagne fût possible.

Ceci n'est point, d'ailleurs, un reproche, mais une constatation. Un démenti sur ce point viendra-t-il? S'il venait, serait-il indiscret de prier son auteur de vouloir bien publier en même temps le texte de la lettre qu'à la mi-novembre 1915, après une scène orageuse, il écrivit à certain de ses collègues du gouvernement et la réponse qui y fut faite? En ce temps-là, le baron Beyens croyait-il vraiment à la victoire? Croyait-il même au *statu quo ante* ? N'envisageait-il pas déjà, — le cœur serré, sans doute, — certains renoncements à consentir au profit de l'Allemagne victorieuse dans les pays d'outre-mer, notamment au Congo? Trahie, parjurée, envahie, exsangue, la Belgique eût encore dû payer d'une livre de sa chair le traité à la Shylock à quoi paraissait se résigner le maître de la « Villa Hollandaise » (1). Jadis, on eût joué sa tête dans pareille erreur. La douceur de nos mœurs veut qu'on n'y joue même plus son portefeuille. Cependant, comment appelait-on donc pendant la guerre ceux qui perdaient ainsi la foi? Et que fût-il advenu de la Belgique, — juste ciel! — si cette apostasie de la volonté avait été contagieuse?

Etrange conjonction: Le diplomate éminent, pour avoir vu les choses de trop haut et de trop loin, mit son fagot sur le même feu que les petites gens qui ne connaissaient de la Belgique que leur bourgade et n'appréciaient rien tant que d'y rentrer pour s'y recroqueviller à jamais, et les espèces d'hallucinés qui n'entendaient faire aux gens de Hollande ou à l'Internationale « made in Germany » nulle blessure même légère.

II

Oui, tout était là: étions-nous « neutres » ou « belligérants »? Sur et autour de cette question gravitèrent tous

(1) Par une piquante coïncidence, notre Ministère des Affaires Etrangères était installé à Sainte-Adresse dans un pavillon dénommé « Villa Hollandaise ». Et on laissa l'enseigne sur la grille...

les épisodes de l'âpre bataille livrée par les tenants d'une politique positive et les tenants d'une politique négative, celle qui se concrétait dans la formule du « little Belgium ». Cette bataille ne prit point fin avec la guerre. Il fallut le Traité de Versailles pour qu'on n'y songeât plus. On y songerait cependant encore si, aujourd'hui même, nous avions une vraie politique en matière de réparations. Mais ce sont là d'autres moutons : laissons-les provisoirement en bergerie.

Si bien qu'il fallut que l'humble servant du droit qu'est le signataire de ces lignes, agacé par le tourbillon de moustiques qui voulaient à Sainte-Adresse nous passer la « malaria » des marais de Hollande, prît la peine d'ouvrir un code pour qu'il apparût « qu'en fait et en droit, de par sa transgression, le contrat de neutralité était résilié et ne pouvait plus être invoqué que par la Belgique, et ce pour postuler ses dommages et intérêts ».

Cette modeste étude, à peine parue à Paris, dans le *Journal de Clunet* (1), suscita quelque attention. Elle plongea même dans le ravissement certains fonctionnaires du Ministère des Affaires Etrangères. Un membre du Cabinet, qui n'était pas le Ministre des Colonies, y vit même le principal arc-boutant de la thèse juridique, au demeurant peu discutable, en vertu de quoi nos « garants fidèles » étaient tenus *in solidum* au règlement de nos dommages.

Cette étude disait substantiellement ceci :

« Ce que prescrivait le Traité de 1839, c'était : d'une « part, pour la Belgique, l'obligation de ne pas intervenir « dans un conflit armé (obligation de ne pas faire) et, « pour les puissances garantes, l'obligation de ne pas « violer la neutralité de la Belgique (obligation de ne pas « faire).

(1) *Journal de Clunet*, 1917, 44e année, p. 61-68.

« Or, par la circonstance même que l'Allemagne et « l'Autriche ont pénétré en Belgique les armes à la main, « l'obligation de ne pas faire a été méconnue; le fait est « acquis; il est définitif et irréparable; il n'est plus loi- « sible à la Belgique de contraindre l'Allemagne et l'Au- « triche à l'exécution de la convention, puisque celle-ci « est inexécutée.

« Mais, dira-t-on peut-être, le traité de 1839 est un « traité perpétuel et l'obligation de l'Allemagne et de « l'Autriche est donc continue; violée en 1914, cette obli- « gation n'en subsiste pas moins et devra être respectée « par elles dans l'avenir.

« Oui, le Traité était perpétuel, en ce sens que la Bel- « gique s'engageait à perpétuité à être neutre, mais à la « condition expresse, — car les obligations étaient réci- « proques, — que l'Allemagne et l'Autriche respectassent « cette neutralité. Or, précisément, le fait par l'Allemagne « et l'Autriche de méconnaître leur obligation a mis fin à « l'obligation de la Belgique et, comme tout contrat, qu'il « soit à temps ou à durée indéterminée, où est inscrite « une obligation de ne pas faire, le Traité de 1839, de par « sa transgression, est résolu.

« Nous sommes ici — qu'on ne l'oublie pas — dans la « matière des contrats. Pour étayer la thèse antijuridique « d'une obligation *de ne pas faire* qui survivrait à la « transgression, qu'on ne vienne donc pas donner en « exemple l'hypothèse où quelqu'un traverserait la pro- « priété d'autrui sur quoi il ne posséderait point de droit « de passage et où cette violation n'en laisserait pas moins « subsister dans son chef l'obligation de ne point traverser « à l'avenir ladite propriété. Pour protéger sa propriété, « le propriétaire n'a point à invoquer un contrat. Aussi « bien, il ne s'agit point ici de transgression d'un contrat, « mais d'une voie de fait. Le propriétaire puise son action « *ad prohibendum* et en dommages-intérêts dans son droit « réel de propriété. Ce droit réel est protégé non par des

« contrats, mais par les lois, les tribunaux et la force « armée, comme l'intégrité du territoire des Etats — hors « le cas exceptionnel de la neutralié perpétuelle — est « protégée non par des contrats mais par la force des « armes.

« Non seulement le Traité de 1839 — contrat synallag- « matique consacrant une obligation réciproque de ne pas « faire — est résolu vis-à-vis de la Belgique, de l'Alle- « magne et de l'Autriche, mais il est résolu vis-à-vis « des autres contractants (France, Grande-Bretagne et « Russie).

« En effet, l'obligation de ne pas violer le territoire de « la Belgique était, vis-à-vis de celle-ci, une obligation « indivisible dans le chef de ses garants..., — cette obli- « gation était de nature telle qu'elle n'était pas susceptible « d'exécution partielle.

« Ce qui, en 1839, fut garanti à la Belgique par les cinq « puissances garantes, ce fut l'inviolabilité de son terri- « toire. C'était la contre-partie de la *diminutio capitis* « imposée à la Belgique. La méconnaissance de cette « obligation par deux des puissances garantes déclenche « la résiliation comme si toutes les puissances l'avaient « méconnue. »

L'étude répondait, ensuite, à une manifeste et flagrante confusion dans quoi verse encore « diaboliquement » le baron Beyens : « *Errare humanum est; perseverare diabolicum* » (1) :

« D'aucuns ont paru invoquer à la traverse de la thèse « de la résiliation du Traité de 1839 par le seul fait de sa « violation le texte de l'article 10 de la *Convention de La* « *Haye (18 octobre 1907) concernant les droits et les*

(1) Voir notamment le *Flambeau*, n° du 30 avril 1922, pp. 423, 427 et *passim*.

« *devoirs des puissances et des personnes neutres en cas* « *de guerre sur terre,* ainsi conçu : « Ne peut être considéré comme acte hostile le fait, par une puissance « neutre, de repousser, même par la force, les atteintes « à sa neutralité. »

« A la vérité, cette Convention du 18 octobre 1907 a « disposé en faveur des neutres dont la neutralité est « volontaire. Son texte le prouve et, d'ailleurs, nul ne le « saurait contester. Pour ces neutres, la disposition ne « peut être que bienveillante et profitable, du moins dans « les mots, sinon dans les réalités.

« Mais la condition juridique des neutres volontaires est « tout autre que la condition juridique du neutre contractuel. La neutralité volontaire résulte d'une simple décla- « ration unilatérale. Elle ne constitue donc pas un contrat. « Elle fait naître un « état de fait » que la Convention de « La Haye consacre comme « état de droit ». Quiconque « attente à une neutralité volontaire commet donc, non « point une « violation de contrat », mais seulement une « « voie de fait »; dès lors, la condition juridique du « neutre volontaire n'en peut être modifiée, car la « voie « de fait » ne transforme pas « l'état de droit ».

« Il en va tout autrement en cas de violation d'une neu- « tralité contractuelle. Ici, il ne s'agit point d'une « voie « de fait », mais d'une « inexécution de contrat ». Et « celle-ci produit des effets juridiques sur l'existence de « la convention.

« On voit donc que ce serait tirer d'une disposition ac- « cessoire de la Convention de La Haye des conséquen- « ces exorbitantes que d'en vouloir conclure que les prin- « cipes généraux du droit ne s'appliqueront pas, en ce « qui concerne la résiliation, au traité de 1839. Jamais la « Belgique et les puissances garantes de sa neutralité n'ont « donné, ni pu donner le 18 octobre 1907 une pareille « portée au dit article 10. Il n'en fut point d'ailleurs ques- « tion.

« Au reste, si vraiment, *sensu stricto,* la neutralité sub-
« sistait malgré la guerre, la Hollande, pas plus que l'Al-
« lemagne, d'ailleurs, ne pourrait retenir des soldats
« belges prisonniers et l'Escaut n'aurait pu être fermé
« au ravitaillement militaire d'Anvers et à l'évacuation
« de sa garnison par la voie d'eau.

« Surabondamment, nous ajouterons que le prédit ar-
« ticle 10 est parfaitement conciliable avec notre thèse,
« car un contrat synallagmatique, même résilié de plein
« droit par le fait de son inexécution, est réputé exister,
« si l'on peut dire, pour sa liquidation, c'est-à-dire pour
« assurer au co-contractant dont les droits ont été mécon-
« nus l'exercice de son action en dommages-intérêts.

« La Belgique n'a jamais renoncé aux droits qui résul-
« tent pour elle de la violation de sa neutralité. Elle pos-
« tulera, lors des pourparlers de la paix, la juste et com-
« plète réparation du dommage qui lui a été injustement
« infligé.

« En ce sens — mais en ce sens seulement — le traité de
« 1839 subsiste et produira ses pleins et entiers effets.

« *Pour faire revivre la neutralité contractuelle de la*
« *Belgique, il faudrait donc qu'une nouvelle convention*
« *internationale intervînt.*

« En fait et en droit, de par sa transgression, le con-
« trat de neutralité est résilié et ne peut plus être invoqué
« que par la Belgique, et ce pour postuler et libeller ses
« dommages et intérêts. »

De ces prémisses la conclusion sortait comme le fruit de la graine :

« Cet exposé résout la question de savoir si la Belgique
« aurait eu le droit d'adhérer au Pacte de Londres et a
« le droit de conclure avec les Alliés telle convention di-
« plomatique et militaire qu'il appartiendra.

« Ce droit de la Belgique est indiscutable, puisque le

« traité de 1839 ne subsiste plus que pour la sauvegarde « de ses intérêts et de ses droits à une réparation.

« Bien plus, à supposer même — ce qui n'est point — « que la neutralité contractuelle subsisterait dans quelque « autre de ses effets — notamment la *diminutio capitis* « qu'elle inflige au neutralisé — la Belgique n'en aurait « pas moins le droit de signer le Pacte de Londres ou « telle autre convention analogue.

« Le neutre contractuel dont la neutralité est violée se trouve dans une *situation juridique nouvelle:*

« Il devient:

« 1° L'adversaire du garant violateur;

« 2° L'allié des garants intervenants.

« D'où, pour lui, *des obligations spéciales envers* « *ceux-ci:*

« a) Faire la guerre à leurs côtés;

« b) Ne pas contredire à leurs objectifs militaires et « diplomatiques.

« Ces obligations se confondent, d'ailleurs, avec le droit « du neutre de se défendre par la force et d'obtenir la « réparation du dommage causé.

« Le *recours à la force* par le neutralisé contractuel « victime d'une violation correspond à l'*action en justice* « du droit civil.

« a) *Faire la guerre:*

« Faire la guerre, c'est essentiellement s'attacher à dé- « truire les forces militaires de l'ennemi où qu'elles soient « et quelle que soit la durée de leur résistance. Mieux: « la vraie façon de se défendre étant souvent d'attaquer, « le neutralisé contractuel a même le droit, sous l'immi- « nence de l'agression injuste d'un de ses garants, de « prendre l'offensive contre lui.

« b) *Ne pas contredire aux objectifs militaires et diplo-* « *matiques de ses garants intervenants:*

« Le neutralisé et les garants auront donc le droit de

« rédiger par écrit et de sanctionner leur alliance, celle-ci
« ayant pour but d'assurer la destruction des forces mili-
« taires du violateur où qu'elles soient et quelque temps
« qu'il y faille consacrer, et de le contraindre ainsi à
« réparer le préjudice causé.

« En passant acte de cette alliance de droit, le neutre
« contractuel ne fait que créer *un instrument parfait de*
« *preuve* d'un contrat verbal ou en forme écrite pré-
« existant.

« Les obligations et les droits du neutre contractuel et
« de ses garants intervenants se confondent si bien de par
« la nature des choses et de par le droit, que les garants
« intervenants auront aussi une action pour réclamer aux
« garants violateurs des dommages-intérêts. Ceux-ci leur
« seront dus, d'abord, du chef de la violation de la neu-
« tralité, puisque celle-ci était une stipulation faite à leur
« profit; ensuite du chef des frais qu'ils auront exposés
« pour venir en aide au neutralisé et faire prévaloir sa
« cause, car le plaideur qui obtient gain de cause a droit
« au paiement des frais de l'instance. »

III

Donc, pour le baron Beyens, neutres nous avions été, neutres nous restions. Nous étions neutres jusqu'à porter la besace, neutres jusqu'à la nausée. Ce « régime d'hermaphrodites », — comme Charles de Brouckère qualifiait la neutralité contractuelle en juillet 1831, — devait être notre « camisole de force » pendant toute la guerre et on s'appliqua à en bien boucler les sangles. Deux thèses s'affrontaient : l'une claire et tranchante qui, nous libérant du servage, nous valait néanmoins tout le profit du contrat violé; l'autre équivoque et trouble qui, nous maintenant en étroite servitude, permettait d'entreprendre sur nos droits. C'est celle-ci que la pusillanimité fit sienne.

De la neutralité, en quel état la métempsycose diplomatique du baron Beyens entendait-elle nous faire passer? On le sait déjà : de « neutres » que nous étions, nous devions devenir des « protégés ». D'où son fameux « Memorandum », — ou plutôt ses deux aide-mémoire, — que, spontanément et sans consulter ses collègues du Cabinet et dans une forme insolite, il remit à lord Grey, le 7 juillet 1916 et qui avaient trait l'un à l'Escaut, l'autre à la neutralité et à un projet de garantie. Le baron Beyens s'en est expliqué dans cette Revue (1).

D'une part, de prime saut et comme d'instinct, il se jetait sur la solution la plus médiocre du problème de l'Escaut, — celle du dérisoire et conjectural « condominium » *juris tantum,* — alors que le conseil des ministres avait déclaré que la question de l'Escaut était posée dans tout son ensemble, mais que la solution était réservée. D'autre part, poussé par le même instinct, il allait demander pour notre pays, — comme si la glorieuse Belgique de 1916 était comparable aux Pays-Bas de 1815 (2), à la

(1) Voir le *Flambeau,* n° du 31 mai 1922, pp. 25 et sq.

(2) Dans le *Memorandum* de Londres, M. Beyens a donc envisagé une garantie analogue à celle que les Puissances accordèrent en 1814-1815 au Royaume des Pays-Bas.

Cette garantie a joué en 1830-1831.

Or, se rappelle-t-on bien les droits que s'arrogèrent les Puissances à l'égard du Royaume des Pays-Bas?

« La Conférence de Londres poursuivit son œuvre de pacification. Le 17 novembre 1830, elle donna à la suspension d'armes un caractère illimité. Le 20 décembre, elle proclama la dissolution du Royaume des Pays-Bas, *tout en s'arrogeant le droit d'intervenir, même malgré l'un et l'autre pays, pour régler les conditions du partage.* Le Roi Guillaume protesta contre ce protocole; le gouvernement insurrectionnel y souscrivit conditionnellement. *La Conférence, passant* outre, arrêta, par de nouveaux protocoles du 20 et du 27 janvier 1831, des bases de séparation entre la Belgique et la Hollande. Le Congrès, à son tour, protesta contre ces actes qui dépossédaient la Belgique du Luxembourg et de la rive gauche de l'Escaut; le Roi Guillaume, au contraire, accéda aux conditions du partage... » (TH. JUSTE, *Léopold Ier et Léopold II.* Bruxelles, Muquardt, p. 67.)

Suède de 1855 et à la Turquie de 1856, — la « garantie » de l'Angleterre et de la France, c'est-à-dire, pour qui sait ce que parler veut dire, la « protection » de ces puissances?

Ainsi qu'il se l'entendit dire à son retour de Londres, à la fameuse séance du conseil de cabinet, tenue le jeudi 13 juillet 1916, à Sainte-Adresse (1), ce système rencontrait au gouvernement des adversaires résolus : « d'abord, parce qu'un traité de garantie ne pourrait rien donner à la Belgique que la force des intérêts internationaux permanents ne lui assurât déjà ; ensuite, parce que la stipulation de garantie a, de tous temps, entraîné des engagements qui servent de prétextes à des interventions et à des pressions incompatibles avec la pleine indépendance de l'Etat garanti et particulièrement redoutables pour la Belgique de demain ; enfin, parce que le système du baron Beyens ne donnait à la Belgique rien qu'elle n'eût eu dans le passé et dont les événements de 1914 avaient démontré la parfaite insuffisance. » En vérité, le « memorandum » de Londres hypothéquait anticipativement, lourdement et sans raison suffisante l'avenir de la Belgique.

Il fut dit encore très justement au Conseil du 13 juillet : « Le bouleversement actuel de l'Europe pourrait amener les remaniements territoriaux les plus inattendus. A l'heure actuelle, rien n'est impossible et une diplomatie avisée devait travailler à tenir la voie libre à toutes les solutions. C'est exactement le contraire que fait le memorandum du 7 juillet. »

Etonné et morfondu, le négociateur de Londres tombait de haut, lui qui, après la remise du « memorandum », avait dit à ses confidents : « Et maintenant que j'ai résolu la question politique, je vais résoudre la question économique. »

(1) Tous les ministres étaient présents, hormis M. Segers, qui fit tenir, le 3 août, une note de protestation contre le « memorandum », et M. Helleputte, blessé gravement dans un accident d'automobile et en traitement à Châlons-sur-Marne.

Pauvre juriste, confondant aujourd'hui encore ces deux notions si distinctes de la neutralité contractuelle et de la neutrailté volontaire, le baron Beyens plaçait cependant tous ses œufs dans le panier du droit. A son « condominium » juridique de l'Escaut correspondait son protectorat juridique de la Belgique. Comme l'a très bien dit le comte Louis de Lichtervelde, dans un récent et remarquable article, « l'idée maîtresse du baron Beyens était non pas de donner à la Belgique une forte position politique, grâce à une série d'engagements réciproques contractés avec nos alliés, mais de lui assurer pour la paix une solide position juridique » (1). On sait s'il y réussit.

C'est cette diplomatie châtrée, hybride et réticente, cette diplomatie de chapon couvant des œufs de porcelaine, cette diplomatie mortelle pour nous par la défiance qu'elle sema chez nos alliés, qui rendit possibles l'injure et le détriment qui nous furent infligés à la paix lorsque la Belgique fut reléguée au rang des puissances à intérêts limités. On nous payait en monnaie de notre pièce. Il fallut M. Jaspar pour nous tirer de là.

Mais il est des maladies incurables. N'avons-nous point lu sous la plume du baron Beyens (2), écrivant en 1922, que, pour la Belgique, des frontières stratégiques plus faciles à défendre ne constitueraient pas des garanties suffisantes. Il convient d'engager l'honorable diplomate à lire notamment « La Marche à la Marne » du général von Kluck, dont, précisément, dans la *Nation Belge*, M. Neuray vient d'éloquemment mettre les passages qui nous intéressent en lumière. S'il n'en résulte pas, clair comme le matin clair, que, malgré notre détestable frontière, 200,000 Belges, et moins peut-être, eussent pu barrer, en 1914, le défilé d'Aix-la-Chapelle, c'est que les écrits de ce grand homme de guerre sont sans significa-

(1) *Nation Belge*, 12 juin 1922.

(2) *Flambeau*, 31 mai 1922, p. 31.

tion. Et qu'adviendrait-il si 400,000 Belges tenaient la crête militaire de l'Eifel, la gauche à Maestricht, la droite à Luxembourg?

L'ironie fut qu'à ce conseil du 13 juillet 1916 où le baron Beyens avoue qu'il fut « froidement écouté » (1) — comme en termes mesurés ces choses-là sont dites! — les ministres « antimilitaristes » ne furent pas les derniers à se récrier. Quoi! le « memorandum » donnait à entendre que la Belgique s'engagerait à maintenir le service militaire obligatoire et à l'inscrire même dans la Constitution! Irrémissible crime, à leurs yeux, bien moins encore parce que cet engagement serait le signe sensible de notre vassalité que parce qu'il consacrerait un régime de recrutement détesté. Aussi notre ministre à Londres reçut-il, d'ordre du Conseil, l'humiliante mission de retirer cette malencontreuse abdication. On dit, — mais nous n'affirmons rien car nous n'étions point en tiers dans l'entretien, — que M. Harding, recevant notre ambassadeur, se caressa le menton, écouta avec complaisance son honorable interlocuteur et lui tint à peu près ce langage: « Ouais! Fort bien! De sorte que l'armée et la marine britanniques devraient être sans cesse prêtes à défendre votre pays et que celui-ci ne donnerait rien en échange. » Ce sont là « coups d'éventail » dont s'accommode mal le prestige d'une nation, fût-elle la « noble Belgique ». Et comme on comprend maintenant que le traitement à usage interne qui nous fut fait à la paix ne fût point toujours de même aloi que la littérature à usage externe dont la candeur belge se gargarisait à flot!

Quelle tentation pour tout qui écrit sur un tel sujet de faire livrer brusquement à la publicité les documents accumulés dans le sac de ce procès! Car le contradicteur a trop beau jeu vraiment qui plaide sans dossier et prétend être cru sur sa simple affirmation. On n'aurait que l'em-

(1) *Flambeau,* 31 mai 1922, p. 35.

barras du choix: depuis le texte du *memorandum* jusqu'aux répliques écrites qui y furent faites par deux ministres, le 3 août et le 4 août 1916, et encore la relation fidèle des débats du Conseil du 13 juillet précédent, la lettre de démission du baron Guillaume (6 août 1916) et quelques autres documents aux lettres de feu, sans compter d'autres souvenirs cuisants, comme la négociation de Tabora et l'incident regrettable qui surgit entre le baron Beyens et notre si distingué ministre à Paris. Mais les temps ne sont pas révolus.

La Belgique en est encore à l'hiver de son histoire, et c'est folie d'aller l'hiver chercher les figues sur le figuier.

PAUL CROKAERT.

Le Stupide XIXe Siècle

A propos d'une enquête et d'un livre récents.

C'est déjà beaucoup que d'avoir trouvé le titre d'un livre. On conte qu'un matin Chamfort, rencontrant le comte de Lauraguais, lui dit d'un air fort satisfait: « Je viens de faire un ouvrage. — Comment, un livre? — Non pas un livre, je ne suis pas si bête, mais un titre de livre, et ce titre est tout. J'en ai déjà fait présent au puritain Siéyès, qui pourra le commenter tout à son aise. Il aura beau dire, on ne se ressouviendra que du titre. — Quel est-il donc? — Le voici: *Qu'est le Tiers-Etat? Tout. Qu'a-t-il? Rien* ». Il est arrivé à M. Léon Daudet de faire, comme Chamfort, un ouvrage. Il s'est écrié un beau jour: « Le stupide XIXe siècle! » Moins généreux que Chamfort, mais plus bête que lui, il n'a fait présent de son exclamation à personne et il l'a commentée en plus de trois cents pages. Ce n'est pas fort s'avancer de dire qu'on ne se ressouviendra que du titre.

Le Stupide XIXe *Siècle!* M. Léon Daudet trouve que le caractère du XIXe siècle, c'est la stupidité. Et il veut le prouver. Son livre, dit le sous-titre, est un relevé des insanités meurtrières qui se sont abattues sur la France de 1789 à 1919. Il en a trouvé vingt-deux. Il les résume sous forme de poncifs, tels que: « Le XIXe siècle est le siècle de la science et du progrès »; « les ténèbres du moyen âge », « les hommes naissent naturellement bons; c'est la société qui les pervertit », etc.

M. Léon Daudet oublie que la plupart de ces poncifs avaient cours déjà au XVIIIe siècle et que certains datent de plus loin. Le dogme de la bonté naturelle, par exemple, doit à Jean-Jacques sa popularité, et dès 1694, un Jésuite, le père Chauchetière, voyait dans les sauvages « les beaux restes de la nature humaine, restes qui sont entièrement corrompus dans les peuples plus policés ». Quant aux ténèbres du moyen âge, c'est Voltaire qui comparait Roger Bacon à « de l'or encroûté de toutes les ordures du temps où il vivait ». D'autre part, on trouve dans l'*Esquisse du Progrès de l'Esprit humain,* de Condorcet, le culte de la science et du progrès développé jusqu'au fétichisme. On pourrait faire d'identiques observations pour chacun des vingt-deux aphorismes catalogués par M. Léon Daudet.

Ces erreurs faisaient partie de l'héritage que le XVIIIe siècle légua à son successeur. M. Léon Daudet feint de croire que le siècle dernier eut pour elles une admiration sans mélange. Il n'en est rien. Les écrivains et les penseurs du XIXe siècle n'ont cessé d'étudier avec une sévérité inquiète les manifestations de leur époque. Stendhal, en 1837, n'a que mépris et raillerie pour « les emphatiques, les plats écrivains sans pudeur et sans mesure » de son temps. Sainte-Beuve, dans ses *Lundis,* est plein de retours amers et de considérations désenchantées sur son siècle, ses doctrines, ses démarches. Michelet le déclare changeant et vacillant. Il déplore le « déclin universel ». En 1874, loin de s'extasier sur la science, il constate que « ce règne des machines, admirable comme production de richesse, en revanche attire et dévore les races, dépeuple les campagnes ». Moins précis que lyrique, il caractérise ainsi le XIXe siècle : « Le XIXe siècle, riche et vaste, mais lourd, regarde vers la fatalité ». Hello, ce prodigieux Hello que tout le monde oublie toujours, que Léon Daudet ne cite même pas, a semé à chaque page de son œuvre des aperçus d'une pénétrante justesse sur ce siècle dont il distinguait d'un œil sans faiblesse les infirmités, mais aussi les mérites.

Quand on voit quelle surveillance le XIXe siècle ne

cesse d'exercer sur son activité, avec quelle clairvoyance et quelle promptitude il note ses travers, ses fautes, ses excès, ses abandons, comme il prend soin d'assembler lui-même pour les offrir au jugement de l'avenir les pièces de son procès, le reproche de stupidité est bien le dernier qu'on songe à lui faire. Cependant tant de défiance vis-à-vis de soi-même, un si vif penchant à l'analyse semblent l'indice d'un trouble profond, de quelque vice secret de constitution ou de régime.

Pour M. Léon Daudet, le mal est simple : la France a oublié la parole de ses Rois. Là est la cause de tous les désastres réels ou imaginaires qu'il signale. Le seul remède est dans le rétablissement de la royauté : « Avant dix ans, avant cinq ans peut-être, la France devra être monarchique, ou elle ne sera plus ». Voilà ce qu'on peut lire à la page 305 de son livre. Et on songe à ces petites brochures qui décrivent longuement les symptômes et les effets d'une maladie, puis vous apprennent discrètement qu'on peut se procurer dans toutes les pharmacies la poudre X. ou les pastilles Z. On dit qu'il y a des gens auprès de qui ça réussit.

M. Léon Daudet a le talent qu'il faut pour réussir auprès de ces gens-là. Ses boniments sont des modèles du genre. On y trouve de la bonhomie et de la jactance, de la rondeur et de la majesté, enfin cet art, d'un effet souverain sur le vulgaire, d'entrelarder un raisonnement tour à tour de locutions populaires et de termes techniques prétentieusement étalés. Ce racoleur au service du Roy a toute la roublardise qu'il faut pour éblouir des démagogues de cabaret. Parlant de Shakespeare et de Molière, il dira, par exemple : « J'ai longtemps vécu avec ces gaillards-là ! » Sentez-vous tout ce que cette familiarité a d'heureux et d'adroit et comme ce mot « gaillard » est ici bien placé ? Il rapproche à la fois Daudet de son lecteur, son lecteur de Shakespeare et Shakespeare de

Daudet. Notre pamphlétaire est plein d'habiletés de ce genre.

Une autre qualité qu'il a est de ne jamais être arrêté par le sentiment de ses infirmités et de ses faiblesses. Il dira de Taine pour le condamner : « ...L'initiale lubie avec laquelle il aborde un sujet le domine ensuite jusqu'à sa conclusion. Il plie les textes à sa marotte sans les altérer le moins du monde, mais en écartant ceux qui le gênent et en exaltant ceux qui le corroborent » et il ne lui viendra pas à l'idée qu'on pourrait formuler contre lui le même reproche. Il traitera Hugo de « vieux Tartufe hyperverbal et logomachique », mais il n'hésitera pas à écrire cette phrase qui a le double défaut de ne vouloir rien dire et d'imiter la manière du maître insulté : « Mistral est au Rhône ce que Goethe est au Rhin, ce que Ronsard est à la Loire, ce que Villon est à la Seine. Car le génie poétique contracte avec l'eau les mêmes rapports mystérieux que la civilisation. » M. Léon Daudet se plaît à jeter en passant de ces phrases retentissantes qui aux naïfs semblent riches de substance et ne sont pleines que de vent.

J'en ai dit assez, je pense, pour montrer que ce qu'il y a, en effet, de plus important dans le livre de M. Léon Daudet, c'est son titre. M. Léon Daudet a un grand choix d'injures et elles sont souvent pittoresques, mais pour suivre son raisonnement, il faudrait d'abord partager ses passions. Son travers est celui de beaucoup de pamphlétaires. Ils ne s'attaquent pas aux hommes et à leurs idées, mais aux idées qu'ils prêtent à des hommes. Ils arrangent de belles cibles en papier qu'ils disposent à leur gré et puis ils tirent dessus avec des balles dum-dum. Le résultat est effroyable et ils en sont très fiers ; mais le fait d'appeler Leconte de Lisle un « frigide crétin » ne lui fera sans doute pas perdre un lecteur ; si sa gloire doit s'effondrer, ce sera sous d'autres coups.

Le scandale provoqué par la violente sortie de M. Léon Daudet a cependant amené des protestations. La vivante revue *Les Marges*, que dirige l'excellent écrivain Eugène Montfort, n'a pas attendu la publication de ce pamphlet pour ouvrir une enquête à laquelle ne prirent part que des gens de lettres et qui ne portait d'ailleurs que sur la valeur littéraire du siècle incriminé. Presque toutes les réponses concluaient à son exceptionnelle richesse. Non, il n'est certes pas stupide, le siècle qui a produit des Vigny, des Hugo, des Lamartine, des Flaubert, des Baudelaire, etc. Tel fut le ton et l'argument général des réponses qui parvinrent aux *Marges*.

A l'examen, ces réponses, malgré leur unanimité dans l'éloge, laissent une impression équivoque. Il apparaît qu'elles ne satisfont pas entièrement notre curiosité, ne tranchent pas la question. On dirait même qu'elles essaient de nous cacher quelque chose. Ce n'est pas assez de constater les richesses du XIXe siècle, si on n'approuve en même temps l'emploi qu'on en fit. Ici les affirmations sont beaucoup moins hardies. Quelques-uns avouent des doutes et des hésitations. Les plus acharnés défenseurs du siècle dernier eux-mêmes ne prononcent plus qu'avec timidité ce mot : « romantisme ». Les grands hommes que cette formule d'art inspira, on les range en cercle autour de l'idole qu'on ne nomme pas, et c'est peut-être pour la cacher ou pour la protéger des coups.

Quarante noms éclatants et sonores, de Hugo à Moréas, de Balzac à Zola, de Chateaubriand à Anatole France, sont ainsi chargés d'attester, de représenter la vitalité, la puissance, la splendeur du siècle que nous quittons, mais de ses doctrines, du système qu'il nous laisse, il est à peine parlé. On conseille d'en différer l'examen afin de ne point précipiter un jugement qui gagnerait à être longuement mûri. A coup sûr une telle résolution est sage, mais tant de prudence paraît l'effet d'un sentiment déjà formé dont la seule pudeur retarde l'expression.

« Le stupide XIXe siècle, s'écrie Barrès qui par ce tour

de phrase enjoué raille Daudet sans le condamner, ah! qu'il est beau, combien je l'aime! » Mais sans doute est-ce à la façon dont on aime pour leurs frasques les « chers mauvais sujets » que l'on préfère aux bons dont la fadeur écœure, car il ajoute plus loin — et la phrase a été relevée ici-même par M. Maurras avec empressement (1) : « Chose étrange! au XIXe siècle, il est plus aisé de citer des noms immortels que des œuvres qui ne périront point, plus aisé de dénombrer les génies que les chefs-d'œuvre.»

Si des inclinations de sentiment ne l'excusaient, cette distinction entre l'œuvre et l'auteur paraîtrait à bien des gens le signe d'un sérieux dérèglement de l'esprit. Comment, si leurs œuvres passent, les auteurs ne passeraient-ils point? Le propre du génie, n'est-ce pas de s'affirmer dans le chef-d'œuvre? Comment dès lors le génie se peut-il concevoir sans lui? D'autre part, si des hommes ont ces qualités brillantes et profondes qui les élèvent au rang des grands artistes les mieux doués, par quel sortilège les produits de leur intelligence et de leur cœur sont-ils inférieurs à ce que l'abondance et la perfection de leurs talents faisaient présumer? Il est évident que si Barrès dit vrai, nous touchons ici la tare du XIXe siècle.

Le XIXe siècle en proclamant les droits de l'individualisme a introduit la division dans l'art et favorisé cette anomalie. L'incontestable bienfait de la révolution romantique a été de découvrir à l'artiste les profondeurs et les trésors de la sensibilité personnelle; son tort a été d'en exagérer les vertus et les effets. Aujourd'hui encore, ce qu'on demande à l'écrivain, c'est de cultiver sa personnalité; ce qu'on goûte en lui, c'est ce qui le fait différent des autres et n'appartient qu'à lui. Ces principes sont poussés très loin; il n'y a pas de limite à leur application. Afin de mieux bondir dans la voie où la liberté offrait à son désir ses riantes perspectives, l'artiste s'est d'abord affranchi

(1) Voyez. *le Flambeau,* 5e année, n° 5, 31 mai 1922, p. 87.

des règles; comme cela ne suffisait pas, il s'est ensuite affranchi des lois. Il a cru que les règles et les lois l'empêchaient d'être lui-même, et maintenant qu'il en a secoué le joug, ne se sentant ni plus sûr, ni plus fort qu'hier, il cherche de quoi il lui reste encore à s'affranchir.

Le caractère de l'œuvre qui triomphe des siècles et s'impose à la postérité, s'écarte par tous ses éléments constitutifs des principes qui guident le poète moderne avide de se concilier les faveurs de l'opinion, dans ses choix et dans ses recherches.

L'œuvre d'art est une communication. Dans cet immense domaine de l'entendement humain, le penseur, le poète tracent des routes qui relient entre elles les différentes parties de cette vaste région. Labeur qui demande de la réflexion et de la discipline, une connaissance parfaite de la géographie de l'esprit, de la formation du sol intellectuel, une notion claire et respectueuse des harmonies délicates et puissantes qui président à l'unité de l'ensemble et font de ces provinces, variées en leurs aspects, un tout parfait et ordonné.

Il en est des œuvres comme des chemins qui se subdivisent en plusieurs catégories: les uns, compagnons des ruisselets et des troupeaux, vont gaîment à travers les prairies, sous les noisetiers et dans les églantines, de la ferme de Jacques au moulin de Paul. Au moulin s'amorce une route empierrée qui mène au village; de là d'autres routes, plus larges, gagnent la ville où elles rencontrent la voie royale qui, venant du point central, du foyer où s'organise et se distribue la vie, répand la chaleur et le mouvement jusqu'aux asiles les plus secrets, jusqu'aux retraites les mieux cachées. Une piste dans les herbes, une venelle sous les saules, un sentier au flanc de la montagne peuvent être des choses originales et parfaites, mais les chefs-d'œuvre sont ces « passages obligés » par où se font les invasions et les exodes et où passent les capitaines et les marchands. Ainsi le chef-d'œuvre est proprement l'ouvrage à la convenance du plus grand nombre, non parce qu'il est à l'image du plus grand nombre, mais parce qu'il satisfait mieux que d'autres aux conditions qui en recommandent et en quelque sorte en imposent l'usage à ceux dont l'activité a l'intelligence pour objet. Le XIXe siècle a eu peu de goût pour les grands chemins; il en a méconnu et diminué le rôle; il a cru volontiers que le lyrisme et les profondeurs hantaient les lieux inaccessibles. Il a préféré l'étrange à l'universel. Il a voulu entendre des voix; il s'est penché au bord de tous les gouffres et il est allé jusqu'à se créer des abîmes artificiels. Tout ce qui dépassait l'objectif humain l'a séduit: il a voulu sonder l'insondable, pénétrer l'impénétrable et exprimer l'inexprimable. La raison avait frayé et multiplié les voies; ses réseaux couvraient le monde de l'esprit. Le romantisme a cru que le génie était là où la raison n'avait pas encore eu accès, là où aucun chemin n'était tracé. Ayant ainsi prononcé le divorce du génie et de la raison, le romantisme s'est attaqué à la raison, a essayé de ruiner son système. Un des efforts du XIXe siècle a été d'essayer de prouver que tous les chemins ne menaient pas à Rome.

Parmi les éloges qu'on a faits récemment du XIXe siècle, je trouve ceci sous la plume de M. P. Hazard, chargé de cours à la Sorbonne: « Le XIXe siècle a restitué aux lettres françaises le sens de la beauté, et ce fut le mérite du romantisme. Par une naturelle réaction, et devant les excès du romantisme même, il a ramené la pensée française au culte de la vérité ». Cette phrase est révélatrice d'un état d'esprit qui dure encore. Le XIXe siècle s'est habitué à croire que la beauté était sans lien avec la vérité et que la vérité n'était pas belle. Il s'est habitué à considérer les choses sous cet angle: la beauté est poésie, et la vérité est prose. Il a ainsi rangé la beauté dans le domaine du fantastique et la vérité dans le domaine des choses positives. Il s'ensuivit que la vérité et la beauté furent dressées l'une contre l'autre et compromises en d'indignes querelles. Idéalisme et naturalisme s'opposèrent. Les partisans des choses positives furent honnis comme des contempteurs du beau, et les amants de l'idéal affirmaient leur mépris pour tout ce qui avait une utilité. « Il n'y a de vraiment beau que ce qui ne peut servir à rien ; tout ce qui est utile est laid, car c'est l'expression de quelque besoin, et ceux de l'homme sont ignobles et dégoûtants comme sa pauvre et infirme nature ». Ainsi parle Gautier dans la préface célèbre de *Mademoiselle de Maupin.*

Qu'on songe qu'ici encore l'artiste imbu de sa personnalité devait pousser à cette séparation de la beauté et de la vérité. Placer la beauté sous le contrôle de la vérité, c'était se soumettre à un examen, rentrer dans les chemins battus et sous la coupe de la raison. Musset trancha la difficulté en subordonnant la vérité à la beauté. Rien n'est vrai que le beau... Ce renversement des choses était encore une façon d'hommage à la vérité et un témoignage rendu à la puissance de l'unité. Ces générosités de l'orgueil ne sont permises qu'aux grands artistes.

Pour la masse des écrivains, ne pouvant, faute d'audace ou de vigueur, suivre un Musset ou un Hugo dans leurs radieuses émeutes, elle préféra détacher tout à fait la cause de la beauté de celle de la vérité. Il devait en résulter toutes sortes de désillusions et d'anathèmes. Une société littéraire qui met la beauté à un pôle et la vérité à un autre ne peut produire que des fruits amers et des œuvres désenchantées. La vérité sans la beauté lui paraît triste ; la beauté sans la vérité lui paraît décevante. Elle est continuellement tendue vers un bonheur dont une moitié toujours se dérobe. Elle est vouée aux aspirations et aux aspirations contrariées.

Il est possible que cet état soit particulièrement favorable à l'éclosion du lyrisme. En tous cas c'est à ce prix que le XIXe siècle s'éleva jusqu'à ses hauteurs. Plus heureux dans son vol que ses prédécesseurs, son erreur fut de faire du désenchantement et du désespoir une condition du lyrisme. Pas de poésie sans souffrance personnelle. Le poète exploite ses infortunes comme un fonds de commerce. Qui veut s'établir poète et n'a pas souffert est semblable à un industriel privé de capital. On le raille, on le prend en pitié. Aussi chacun se vante-t-il d'être plus que le voisin abreuvé de fiel, et la douleur de vivre s'exhale sur tous les tons. Rien ne nous rend si grands qu'une grande douleur. C'est pour cette raison qu'une âme satisfaite est une âme médiocre, qui ne goûte point la poésie. Une âme fine doit sentir cruellement les atteintes de la vie. Tout la blesse et elle fuit le monde. La grandeur de l'homme est proportionnée à son infortune ; seul le malheur qui isole l'homme le rend vraiment intéressant, en fait un personnage. Que pourrait-on bien faire pour être malheureux ? Chacun s'ingénie à trouver de nouveaux moyens d'y parvenir.

Veut-on savoir ce que des esprits rares et subtils ont longtemps chéri dans Baudelaire ? Relisez le jugement que portait sur lui, dans *A Rebours,* J.-K. Huysmans : « A une époque où la littérature attribuait presque exclusivement la douleur de vivre aux malchances d'un amour méconnu et aux jalousies de l'adultère, il avait négligé ces maladies infantiles et sondé ces plaies plus incurables, plus vivaces, plus profondes qui sont creusées par la satiété, la désillusion, le mépris dans les âmes en ruine que le présent torture, que le passé répugne, que l'avenir effraye et désespère. » Un homme qui avait inventé, plus subtile et plus vive que les autres, une nouvelle manière de souffrir ; voilà ce que des générations d'êtres fins et avertis se contentèrent de voir longtemps en Baudelaire, en ce sonneur illuminé qui, dans la tour vermoulue où son ardeur furieuse agitait les cloches éternelles, donnait à ses chants un caractère d'expiation tel que le pastiche inconscient de ces chants ne fut jamais qu'un blasphème dans une grimace.

Descendons encore d'un degré ; voici comment, en

1884, un chroniqueur anonyme décrivait l'idéal de ce qu'il appelait « les âmes les plus ardentes de sa génération »: « La descente dans le tréfonds, le plongeon jusqu'aux abîmes, le dédain pour l'ordinaire de la santé humaine. La recherche de la réalité jusqu'aux recoins lointains où elle devient étrange au point de se confondre avec l'hallucination. L'ennui de tout ce qu'on voit, l'aspiration lancinante vers le vrai, mais seulement s'il est rare au point de paraître le faux. Sortir non pas de la vie, mais de la vie banàle, avoir l'horreur de sa sérénité, sentir un vomissement quand on parle de paix, de bonheur à la vieille mode, creuser pour arracher aux sous-sols infernaux le diamant noir, le bézoard de sensations que nul n'éprouva jamais. »

Nous sommes ici en plein décadentisme — et en pleine déraison. (On constatera en passant combien un auteur médiocre quand il déraisonne est plus vif, plus saisissant qu'un auteur de talent quand il donne dans le même travers.) Et pourtant ces déclarations font écho à celles de Gautier. L'erreur engendre l'erreur. Une impitoyable logique relie toutes les manifestations intellectuelles du XIXe siècle. La recherche de la beauté, poursuivie en dehors de la vérité et comme une chose de luxe, conduit à la tristesse et — ce qui est plus grave — à l'adoration de la tristesse.

La tristesse peut exercer une action salutaire sur un être; mais alors, elle n'est qu'un passage, un sentiment transitoire; cultivée pour elle-même, la tristesse est pernicieuse et stérile. Il en est de nos tristesses comme de ces grands nuages qui traversent l'horizon. Ils fuient: le ciel, au-dessus d'eux, reste visible; la lumière, autour d'eux, reste belle. S'ils s'accumulent en un point, l'endroit au-dessus duquel ils se concentrent devient sombre, sans voix et sans ardeur; la clarté du jour qui fend péniblement leur masse pesante a la couleur même de l'ennui. L'ennui est la conséquence de toutes ces poursuites mal engagées, de tous ces systèmes esthétiques, établis sur des bases fragiles et insuffisantes, l'ennui avec ces sorties désespérées vers l'absurde et l'étrange.

On s'étonne qu'un écrivain aussi limpide et net que M. René Boylesve n'ait pas compris cela et qu'il émette dans les *Marges* ce jugement :

« Le chaos intellectuel qui caractérise le XIXe siècle a produit le pessimisme, la tristesse, l'angoisse qui justement dans le lyrisme, ou littérature individuelle, sont les thèmes les plus féconds. Il n'y a peut-être qu'un grand angoissé antérieur au XIXe siècle : c'est Pascal. Ne serait-il pas le plus beau de nos écrivains ?

« Je crois que l'aliment littéraire le plus riche gît dans les profondeurs de l'abime que chacun de nous aperçoit à son côté — abîme individuel. Tout ce qui remonte de là n'est pas propre à être mangé à la table commune. Il faut le répéter : la littérature est dangereuse. Toutes les tentatives de littérature de société sont vouées au médiocre, parce qu'il n'y a pas de société. C'est certainement regrettable, mais d'ici longtemps la littérature, si « sociale » qu'elle se veuille, sera de la littérature personnelle. Nos écrits, comme ceux du XIXe siècle, sont encore composés dans la solitude. Nous manquons d'une société digne d'entendre un nouveau Molière... »

Il n'y a pas une proposition de ce petit texte fertile en lieux-communs qui ne provoque une discussion. Il n'y a jamais eu de société au sens où l'entend M. René Boylesve, même au temps de Molière qui se vit maintes fois préférer ses rivaux et contre qui des cabales furent montées par les beaux esprits et les puissances de son temps. C'est lentement, au cours des siècles, par l'usage, que s'affirme la véritable importance de l'œuvre d'un grand artiste.

L'homme de génie qui, de la hauteur où la nature l'a mis, n'a en vue que les intérêts supérieurs de la communauté humaine, parce que le monde lui apparaît dans ses grandes lignes, s'il réussit de son vivant, c'est contre la foule et malgré elle. Il ne peut en être autrement. Les grands se repaissent de grandeur, les petits de petitesse et, chacun cherchant son appui dans les choses auxquelles sa nature l'assimile, un débat éternel se livre ainsi entre le génie et la médiocrité. Si la grandeur finit toujours par avoir le dernier mot, c'est qu'elle est immuable, que sa cause inébranlable rallie sans cesse de nouveaux partisans, tandis que ses adversaires voient leurs colonnes toujours divisées par des intérêts changeants que leur caprice aveugle multiplie.

Le mérite du grand écrivain, le signe de sa force, la marque de son caractère, c'est précisément de se développer sur le terrain où il est placé, dans les conditions qui lui sont faites, comme s'il y avait au-dessous de lui une société, de s'attacher à ces hommes qui ne veulent pas de lui et de les rattacher à lui, d'édifier son œuvre sur le plan humain, de travailler non à l'imitation des anciens, mais à l'exemple des anciens, en respectant la ligne de démarcation qui sépare le domaine des choses de l'esprit des régions obscures qui échappent à ses lois.

L'artiste qui, suivant le conseil de René Boylesve, promène avec lui son abîme, son petit abîme individuel, est persuadé qu'il ne peut tirer de ses profondeurs mystérieuses que des choses extraordinaires. Il est la proie toute désignée de la vanité qui dévore le ténor au gosier sublime et le tragédien au geste magnifique. Le moyen de rester simple quand la nature de vos fonctions vous oblige à vivre penché sur un gouffre, dans une attitude de prophète? Et comment, quand un destin si haut vous attend, ne pas croire qu'on est d'une autre essence que les gens du commun? La littérature qui conduit à l'exaltation de l'individu, au fétichisme du tempérament, engendre une génération d'hommes qui prennent en dégoût et tournent en dérision les tâches ordinaires de la vie, qui deviennent tout à fait incapables de collaborer aux travaux de la communauté et qui d'ailleurs s'y refusent. L'artiste qui n'est qu'un tempérament, juge indigne de lui de se mettre au service de la société. Il vit en marge. Au-dessus de la mêlée? Oui. Il suffit de citer ces mots pour montrer ce qu'une telle attitude a d'odieux, ou de puéril, et ce qu'elle cache d'impuissance boursouflée.

Tous les défenseurs du XIXe siècle s'extasient à l'envi sur la fécondité de sa poésie. C'est de sa facilité qu'il faut parler, de son abondance. Le XIXe siècle a renouvelé la technique du poète-virtuose, mais ce dernier, jeté sur les mers du lyrisme, a toujours mis toute son habileté à y faire naufrage. L'idéal du poète au XIXe siècle — et le romancier du XIXe siècle s'est modelé sur cet idéal-là — c'est de faire naufrage. Il affronte le combat avec la certitude de l'échec et la traversée avec la certitude de l'écueil. Il a exploité cette situation à l'extrême et il a eu de fort beaux trémolos. Mais la poésie est la création par excellence; on la détourne de sa destination quand on la fait servir à l'apologie de la défaite. La poésie est magnificence et édification. L'hymne, qui est au commencement des choses, ne se soutient que par la joie. La joie est la marque de l'œuvre saine et vigoureuse. En perdant de vue cette vérité, le XIXe siècle s'est inoculé le germe d'une maladie dont on voit aujourd'hui les ravages. Car le XIXe siècle n'est pas né sous un signe fatal; il avait devant lui de radieuses promesses de bonheur, mais il s'en est détourné.

Gœthe en faisant cette distinction souvent citée : « J'appelle le classique *le sain* et le romantique *le malade* », estimait que si on considérait la question sous ce double point de vue tout le monde serait vite d'accord. Eh bien! non et M. Léon Daudet nous en apporte la preuve. Ce féroce contempteur de la doctrine romantique a pour certains artistes qui lui doivent leur succès des sympathies inexplicables. Il pleure sur Marceline Desbordes-Valmore; il s'attendrit sur Verlaine; il va jusqu'à déclarer Cézanne un peintre parfaitement classique. Or Marceline, Verlaine, Cézanne sont essentiellement et uniquement des tempéraments.

Il faut s'entendre sur ce mot : « un tempérament ». Tous les grands artistes sont avant tout des tempéraments, mais des tempéraments victorieux, c'est ce qui les fait grands. Et alors leur « tempérament » passe au second plan. On ne considère plus que leur valeur humaine. Ils cessent d'être des individus ; ils deviennent des institutions. On ne voit plus leur effort ; on n'en voit que le résultat. En art, le maître, c'est toujours le maître d'un champ de bataille. Plus l'idéal qu'on a est élevé, plus le champ de bataille est étendu, plus la victoire est éclatante, mais aussi plus les risques à courir sont nombreux et la grandeur de l'artiste n'est pas toujours à la mesure de l'idéal embrassé par l'homme. Ce serait trop facile ; tout le monde voudrait la gloire et dédaignerait le succès. La grandeur, ce n'est pas l'idéal poursuivi, c'est l'idéal conquis, réalisé ; ce n'est pas l'œuvre ébauchée, c'est l'œuvre faite.

Lorsque Beethoven, dans la maturité de son génie, s'écrie : « A présent, je sais composer », il nous livre le secret de son élan et la clé de son labeur. Ce cri de triomphe, Cézanne est toute sa vie au désespoir de ne pouvoir le jeter au monde. Lorsqu'on lit le beau, le pieux livre de Joachim Gasquet sur Cézanne, il est impossible de ne pas aimer cet homme vénérable, de ne pas être saisi de respect devant la dignité de sa vie et la conscience qu'il avait de son art. On voit bien pourquoi M. Daudet salue en Cézanne un classique. Cézanne était pétri d'aspirations classiques ; il avait le sens de l'universel. Il se répétait comme un ordre reçu : « Scrupule devant les idées, sincérité devant soi-même, soumission devant l'objet ». Il méditait sur cette phrase d'Auguste Comte : « La soumission est la base de tout perfectionnement », mais il disait de lui : « Je suis le primitif de ma propre voie ». Son existence artistique fut un long martyre. Il est douloureux de quitter la douceur des vallées, le repos des terrasses, de tenter l'ascension des cimes et de connaître soudain qu'on s'arrêtera en route, qu'on ne touchera pas les sommets. Un sort si cruel désarme le sarcasme et la critique. Et pourtant on a le droit de demander compte à un artiste de ses actes, de l'interroger sur le succès de sa mission.

On a surtout le droit de dire « holà » à ceux qui ne voient que les peines subies, les périls affrontés, le mouvement accompli et non le but visé, le fait et non le droit. Ce que beaucoup chérissent en Cézanne, comme en Verlaine, comme en tant d'autres, c'est ce caractère de « primitif », cet enfoncement dans les ténèbres du sous-conscient. Ils n'ont que dédain pour tout ce qui est démarcation et netteté. Ils rejettent l'œuvre qui les sort de l'inquiétude, leur apporte une solution. Ils trouvent grossière la fougue de Rubens et bourgeoise la veine de Molière.

Une conception artistique qui ne considère pas que la fin suprême de l'art, c'est l'élévation dans la vérité, la jubilation dans la lumière, que l'art est proprement une géométrie de la splendeur, une démonstration esthétique établissant la relation étroite de toutes les grandeurs entre elles, une conception aussi diminuée ne peut être admise, car elle justifie le désordre, fortifie l'anarchie, est un élément de démoralisation et de corruption. La question n'est pas de savoir ce qu'aurait été tel ou tel artiste dans une société disposant d'une organisation intellectuelle autre que la nôtre, car il n'est au pouvoir de personne d'y répondre, mais chacun peut voir comment se composent aujourd'hui les soi-disant élites qui imposent le goût, quels hommes ont leurs complaisances, quelles doctrines elles propagent et il est permis de se demander où ces hommes nous mènent, à quoi ces doctrines aboutissent.

On aurait tort, par réaction contre l'esprit romantique, de s'attaquer au XIXe siècle dans ses productions les plus marquantes. Il est des musiques dont nous ne pourrions plus nous passer. Certaines strophes de Hugo, Vigny, Baudelaire ont ouvert à l'âme des perspectives qu'elle ignorait avant eux; Balzac, Stendhal, Michelet, Sainte-

Beuve, Taine, Renan, d'autres ont conquis pour la postérité des biens d'un prix inestimable. Le tout est de faire un judicieux emploi de ces forces qui sont dans nos mains, de les empêcher de nuire.

Quelque épris qu'on soit d'esprit classique, il serait aussi sot de proscrire Hugo que de se remettre à lire Jacques Delille. Mais il faut reconnaitre que le romantisme (par opposition au classicisme) en est arrivé au même point que le classicisme quand Delille déversa sur le monde ses poèmes aux innombrables chants. Au même point, c'est-à-dire à la même impasse. Et cela serait une raison suffisante de chercher ailleurs des inspirations et des directions artistiques.

La renaissance classique, signalée un peu partout, n'a pas attendu la guerre pour se manifester, mais la guerre a souligné la nécessité d'un retour à l'ordre et à la santé. L'art d'une époque ne peut pas mépriser la leçon de l'événement, quand l'événement bouleverse tout un univers et rétablit par la violence le respect des lois méconnues.

L'intellectuel jeté dans la guerre a soudainement senti, a senti jusque dans sa chair, combien il était fou de vouloir séparer l'art et la vie, qu'en agissant ainsi il condamnait du même coup et son art et sa vie à une répugnante stérilité.

Par l'enchaînement des volontés, par la coordination des efforts, il a compris la valeur des notions de discipline, de subordination, de dépendance, et que ces notions, loin d'être incompatibles avec l'idée de liberté, en donnaient l'exacte mesure. Il a su quel était son pouvoir et connu qu'il était borné, mais en même temps qu'il prenait conscience de ses limites, il concevait l'étendue de la tâche à la grandeur de laquelle il participait. Enfin ses expériences personnelles l'éclairèrent sur la nature véritable de la douleur et de la joie et lui révélèrent leur rôle respectif dans l'économie du monde.

Il serait bien étrange qu'une génération de jeunes hommes, nourrie de telles réflexions en de si hauts lieux, instruite par de si tonnants exemples, n'eût pas désormais pour souci capital de clarifier ses sentiments, de pourchasser l'erreur partout où elle se trouve, de distinguer et de mettre à part *le sain* et *le malade* et, en affranchissant l'individu des tyranniques suggestions de la sensibilité personnelle qui le retient captif de son « moi » vaniteux, de restituer à l'intelligence qui est la servante humble et zélée de l'Unité, son rôle de conductrice.

Une telle transformation peut tarder à se manifester dans des œuvres, être longtemps à chercher son style, ce style qui seul donne à un mouvement sa forme définitive. Il est certain que des écrivains nouveaux, excédés de l'attention exclusive accordée aux phénomènes de la sensibilité et désireux de chercher des motifs d'inspiration ailleurs que dans le tumulte de leur cœur, subissent encore malgré eux la séduction extérieure des maîtres qui charmèrent leurs vingt ans, restent dominés par des théories qui avaient cours lorsqu'ils firent leurs débuts dans les lettres. Leurs conceptions ne sont plus les mêmes que celles de leurs aînés, mais quand ils écrivent, imaginent des récits, en assemblent les éléments, ils continuent à se soumettre aux règles, aux formules qui firent le succès des générations précédentes. Le pouvoir de ces règles et de ces formules reste si grand qu'à leur insu il fausse leur vision et altère leur pensée.

On parle beaucoup en ce moment d'un renouvellement du style et on cite comme exemples à l'appui, MM. Marcel Proust, Jean Giraudoux, Max Jacob. Ces exemples ne me paraissent pas concluants. Le soin compliqué que prennent ces écrivains de se rendre inimitables, comme on dit d'un faiseur de tours qu'il est inimitable, montre assez que, ralliés à un principe esthétique maintes fois formulé dans le cours du siècle dernier, ils tiennent avant tout à « cultiver leurs différences », ce qui n'est pas un moyen de s'élever à l'universel, de produire des œuvres rayonnantes et largement humaines. Ce que nous aimons en eux, c'est ce qui n'est pas accessible à tous. La liberté, pour ces charmants esprits, c'est la liberté d'entourer de grilles leur petit domaine, de n'admettre à sa visite que de rares privilégiés. Victimes de Stendhal, leur fierté est de dédier leurs livres « to the happy few ». Ce souci limite leur influence et circonscrit leur rôle. Un mouvement littéraire qui correspond à l'avènement d'un nouvel état d'esprit doit avoir des ambitions plus vastes et marquer plus de tyrannie dans la conquête.

Il est donc possible que le XXe siècle littéraire attendra quelques années encore son soir d'Hernani qui attestera du même coup la constitution d'une nouvelle école et le triomphe de sa doctrine. Il est dans l'ordre des choses qu'il y ait d'ici là encore bien des tâtonnements et des erreurs. Avant d'être Hugo, Dumas et Musset, le Romantisme, ce fut Soumet, Guiraud, Baour-Lormian et d'Arlincourt.

Mais quelle que doive être la littérature de l'avenir, on peut dès à présent affirmer qu'un mouvement qui, s'inspirant des instructions de quelques fanatiques, rejeterait sans examen l'héritage du XIXe siècle et s'acharnerait à détruire ses acquisitions, ne pourrait s'élever bien haut. Si ce fut une faute d'attacher une importance exagérée à l'individu et de subordonner l'œuvre d'art à la fantaisie de l'artiste, c'en serait une bien plus grave de méconnaître les accroissements qui, dans l'ordre des choses de l'intelligence et du lyrisme, sont le fait de l'émancipation de l'homme. Qu'il s'agisse de réformes, de manifestations sociales ou littéraires, il faudra toujours tenir compte désormais de ce sentiment de la conscience individuelle à laquelle la production du XIXe siècle rend un magnifique témoignage. Si on pouvait former un vœu, ce serait celui de voir, à un siècle qui apporta — jusqu'à l'excès — toute son ardeur à libérer l'individu, succéder un siècle qui lui apprendrait la science d'être libre.

LUCIEN CHRISTOPHE.

Poèmes

A ma Mère.

Ma mère, cet air fin que vous avez toujours
S'accorde avec vos traits qui sont d'une élégance
Et d'un style prouvant son ancienne France
Dans le temps que Boucher inventait ses Amours.

Mais qui donc vous transmit les grâces que voilà ?
Une aïeule de vous étant de noble souche
Et portant à souhait la perruque et la mouche
Fut-elle à Trianon en paniers de gala ?

Non. Le bel arbre humain, rude par le dessous,
Auquel le vieux Brabant donna ses fonds vivaces,
Discerna dans le sol et choisit dans l'espace
Les sucs et les soleils qui forcèrent vers vous;

Le sol que votre père au cœur malicieux,
D'esprit adroit, bohème et rebelle aux vigiles
Parcourut des labours de Hal jusqu'à Saint-Gilles
Avec deux points aigus dans le gris de ses yeux;

Le Brabant blanc et bleu de ciel et de pigeons,
Ligné de ses clochers, courbe de ses collines
Où vous alliez jadis vendre des capelines
A travers des hameaux passés au badigeon.

II

Ma mère, tant d'allure avec des cheveux blonds,
L'accent vert que vos yeux portent dans leur grisaille
Et votre jeune épaule eussent conquis Versailles
Où les marquis joûtaient d'esprit par les salons.

Certes vos dix-huit ans d'un dessin si subtil
Et plus d'aurore en vous que mon vers n'en démontre
Pouvaient vous protéger, mère, de malencontre.
Le destin tortueux vous en dispensa-t-il ?

Quand l'amour apparut sur le sentier ardent
Qui vous brûlait les pas, le cœur et le visage,
Que vous laissa-t-il donc après le beau présage :
La douceur de la lèvre ou le sillon des dents ?

Je sais que vous chantiez jadis au coin du feu
Et je sais que parmi les travaux monotones,
Votre orgueil fut de voir nos minimes personnes
Chacune en blouse claire où flottait un col bleu.

Je sais, je sais que moi, votre fils singulier,
Doué d'un sang rapide et chaud qui se mutine,
Je saisis votre cœur dans mes mains enfantines
Pour lui tordre parfois son rythme régulier.

Vous avez tout souffert dans le corps et l'esprit
Avec cette vaillance intime que commande
L'ascendant merveilleux de la race flamande —
Et c'est pourquoi, ma mère, à l'heure que j'écris,

En dépit des chagrins profonds et dissolvants
Votre âme et vos regards sont encore candides,
Comme aussi vos cheveux argentés et fluides
Gardent leur souple écaille et leurs frissons vivants.

Les plus Doux.

A mon ami le poète Albert Valentin.

Au fond d'un siècle dur héroïsant la brute,
Ils naissent, les plus Doux, effrayés d'être nus
Et d'avoir sous leurs os malingres et menus
Une âme de trouvère et de joueur de flûte.

Ils redoutent le ciel trop lourd et trop mouvant,
Eux dont l'adolescence a l'air d'une agonie;
Le sort peut les tuer d'une mélancolie,
Tous ces pauvres trop doux, vagues comme le vent.

Car ils ont, les plus Doux, dans leur forme fragile,
De ces sonorités qui les supplicieront
Et le lent désespoir modèlera leur front
Comme la pluie épuise et déprime l'argile.

Ils chantent des mots purs que personne n'entend,
Ils errent dans le songe et sombrent dans la vie;
Rien des matins charnels ni des fautes ravies
N'alcoolise leur tête et n'éclate en leur sang.

Ils passent, les plus Doux, chimériques, trop frêles
Pour s'enliser dans les fanges de nos chemins;
La prière a rythmé leur voix, usé leurs mains
Et l'hypnose de Dieu dilate leurs prunelles.

Qu'ils tombent par un soir massif, couleur de terre,
Leur âme franchira le corps anémié
Et vous ne saurez rien de leur être oublié
Qui mourut sans un cri comme meurt la lumière.

Crépuscule.

C'est vrai: je ne puis voir, en marchant vers le ciel,
Le soir faux qui soumet les fonds du paysage
Sans susciter en moi ton pauvre et beau visage
Que j'ai martyrisé de mon amour cruel.

Oui, comme le couchant du cœur, lent mais certain,
Illumine et ravage aussi les traits des femmes;
Comme l'ombre ambiguë y lutte avec la flamme
Devant que le dernier rayon ne soit éteint.

Comme c'est le désert soudain, l'âpre désert
Dans ce cœur où le temps fit son sillon terrible,
Où plus rien de chantant n'est encore possible
Rien que le son voilé de ce qui fut souffert!

Pourtant, ô mon Passé, tu me suis désormais
De ton masque attentif et triste qui s'impose —
Et j'ai peur qu'il ne fuie et ne se décompose
Dans le soir infini sans base et sans sommet.

Stances.

Je veux vous relater une histoire charmante
Qui ne fit pas grand bruit sinon que dans mon cœur.
Lisez-la sans souci, madame à l'œil moqueur:
C'est l'amour qu'un poète eut pour une élégante,
Peu de chose, un bateau d'enfant dans l'eau courante —
Mais ce petit jouet contenait mon bonheur.

Celui dont il s'agit vivait d'un cœur très sage
Et, délivré de tout ce qu'il avait souffert,
Il trouvait dans l'amour un prétexte à beaux vers;
La femme l'émouvait bien moins qu'un paysage
Et, narquois, dédaignant les baisers de passage,
Il laissait le printemps passer comme l'hiver.

Mais doué d'un esprit piquant et politique
Il feignait quelquefois d'être assez amoureux;
Et lorsqu'il entendait un cœur qui sonne creux,
Il savait aussitôt lui donner la réplique.
Le couple s'égarait sur un sentier oblique
Où chacun, in petto, riait de son aveu.

Non, il ne cédait plus, madame, aux sortilèges;
L'idéal l'amusait dans le cœur féminin;
Sachant chaque ficelle il usait du pantin —
Et qu'un manteau de loutre, à l'époque des neiges,
S'attribuât soudain de charmants privilèges,
Lui n'y croyait qu'à peine et passait son chemin.

Toutefois, sans chanter son érotomanie,
Ce poète déçu, je l'écris sans détour,
Décida que l'Amour n'est que faire l'amour.
Il écouta la Bête au fond des insomnies
Et quand il l'eut gorgée âprement de sa vie,
Il se comprit plus triste et plus seul que toujours.

C'est alors, n'est-ce pas, madame, que vous vîntes
Si légère, si douce au poète anxieux
Que votre beau visage inquiéta mes yeux
Et que mon cœur, rebelle à ses plus vieilles craintes,
Se fondit brusquement sous votre chaude empreinte.
J'eus tort. Je le sais bien. Mais vous le savez mieux.

J'eus tort, sachant combien tout amour est factice
Lorsque c'est l'imprévu qui lui sert de mentor;
Malgré vos yeux profonds et vos lèvres, j'eus tort,
Pour goûter follement à ce nouveau délice,
De me faire soudain de moi-même un complice.
Pourtant, si je pouvais, je le ferais encor.

Rien de nous ne se mêle ou ne se juxtapose.
Votre cœur et le mien ont deux sons différents.
Tout est limpide en moi, quand j'aime, et transparent;
Vous, vous n'appréciez que la métamorphose.
Dès lors, pourquoi vouloir éterniser la chose!
Je déteste l'amour qui veut gagner du temps.

Néanmoins, pour la grâce adorable, madame,
Avec quoi je connus dans un soir d'abandon
Le jeu passionné qui rend vos yeux profonds,
Ma chair vous gardera doucement dans son âme.
On garde un souvenir plus longtemps qu'une femme —
Et puis le souvenir ignore le soupçon.

Agréez, s'il vous plaît, ce tout dernier poème
Que je vous ai rimé ce matin en tremblant.
Je ne l'ai pas tourné dans ce bout de ruban
Que vous m'avez donné d'un mouvement extrême:
Ne fût-ce qu'un ruban, c'est un peu de vous-même
Et je veux l'embrasser souvent, mais oui, souvent.

Via Londres.

Douvres. Des bords crayeux. Du noir. Des quais amers.
La gare. Les locomotives vertes, rouges.
Les portières. L'attente — et les bielles qui bougent
Et la fuite en surplomb du côté de la mer.

Alors, autour du train qui bat et qui progresse,
Le ciel tourne, on croirait sur d'invisibles gonds
Et l'espace présente aux vitres des wagons
Ses deux films violents tendus par la vitesse.

Poteaux coupés! Vertige! Eclairs! Captivité
Devant le clair rectangle où vont les paysages
Et tout le dynamisme éclatant du voyage
Et ma tempe qui sonne et mes yeux dilatés.

Des murs dansant avec les fils téléphoniques...
Pages du sol anglais que feuillette le vent...
Et dans un croisement imprévu, brusquement,
L'ombre et le son d'un train à motrice électrique!

Mes yeux brûlent. Torpeur d'un instant. Volupté.
Des tronçons de pays se cherchent dans ma tête
Et je rassemble en moi mes nouvelles conquêtes,
Des images, ces vers et leur rythme emporté!

Puis le couchant tragique en pleine hémorragie...
Le soir vient qui l'étanche et le berce un moment
Aux courbes des chemins et des vallonnements
Et le supprime enfin par une ombre élargie.

Vide. Soumission physique au roulement,
Ses trois temps saccadés dans mon cœur taciturne.
Le train fonce à travers les distances nocturnes —
Et j'évoque les ciels et les toits du Brabant.

Parade.

Petit bugle. Piston. Entrez: pas de débours.
C'est moi, votre acrobate et sans supercherie
Fils du risque, poète, expert en jonglerie
Et rémouleur savant des plus vieux calembours.

Masque coupant, poil blond et qui frise au rebours
Du vertex et taillé pour ma coquetterie.
Regard en radium. (O madame Curie!)
Baladin. Paladin. (Roulements de tambours!)

Je jongle avec mon cœur effrayant comme un monde.
Qui veut me confier le sien une seconde?
Le spectacle débute humblement par un lied.

Hardi! ô jonglerie à donner le vertige!
Tombera? Non. Tombera? Oui. — S'il vous plaît, dis-je:
Ça ne se casse pas, c'est du celluloïd!

RENÉ VERBOOM.

Propos Irlandais

Toutes les questions dans lesquelles le principe de nationalité entre en jeu sont particulièrement difficiles à traiter avec quelque impartialité. On ne peut, en ce qui les concerne, baser son opinion sur de simples questions de faits politiques ou économiques. Il est indispensable de tenir compte de l'élément psychologique, et cet impondérable modifie notre appréciation et bouleverse nos calculs.

L'Irlande n'a cessé de préoccuper l'opinion depuis l'insurrection de 1916 (1). L'Europe a assisté, sans trop comprendre, aux développements du Sinn Feinisme, encouragé par la longanimité des autorités britanniques, aux excès commis par les révolutionnaires et par les troupes anglaises, aux laborieuses négociations poursuivies l'an dernier, et aux troubles sans nombre qui ont déchiré l'Irlande depuis la conclusion du traité. On ne s'explique guère, à l'étranger, les brusques changements de la politique anglaise à l'égard de l'Irlande, et l'on reste confondu devant la complexité du problème intérieur, qui met en conflit Ulstériens et Sinn Feiners, dans le nord, partisans de l'Etat-Libre et de la République dans le sud, majorité protestante et majorité catholique dans l'île entière.

Sans se flatter de débrouiller l'écheveau, il est peut-être possible de saisir quelques fils conducteurs et de voir où ils mènent. Supposons donc, « *for the sake of discussion* », comme on dit ici, quatre hommes d'âge prenant

(1) Voyez le *Flambeau,* 4e année, n° 9, 30 septembre 1921; 3e année, n° 11, 25 novembre 1920; 3e année, n° 4, 25 avril 1920.

leur café (car c'est seulement dans les romans qu'on boit du thé en Angleterre), et peut-être leur pousse-café, abîmés dans la bienfaisante fraîcheur de vastes fauteuils de cuir, dans quelque club du West-end. L'un d'entre eux est un Anglais, appartenant au parti gouvernemental ; le deuxième, un Irlandais du Nord ; le troisième, un Irlandais du Sud, et le quatrième, un étranger, mettons, si vous voulez, un Belge. Vous comprenez, maintenant, pourquoi j'ai prudemment insisté sur l'âge des causeurs. S'ils étaient jeunes, la mode n'étant pas ici aux arguments frappants, la discussion serait bientôt interrompue, et je ne pourrais achever mon exposé.

Leur conversation roule sur la mort récente d'Arthur Griffith (1), « un homme néfaste », dit l'Ulstérien protestant, « qui a attisé les haines et les préjugés, séparant les deux Irlandes, et séparant l'Irlande de la mère patrie ; un froid calculateur qui a encore aggravé la scission provoquée naguère par les agitateurs nationalistes ; un ambitieux, qui, après avoir défendu, dans ses journaux, dans ses pamphlets et dans ses livres, pendant plus de dix ans, une politique intransigeante, s'est empressé de signer le traité que lui offrait M. Lloyd George, le jour où il vit que la paix pouvait être obtenue aux dépens du plus faible et que l'Angleterre était disposée à sacrifier, pour plaire aux révolutionnaires qui l'avaient trahie pendant la guerre, les loyaux sujets de l'Ulster, qui n'avaient pas hésité, à l'heure du danger, à sacrifier pour elle leur vie et leur fortune. »

— « Dieu sait », répondit l'homme de Dublin, qui, comme la plupart des Irlandais de son âge, se rattache au nationalisme déchu, « Dieu sait que je n'ai guère de raisons pour défendre le fondateur du Sinn Feinisme qui a anéanti l'œuvre de conciliation poursuivie avec tant de

(1) Le meurtre de « Mike » Collins n'était pas encore connu, la discussion datant de quinze jours.

dévouement par Parnell et par John Redmond ; mais il faut néanmoins être juste en présence de la mort. Si Griffith et Collins ont triomphé, si l'Etat-Libre est aujourd'hui en proie à la guerre civile, et demain à des difficultés financières auxquelles j'ose à peine songer, c'est à votre intransigeance et aux maladresses du gouvernement anglais que ce résultat est dû. Il y eut un moment, au lendemain de la déclaration de guerre, août-septembre 1914, où un accord aurait pu intervenir, non seulement entre protestants et catholiques en Irlande, mais également entre une Irlande unie et une Angleterre libérale. Lord Grey ne déclara-t-il pas alors que l'attitude de l'Irlande présentait le seul aspect encourageant, « *the one bright spot* », de la politique internationale ? Carson avait offert ses hommes à la patrie ; Redmond avait entrepris une énergique campagne de recrutement. Avec un peu de bonne volonté, de part et d'autre, nous aurions pu nous unir tous contre l'ennemi commun. Mais le Home-Rule Bill, voté par les Chambres, ne fut pas appliqué, grâce aux instances des Ulstériens, soutenus par les conservateurs anglais. M. Asquith n'osa pas nous tenir parole, et une scission se produisit dans nos rangs, les *Sinn Feiners* entraînant avec eux une fraction des *National Volunteers*, qui refusèrent de participer à la guerre, et de voir leur pays séparé en deux partis hostiles. Redmond, qui voyait plus loin, et qui comprenait que le péril allemand était le plus pressant, redoubla d'efforts. »

— « Efforts peu fructueux », ricana l'Ulstérien, « puisque, durant les premiers mois, 10,000 hommes seulement s'engagèrent sur les 180,000 dont vous disposiez, alors que tous nos volontaires en âge de porter les armes, plus de 20,000, s'étaient déjà enrôlés. »

— « A qui la faute ? On a tout fait pour que nos efforts échouent. Les Unionistes irlandais ont été jusqu'à couvrir nos murs d'affiches exhibant l'Union Jack, et engageant nos jeunes hommes à défendre « leur drapeau ». Nous avions demandé un corps d'armée spécial. Le War Office nous le refusa. Après l'insurrection de 1916, malgré nos instances, quinze exécutions capitales eurent lieu. Si le gouvernement britannique avait voulu alimenter la propagande des Sinn Feiners il n'aurait pu mieux faire. Lorsqu'en juin le Home-Rule fut de nouveau discuté, M. Lloyd George promit un amendement impliquant l'exclusion définitive de l'Ulster. Le général Maxwell, qui s'était rendu odieux aux patriotes irlandais, fut maintenu dans le pays. Et, pour encourager encore davantage les républicains, la presse anglaise nous menaça de nous imposer le *Military Service Act*. En février 1917, vingt-huit des leaders les plus populaires furent déportés. Lorsqu'en juillet M. Lloyd George comprit enfin que la conciliation était la seule méthode à suivre et convoqua la Convention irlandaise, les esprits étaient aigris à ce point que cette Convention était condamnée d'avance à la faillite. Nous parlons de Griffith. Je songe, moi, à Redmond, qui mourut il y a quatre ans, le cœur brisé par votre fanatisme et votre manque de foi. »

— « Je suppose », dit l'Anglais, « que fanatisme s'adresse à votre compatriote, et manque de foi au gouvernement britannique. Vous avez, mon pauvre ami, la mauvaise habitude de remonter au déluge. Je me souviens que Griffith, dont nous parlons précisément, accusa un jour un adversaire politique d'avoir trahi la cause nationale comme le fit Dermott au XIIe siècle. »

Et, se tournant vers l'étranger : « Il est peut-être utile que je vous dise que Dermott est ce roi de Leinster qui fut déposé en 1156 pour s'être sauvé avec la femme d'un prince voisin, et qui vint chercher secours à la cour d'Henri II d'Angleterre. C'est là l'origine de notre intervention dans les affaires irlandaises, mais il faut vraiment être Irlandais pour s'en souvenir. »

— « Mieux vaut encore », dit l'homme de l'Ulster,

« avoir la mémoire trop longue que trop courte. Quand je songe aux éloges dont la presse anglaise orne la tombe d'Arthur Griffith, et aux injures prodiguées aux Sinn Feiners par cette même presse, il y a un an à peine, il me semble que les principes ne comptent plus pour rien dans la politique. Ce même gouvernement qui, en 1917, nous promit de nous exclure du Home-Rule, nous imposa, en juin 1921, un régime spécial auquel nous n'aspirions pas, et se réconcilia, six mois après, avec nos adversaires, que ses ministres avaient flétris du haut de la tribune parlementaire. Collins et Griffith, qui n'étaient la veille que des forbans et des assassins, devinrent, le lendemain, de respectables patriotes, anxieux de remplir scrupuleusement leurs engagements. Vous avez serré la main souillée du sang des vôtres. »

— « Je pourrais vous répondre que l'homme absurde est celui qui ne change jamais. Nous n'avons eu qu'un but : rétablir la paix entre la majorité et la minorité irlandaises (car, ne l'oubliez pas, vous n'êtes, dans l'Ulster même, que 800,000 protestants, et il y a plus de 4,000,000 d'habitants dans la Verte Erin). Nos efforts sont bien récompensés, et nous avons aujourd'hui tout le monde contre nous. Pourquoi ne pas nous accuser d'avoir colonisé vos comtés du Nord au début du XVIIe siècle, et opprimé ceux du Sud au cour du XVIIIe ? Si nous ouvrons ce chapitre nous n'en finirons pas. Il n'est pas une seule grande nation européenne qui n'ait à se reprocher de telles fautes. Parlons du présent, si vous le voulez bien. Le traité, dont vous vous plaignez tant, réserve tous vos droits. Vous avez, dans l'Ulster, votre parlement et votre gouvernement, dont vous vous enorgueillissez, et auxquels vous ne voudriez plus renoncer, même si l'on vous offrait aujourd'hui d'en revenir à l'ancien régime. Nous avons, en juin dernier, protégé votre frontière contre les bandes de de Valéra. Le pire qui puisse vous arriver, si vous vous refusez de vous entendre avec l'Etat-Libre, c'est d'avoir à envoyer quelques députés au Conseil général de l'Irlande. Vous nous reprochez d'avoir traité avec les Sinn Feiners modérés, mais ceux-ci nous donnaient des garanties que ni vous ni les nationalistes ne pouvaient nous donner. Il représentaient l'énorme majorité. Les élections de 1918 leur avaient donné 73 sièges sur 105. Celle de juin dernier, malgré l'opposition des extrémistes, leur donne encore les deux tiers des voix. Nous nous trouvions dans l'alternative ou bien d'entreprendre une guerre sanglante, coûteuse et impopulaire, en pleine crise financière et industrielle, ou bien d'aboutir à un arrangement, qui, sans trop compromettre notre sécurité et notre prestige, assure, tout au moins provisoirement, notre tranquillité, et oblige les Irlandais à assumer eux-mêmes la responsabilité du gouvernement. Il eût été absurde de ne pas tout tenter pour aboutir. Votre reproche ne m'émeut pas. Il s'applique indistinctement à tous les signataires de traités, et, puisque, comme vous le dites, nous avons de graves responsabilités en Irlande, il eût été peu gracieux de notre part de refuser de passer l'éponge sur un passé dont nous n'avons pas toujours eu à nous flatter. Quant au présent, du moins, je ne pense pas que nous ayons de graves reproches à nous faire. En signant le traité, nous avons mis notre amour-propre en poche. La plus grande partie de l'Irlande peut se parer du nom d'Etat-Libre. Ses représentants ne prêtent même pas serment au roi comme « Roi de Grande-Bretagne et d'Irlande », mais, « en vertu de la concitoyenneté de l'Irlande et de la Grande-Bretagne ». Le pays reste maître de ses douanes. Il pourra, dans cinq ans, collaborer à la défense des côtes. Il jouit de tous les privilèges des Dominions rattachés à la Couronne. Ce traité a été notre seule propagande. Accepté par le *Dail* à une majorité de sept voix seulement, il a été sanctionné aux élections dernières par une forte majorité. Dès sa conclusion, nous avons procédé à l'évacuation de nos troupes, licencié notre police et libéré les prisonniers politiques. Nous avons fait crédit aux modérés, malgré les troubles provoqués par de Valéra à Belfast, malgré les persécutions exercées contre les loyalistes dans le Sud, malgré une série d'attentats provocateurs dignement couronnés par l'abominable meurtre du maréchal Wilson. Nous avons récolté les fruits de cette politique de patience et de sang-froid. MM. Collins et Griffith ont rempli de leur mieux leurs engagements dès que les élections leur ont montré qu'ils jouissaient du crédit nécessaire. C'est l'Etat-Libre aujourd'hui qui est chargé de rétablir l'ordre en Irlande. »

Ni le Nord ni le Sud ne purent laisser passer cette remarque.

— « Vous avez remplacé l'oppression par la guerre civile. Comme Pilate, vous êtes trop heureux de vous en laver les mains. »

L'étranger crut sans doute le moment venu d'intervenir, pour empêcher la discussion de s'envenimer.

— « Est-il exact, comme on l'a dit, que l'influence de la querelle religieuse ait été exagérée? »

— « Beaucoup d'eau », répondit le vieux nationaliste, « a coulé sous le pont depuis l'époque héroïque de Daniel O'Connell. *Orangemen* et Catholiques sont toujours prêts à en venir aux mains, moins par principe que par tradition, surtout à Belfast. Mais, dans le Sud, l'Eglise elle-même est divisée. Le haut-clergé était nationaliste et soutient aujourd'hui l'Etat-Libre. Le bas-clergé, qui s'est livré à une ardente propagande républicaine, évoluera sans doute dans la même direction. L'Etat-Libre compte d'ailleurs sur l'appui de la minorité protestante dans le Sud. Les distinctions religieuses ne coïncident plus, comme vous le voyez, avec les distinctions de partis. Du reste, les Sinn Feiners n'ont qu'un respect relatif pour l'Eglise. Certains d'entre eux, qui se piquent d'économie politique, l'accusent de maintenir l'Irlande sous un régime agraire peu propice à son développement. Avez-vous lu le livre de Darrell Figgis sur « l'aspect économique de l'indépendance irlandaise » (1) ? Non? Vous devriez le lire, ainsi que l'« Histoire économique de l'Irlande depuis l'Union jusqu'à la Famine » (2), par G. O'Brien. Ces deux ouvrages se complètent. Ils montrent que l'industrie irlandaise a été systématiquement découragée par le gouvernement britannique. Si un si grand nombre d'Irlandais sont obligés d'émigrer, c'est parce qu'ils ont vécu, jusqu'à présent, sous un régime qui ne permettait pas à l'industrie de se développer. La famine de 1846 n'eut pas d'autre cause. Les chiffres sont éloquents: 4,500,000 habitants, en 1800, l'époque où l'union fut conclue; 8,500,000 en 1845, et 4,300,000 en 1910. Griffith ne cessait de citer ces chiffres dans ses écrits, et soutenait que les Irlandais avaient le droit de rester chez eux, comme les Belges et les Anglais, en multipliant leurs ressources en proportion de l'accroissement naturel de la population. L'émigration fut une des tares les plus graves du régime britannique. »

L'Ulstérien l'interrompit:

— « Prenez-vous-en à vous-mêmes, et à votre conservatisme invétéré. La grande famine fut causée par votre propre apathie bien plus que par la maladie des pommes de terre, ou par la politique du gouvernement. Si la concurrence britannique fit tort jadis à l'industrie de la laine, c'est que vos tisserands refusaient d'abandonner le métier pour se rendre à la fabrique. Par contre, rien ne s'opposait à l'industrie du coton et du lin, et au développement de la construction navale. Voyez ce que nous avons fait à Belfast. Nous sommes la minorité, je le reconnais, mais une minorité active et prospère. Nous n'avons bénéficié d'aucun privilège. Si vous ne vous

(1) *Economic Case for Irish Independence.* (1921).

(2) *Economic History of Ireland from the Union to the Famine.* (1921).

étiez pas cramponnés à la terre, vous auriez pu faire comme nous et quadrupler votre population. »

— « Belfast occupe une situation privilégiée, en face des gisements houillers d'Ecosse. Nous n'avions pas de charbon. »

— « Il me semble », remarqua l'étranger, « que nous avons passé de la question religieuse à la question économique. »

— « C'est la question essentielle aujourd'hui », répondit le nationaliste, « et c'est peut-être pour cela que les Sinn Feiners nous ont si rapidement supplantés. Parnell et Redmond combattaient avant tout pour le principe de nationalité. Ils ont, à diverses reprises, sacrifié, dans les projets de Home-Rule, la liberté douanière. C'étaient, si vous le voulez, des idéalistes, des romantiques. Les disciples de Griffith sont plus positifs. Ils ont, avant tout, insisté pour obtenir l'indépendance économique, et ils l'ont obtenue. Demain, ils érigeront entre la Grande-Bretagne et l'Irlande une barrière protectrice, à l'abri de laquelle notre industrie pourra enfin se développer. »

— « Quelle illusion! » murmura l'Anglais; « il est possible que vous trouviez, dans vos cours d'eau de l'Ouest, une source motrice de valeur. Mais la nature vous a voués à l'agriculture, comme elle nous a voués à l'industrie. Nous nous complétons. Si vous nous fermez notre marché, nous vous fermerons le nôtre. Que ferez-vous alors de vos produits agricoles? »

— « Sans compter », ajouta l'Ulstérien, « qu'une politique protectionniste entraînera de graves difficultés avec le Nord. Nous sommes et nous resterons libre-échangistes. Notre constitution nous laisse, Dieu merci, toute liberté à ce point de vue. Etablirez-vous une barrière douanière à travers le pays? »

— « Voici quelqu'un qui est mieux placé que moi pour vous répondre », répondit le vieillard, en désignant un jeune homme du type irlandais le plus pur, nez en bec d'aigle et sourcils noirs, qui s'était approché du groupe, et qui suivait la conversation avec un sourire narquois.

— « Qu'en pensez-vous, O'Neil? »

Ce dernier ne se fit pas prier.

— « Je pense que vous parlez comme si de Valéra était déjà vaincu. Même s'il l'était, les troubles continueraient. La guerre, puis la révolution, ont retenu chez nous une centaine de mille hommes qui, en temps ordinaire, auraient émigré. Ils sont habitués à se battre, et, même s'ils voulaient abandonner leurs armes, ils ne trouveraient pas d'autre emploi. Ils se sont voués à la cause de la République, et le traité ne peut les satisfaire. Ils continueront une guerre de guérilla, à laquelle le pays se prête parfaitement, et ils ont de nombreux adhérents dans le Sud et dans l'Ouest. Collins n'aura la paix que s'il traite avec eux. »

— « Mais », dit l'Anglais, « Collins ne demande pas mieux que de traiter. Ce ne serait d'ailleurs pas la première fois. Avez-vous lu sa proclamation après la mort de Griffith? »

— « Parfaitement », dit le Républicain. « C'est un premier signe de faiblesse. Seulement, s'il traite avec nous, il devra passer par nos conditions. Nous transigerons peut-être, en ce qui concerne la forme de gouvernement. Nous ne transigerons jamais en ce qui concerne l'Ulster. L'Irlande est une et indivisible, et, chez nous comme ailleurs, la minorité sera soumise à la loi imposée par la majorité. »

— « Alors, c'est la guerre! » s'écria l'Ulstérien.

— « Le gouvernement britannique », ajouta l'Anglais, « ne permettra jamais que vous enleviez à l'Ulster sa nouvelle constitution et le parlement inauguré solennellement, il y a un an, par le roi Georges. Nous avons prévu la difficulté. Le Conseil de toute l'Irlande devra se prononcer sur les questions d'intérêt commun entre les deux parties du pays. »

— « Toutes ces combinaisons », répondit le jeune Irlandais, « ne serviront à rien. Les membres de votre Conseil ne s'entendront pas mieux que ceux de la Convention ou que ceux de la Commission des frontières, si vous la convoquez jamais. Le Nord et le Sud ne sont d'accord sur rien. Les pourparlers de Sir James Craig avec Collins le montrent bien. Ils ne s'entendent ni sur la question des frontières, ni sur la question des douanes. Pour le moment, les partisans de Collins l'emportent, je le veux bien. Ils nous ont vaincus à Cork et à Limerick, comme ils nous ont vaincus à Dublin. Mais ils n'osent pas sévir sérieusement. Les troupes elles-mêmes accueillent nos prisonniers comme des frères. La moindre sévérité ferait de nous des martyrs, et nous rallierait une foule de partisans. Il ne s'agit d'ailleurs maintenant que de maintenir l'ordre et nos fermiers tremblent pour leurs récoltes. Mais que demain la question douanière surgisse, ou qu'on ressuscite la controverse de Donegal, Tyrone, et Fermanagh, et vous verrez l'attitude du parlement et du pays changer complètement. Si Collins ne se met pas à notre tête, il sera bien obligé de nous suivre. Nous resterons fidèles à notre nom, Sinn Fein, *Nous-mêmes.* »

Et le jeune Irlandais quitta le groupe de causeurs, sans même prendre congé, trop satisfait de ses déclarations pour admettre un instant qu'on pût y répondre.

Les quatre vieillards restèrent un instant silencieux et rêveurs, suivant des yeux la fumée de leurs pipes.

— « Il a peut-être raison », murmura le nationaliste ébranlé. « Je sens que je me fais vieux. Je pense encore comme il y a vingt ans, alors que tant de sympathie existait entre mon pays et le libéralisme anglais. Mais le libéralisme anglais est mort. Lloyd George l'a tué. »

— « Vous pourriez en dire autant de l'Unionisme », objecta le coalitioniste. « Il ne reste que le petit groupe de *Die-Hards,* dont toute la politique consiste à nous maudire et à regretter le passé. Ce qui est fait est fait. Nous avons cédé aux Irlandais tout ce que nous pouvions leur céder pour obtenir que leurs différends cessent d'empoisonner notre politique intérieure. L'avenir dira si nous avons eu tort... A moins que vous ne nous le disiez tout de suite » ajouta-t-il, en se tournant vers l'étranger.

— « Je ne suis pas qualifié », répondit celui-ci, « pour apprécier une question aussi complexe, à laquelle je n'entends pas grand'chose. Il me semble pourtant discerner, dans les difficultés de l'heure présente, certains éléments permanents, et certains éléments passagers. L'élément permanent est l'aspiration de la nation irlandaise, qui est vraiment une nation, au même titre que la mienne, avec son histoire, sa civilisation et sa littérature propres, vers une liberté politique et économique qu'on lui a trop longtemps refusée, et que le traité de décembre dernier lui accorde, me semble-t-il, dans une très large mesure. L'obstacle anglais était insurmontable. Les difficultés résultant de la situation spéciale occupée par l'Ulster ne semblent pas, à première vue, insolubles, à condition que les politiciens anglais cessent d'exploiter le différend en faveur de leurs intérêts de parti, à condition, surtout, qu'il se trouve dans le Sud des hommes d'Etat suffisamment patients pour rassurer cette minorité ombrageuse, pour respecter ses intérêts, et pour l'amener peu à peu à comprendre qu'elle rentre dans l'unité irlandaise et qu'elle peut y jouer un rôle de tout premier rang. »

— « Rôle de père nourricier », murmura l'Ulstérien. « Le Sud dépensera et le Nord remplira le trésor public. »

— « A quels éléments passagers faisiez-vous allusion ? », demanda l'Anglais.

— « Aux troubles de l'après-guerre, au fait qu'un grand nombre de mécontents et d'oisifs exploitent sans trop de discernement les griefs les plus divers. Les Sinn Feiners sont, avant tout, des nationalistes. Ils se sont alliés à l'Allemagne durant la guerre simplement par haine de l'Angleterre. On a saisi récemment une correspondance compromettante avec les Bolchévistes. Qu'y avait-il de commun entre la cause de l'indépendance irlandaise et l'impérialisme germanique? Qu'y a-t-il de commun aujourd'hui entre les républicains irlandais les plus violents et les bolchévistes? Entre ces nationalistes ardents et ces cyniques internationalistes? La réflexion de notre jeune républicain m'a frappé. Il y a des milliers d'hommes qui s'empressent de se battre parce qu'ils ne peuvent faire autre chose. Le feu couve, et tout combustible sert à en alimenter la flamme. Nous avons aussi chez nous des mécontents qui suivent de près les événements d'Irlande. »

— « Les Sinn Feiners de Flandre? »

— « Parfaitement. Et ils ne se gênent pas pour écrire aux journaux irlandais, pour se plaindre des soi-disant « persécutions » dont ils sont l'objet, comme si la question des langues avait le moindre rapport avec celle de l'indépendance nationale. »

Le vieil Irlandais se pencha alors vers l'étranger, et lui secouant la main avec enthousiasme, le remercia pour ces paroles.

— « Vous m'avez fait du bien. C'est bien, comme vous le dites, l'aspiration nationale qui est au fond de tout, et c'est elle qui triomphera en dernier ressort. Parnell et Redmond avaient raison, et les Sinn Feiners ne font que répéter aujourd'hui ce qu'ils proclamèrent jadis avec tant d'éloquence. Mais la voix de notre jeune génération est éraillée par la guerre. Nous n'avons pas été impunément à l'école de la haine et de la violence. La tragédie de l'Irlande ne dérive pas tant du régime anglais. Celui-ci, dans ces derniers temps, nous avait donné une prospérité exceptionnelle. Le grand obstacle à l'œuvre de la libération a été de notre côté le manque de chefs dignes de conduire, et le manque de discipline parmi leurs adhérents. Les Anglais ont pu répéter, non sans raison, que nous ne réussirions jamais à nous administrer nous-mêmes. Nous sommes trop versatiles, trop frondeurs. Il faut, pour qu'il s'impose à la masse, un homme de la taille de Parnell. Vous ne manquez pas de tels hommes en Belgique. Priez Dieu qu'il nous en envoie un à l'heure critique ! »

L'étranger détourna les yeux, un peu confus devant cette sincère confession. Il rencontra le regard de l'Anglais, qui, le genou entre les mains, s'était renversé dans son fauteuil. Celui-ci hocha la tête, en murmurant : « *So be it* ». Mais l'Ulstérien sourit en haussant les épaules...

EMILE CAMMAERTS.

L'Intégration humaine

I

Considérations préliminaires.

Etre des hommes, dans l'acception complète du mot, être des hommes accomplis, tel est le grand but que nous propose la vie.

Nous ne sommes encore que des barbares, comme l'écrivait le vieux Blanqui (1). Nous ne sommes encore qu'à un stade intermédiaire entre le singe et l'homme, entre la bestialité originelle et l'humanité plénière. « L'homme, bête féroce, cousin du gorille, est parti de la nuit profonde de l'instinct animal pour arriver à la lumière de l'esprit... Il est parti de l'esclavage animal, et, traversant l'esclavage divin, terme transitoire entre son animalité et son humanité, il marche aujourd'hui à la conquête et à la réalisation de la liberté humaine (2) ». Ainsi la chenille passe par l'état de chrysalide pour devenir papillon.

Cette intégration de notre nature, cet épanouissement de nos virtualités libérées, cet « état parfait » de l'être humain, quels en seront les caractères majeurs? Quelles en seront les caractéristiques? C'est ce qu'il importe de dégager et de définir, c'est ce qu'il importe de connaître, si l'on veut s'orienter dans la vie en connaissance de cause, en homme conscient de sa nature, de sa place dans l'univers et du vœu intime de son être.

Car c'est en vain qu'avec Stirner ou Nietzsche on

(1) Auguste Blanqui, *Critique sociale,* t. I, p. 174.
(2) Bakounine, *Dieu et l'Etat,* p. 16.

voudrait se dépouiller de sa qualité d'homme. Celle-ci n'est pas un vêtement qu'on enlève. Elle tient à notre nature même. Elle n'est pas une appellation vide dont on affuble à plaisir notre « Moi », unique et souverain. Elle correspond à une réalité profonde. « La nature, comme le dit Sénèque, nous a faits parents. » Et ce rapport de famille, ce lien de parenté, cette solidarité foncière, organique, qui font de nous, collectivement, des hommes, — ou du moins des êtres humains, des hommes en puissance et en devenir, — il n'est personne, ni « Unique » ni « superhomme », qui puisse s'y soustraire. « Nous sommes les membres d'un grand corps », et, seule, l'aberration métaphysique, perdant de vue les réalités, peut aboutir à cet égotisme contre-nature ou à ce « délire d'ambition » et d'orgueil qui renient l'humanité.

Noblesse, dignité, indépendance; échelle des valeurs; tout cela ne peut être fondé, tout cela est sans base, en dehors de l'histoire naturelle et de l'anthropologie, en dehors de la science de l'homme. L'humanité est notre norme physiologique; elle est la loi de notre nature.

Que comporte donc cette humanité complète, cette humanité parfaite, à laquelle nous tendons, à laquelle nous portent le développement normal de notre être et l'évolution naturelle de la vie, à laquelle enfin nous convie le sentiment de notre dignité?

II

L'autonomie.

L'autonomie, d'abord, — la pleine autonomie qui résulte de l'état scientifique de la conscience et de la majorité de la raison, l'autonomie affranchie de toutes les fictions théologiques ou métaphysiques, de toutes les illusions qui l'ont égarée et asservie depuis l'enfance de l'humanité.

De toutes ces illusions, le centre, le noyau, le point de départ et d'appui, c'est l'illusion de la causalité absolue, l'illusion autoritaire, l'illusion du libre arbitre. C'est d'elle que sont nées les superstitions primitives. C'est sur elle encore que reposent, c'est par elle que prétendent se justifier, le droit de propriété et le droit pénal qui dominent et régissent, dans son état actuel, notre vie collective.

Mais de cette illusion initiale, de cette illusion mère, la critique réaliste et déterministe a eu raison : elle en a raison chaque jour davantage. Le mirage de l'absolu et de l'arbitraire se dissipe peu à peu. La superstition se meurt. Les entités métaphysiques s'évanouissent. Et tandis que l'Etat, — cette entité collective, cette création de la métaphysique sociale, — tandis que l'Etat, malgré les arguties « collectivistes », perd peu à peu son prestige et son ascendant providentiel, tandis que le « Moi », cette autre entité métaphysique, malgré les sophismes individualistes, malgré les autels que lui a dressés l'égotisme, perd peu à peu tout crédit, cesse d'être autre chose qu'un vain mot et un sujet de verbiages sans fondement, la nature humaine s'épanouit, libérée des dernières entraves qu'elle s'était créées à elle-même, l'*homme* enfin apparaît dans la plénitude de son autonomie.

Cette autonomie se présente ainsi comme le terme naturel d'un développement, d'une évolution, dont chaque étape, chaque phase, est un progrès de la liberté, une diminution de l'autorité, un pas de plus vers la délivrance de la chrysalide humaine.

Elle se traduit, tout d'abord, par le rejet de la carapace capitaliste et gouvernementale qui comprime et paralyse le libre essor de l'humanité et le déploiement normal de la vie. Ce phénomène physiologique, cette mue, est la condition première, en même temps que le signe visible du triomphe définitif de la liberté, la condition et le signe de l'avènement de l'autonomie *humaine*.

de l'autonomie éclairée, consciente et rationnelle, de l'homme, affranchi de toutes les fictions juridiques, de toutes les superstitions, de tous les fétichismes, de tous les absolus. Derniers vestiges de l'absolutisme barbare, le numéraire et l'Etat, quelles qu'en soient les formes, quels qu'en soient les amendements, sont appelés à disparaître sous la poussée organique de l'histoire, sous la poussée souveraine du développement humain.

***

Faut-il, d'ailleurs, en souligner encore les méfaits, l'impuissance au bien, l'injustice? Faut-il en rappeler toutes les tares, toute la malfaisance naturelle, congénitale, organique?

Ce qu'il importe, en tout cas, de signaler avant tout, en y insistant, c'est, en dépit des pompeuses et « savantes » dissertations des économistes, orthodoxes ou non, la rigoureuse équivalence concrète et la synonymie des deux termes: capital et numéraire. Blanqui (1), sur ce chapitre, avec son sens aigu des réalités, a vu bien autrement clair que Marx, dont tout l'appareil pédantesque ne couvre qu'une creuse métaphysique! Le capital, c'est le numéraire — et pas autre chose; toute la logomachie du monde n'y fera rien. Le bon sens populaire, du reste, ne s'y trompe point. L'ennemi, pour lui, c'est l'argent, c'est l'or, c'est le papier-monnaie, c'est le symbole du droit de propriété et du pouvoir économique, qui, en s'accumulant en certaines mains, engendre le privilège et l'exploitation, c'est ce numéraire dont la seule existence engendre le mercantilisme et tout ce qui s'ensuit.

L'ennemi, aussi, c'est l'Etat, *le pouvoir politique.* La subtilité dialectique de certains de ses défenseurs a

(1) Auguste Blanqui, *Capital et Travail* (*Critique sociale,* tome premier).

beau s'ingénier aux jeux de mots, distinguer l'Etat-gérant de l'Etat-gouvernement (1), opposer l'un à l'autre ces vocables fallacieux, il n'en reste pas moins, en fait, que l'Etat c'est la forme *politique* du groupement humain, c'est-à-dire, de par l'histoire et de par sa nature, la forme agrandie — et périmée — de la cité et du groupement territorial (2), et que ce n'est pas en lui attribuant ou plutôt en lui restituant les fonctions économiques, qu'il a perdues au cours des âges et au vœu du progrès, qu'on en changera la nature et le caractère fondamental.

L'Etat est, par nature, un organe d'oppression, une création de l'absolutisme, et c'est en vain qu'on prétendrait en faire l'organe de la justice. Cette décentralisation qu'on préconise, c'est sa mort même, — si on est logique et si on va jusqu'au bout. Car ce qui fait l'Etat, c'est la centralisation et l'unité imposée, parcellaire ou non, et reconnaître le principe de l'autonomie, c'est, implicitement, c'est, logiquement, condamner l'Etat, même démocratique; c'est, en toute justice, ouvrir la porte, malgré lui, contre lui, au droit imprescriptible des minorités et des individus.

* * *

L'Etat comme le numéraire, le numéraire comme l'Etat, sont donc condamnés à disparaître; ils sont condamnés par l'évolution naturelle de l'histoire, par les exigences de la nature humaine, par la raison consciente de l'homme, arrivé à sa majorité. Ces superfétations oppressives une fois disparues, l'homme pourra enfin être pleinement homme; débarrassé de leur contrainte, il pourra enfin, en pleine possession de soi-même, avoir vraiment la direction de sa vie.

Mais cette autonomie parfaite, il ne faut pas l'oublier,

(1) Voir notamment, E. Vandervelde, *Le Socialisme contre l'Etat.*
(2) Cf. L. Morgan, *Ancient Society.*

cette autonomie parfaite, première exigence de notre dignité d'hommes, première exigence de notre dignité de personnes majeures, ne comporte pas seulement une transformation purement objective des conditions matérielles de la vie; elle implique aussi un état moral, un état psychique, qu'il importe de préciser.

Remarquons d'abord que cette autonomie intégrale, pour rationnelle qu'elle soit, n'a rien de commun avec l'autonomie *absolue* dont Kant fait la condition et la base de notre dignité.

Pour Kant, en effet, l'autonomie réside dans la détermination de la volonté par la raison pure; celui-là seul est libre qui règle sa conduite en dehors de toute influence sensible. Est esclave, au contraire, celui dont les décisions subissent, de quelque manière que ce soit, ces influences.

L'homme libre et autonome, par exemple, voudra le bonheur d'autrui, non pas par sympathie pour autrui, ou parce que le bonheur universel l'attire, mais pour obéir à la raison qui lui dicte son devoir en lui dictant les catégories universelles, absolues, aprioriques, du bien et du mal. « A agir, dit Kant, par sympathie, par compassion, par charité, il n'y a absolument aucune moralité : ces actes vont contre la morale. »

On connaît, à ce propos, la fameuse boutade de Schiller :

« *Scrupule de conscience :* Je sers volontiers mes amis,
« mais, hélas ! je le fais avec inclination et ainsi j'ai sou-
« vent un remords de n'être pas vertueux.

« *Décision :* Tu n'as qu'une chose à faire. Il faut tâcher
« de mépriser cette inclination et faire alors avec répu-
« gnance ce que t'ordonne le Devoir (1) ».

Kant lui-même, du reste, constate, avec quelque amer-

(1) Schiller, *Les Philosophes,* cité par Schopenhauer dans *Le fondement de la morale,* p. 31.

tume, que ce détachement absolu, qu'il nous prêche, n'est pas de ce monde : « Dans le fait, dit-il, il est absolument impossible d'établir par l'expérience et avec une parfaite certitude un seul cas où la maxime d'une action, d'ailleurs conforme au devoir, n'ait eu d'autre base que des principes moraux et la représentation du devoir... On ne rencontre partout que le cher moi-même au lieu du précepte strict du devoir (1) ». C'est que, à la vérité, la sensibilité, aussi bien que la raison, fait partie intégrante de la nature humaine et qu'on n'ampute pas ainsi un être vivant de ce qui fait sa réalité individuelle, de ce qui fait qu'il est *lui* — et non autrui — et en dehors de quoi on ne voit pas comment on pourrait légitimement dire qu'il se détermine par lui-même ou qu'il est « autonome ».

La plupart des Kantiens, il est vrai, comme la plupart des spiritualistes, d'ailleurs, établissent une distinction entre *l'individualité,* qui s'incarne dans l'organisme, et *la personne,* faite de ces deux éléments : raison et liberté. Mais y a-t-il là autre chose qu'un artifice dialectique et l'expression du préjugé spiritualiste ? Certes, on peut discerner, on peut caractériser en nous des inclinations qui dépendent de la raison ; mais de ces inclinations la raison n'est que partiellement la cause, car jamais la personnalité ne se détache de l'organisme individuel et l'on peut dire qu'elle n'est que l'individualité même, dans ses parties les plus hautes et les plus humaines.

Si le savant s'oublie dans la science, si l'homme de conviction se dévoue à son idéal, ils le font chacun d'une façon qui porte la marque de leur sensibilité propre et où se révèlent leurs inclinations natives. Jamais, en réalité, la personne humaine ne se détermine par la raison pure ; jamais on ne rencontre l'autonomie absolue, telle que la rêvait Kant.

(1) Kant, *Métaphysique des mœurs,* pp. 35-36.

Comment donc définir cet état moral dans lequel l'homme *n'aliène plus son pouvoir* et se gouverne de son propre chef ?

Cet état, peut-on dire, est, essentiellement, un état opposé à l'état hypnotique. L'individu autonome est celui qu'aucune hypnose ne possède, qu'aucune fascination ne subjuge, qu'aucun fétichisme ne domine et n'asservit. Etat physique, état magnétique, aussi bien qu'état moral. Etat bien connu des initiés de tous les temps.

Et cette autonomie parfaite, cette pleine maitrise de soi, n'est pas seulement négative. Elle suppose aussi une discipline intérieure, une discipline découlant de l'ascendant normal de la raison assainie, libérée, et reprenant ses droits dans un réalisme éclairé et conscient, une discipline rationnelle qui, sans méconnaître les droits de la sensibilité tout entière, ne laisse place ni à la tyrannie du dedans ni à celle du dehors.

C'est ce qui la distingue de l'anomie, de l'indiscipline, qui est la négation pure et simple de toute règle, qu'elle soit dogmatique ou raisonnée. L'homme conscient n'ignore pas qu'on « ne triomphe de la nature qu'en obéissant à ses lois », et s'il est sans dogmes, il n'est pas sans principes et sans discipline. La question est de définir cette discipline, de savoir ce qu'elle doit être pour n'être pas dogmatique, apriorique, arbitraire, pour qu'elle ne lèse pas la dignité humaine. Mais avoir pour principe de n'avoir pas de principes enferme d'abord une contradiction et une impossibilité psychologiques. Ensuite, pratiquement, cet idéal absurde et impossible, si on tentait de le vivre, n'aboutirait, au lieu de fortifier l'individu, qu'à le dissoudre et à l'annihiler dans une impulsivité radicale. Une activité forte suppose des principes solides Et sans idées directrices, sans discipline raisonnée, l'homme ne pourrait dire qu'il se gouverne lui-même. Il ne serait qu'un navire flottant au hasard, à la merci des éléments, sans boussole et sans gouvernail.

A la vérité, tout homme a des principes. Vrais ou faux, justes ou erronés, c'est la raison qui en est la source, qui leur donne le jour. Fonction naturelle, fonction physiologique. C'est en raisonnant — ou en déraisonnant — sur les faits qu'il observe que l'homme se fait une idée synthétique du monde et de ce qu'il doit faire. C'est ainsi qu'il règle son activité, sa vie, sa conduite.

Mais ces règles, ces principes, peuvent être viciés par l'absolutisme, par l'illusion métaphysique et autoritaire, par la croyance et la soumission à une hétéronomie quelconque.

La science elle-même peut se prêter à ces déviations de l'esprit. Et nous avons vu certains historiens, comme certains sociologues, attribuer à la discipline apportée par la science, à la discipline de l'homme conscient, un caractère d'hétéronomie radicale qui serait la négation de toute autonomie et de toute dignité vraie. D'après eux, ce sont les choses extérieures, et non nous-mêmes, qui nous dirigent fatalement. Ce sont elles qui nous dictent la ligne de conduite qu'il est rationnel de suivre, et nous n'avons qu'à nous soumettre et à obéir. « D'avance, dit Taine, la nature et l'histoire ont choisi pour nous ; c'est à nous de nous accommoder à elles, car il est sûr qu'elles ne s'accommoderont pas à nous. » Et de nombreux sociologues, tout en tenant un autre langage, arrivent à la même conclusion : pour eux, ce ne sont plus les prédispositions ethniques ou les décrets de l'histoire, ce sont les conditions sociologiques qui décident souverainement du sort de la société et de la destinée humaine. Une fois qu'on connaît la norme des relations sociales et le déterminisme de leur action fatale sur les individus, on sait ou l'on *doit* aboutir et quelle est la voie à suivre, la voie qui sera infailliblement suivie. Pour les uns comme pour les autres, la règle de notre conduite est en dehors de nous : elle est dans la fatalité des choses, et la sagesse se confond avec la résignation.

Eh bien! cet absolutisme, tout « scientifique » qu'il se croie, vaut l'autre: il n'est pas autre chose que de la pure métaphysique *et du déterminisme simpliste.* Dès qu'on voit, au contraire, les choses telles qu'elles sont réellement, c'est-à-dire essentiellement et infiniment complexes, on perçoit dans cette complexité même la condition et le fondement d'une certaine autonomie, d'un certain pouvoir de *self-determination* de l'individu. Ce n'est jamais qu'une demi-science, qu'une science unilatérale, qui conclut au fatalisme et à la passivité.

Il y a évidemment, nous le savons, une part d'influence extérieure dans les déterminations les plus spontanées et les plus volontaires. Mais si l'action du milieu est certaine, il n'en est pas moins vrai que, quoi qu'en pense un Evolutionnisme mystique, *le milieu n'est pas tout;* il n'en est pas moins vrai que l'énergie *incréée* de l'être vivant — incréée et, par là, irréductible aux milieux — a aussi son rôle, et que l'autonomie qui en résulte va croissant à mesure du développement de la conscience, à mesure du développement de la lucidité et du savoir, pour atteindre sa plénitude par la connaissance scientifique du monde, la fin de toutes les illusions autoritaires, le dégagement de tout absolutisme.

III

La socialité.

Ce n'est pas à dire, pourtant, qu'il s'agisse du règne de l'arbitraire individuel, de *l'individualisme.* L'homme qui se possède vraiment, celui qui est vraiment homme, est à la fois *personnel* et *social.* La socialité est, au même titre que l'autonomie, une qualité essentielle, une caractéristique, de l'homme normalement développé, de l'homme complet.

On a discuté à perte de vue, on a ergoté, ratiociné jusqu'à la démence, jusqu'à la négation de la saine raison et du bon sens, sur l'égoïsme et l'altruisme, principes absolus, sur le devoir de solidarité, sur la sociabilité, forme de l'égoïsme... Vaine logomachie, si cela n'aboutissait à troubler et à fausser le sens moral, *le sens social,* la conscience! En réalité, tout cela, c'est toujours la hantise de l'absolu. Le devoir naturel de l'homme n'a rien de ce simplisme dogmatique et exclusif. Il n'est ni exclusivement égoïste, ni exclusivement altruiste, ni aveuglément solidariste. Il découle de la nature *sociale* de l'homme. Et tout ce fracas de mots et de prétendus principes disparaît dès qu'on abandonne sensément la folle prétention à l'absolu et qu'on s'attache, en naturaliste et en physicien, à l'étude positive de la réalité humaine.

L'homme, comme tous les animaux bisexués, est un animal social. Il ne s'agit pas ici d'un principe métaphysique, mais d'un instinct profond, *organique*. Cette socialité s'est développée au cours des âges, à travers la série animale, de degré en degré de l'échelle zoologique, véritable échelle naturelle des valeurs. Elle tend à arriver dans l'homme à son plein épanouissement, que contrarient encore les conditions économiques et politiques de la vie.

Nous la voyons, cette socialité, apparaitre, manifester ses premiers effets, avec les premiers rudiments de vie commune. Le sens moral naît et se perfectionne ainsi avec l'association. Les deux phénomènes sont concomitants; ils sont solidaires.

Mais le caractère social de la vie est universel. Il n'est pas seulement le fait de la vie animale; il s'étend à l'univers tout entier: il est atomique et cosmique. Et la socialité humaine n'est que cette tendance naturelle mise en valeur et fortifiée par la raison et l'habitude. Telle est la genèse du sens moral. Telle est la généalogie de la moralité. Tel est le fondement de la morale humaine : fondement, naturel, physiologique, *physique*.

La socialité est partout, — à l'état latent ou à l'état apparent. Certains corps se combinent ou s'amalgament entre eux ; d'autres ne se combinent ni ne s'amalgament... Affinité chimique ; forme élémentaire de la socialité et de l'association. Voilà pour la matière brute. Passons à la matière vivante. Que sont les organismes vivants, des plus simples aux plus différenciés, sinon des sociétés véritables, des associations d'éléments biologiques ? Y a-t-il même, objectivement, une ligne de démarcation tranchée entre les organismes dits biologiques et les organismes dits sociaux ? Dans les uns, sans doute, nous percevons d'un seul regard l'ensemble des unités composantes ; dans les autres, non. Mais ce point de vue subjectif est-il une base suffisante pour une distinction rationnelle et scientifique ? En réalité, tout être vivant est une société, comme toute société, animale ou humaine, est un être vivant. Ce qui constitue la société, c'est l'action réciproque, spontanée et constante, d'individu à individu, d'unité à unité, quels que soient le rapprochement ou l'éloignement matériels de ces individus, des ces unités. Ainsi, malgré leur contact immédiat, deux quartiers de roc juxtaposés ne forment pas une association, parce qu'il n'y a aucune action spontanément réciproque de l'un à l'autre. La distance donc importe peu, et l'on peut dire qu'il n'y a pas de différence essentielle, fondamentale, entre la vie d'une société humaine, par exemple, et celle d'une collectivité cellulaire. Vie et socialité vont de pair. Où se manifeste l'une se manifeste aussi l'autre.

La socialité n'est, d'ailleurs, que la manifestation de la tendance naturelle qu'a la vie, dans tout être vivant, à s'intensifier. L'association représente, en effet, on l'a dit, non pas une simple addition de forces, mais une multiplication de la puissance des éléments associés. Faut-il rappeler encore, pour fixer les idées, l'exemple classique donné par Jean-Baptiste Say, concernant la fabrication des cartes à jouer? Il nous montre sur le vif cette multiplication des forces. Nous voyons là que trente ouvriers, par la collaboration, arrivent à fabriquer 15,000 cartes par jour, c'est-à-dire 500 par tête, tandis que chaque ouvrier isolé pourrait à peine en produire deux dans sa journée... Ce qui nous donne, dans ce cas, comme résultat de l'association, une puissance de 250 fois supérieure à la simple addition des forces. Et cet exemple n'est qu'un fait typique entre mille. Il exprime une loi naturelle. Toujours l'association, l'association sincère, amplifie l'action, multiplie l'activité des unités associées.

Mais elle n'active pas seulement la vie; elle la prolonge, la rend plus durable. Tandis que tels organismes monocellulaires durent à peine quelques heures, les cellules associées qui constituent le corps humain — et qui pourtant sont analogues à certains de ces protozoaires — arrivent à vivre des années. Tandis que certains animaux isolés n'échappent pas à une destruction rapide, réunis en troupe ils s'assurent une vie normale incomparablement plus longue. Tandis que dans les collectivités minuscules la vie de l'homme, livrée à tous les périls et à tous les hasards, ne dépasse guère, semble-t-il, une moyenne de 10 à 12 ans, dans nos sociétés beaucoup plus vastes et mieux organisées la moyenne de la vie atteint déjà un chiffre quadruple et continue à s'élever de plus en plus.

Accroissement d'action présente, accroissement de longévité, voilà comment se traduit cet accroissement de puissance vitale, cet accroissement de *vivacité* que donne l'association.

Il ne s'agit pourtant point de voir dans la socialité un calcul, dans l'association un principe purement rationnel.

L'accroissement de vie et d'action est un fait physique, organique, spontané, avant d'être un but de raison et un effet de volonté. La socialité est une vertu — *au sens étymologique du mot,* — une vertu naturelle, impulsive, inconsciente, avant d'être un moyen raisonné et un principe finaliste. Il n'y a là, originairement, ni intention, ni raison raisonnante; il n'y a qu'une loi *naturelle,* universelle, tenant à l'essence même de la vie organisée. Et cette loi naturelle d'association se manifeste aussi bien dans la vie cellulaire ou atomique la plus infime que dans la vie la plus consciente et la plus haute. Elle n'est, en somme, qu'un aspect de la loi physique d'économie des forces, de la loi universelle du moindre effort pour le maximum d'effet.

* * *

De cette loi universelle, de cette loi cosmique, l'instinct social est la première manifestation zoologique; il précède la socialité consciente et raisonnée, comme l'impulsion précède la raison: il est la forme élémentaire, la forme embryonnaire, de la socialité animale et humaine.

Sous la poussée irrésistible de cet instinct, la solidarité matérielle, involontaire, imposée, fortuite, la solidarité fruste du cosmos primitif, fait place peu à peu à la solidarité *sociale,* volontaire, spontanée, élective. C'est la loi du progrès. A la cohésion forcée se substitue, de plus en plus largement, de plus en plus victorieusement, l'association affinitaire, l'amour.

Cette révolution commence avec la vie organisée; elle se déroule à travers la série innombrable des collectivités vivantes, depuis les agrégats plastiques les plus simples jusqu'à la vaste société humaine. Elle a pour base, pour point de départ, la fonction de génération, le lien de parenté et de sympathie physiologique qui unit organiquement, fraternellement, les éléments de même souche, de même nature. Sous l'action de ce facteur nouveau, la vie collective s'organise, grandit, se perfectionne. Une morale naturelle se développe, expression et outil de ce perfectionnement, organe de ce progrès. L'altruisme s'affirme et s'affermit, à côté de l'égoïsme. La socialité s'intensifie et élargit son cercle.

C'est ainsi que de l'état grégaire les groupements humains passent graduellement à un état *social* de plus en plus parfait et de plus en plus étendu. C'est ainsi que partie de la horde primitive, l'humanité traverse la phase du groupement territorial, du groupement politique (1), pour arriver enfin à l'association libre des individus selon leurs affinités réciproques et à l'abolition des frontières. C'est ainsi que l'homme commence par se *civiliser* pour aboutir à se *socialiser* pleinement.

Cette socialisation s'opère en étendue et en profondeur. *La socialité croît à la fois en extension et en intensité*. C'est le mouvement même de l'histoire, sa loi. A mesure que l'homme se réalise, à mesure qu'il se dégage de la brutalité primitive, la discipline sociale se développe, s'affine, en même temps que va s'élargissant le cercle du monde. De plus en plus, la politesse, la politesse réelle, l'art de vivre en société, le *savoir-vivre*, au sens intégral et conscient du mot, fleurissent dans les rapports humains. L'altruisme, le souci d'autrui, se généralise. L'homme obéit à sa nature d'homme.

Ainsi la collectivité humaine tend de plus en plus à devenir une société, une association universelle. La socialité native et virtuelle de l'homme, son instinct social, se transforme peu à peu en socialité effective. L'être humain se discipline par et pour la vie en société, par et pour une vie sociale de plus en plus délicate, de plus en plus solidaire et de plus en plus large.

(1) Ne pas oublier que « politique » vient de πόλις, cité, et que l'Etat n'est que la cité agrandie. — Cf. L. Morgan, *Ancient Society*.

Mais ne nous y trompons point. Cette discipline sociale croissante, cette socialisation de plus en plus parfaite de l'individu humain, n'ont rien de la mécanisation rêvée par les autoritaires. C'est du fond même de la nature humaine que jaillit spontanément ce besoin d'accord et d'harmonie, cet instinct de coordination fraternelle, que viennent renforcer et développer la pratique et l'expérience de la vie. Dans sa magistrale étude sur le *Génie de l'organisation* (1), M. Van Gennep a admirablement montré ce que valent, à ce sujet, les élucubrations savantes des docteurs en militarisme. Réduire « la science de la civilisation » (2) et de « l'organisation » à un simple problème de mécanique, portant sur l'utilisation la plus économique du « matériel humain », c'est éliminer précisément l'élément moral qui est l'élément essentiel des rapports sociaux, des rapports humains ; c'est faire fi, dans un vain rêve de domination égoïste et d'impérialisme sans vergogne, de tout ce qui fait la valeur de la personnalité humaine, de tout ce qui fait la valeur de la vie. La vraie discipline humaine, la discipline saine et féconde, ne s'impose pas du dehors. Elle surgit de l'individu lui-même ; elle est l'œuvre vivante, sagace et voulue, de sa spontanéité foncière et de sa conscience autonome.

Cette sagesse éveillée est, en réalité, le contre-pied de la passivité mécanique qui est au fond de toute doctrine étatiste comme au fond de tout dynamisme métaphysique. La conduite humaine est essentiellement de source psychologique, et s'il est vrai que l'emprise du monde extérieur agit toujours par quelque endroit sur la volonté même, il n'en reste pas moins que la nature énergétique de l'homme fait qu'il ne peut être réduit à un rôle purement passif et que, quoi qu'en pense notamment l'école matérialiste de Marx, le rôle des idées-forces, le rôle de

(1) A. Van Gennep, *Le génie de l'organisation*. Payot, 1915.

(2) Voir Ostwald, *Les fondements énergétiques d'une science de la civilisation*, etc., etc.

l'imagination et du sens intime, le rôle de l'impulsion psychique est capital. C'est de là que procède, c'est de là que relève en dernier ressort la discipline morale de l'homme, et l'histoire du progrès humain est l'histoire même du développement de la conscience et de la raison créatrice.

IV

La Justice humanitaire.

L'homme règle sa conduite d'après sa conception du monde, d'après sa conception de la vie, — si incomplète et si rudimentaire que soit cette conception. L'évolution humaine est ainsi essentiellement, n'en déplaise aux fanatiques du marxisme et aux apologistes de la force brutale, *une évolution philosophique*. La question sociale n'est pas une simple question matérielle; elle est aussi et par-dessus tout une question de *conscience*, de conception cosmologique, de raison et de justice. La question intellectuelle, la question philosophique la domine et en donne la clef.

Le sentiment du droit est, en effet, la force motrice par excellence des sociétés humaines. Dans le monde humain, la force, la vraie force, la force souveraine, la force spécifique, c'est le droit. C'est lui qui détermine la norme des rapports. C'est lui qui arme la conscience morale de l'individu. C'est lui qui est le principe organique de la vie collective.

Mais le droit, comme la science, a sa source dans la raison humaine. C'est la raison, force créatrice, qui donne naissance à ces forces nouvelles; c'est par elle qu'elles apparaissent dans le monde. En ce qui concerne spécialement l'homme, *la raison, peut-on dire, crée la force.*

Raison humaine, raison *vivante* et *féconde*, raison créatrice, qu'il ne faut pas confondre avec la raison morte, figée, absolue, des métaphysiciens, avec l'idée immobile de Platon.

Certes, l'instinct de justice, l'instinct du juste, existe avant toute raison discursive, avant toute raison explicite. Mais, comme le dit Elie Reclus, « jamais l'instinct, tout sagace et ingénieux, tout primesautier qu'il soit, n'atteindra la compréhension vaste et lumineuse des choses que la raison élabore silencieusement et sûrement (1) ». Celle-ci, il est vrai, commence par s'égarer, par verser dans des imaginations fausses, dans des conceptions enfantines, simplistes, ingénues, par se nourrir de mirages, d'illusions, de chimères, d'idées creuses et saugrenues, pour aboutir à la superstition et à l'absolutisme. Mais peu à peu elle se discipline au contact de la réalité; elle se fortifie, se développe, s'émancipe des vains rêves de son enfance, grandit en justesse et en puissance, atteint enfin son équilibre normal et sa majorité scientifique. C'est le cours naturel de l'évolution mentale, tel que Comte l'a noté dans sa loi des trois états.

Evolution mentale, évolution philosophique, évolution morale, cette évolution de la raison entraîne celle de la conception de la justice. L'organisation sociale n'est, en effet, qu'un prolongement de l'organisation du monde. La justice n'est qu'un aspect de l'ordre universel. Et tout changement dans la conception synthétique de l'univers, tout progrès de la philosophie, implique un changement dans la conception des rapports humains, un progrès vers une justice plus juste.

Justice plus juste, justice plus clémente aussi: justice plus vraiment, plus pleinement humaine, plus pénétrée de cet esprit de bonté sans lequel l'humanité n'est qu'un vain mot et la justice elle-même un leurre cruel, une injure permanente à l'équité et au droit humain.

(1) Elie Reclus, *Les Primitifs*, préface, p. XIII.

Car le progrès, le progrès en général, est surtout, en dernière analyse, *un progrès de la clémence,* — un progrès de l'harmonie des choses et des êtres, un adoucissement croissant de la vie et, pour couronner ce développement organique, un épanouissement de la douceur et de la bonté humaines... Non pas cette bonté sans force, cette bonté aboulique et passive qu'a prêchée le bouddhisme, non pas cette douceur résignée faite de faiblesse et d'abdication, qu'a prônée l'évangélisme chrétien, mais une bonté virile, faite à la fois de force et de douceur, de justice scrupuleuse et de tendresse humaine.

Bonté volontaire, en même temps qu'organique. Vertu, — et non faiblesse, — mais vertu à la fois instinctive et raisonnée. « Serait-il vrai, disait déjà Montaigne, que pour être bon tout à fait il nous le faille être par occulte, naturelle et universelle propriété, sans loi, sans raison, sans exemple? »

Mais le germe de la clémence humaine est antérieur pourtant à toute raison raisonnante. Déjà dans l'humanité primitive, déjà dans les espèces zoologiques, l'enfant, le petit, n'est-il pas un objet et un fauteur de clémence? « Le seul fait de son existence prouve, selon la remarque judicieuse d'Elie Reclus, que ce n'est point le Droit du plus fort, comme ont dit les philosophes de faible envergure, mais le Droit du plus faible, qui l'emporte dans l'humanité comme dans les espèces animales (1) ».

Quand, plus tard, la raison intervient, c'est sur des données déjà acquises qu'elle opère, c'est sur ces données impulsives qu'elle vient greffer un élément nouveau, un élément régulateur: la pensée philosophique, source cérébrale, source intellectuelle de discipline et de justice.

Cette discipline, cette justice, varient avec la conception du monde, qui les commande. Théologiques d'abord,

(1) Elie Reclus, *Le mariage tel qu'il fut et tel qu'il est.* Mons, 1907, pp. 15-16.

fétichistes, relevant de l'arbitraire et de l'autorité divine, elles épuisent successivement, dans leur évolution progressive, la série des avatars d'une superstition qui devient de plus en plus abstraite et immatérielle pour finir par n'être plus qu'un brelan d'entités verbales et d'abstractions métaphysiques. Enfin, toute superstition éteinte, toute imagination autoritaire disparue, c'est dans un réalisme scientifique dépouillé de toute superfétation illusoire qu'elles trouvent définitivement leur principe et leur force. Leur caractère est lié à celui de la philosophie dont elles dépendent, dont elles ne sont que l'aboutissement pratique ; il est lié à celui de la cosmologie dont elles ne sont que la suite logique et qui fournit le principe qui les détermine, l'image maîtresse qui les concrète, les réalise et les anime. Cette image est d'abord celle de la divinité, symbole de l'arbitraire et du bon plaisir, source d'obéissance passive et d'abdication de soi. Mais peu à peu la raison humaine s'émancipe de cette fantasmagorie ; elle rejette *toute* métaphysique, toute illusion autoritaire, tout absolu, pour ne prendre désormais son critère que dans l'idée générale, universelle, d'humanité, dans le symbole vivant, à la fois scientifique et concret, du grand organisme collectif, de l'organisme *humanitaire*.

Ce réalisme grandiose concilie le bon sens le plus pratique avec l'idéalisme le plus généreux. Cet humanitarisme conscient concilie la force avec la clémence. Il unit, dans une synthèse rédemptrice, qui est comme la fleur de la vie terrestre, l'énergie avec la douceur, la fermeté avec la tendresse, la justice avec la charité. Il est, cet humanisme intégral, le terme promis de toute l'histoire humaine, de toute l'évolution zoologique. C'est ce que n'a pas compris Nietzsche, dans son égarement, sa folie d'orgueil et de dureté, dans sa mégalomanie anti-humaine et son « immoralisme » féroce, dans sa méconnaissance systématique et radicale du « grand but de charité humaine qui fait l'intérêt permanent de la vie. »

V

Conclusion : Le Règne humain.

La vérité est qu'à mesure que la vie se fait plus harmonieuse et plus clémente elle se fait plus délicate aussi et que le développement normal de la vie consciente sur notre globe se poursuit dans le sens d'une diminution croissante de la brutalité et de la lourdeur originelles, dans le sens d'une augmentation croissante de la délicatesse et des forces subtiles de l'esprit. « Visitez, dit M. Wilfred Monod, visitez un muséum de paléontologie, méditez sur les squelettes géants de la faune antédiluvienne; ils révèlent une dramatique et sublime histoire, la rivalité séculaire entre le cerveau qui grandit et la moelle épinière qui diminue (1). »

« Au début, l'organe prédestiné de la pensée se balance, imperceptible, au bout d'une échine et d'un cou démesurés, tel un lampion à l'extrémité d'une perche. Mais, peu à peu, l'encombrant mécanisme des réflexes aveugles et des instincts brutaux fléchit devant l'encéphale vainqueur qui remplit, lentement, la boîte crânienne, bombe le front, arrondit la tête en dôme protecteur, en coupole de sanctuaire. Le berceau de l'intelligence est prêt (2). » L'idée réfléchie prend le pas sur l'impulsion réflexe.

Mais cet « empire divin de la raison » n'est pas celui de l'insensibilité: il est aussi l'empire de l'affectuosité humaine, de la tendresse affectueuse de l'homme pour ses semblables, pour ses frères et pour ses parents, proches ou lointains. Intelligence et sensibilité sont insé-

(1) C'est-à-dire, évidemment: qui perd *sa prépondérance*. — P. G.
(2) W. Monod, dans *Coenobium*, janvier-février 1913, pp. 109-110.

parables. Le développement de l'intelligence n'est qu'un aspect, une forme, du développement plus général de la sensibilité et de la vivacité de l'être vivant. Et l'éveil progressif de la raison — de la raison sensée — ne va pas sans l'éveil progressif de l'impressionnabilité, et notamment de l'impressionnabilité sympathique.

C'est ainsi que se développent en même temps et d'un même essor l'intelligence et la clémence humaines. C'est ainsi que l'homme, que l'être humain *s'humanise* de plus en plus; que l'anthropoïde, se dégageant peu à peu des simagrées, des singeries ancestrales, marche d'un pas toujours plus ferme et sûr vers *l'intégrité humaine,* vers le triomphe de la justice humanitaire, vers le règne radieux de la vérité scientifique et de la bonté plénière.

Ce sera, bien véritablement, un nouveau « règne » de la nature: *le règne humain,* dans lequel la lutte et la sélection, transposées, ne porteront plus sur les individus, mais sur les idées, sur les idées concrétées par la presse; dans lequel ainsi la loi d'évolution s'affirmera sans heurts, dans l'harmonie et dans la paix, pour le plus grand bonheur de tous; dans lequel enfin l'amour aura vaincu et détrôné la haine.

PAUL GILLE.

La Volonté de Smyrne

A l'heure où les Turcs, encouragés, ravitaillés, armés par les Bolchéviks, par les Boches, et... par d'autres, mettent tout leur espoir dans une « grande offensive », une haute personnalité smyrniote, amie de l'Entente et notamment de la France — ces sentiments sont ceux de tous les Ioniens — adresse au public occidental, par l'intermédiaire du *Flambeau,* un émouvant appel. Nous avions le devoir de publier cet appel, d'autant plus que l'opinion belge, comme l'opinion française, est très mal informée de la Question de Smyrne. L'antipathie naturelle que nous éprouvons à l'égard du roi Constantin, ne doit pas nous faire commettre d'injustice envers les chrétiens d'Orient. Aucune paix n'est possible, sans la garantie de leur existence *physique* et la conservation de leur autonomie politique. Nous sommes, avec tous les gens de cœur, pour l'*Helliniki Mikrasiatiki Amyna,* la Défense grecque en Asie Mineure, au nom de laquelle parle notre correspondant.

Le 17-30 juillet 1922, le Haut Commissaire de Grèce à Smyrne publia la proclamation suivante :

Le Gouvernement hellénique a donné mandat à son Haut Commissaire à Smyrne de porter à la connaissance des populations du territoire occupé ses décisions concernant l'organisation et l'administration de l'Asie Mineure occidentale. Le Gouvernement hellénique donne en même temps mandat à son représentant d'appliquer les mesures qui s'imposent pour la réalisation de ces décisions. Mais une telle œuvre, de par sa nature et surtout à cause des obstacles que suscite nécessairement une guerre non terminée encore, ne peut être accomplie immédiatement et d'un seul coup. Par une proclamation ultérieure, mais prochaine, le Haut Commissaire déterminera les mesures qui doivent être mises graduellement à exécution, et l'ordre dans lequel elles seront appliquées. On commencera par les plus urgentes, par celles qui sont réalisables dans les circonstances présentes, et surtout par celles dont l'utilité sera la même, quelle que soit à l'avenir, au point de vue international, la forme politique donnée à l'Asie Mineure occidentale affranchie.

L'affranchissement d'un peuple, d'ailleurs, n'est pas seulement l'œuvre des Etats et des traités. Elle doit se poursuivre par l'initiative du peuple délivré lui-même, elle s'affermit par ces vertus qui rendent la liberté effective et durable.

Ce qui donc s'impose, avant tout, aux populations d'Asie Mineure, c'est l'oubli du passé récent comme du passé lointain. Que le fanatisme religieux et le fanatisme racique cèdent la place aux conceptions plus modernes de travail pacifique, de progrès économique! Enfin puissent les caractères s'élever à la hauteur que les circonstances réclament!

C'est à ce prix seulement, et par une constante tendance à la paix intérieure et extérieure, que la liberté apportée par les Hellènes aux Micrasiates deviendra un cadeau vraiment précieux.

Smyrne, 17 juillet 1922.

Le Haut-Commissaire,
A. STERGIADÈS.

Par cette proclamation, le gouvernement d'Athènes promet à l'Asie Mineure occidentale un régime qui, sans être un régime tout à fait autonome, puisque Smyrne ne jouit pas du droit d'« autodisposition », constitue toutefois une certaine décentralisation par la participation, au gouvernement du pays, de tous les éléments indigènes. Les détails du nouveau statut micrasiatique ne sont pas encore fixés clairement parce qu'ils doivent dépendre de diverses raisons techniques, et surtout de la tournure et du développement que prendront les affaires au point de vue diplomatique international. Ce qui, pourtant, demeure incontestable, c'est l'effort du gouvernement d'Athènes pour donner au nouveau régime une allure absolument humanitaire, éloignée de toute tendance nationaliste, exempte de toute préférence en faveur de l'une ou l'autre des races qui habitent cette terre si éprouvée.

***

Quelles sont les opinions, quels sont les vœux des Grecs d'Asie Mineure?

Soyons sincères! Les Micrasiates, comme tout l'hellénisme irrédimé, n'eurent jamais, et n'ont actuellement en vue, qu'une seule solution vraiment satisfaisante de la question d'Orient: l'union complète, l'union sans aucune réserve, avec la Mère-Hellade. Cependant, étant données les conditions dans lesquelles se présente aujourd'hui la situation diplomatique internationale, à la suite des élections du 1-14 novembre 1920, les Grecs d'Asie se rendent bien compte que pareille solution est impossible. Et bornant leurs revendications au *minimum,* ils se déclareraient satisfaits d'une autonomie effective, *sous l'égide, bien entendu, des Puissances de l'Entente et sous la protection de l'armée hellénique,* seule capable — elle l'a bien prouvé — d'imposer au Turc le respect nécessaire. Car, malgré ce que peuvent dire en Europe occidentale les Turcophiles, un fait demeure, incontestable pour tout témoin impartial: l'armée hellénique, depuis l'instant de son débarquement en Asie Mineure, constitue un facteur unique d'ordre, le véhicule unique de la civilisation, une garantie unique de tranquillité et de pacification. Cette vérité, si douloureuse qu'elle puisse être pour quelques intérêts et quelques visées impérialistes inavouables, l'Europe doit avoir le courage et la sincérité de la reconnaître, si réellement elle désire la pacification du Proche Orient et l'éloignement des catastrophes qui pourraient encore s'abattre sur le monde civilisé. N'oublions pas qu'aujourd'hui, une capitulation devant les rebelles d'Angora ouvre la voie à la capitulation devant le crime soviétique, et demain, devant l'insolence germanique.

Que les Puissances de l'Entente, donc, reconnaissent les services rendus par l'armée hellénique à la cause internationale; surtout qu'elles ne fassent pas expier aux Micrasiates les fautes qu'a pu commettre la Grèce officielle; non seulement les Grecs d'Asie ne sont point responsables de ces fautes, mais encore ils les ont toujours condamnées. En toute circonstance, ils ont manifesté par des actes leur attachement à l'Europe occidentale.

Lorsque les populations chrétiennes d'Asie Mineure apprirent avec épouvante que la Conférence de Paris (26 mars 1922) avait résolu de les replacer sous le joug des Turcs, en restituant les territoires micrasiatiques, libérés au prix de tant de sang, à leurs maîtres barbares, un immense cri de terreur sortit de centaines de poitrines, lesquelles portent encore les traces sanglantes qu'a laissées en fuyant le bourreau turc.

Les Chrétiens du Proche Orient, mais spécialement les Grecs, éprouvèrent une stupeur indescriptible, lorsqu'ils comprirent qu'ils étaient abandonnés par ceux aux côtés de qui ils avaient affronté la grande lutte pour l'émancipation des peuples esclaves. Leur abandon par la France, précisément par cette France qu'ils avaient appris à aimer et qu'ils continuent malgré tout à aimer, leur abandon par la France noble et chevaleresque, les blessa au plus profond de leur être. Et le peuple martyr de l'Ionie ne voulut pas croire que l'arrêt, rendu contre lui par ses grands patrons, était irrévocable, et il espéra, et il espère que les Puissances de l'Entente, la France à leur tête cette fois, reviseront leur décision qui livrait à la rage sanguinaire des Turcs des milliers et des milliers de victimes innocentes dont le seul crime consiste à avoir réclamé le droit de vivre libres.

* * *

Car, c'est cela, et cela seulement que veulent les Micrasiates. Ils veulent leur liberté que le monde civilisé n'a pas le droit de leur refuser et que les puissances de l'Entente en tout premier lieu ont le devoir de leur garantir.

L'Europe occidentale et surtout la grande République française ne doivent pas oublier qu'en appuyant les Kémalistes au détriment des Hellènes, — quelles qu'aient été les maladresses, les fautes morales et politiques du parti qui gouverne aujourd'hui à Athènes, — elles ne réussiront qu'à nuire à leurs propres intérêts. Ceux qui en France n'ont pas de raison particulière de se laisser tromper par la turcophilie des cercles financiers bien connus qui environnent le journal *Le Temps*, ou par l'imagination maladive de l'auteur des *Désenchantées*, ou par l'anti-croisade du nouveau Bouillon, ne peuvent en examinant froidement la réalité, l'évolution des choses depuis la Conférence de Genève, ne peuvent, dis-je, qu'apercevoir le spectre grandissant et menaçant d'une alliance germano-russo-bulgaro-turque. Ce fantôme ne tardera pas certainement à prendre corps pour attaquer les vainqueurs d'hier et pour chercher quelque épouvantable revanche. Quelle persuasion, quel prestige, quelle idéologie seraient capables de convaincre les petits peuples de l'Orient que la politique d'après guerre des puissants vainqueurs a blessés ou essayé de blesser, qu'ils doivent se lever en faveur de leurs puissants amis comme l'ont fait les Hellènes de Macédoine, facteurs principaux de la rupture du front bulgare et par conséquent de la victoire finale?

A ce grand point d'interrogation on opposera peut-être l'argumentation du roi Constantin et des imbéciles auteurs des tristes événements de novembre (décembre) 1916. Argument absurde! Argument qu'a renversé, neutralisé, pulvérisé la réponse historique de M. Vénizélos à M. Clemenceau: « N'oubliez pas, M. le Président, qu'à côté des marins français qui ont été tués par des balles helléniques, sont tombés aussi des Grecs qui criaient : « Vive la France ! » Et cette autre réponse encore, faite au public anglais : « Le roi Constantin et moi, nous sommes des individus qui disparaîtront demain. La Grèce est immortelle ».

D'ailleurs, pour tout appréciateur impartial des événements de 1915-1917, ces faits ne sont-ils pas dus exclusivement aux énormes fautes commises par la diplomatie de l'Entente, fautes qui permirent aux germanophiles d'Athènes, comptés jusqu'en 1915 sur les doigts d'une seule main, et au baron de Schenck, d'exercer leur propagande auprès du peuple grec au profit des puissances centrales ? Est-il nécessaire de rappeler l'instable politique de la France et de l'Angleterre vis-à-vis de M. Vénizélos aux heures les plus critiques de sa lutte contre ses adversaires germanophiles, ou l'attitude de l'Italie et de la Russie, ouvertement hostiles — ou presque — à tout renforcement des libéraux ?

En tous cas, quelle logique permettrait de rendre les Micrasiates, et en général les Grecs irrédimés, responsables de la situation pénible où se trouve le royaume de Grèce, à la suite des élections de novembre 1920 ? Quelle logique voudrait leur faire, de leur liberté, payer « la casse » ? Ne sait-on pas que dès que les Alliés ouvrirent les hostilités contre les côtes de l'Asie-Mineure, et en Macédoine, les esclaves chrétiens d'Asie-Mineure que les persécutions turques avaient forcés de quitter leurs foyers et de se réfugier dans les îles de la mer Egée, se hâtèrent de se ranger à leurs côtés, considérant justement que la lutte de l'Entente contre les puissances centrales était une lutte sainte et bénie, menée par la Liberté et la Civilisation contre le Despotisme et la Barbarie ? Le concours prêté par les Micrasiates à l'œuvre commune des Alliés n'a-t-il pas été si efficace que les autorités militaires britanniques et françaises en Macédoine ne trouvaient point de paroles assez enthousiastes pour exprimer leur admiration et leur reconnaissance?

* * *

Mais on peut aller plus loin. Quand commença, en réalité, la guerre mondiale?

Pour celui qui étudie les causes profondes et l'origine de ce conflit, la première attaque germano-turque contre les Puissances occidentales n'a pas eu lieu en août 1914, mais pendant les premiers mois de cette année, en Orient et spécialement sur les côtes de l'Asie-Mineure. Elle fut marquée par une persécution systématique et méthodique des *rayas* hellènes, qui n'a pas été la conséquence d'une explosion instantanée du fanatisme musulman, mais le résultat d'un plan mûrement étudié et froidement mis à exécution par les gouvernements de Constantinople et de Berlin. Ce plan avait pour but la diminution et l'humiliation de l'influence matérielle et morale de l'Entente en Orient. Car l'Hellénisme fut de tout temps le précurseur de la Civilisation occidentale en Asie-Mineure. Par l'extermination de l'Hellénisme micrasiatique, dont le mot historique de von Liman-pacha: « Balayez-moi les côtes! », donna le signal, l'Allemagne entreprit de porter, par le moyen de la Turquie, le premier coup sérieux à la France et à la Grande-Bretagne.

En conséquence, la première victime de l'invasion germanique ne fut ni la Serbie, ni la France, mais l'Hellénisme d'Orient.

Ce fut aussi la victime la plus durement frappée. Et de fait, jamais le droit humain n'a été foulé aux pieds avec tant de barbarie, jamais la vie humaine n'a été méprisée avec tant d'inhumanité, jamais l'honneur des familles n'a été violé si bestialement, jamais le sang humain, le sang de victimes innocentes et sans armes, n'a coulé si abondamment que sur la terre martyre de l'Anatolie. Des villes, des villages, des régions entières furent pillées, incendiées, transformées en monceaux de ruines. Des églises, des écoles, des établissements philanthropiques élevés grâce à l'épargne d'une race qui, esclave pendant six siècles, a conservé intactes sa nationalité et sa religion, furent, au passage du Turc, réduits en poussière.

Des prêtres, des docteurs, des hommes, des femmes, des enfants furent massacrés de la manière la plus inbumaine ou déportés avec une férocité inimaginable. Des vierges furent violées, enfermées dans des harems. La barbarie instinctive du Turc, guidée par la cruauté scientifique des Boches, sema partout la terreur, l'épouvante, et le désespoir! Et c'est ainsi que la plus triste victime de la guerre mondiale fut l'Hellénisme irrédimé, dont la voix s'élève aujourd'hui pour rappeler à l'Europe et au monde les belles paroles de « liberté » et d'« autodisposition » des peuples :

« Non, vous n'avez pas le droit de livrer les tombeaux de mes enfants, de mes frères, de ma mère, de mes parents, à la rage de ces lâches violateurs de cadavres! Tu n'as pas le droit de rester indifférent, d'une indifférence si coupable, envers ceux qui se sont rangés à tes côtés pour assurer au monde la Liberté que tu as promise lorsque tu tirais l'épée contre le militarisme prussien et que tu hésites à accorder aujourd'hui aux malheureux esclaves d'Orient! Tu n'as pas le droit d'abandonner à la folie sanguinaire des hordes kémalistes les restes précieux des plus grands héros de la plus grande guerre que les siècles aient vue!.. »

Conclusion:

Le peuple d'Asie-Mineure, le peuple micrasiatique, a une conception très nette de ses droits, droits historiques, raciques et simplement humains. Le peuple d'Asie-Mineure, certes, apprécie les raisons pour lesquelles depuis les élections grecques du 1-14 novembre les puissances de l'Entente montrent quelque hostilité à la Grèce officielle; mais il a conscience de n'avoir jamais été responsable des fautes politiques du régime actuel.

Cette hostilité étant donnée, le peuple micrasiatique comprend parfaitement l'impossibilité de l'union de ce malheureux pays avec la mère-patrie, dans les circonstances présentes, mais ne pouvant se borner à des garanties platoniques pour sa vie, son honneur et ses biens, il limite, du moins actuellement, ses ambitions à une autonomie réelle, sous la protection morale de ses grands Alliés, et sous la protection matérielle de l'armée grecque. Il désire surtout qu'à la cause de l'Hellénisme d'Asie-Mineure soit reconnu le caractère humanitaire que certains turcophiles d'Occident paraissent oublier hélas! affectant de confondre injustement la Grèce d'Asie et, en général, la Grèce souffrante et militante, la Grèce vivante, héroïque et martyre, avec la Grèce officielle d'aujourd'hui.

Smyrne, Août 1922. S. E.

L'Unité de Front

Dans ce numéro de vacances où la littérature a pris une place que d'ordinaire la politique lui dispute âprement, nous ne pouvions songer à raconter par le menu les événements du mois. Nous renvoyons donc au prochain Flambeau *l'histoire détaillée du Moratorium, celle de la débâcle autrichienne, et la chronique d'Orient.*

Nos lecteurs attendront avec calme. Mais, au moment de mettre sous presse, nous apprenons l'heureux règlement de l'affaire que le grand public appelle le problème des Réparations et les gens « informés » la crise de l'Entente. Le mois d'août 1922 avait commencé par les angoisses de Londres ; il finit pacifiquement par un compromis, — un compromis d'invention belge, moins éclatant peut-être que la « rupture » souhaitée par l'imprudence de certains, mais qui nous assure des lendemains sans fièvre, sinon sans inquiétude. L'Entente est sauvée, et c'est encore là le plus productif des gages d'avenir.

La sagesse a triomphé dans quatre capitales ; elle triomphera aussi, nous l'espérons, dans la cinquième, qui est Berlin. Les historiens allemands avaient marqué sur leurs tablettes le début d'une ère nouvelle, inaugurée par le conflit anglo-français. Ils devront se résigner à constater que la période d'exécution n'est point close. La France, grâce à M. Poincaré, n'est pas isolée comme on l'affirmait outre-Rhin. Sa thèse, le refus du moratoire, a eu la majorité au sein de la Commission des Réparations. En revanche, MM. Theunis, Jaspar et Delacroix voient leurs longs efforts couronnés d'un succès plus qu'honorable. Ils ont rétabli l'unité du front allié. Victoire belge, *dit-on.*

*Non, victoire de l'*altruisme sacré, *car notre avantage diplomatique ne va pas sans sacrifice matériel.*

De nouveau — et c'est ce qui importe — les Alliés se retrouvent unis; les hommes d'Etat, un instant aigris, exaspérés ou lassés, ont repris, en hommes *de bonne volonté, l'examen commun du redoutable problème. Là loyauté et la raison belges, personne ne le nie, ont réalisé ce miracle. Le problème certes demeure entier; mais la solution s'en laisse entrevoir. Il suffira que la vague de conciliation traverse l'Atlantique. L'Amérique doit être convaincue aujourd'*hui *de notre modération, à nous, Belges et* Français, *qui, pour mieux garantir la paix du monde, avons renoncé à aller jusqu'au bout de notre droit, et consenti un magnanime délai à un débiteur dont la défaillance était au moins suspecte. Ce que n'ont pu faire à Washington la note Balfour ou la mission Parmentier, un geste auguste l'obtiendrait peut-être...*

FAX.

Centrale Électrique de l'Entre-Sambre-et-Meuse

Cette société fut constituée le 30 décembre 1911 au capital de 2 millions 500,000 francs porté le 31 décembre 1920 au capital actuel de 15 millions de francs. Les actions furent introduites à la cote officielle le 4 juillet 1921. Il n'y a qu'une seule catégorie de titres. Nous reproduisons ci-dessus le dernier bilan, qui sera présenté à l'assemblée générale ordinaire du mois de mai, comparé au bilan de l'exercice 1920. Comme on le verra, les bénéfices sont le double de ceux de l'exercice précédent. Il sera vraisemblablement proposé de distribuer environ 50 p. c. du bénéfice, soit 45 francs brut ou fr. 40.50 net contre 20 francs net l'année dernière, dividende payable le 1er juin. Ajoutons que les recettes se sont élevées à 7,189,000 francs pour 28,235,000 kilowattheures produits.

COMPTE DE PROFITS ET PERTES

CRÉDIT

Report de l'exercice précédent.	fr.	109,523 50
Bénéfice d'exploitation		2,401,101 30
Rentrées diverses		236,912 20
	Fr.	2,747,537 00

DÉBIT

Intérêts divers	fr.	100,165 30
Solde bénéficiaire		2,647,371 70
	Fr.	2,747,537 00

Lightning Source UK Ltd.
Milton Keynes UK
UKHW021544191118
332600UK00013B/1345/P